国家社科基金一般项目"汉语'有/在/是'的类研究"
（15BYY137）成果

汉语"有/在/是"的类研究

薛宏武 ©著

中国社会科学出版社

图书在版编目（CIP）数据

汉语"有/在/是"的类研究/薛宏武著. -- 北京：中国社会科学出版社，2025.4. -- ISBN 978-7-5227-3924-3

Ⅰ. H146

中国国家版本馆 CIP 数据核字第 20243KH721 号

出 版 人	赵剑英
责任编辑	郭晓鸿
特约编辑	杜若佳
责任校对	师敏革
责任印制	戴　宽

出　　版	中国社会科学出版社
社　　址	北京鼓楼西大街甲 158 号
邮　　编	100720
网　　址	http://www.csspw.cn
发 行 部	010-84083685
门 市 部	010-84029450
经　　销	新华书店及其他书店
印　　刷	北京明恒达印务有限公司
装　　订	廊坊市广阳区广增装订厂
版　　次	2025 年 4 月第 1 版
印　　次	2025 年 4 月第 1 次印刷
开　　本	710×1000　1/16
印　　张	30.25
插　　页	2
字　　数	467 千字
定　　价	169.00 元

凡购买中国社会科学出版社图书，如有质量问题请与本社营销中心联系调换
电话：010-84083683
版权所有　侵权必究

目　录

前　言 ……………………………………………………………（1）

第一章　绪论 ……………………………………………………（1）
　　第一节　"有、在、是"研究综述、选题及研究意义 …………（1）
　　第二节　"有、在、是"类研究的基本理论、方法说明 ………（7）

第二章　"有"的语义基元、领属义形成及其特征 ……………（15）
　　第一节　"有"的语义基元及其特征 …………………………（15）
　　第二节　"有"的领属义形成及其特征 ………………………（20）

**第三章　指示代词"是"与系动词"是"的形成、语义基元
　　　　　及其特征** …………………………………………（31）
　　第一节　指示代词"是"的形成、语义基元及其特征 ………（31）
　　第二节　系动词"是"的形成、语义基元及其特征 …………（48）

第四章　"有、在、是"基本语义语法关系、特征及其形成基础 ……（76）
　　第一节　"在"的基元、特征以及跟"有、是"成类的基础 ……（76）
　　第二节　"有""在""是"的基本语义语法差异 ………………（81）

第五章　"有、在、是"的质肯定与时体、情态表达及其特性 ………（95）
　　第一节　"有、在、是"质肯定与时体表达、意义及其特性 ………（95）

第二节　"有、在、是"质肯定与情态表达、意义及其特性 …… (119)
　　第三节　"有、在、是"质肯定上的时体表达、情态表达关系
　　　　　　及特性 ……………………………………………… (134)

第六章　"有、在、是"表量及其与情态、时体表达的
　　　　　关系、特性 …………………………………………… (155)
　　第一节　"有、在、是"表量类型及其与情态表达的
　　　　　　关系、特性 …………………………………………… (155)
　　第二节　"有、在、是"量肯定及其与情态表达的关系、特性 …… (178)
　　第三节　"有、在、是"构式类型、情态义及其特性 ………… (196)

第七章　"有、在、是"语气表达类型、意义及其特性 ………… (209)
　　第一节　"有、在、是"现实语气表达、意义及其特性 ………… (209)
　　第二节　"有、在、是"非现实语气表达、意义及其特性 ……… (244)
　　第三节　"有、在、是"语气表达、构式化及特性 …………… (262)

第八章　"有、在、是"信息功能、话语功能及其特性 ………… (288)
　　第一节　"有、在、是"话题表达、意义及其特性 …………… (288)
　　第二节　"有、在、是"焦点表达、焦点结构及其特性 ………… (318)
　　第三节　"有、在、是"话语功能及其特性 …………………… (331)

第九章　"有、在、是"历时发展及其语法效应 ………………… (345)
　　第一节　"有、在、是"性质、意义历时发展及其语法效应 …… (345)
　　第二节　"有、在、是"历时构式化及其语法效应 …………… (376)

第十章　"有、在、是"单位类别、性质、意义及其衍生关系的
　　　　　共性与个性 …………………………………………… (401)
　　第一节　"有""在""是"的单位类别、性质及其衍生关系的
　　　　　　共性与个性 …………………………………………… (401)

第二节 "有""在""是"意义及其之间衍生关系、
　　　　　　共性及个性 …………………………………………（409）

第十一章 "有""在""是"类型特征 ……………………………（423）
　　第一节 "有"单位类别、性质及其意义的类型特征 ………（423）
　　第二节 "在"单位类别、性质及其意义的类型特征 ………（428）
　　第三节 "是"单位类别、性质及其意义的类型特征 ………（435）

结　论 ………………………………………………………………（442）

参考文献 ……………………………………………………………（453）

后　记 ………………………………………………………………（475）

前　言

　　动词"有、在、是"是一个语义语法类。本书个性、共性并重地考察了三者在情态表达、时体表达、语气表达及信息功能等方面的单位类别、性质、意义（涵括功能）及其衍生、特征与成因。同时，也通过有限的跨语言比较作了类价值说明，研究出发点是三者基元及其特征，基本内容构成如下。

　　第一章简述与本书密切相关的成果，说明本书的基本思路、理论背景、方法、语料及行文符号等。

　　第二章与第三章从个体发生学、系统发生学、一般认知规律、句法语义及跨语言表达等方面，提取"有"与"是"的语义基元及特征。着力讨论"有"的【存在】跟"领属"的关系、系动词"是"的形成机制、过程及其语义语法特征。

　　第四章讨论动词"有""在""是"成类的多维基础，涉及语义语法特性、基元表达、认知关系及句法语义的肯定关系等。

　　第五章考察质肯定之时"有、在、是"的时体、情态或情感表达的类型、意义及性质。挖掘并解释在这两大方面之上三者的语义语法关系。

　　第六章考察量肯定之时"有、在、是"的情态、情感表达及其语义语法特性，刻画三者在表量方式、类型等方面的个性与共性。基于此，挖掘、解释三者在时体、情态、情感及量表达方面的语法关系。

　　第七章考察"有、在、是"表达现实、非现实句语气之时性质、意义的衍生及特征。挖掘、解释三者的语气与情态、时体表达的内在关系。此外，还考察了三者语气表达在三者构式化（含词汇化）之中的作用。

第八章考察"有、在、是"信息功能、话语功能及其特性。涉及三者在话题表达、焦点表达及话语功能方面的性质、意义及其共性、个性与成因。话题表达考察的是为语篇引入话题的方式、话题的语篇能力、话题信息地位。焦点表达着力考察三者的焦点结构特征、标记焦点方式及其特征。话语标记功能考察三者标记话语的方式及话语组织功能。

第九章历时考察"有、在、是"在时体表达、情态表达、语气表达、信息功能等方面的发展、语法效应及其之间关系，包括三者本身及其构式化方面的共性、个性、成因。这三方面旨在证伪、补足及深化第二章至第八章的研究内容。

第十章揭示、描写"有""在""是"的语法单位类别、性质、意义之间的衍生关系。基于此，从类关系出发归纳三者在单位类别、性质、意义等方面的共性、个性及成因。

第十一章有限地跨语言比较"有""在""是"的单位类别、性质、意义，揭示三者的类型特征。

结论：归纳"有、在、是"类基础、关系，呈现三者共时、历时发展中性质、意义的个性与共性、成因及语法效应，发现三者的基元及其特征是一个强语法因子。体现为它们多样的类别、性质及意义是跟环境互动的结果（超前走），也体现为它们对三者发展变化一直起着后拉作用（回头看）。此外，还体现在它们同时作用于句子的不同层级。当然，它们在不同层级的意义有显与隐、强与弱的表现而绝没有本质的不同。即使有所差异，也是相通的，通就通在基元或其特征之上。

要之，三者在情态表达、时体表达、语气表达、信息功能等方面的单位类别、性质、意义的个性与共性，都受基元或其特征的制约与影响。"有、在、是"的类现象跨语言少见，即使立足其中的个体看，也是异大于同。宏观看这是系统不同所致，中观说跟分布有关，微观看则跟基元及特征有关。

第一章 绪论

第一节 "有、在、是"研究综述、选题及研究意义

一 "有、在、是"的类研究

动词"有""在""是"一直是各种语言学流派竞相致力的研究对象,成果丰硕。① 从研究指向看,有本体研究也有应用研究。从采取的理论、方法看,更是不一而足。从研究视角与方式看,则总体呈现为个案式研究,而把三者作为"类"去研究的相对少。

邵君朴(1957)描写了动词"有、在、是"相通的语义语法表现。李英哲([1972]2001)揭示出三者是存在句确定NP关系的功能词,是同一动词的不同句位变体,但没挖掘作为"同一动词"的语义语法及基础。张占山(2007)认为,三者是"存在"的通用变体,但没有揭示"是"跟"在、有"的内在联系及不同等。靳光瑾(2001)发现,"是""有"存在句能表示"距离",前者近而后者可近可远,但没有释因指出"距离"的类型。薛宏武(2006,2011,2014)等有限考察了三者的强调度及词汇化共性,而对其成类的基础、个性、共性及语法影响等的揭示、描写与解释不系统不充分。

沈家煊(2010,2012,2014,2017)等认为,汉语注重"有","有"

---

① 截至2020年9月,中国知网收录的论文"有""在""是"就达476篇,数量分别是208、113与155。

与"是"分立。汉语谓语重客观叙述与主观肯定区分,形式表现就是"有、了"与"是、的"的分别。英语"有""是"是包含关系,"有"(there)be 也是一种"是"(be)。英语 have 表"拥有",be 表"存在",两个概念是分开的。英语讲 being(是)概念不能不跟"there is"挂钩;汉语讲"是"的概念可以不跟"有"概念挂钩,"是"概念是独立的,汉语"有"与英语 there be 不完全对应。汉语范畴观是"有"观与"变现"观(动态变化"有"),西方语言是"是"观、"恒在"观。to be 还是 not to be 是西方首要问题,"有"还是"无"是汉语首要问题。上述观点富有启发价值,但诸如认为汉语"是"的概念可以不跟"有"的概念挂钩等观点,尚需深入说明,因为句法语义并非如此。

孙文访(2015)把语言分为"有""是""有、在""有、是""是、有""有、在、是"六种,认为它们表达的处所、存在、领有、判断的蕴涵共性是"领有＞存在＞处所＞判断",并推测了上述六种语言可能的演变方向。该文用"有、在、是"作参数推论语言的语序与演变模式值得肯定,但如归纳出的概念蕴含共性等值得商榷,如"领有＞存在"。

二 "有""在""是"的个案研究

这方面的成果极多。共性是致力于对三者的单位类别、性质及意义等的认识。[①]

(一)"有"

1. 词内成分"有"的研究

王力([1958]1980)认为,它在"有周"等内是词缀;黄奇逸(1981)认为是存在动词。薛宏武、闫梦月、胡惮(2011)及薛宏武、闫梦月(2011)解释了"有"作为缀与动词的相通。

2. 句子成分"有"的研究

其中方、古研究集中在[有 VP]结构类型或"有"的性质。李

[①] 为行文简要,后文通常用"意义"表述"意义"与"功能",必要时分开。

如龙（1986）、施其生（1996）及陈泽平（1998）等认为是准谓宾、助动词及体助词等，表达肯定、强调及持续、完成与将然等。薛宏武［2006，2012a］认为［有VP］是动宾，"有"是主观动词，各种体意义是其内在过程在句内的释义。沈家煊（2010）认为［有VP］一直是动宾。"有"表达的体涵盖英语过去时、现在和将来，只要表示动作或状态的存在就可以用。普通话研究致力点之一是它的性质、语义语法及信息功能等。吕叔湘（［1979］1984）认为，它虽性质多样但自成一类。刘丹青（2011）等学者指出它与尾焦点有结块倾向且可凸显自然焦点。普通话研究致力点之二是句式或格式。如彭利贞（1995）对［有NP］语义语法偏离的研究，邢福义（2012）对"有"字度量句的分析，等等。普通话研究致力点之三是词汇化。如薛宏武（2009，2012），薛宏武、闫梦月（2011）对"有所""有请""有着"等的研究。此外，还有研究"有点/些"不如意色彩义的。这些研究的共性是对"有"的意义概括不够充分。

3. 跨语言研究

龙海平等（2009）指出，连词"有"由"领属"的"有"语法化而来，这有普遍性；孙文访（2018）等认为，"有"与英语的 have 等一致。这类研究的客观性还值得商榷。李泰洙（2000）认为，语尾语气词"有"是与蒙语接触产生的。沈家煊（2010）指出，"有"大约跟英语的（there）be 与 have 相当。薛宏武（2012）从核心信息功能发现"有"与 there be 相当。王文斌、何清强（2014）基于"有"与英语 be 的比较，得出汉语"有"的空间特质强。这一观点有一定道理，但证据尚不充分。

（二）"在"

1. "在"作词内成分

近代汉语、方言研究都描写了"在"作词缀的现象，但对其形成机制都有关注不够之处。另外，对它的主谓复合词形成的讨论也有很大的空白。

2. "在"作句子成分

关注之一是它的体。如徐丹（1992）对它和"着"的区别，潘文娱（1980）对它跟"正在"的区别，郭志良（1991，1992）对"在"和"正"、"正在"的分布和意义的考察，赵日新（2001）对"在"及相当于"在"的成分辨析，肖奚强（2002）对"在"与"正在"、"着"的功能比较，戴耀晶（1997）对"在"的体意义的特征描写，陈前瑞（2003）则在体系统之内考察了"在"的聚焦度。方言对"在"的体同样给予了大量研究。黄丁华（1958）对闽南话"在"意义与分布的描写，李崇兴（1996）对湖北宜都话语尾助词"在"的用法描写及来源考证，汪国胜（1999）对湖北方言"在"和"在里"的研究，罗自群（2005）对襄樊方言"在"字句考察，鲜丽霞（2002）关于成都话语助词"在"的考察，汪化云（2016）对黄孝方言句尾"在"类词语研究，等等。这些研究发现，"在"有由体助词向语气词的发展态势。此外，还有对"在"的类型学考察的，如陈爽（2006）。

关注之二是对"正""正在""在"的虚化讨论，如张亚军（2002）。

关注之三是信息功能。如陈昌来（2002）指出，它有话题标记功能。

关注之四 [在 NP]。朱德熙（1981）揭示了其句法变换、隐性义及歧义，范继淹（1982）对它的分布与意义的讨论，俞咏梅（1999）关于它的语义功能与分布制约描写，储泽祥（1996）揭示了句首"在"的隐现规律及其定向强调功能，付义琴（2012）则进一步讨论了"在"定位功能及其表现，张国宪（2009，2010）研究了它的标量功能、浮现义、特征及语篇功能，沈家煊（1999）从包容、顺序原则考察了 [在 NP] 分布及对句义、句法制约等。还有刻画其表因果、条件等意义的，如《现代汉语八百词》（2002），曾骞（2012），等等。

近代汉语与方言研究，主要聚焦"在"的句尾性质、意义。如吕叔湘（[1941] 1984）对《景德传灯录》助词"在"与"著"（着）的用法、意义的刻画。俞光中（1985）对《水浒全传》及近代汉语句末 [在这/那里] 的意义研究。卢烈红（2005）对"在"作语气词及形成的描写。也有研究它语法化的，如何瑛（2010）讨论了"在"从存在动词到时间副词的发展，认为从方所范畴到语气范畴有普遍性。值得指出的是，方言研究中还有描写"在"作词缀情况的。

(三)"是"

1. 性质、句法等研究

关注之一是系词形成与机制。王力（[1954]1980）、郭锡良（2005）等认为是由指示代词"是$_1$"回指篇章成分 X 而来的，机制是 X 变为短小 NP$_1$，NP$_1$ 与后面 NP$_2$ 是等于或包含关系，"是$_1$"与 NP$_1$ 之间停顿变小或消失。冯胜利（2003）认为是作主语的"是$_1$"指示功能弱化，引发与谓语 NP 之间停顿消失，由于副词出现在弱化的"是$_1$"前，停顿让位给副词而"是$_1$"成了系词。解植永（2010）认为，系词"是"还有来自［A，B 是也］的，形成机制跟前一类系词"是"的类同。这些研究不同程度忽略了"是$_1$"的语义语法特性。孟昭水（2000）、肖娅曼（2005，2010）等意识到了"是$_1$"的语义语法特性在系词"是"形成中的作用，却没把它跟形容词"是"区别并挖掘特性所由。

关注之二是对系词"是"形成过程的认识。梁银峰（2012）认为不是语法化，而石定栩、韩巍峰（2013）则认为是。

关注之三是系词的特性。敖镜浩（1985）区分系词"是"与判断动词"是"，但该文的判断动词指形容词"是"意动、使动等。马贝加、蔡嵘（2006）认为系词"是"还经历了一个词汇化为判断动词的过程。即意味着系词与判断动词不同，但究竟有哪些表现，尚缺乏研究。梁银峰（2012）认为，"是"与印欧的系词不同，它不是动词。吕叔湘（[1979]1984）指出，性质、意义多样的"是"自成一类，判断、肯定、强调及联系等都可统一为肯定，是广义系词。即系词是动词，这就是学界研究相关问题时对二者不作说明之因。王力（1980：345）严格区分系词"是"与判断动词"是"（还包括所谓的副词），显然，王力先生的系词是狭义系词。

关注之四是功能。吕叔湘（1979）认为系词"是"作前谓语。这种观点未在学界通行开来，吕先生也未坚持，此后，被广义的"肯定"功能覆盖，不能不说是一种遗憾。周国正（2008）认为，它的功能是标记述题。张姜知、张颖（2017）也持同样看法，认为"是"的连接、傀儡与谓词说不适合汉语，汉语的系词是语用的柔性的。石毓智、徐杰（2001）认为，它是汉语语序转变的关键成分。黄正德（1988）、沈家煊（2010，2012）等指出，它是谓宾动词，并非总能标记焦点，但对其成因还有说明的余地。此外，还有关注"是"的连接功能的，讨论"是"字句话语功能，如方梅（1991）认为，它在言域与"有"相当，有提示听话人的作用。当然，对系词形式与功能专题讨论的很多，如唐钰明（1992）、冯春田（1985）等。方言对"是"主要关注的是体表达以及作提顿语气词、周遍形容词的用法。

系词"是"的形成过程及机制是争议的两个显著方面，但究竟说，是应不应该把"是"严格区分为系词与动词这一个问题。至于目前研究中对二者不加说明，是为了简化分析程序，这无可厚非。但无论如何，学理上是不能把二者"等同"的，特别是需要系统澄清二者的界限及内在关系。

2. "是"作词内成分的研究

刘坚、江蓝生（1992）指出，中古时期它就成为疑问代词的词头（词缀），并作了解释。方言也描写了它作前缀与后缀的情形，但缺乏机制等揭示。也有关注其词汇化的，如对"有的是、问题是"等的研究，但跟语感多少有点违和，这与重外因而忽视"是"本身的语义语法特征有关。

三 选题、研究意义

前贤时彦用不同理论与方法把"有""在""是"置于不同层级进行了研究，涉及它们的单位类别、性质、意义等，成就卓著。这是研究不可或缺的基础与过程，也是把三者上升为类研究的必经环境。但由于摄取层级、目标追求等差异，还未把三者语法特性、意义挖掘展示出来，尤其是把三者作为"类"去研究其个性与共性的较为薄弱。有鉴于此，本书从"语义语法"出发挖掘并解释三者的类关系，彼此观照地拟对三者个性、共性及类价值作考察。这不仅可做三者及与之相关的延伸研究的基础，而且对"语义语法"实践与丰富有一定意义，当然对二语教学、自然语言处理中的词汇语义资源建设等也有一定的参考意义。

四 "类研究"所指

一是指多维呈现"有、在、是"是一个语义语法类的表现。

二是从"类"视角挖掘、描写、解释相关的事实或现象,并对目前研究中的事实或现象以及存在问题从类视角审视。

三是挖掘、梳理三者在共、历时发展中的个性、共性及成因。

第二节 "有、在、是"类研究的基本理论、方法说明

一 语义语法

汉语语法学诸多的成就取得跟注重"语义语法"密切相关。它继承了汉语语法学重语义的传统,同时也是顺遂汉语特征、借鉴吸收当代语法学中相宜的理论、方法,从而解决实际问题的升华。

吕叔湘([1979]1984)指出,汉语不爱搞形式,只要语义搭配得拢就可成句。胡明扬(1994,1997)认为,语义是汉语语法的基础,揭示语法形式、特别隐性形式离不开语义。马庆株(1998)提出语义功能语法,认为语义对语法影响大,是语法基础。它不仅是聚合基础,也成类制约着词语搭配、语法单位组合和表达。他提出把语义作为语法分析的向导。萧国政(1991,2001a)提出,建立释义语法考察信息提取及结构组形。卢烈红认为,共时辨析同义词充分性有限,必须追本溯源,看其间异同之本及经历了什么样的历史演变,才能够全面透彻把握它们之间同和异。[1] 邵敬敏(2020)认为,中国特色的语法理论创建在于语义语法。

重视语义也是当代语法学的共识,即使形式学派也高度关注语义,只不过基本是把它放在词库内作为资源处理的,如词项的语义特征、共现关系等。最重要的表现是,该学派还形成一个生成语义学派,它

---

[1] 见唐为群《"原来"、"从来"、"连连"三组时间副词研究》(武汉大学出版社2010年版)的序言。

不仅拓展了语法研究的空间与视野，而且深化了语法研究层次深度，如目前流行的构式理论与事件语义学就根源于此。

"语义"不仅是当代语法学共同致力的层面或对象，也是语法研究的突破口之一。生发于汉语的语义语法对于汉语研究来说更可适。但语义是错综复杂且类型、层面等多样，如静态的 NP 若不考虑生命度、指称等认知、语用特征等，就涉及了抽象的义位与相对具体的义项；多义现象中的基本义、引申义；词的核心概念义与附加义；指称义与陈述义；词义单纯与复杂之分（"问"与"垂询"的语义就是这样的分别）；等等。但是，在语法活动中究竟什么样的语义或其什么样的语义成分在哪个或哪几个层面起根本的作用，如何揭示出这样的语义或其成分，或者说这类语义或其成分的提取有无规律规则或方式可循，等等，则需要探究。本书认为，基元（Primitive/Prime）是语义语法的根本，至少在本研究对象上如此。基于此，可直观、经济、便捷解释相关的语法现象。基本的理论与实践依据如下三点。

ⅰ. 基元是词义核心，是最简、单一的现实的心理单位，是词义生成与衍生的根本。

ⅱ. 基元在词语发展变化中影响或作用持久。语法化的滞留原则及后拉或回头看效应就是其体现之一。

ⅲ. 基元在释义、NLP 的词汇语义资源建设与句处理等方面，有着简约的组织力与解释力，它是"语义语法"之基，把它用于本体语法研究至少是值得尝试的。

二 基元

科学意义上的"基元"提出始于近代自然科学，指构成物质的最小单位。人文学科自 17 世纪后才在哲学、逻辑学领域展开讨论，认为人能够理解话语，是建立在可理解的简单成分之上的。这个简单成分即为基元。语言学上的基元研究始于"意义"能否成为学科或科学的讨论，这方面，即使是认同的，也从未直接证明，而是以松散的、模糊的和特定的方式提及。认知科学兴起后，诸多认知语言学家进行了不懈的探究，Wierzbika（1996）就是其中代表之一。她经过长期研究证明了"意义"是可以成为科学对象的,线索与基石就是基元。

(一) 基元及理论基础

Wierzbika 认为,基元是不可定义的最简的绝对概念(simplest, indefinable and absolute)。其理论支点有两方面。一是乔姆斯基的心智主义。心智主义认为,人类多数概念是内在的,排除奇迹,内在概念先于经验而有效或可用(available)。当然,多数词的意义会随着语言的差异而不同,这是文化加工形成的,尽管它们有相同的内在概念。二是儿童语言习得之初的"内在基本概念"或"前语义空间"。二者都认为,普遍的基本概念的形成不完全是白板效应,而是由内在基本概念装备起来的主动行为,或是在语言学习前已准备好的初始态。初始概念有固定的一面,是绝对本质或最小的基本核心概念。当然也有不固定的一面,是通过语言文化获得的。儿童进入语言得依赖前语义空间,即儿童首先使情景与意图有意义,然后才是他/她说的,就像哭笑皱眉等的成因一样。基元不是 persuade(劝说)等特定概念,而是所有语言都有的事物【THING】、行为、动作【DO】及事物之优劣【GOOD】等。

(二) 语义基元及提取

语义基元是概念基元的语言化。最佳提取线索是在词汇中优选,坚持原则是"最简""不可定义",依靠语感"理解"——使未知的减少为已知的、从模糊到清晰、从深奥到自我说明三方面,操作方式是语言内试误(trial and error)。试误多数情况有困难,因为会碰到如下三种现象。

首先是多义词语。这需要参考句子优选,因为基元并非都由独立的词表达。例如:

(1) a. I want you to do something.
b. The house wants painting.

例(1)的 want(想)多义,a 的 want 是基元而 b 不是。其次是词位变体(allolexy)。如果一个词/语素跟两个不同的意义联系,其中一个常有两个以上词汇式,那么,这两个词汇式便是基元的词位变体,如 I 与 me 就是基元"I"的两个词位变体。另外，当一个基元与另一个组合时，它会从位变体中选择一个，如基元 SOMEONE 与 ALL 在英语组合为 everyone 或 everybody，在特定语境下 – one 与 – body 也可视作基元 SOMEONE 的词位变体。最后是基元"价"的确定。同一基元有不同的组合，决定它的价的是语法组合式。例如：

(2) a. X did something.
　　b. X did something to person Y.
　　c. X did something with thing Z.

例（2）的谓语都是基元表达式 DO，但价不同。虽然 did something to someone 与 did something with something 都含有 do something，但 b 与 c 的 do something 却不能根据 a 的或其他的分析，因为这三种情况的 do 的价不同。do 的价不同由不同结构形成，而不是其本身就有这三个价。

(三) 基元特征

Wierzbika 经跨语言调查优选出一个基元清单。与本书密切相关的如表 1 – 2 – 1 所示。

表 1 – 2 – 1　　　　　　　　跟本书密切相关的基元

概念类型	基元
限定与量（determiners and quantifiers）	SOME；AND；MORE
心理谓词（mental predicates）	SEE；AND；HARE
运动（movement）	EXISTENCE；LIFE（ALIVE）；MOVE；THERE IS；LIKE
空间（space）	FAR AND NEAR；SIDE；INSIDE；HERE
时间（time）	A LONG TIME；A SHORT TIME；NOW
评估算子（evaluators）	GOOD AND BAD

Wierzbika 声称表 1 – 2 – 1 是普适的，所有语言都有其表达式。它们是内在的，不因民族/种族而异。不同语言的语义系统是它们跟特定文化的构型（configurations）。它们是跨语言交流的依凭。

语义基元是不可定义的、最简的，前者指作为系统的基元不可定义，而并非指表达基元的词如此。后者指语义基元是内在的、通俗易懂的。"内在"指理解的绝对顺序，如只有理解"说"才能够理解"谴责"，而不是相反。"不可定义"指基元是最小的、不可分解的，如用人工语义成分将 I 分解为 [＋Speaker，－Hearer]，这不是从复杂到简单、模糊到清晰的分解，即使分解出来也没意义，因为这是人为的专业指派，而不是自然语言。就基元之间的关系看，是非构成性的关系，如 I 与 YOU 密切相关，但其间没有可识别的组成部分，二者是非构成性关系。非构成关系与构成性不同，后者是可定义的或分解的，如 asleep 与 awake。

（四）基元价值

首先，基元是建立"意义"的学科基石。它不仅是词汇语义系统的组织者，也是语义语法释义中的一个不言自明的真实的内在基础。当然，还可用它严格描写或解释"意义"，避免把 demand 定义为 to request firm（强烈要求），又循环地将 request（要求）定义为 to demand gently（温和地要求）。

其次，基元思想在 NLP 词汇语义资源建设中具有重要的意义。如 Schank（1972）用 11 个动作基元描写了英语动词语义结构及语义信息；黄曾阳（1998）用 6 个基元刻画了汉语句义结构及关系；冯志伟用 11 个基元建立了中文词网。[①] 所谓"基元思想"，是指由于作业思路及技术取向等差异而对基元理解、应用虽有所侧重，但都是用基元的不可定义的或生成其他概念的功能为纲去统摄建构词汇语义系统的。当然，NLP 基元多数是人工的，如 Schank 与黄曾阳的基元即语义成分及语义角色等。

（五）本书基元所指及分析环境

本书基元：一是指 Wierzbika 的不可定义的、最简的绝对概念或语义成分；二是大致指相当于通常所说的"本义"。基元作为语义的内核与根源，发挥语义语法作用同样离不开聚合与组合。聚合是通过基元把实体集结成类，如"有、在"就是【存在】的主要、次要表达式而自然为类的。组合是考察基元分布衍生意义或功能的语境，这无非

[①] 引自冯志伟 2004 年 10 月武汉大学 Word 讲义稿。

词语、句子、篇章/对话等。基于研究内容与表述的便捷之需，本书引入 Traugott 和 Trousdale（2013）的构式、构式变化与构式化，并根据实际加以改造作为组合考察的环境。下面就此作一简要说明。

三 构式、构式变化及构式化

（一）本书构式所指

鉴于目前构式语法试图在用大大小小的构式为单位建立语法系统中，所存在的诸多理论不自洽，本书把它限定为除单音单纯词之外的各级各类语法单位或其抽象结构体。构式有范畴及阶层之分，其间，由同义/近义、反义、上下位义、分类等关系链接成网。构式是语言的子网，语言不完全由构式网络构成，如音位、音节、单音语素等形成的网络不是构式网络。把语言看作网络，是基于脑神经是网状运作的。但语言的网状运作从外在表现看，还是要体现到组合与聚合机制之上。

（二）构式变化与构式化

构式演变有构式变化与构式化两类。前者是构式某维度有变化但整体还没成为新构式，① 后者是形成了新构式。构式化有词汇性的、语法性的及中间类。为简化分析，后文根据研究实际把中间类归到前两类。词汇性构式化常见的有两类：一是即时的，如语言接触引进的图式；二是复杂图式经一系列构式渐变而来的。语法性构式化是构式形义的一系列微小变化的结果，通常涉及词汇义的丢失，但其来源可能是非词汇性的。Traugott 和 Trousdale（2013）认为，词汇性构式化与语法性构式化可由表 1-2-2 的参数判断：

表 1-2-2　　　　词汇性构式化与语法性构式化判断参数

	词汇性构式化	语法性构式化
图式性	增强、消退或消失	增强
能产性	增长与消退	增强
组成性	消退	消退

---

① 构式变化不同于构式创新。创新是个体或言语社区行为，是修辞意义上的，是构式变化的潜在因素。创新不断复制、惯例化后才能引起变化。即创新与传播联合起来才能成为变化。

(三) 构式观下的语法化与词汇化

Lehmann（1992：406；2004：183）认为，语法化对象是构式，本质是创造语法范畴。它有相反相成的两方面表现：形式依赖性增强与缩减；语义/语用、句法与同现范围扩展。缩减指丢失自主性，失去语义复杂性、语用重要性、句法自由性及语音物质性。扩展指语境扩展，聚焦在语义/语用、句法与搭配，其核心是语义/语用与语境。因此，语法化是个得失过程：语义消失一定伴随语用义语义化，失去词汇义会增加语法义。语法化产生的语用义是新义的一部分，只不过是抽象的程序性的而非词汇性的。

词汇化关注语法实体物质性与内容性成分编码，本质是缩减。包括复杂词语变成简单的，或句法结构体成为固定的心理词条。词汇化从共时与历时看有异，前者关注音段表达式，如 Talmy（2000）的词汇化注重认知场景编码，尤其是由运动方式、动因与路径等语义成分融合形成词汇。历时词汇化指语法化的一些推断性反例，特别指语法成分作词汇用，如英语的副词"up"作动词。与词汇化密切相关的是去语法化。Norde（2009：120）指出，去语法化是综合式的成分变化，是特定语境中语法化项获得自主性与物质性的过程。这在其他语言学层面是没有的、不多的或较少的。常见的与语法性构式化直接相关的是去语法化。首先表现为去屈折化——对次要语法化的逆转。其次是去黏着化，如后缀或附缀成为有少量内容的语法式，并最终发展成自由语素。

四 研究思路及方法

（一）思路

第一，提取三者的语义基元及特征，多维挖掘并解释"有、是、在"成类的基础。第二，普、方、古相结合考察三者在情态表达、时体表达、语气表达、信息功能上的性质、意义衍生的共性与个性，并解释其成因。这两方面研究虽采用的理论方法多样，但最根本的是语义语法。第三，是展示三者共、历时发展中的语法效应。第四，是对三者作有限的跨语言比较，以期展示其价值及成因。在上述四个方面的考察中，关注三者基元在何语法层级起作用、起怎样的作用及其作用的方式等，是本书的主要线索线。

（二）方法

描写　我们是以普通话的事实或现象为主要对象，但为了充分揭示、展示事实或现象的特征，还进行方言与古代汉语方面的描写。

比较　大而言之，包括对"有""在""是"共时、历时及跨语言比较描写等，具体则包括对三者的情态表达、时体表达、语气表达、信息功能方面的性质、意义的对比描写。

解释　包括对三者情态表达、时体表达、语气表达、信息功能上的性质、意义等个性、共性成因的解释。在此过程中，我们借鉴吸收了认知功能及形式语法等理论、方法进行解释，且尤其注重应用三者的语义基元及其特征对相关事实或现象解释。

五　语料、文章符号使用说明

研究中的来自北京大学语料库 CCL 的语料不注明，其他的注明。符号【】中的成分表示基元，[ ] 中的成分表示语义特征及语法单位的潜结构或深层结构。Ø 表示成分缺省（default）与省略（ellipsis），在表述上二者概称"缺省"，必要时分开说明。例句内括号（）之内的成分表示是"选择性的"（optional），用例之前的 * 与？表示不可受与可受性低，t 是移位留下的语迹。例句之后的括号（）之内的内容表示对例句的解释或注释来源等。个别不常用的符号随文说明。为表述简洁，语法"意义"与"功能"通常概称"意义"，必要时分开说明。

第二章 "有"的语义基元、领属义形成及其特征

第一节 "有"的语义基元及其特征

一 【存在】的表达及其作为"有"的基元的发生学证据

"有"是多义的。目前释义少则三项,如《现代汉语八百词》;多则为五项,如《现代汉语动词词典》;还有释为九项甚至十二项的。但不管释为几项,均认为"存在"与"领属"(涵括"拥有、占有"等)是基本义。至于二者哪个是基元,主导的看法是后者,而认为前者由其语法化而来。当然,基于领属义的"有"的研究不会出现动摇结论的消极影响,但从"求是"角度来看,这跟语感有距离的。当然,也有学者意识到"有"的基元是"存在",但基本是以随文的点到为止的方式提及或间接说明的,从未正面证明。基于此,有必要对"有"的基元进行讨论。这不仅对语感求"源"与学理求"是"有意义,而且对于经济、充分刻画或解释相关现象或事实也有益。

"有"是【存在】的表达式,如"桌上有书"。但这仅是其基元是【存在】的必要条件而非充分条件,因为"有"能表达【存在】并不一定意味着基元就是【存在】。

(一)"有"基元是【存在】的个体发生学依据

孔令达(2004:124—125)指出,汉族儿童习得"有"最早是作"存在"动词使用的,如例(1),儿童年龄是1岁4个月左右。而例

(2) 的"领属"用法，直到 2 岁 6 个月左右才出现，两个语义使用时差有一年之多。例如：

（1）（取样人变魔术，被试见取样人手里的东西不见了说）没有。
（2）（被试对取样人说）我们家有两个家，大学一个家，翻墙头一个家。

孔令达同时指出，儿童早期"有"的用例是"存在"的多而"领属"的少。Bates（1988：252）发现，2 岁的母语为英语的儿童已能完美表达"存在"，如例（3），而且断言【EXISTENCE】是产生在儿童的嘴巴和吮吸之间的。这意味着它是儿童的第一个本能的初始概念。

（3）There's a cleaning lady there.

"存在"也是母语为英语的儿童习得的第一概念。研究发现，【存在】在早期儿童英语中，常以双词句出现，出现在 there 或 here 为首的构式中，如 there book 与 here boat 等。there book 与 here boat 就是口语化的"存在"构式，表示"有书""有船"。

中、英儿童习得母语时的鲜明共性说明"存在"比"领属"早。反过来看，"领属"早于"存在"是没有可能性的。

（二）"有"基元是【存在】的系统发生学依据

1. 甲骨文"有"的语义

杨逢彬（2003：70—72）发现，甲骨刻辞中"有"只有"存在"用例而无"领属"用例，例如：

（4）有虎？亡其鹿？（合 893 正）

"有虎"是"存在虎"。张玉金（2001：3）也指出，甲骨文的"有"是存在动词。尽管该文没有交代其中有无"领属"用法及其数量表现，但观察其用例同样会发现它除作连接词，均表"存在"。① 这说明"有"的汉语史（系统发生学）表现跟儿童习得（个体发生学）是平行的。既然如此，"有"的语义基元就是【存在】。

2. "有"古文字会意及其特征

目前学界主流看法是"有"的语义基元为领属，② 一个重要依据是对其古字形又与"屮"的会意。学者根据前者意象"手里持肉"而把它会意为"持有、占有"等领属义。其实，"领属"也不是它的唯一确定的字义，因为这并不能否定把"手里持肉"会意为"手里存在肉"（M_1）的合理性。相反，M_1倒是一个直观具体可受的会意。"存在"是"领属"前提，若"手里不存在肉"，是无从谈及"领属"的。可见，把又会意为"存在"似更合理。进一步看，"领属"就是人类把"归属、占有"等特有意识或思想加在M_1上的文化构型。换言之，"领属"是对"存在"的文化抽象，具体解释见下文。

康殷（1979：237）还把"有"的另一个古字形"屮"解读为"供板上放置着牛头"（M_2），进而意会为"告祭"类动词。若不计较结论的专业性是否可靠以及是否为学界所接受，单就会意的心理基础与特征看，这跟会意为"领属"本质上完全相通，因为"祭祀"也要以M_2为前提。总之，将"屮"会意为"告祭"类动词，还是对"存在"实例的文化延伸或抽象。本书并非要否定把又会意为"领属"的科学性，而是说会意的前提一定要有"存在"为实例。

总之"有"的两个古字形会意结果虽不同，却有着同一底层与思路，【存在】就是"领属"的基元，"领属"可以在【存在】上用文化定义。本书作这样断言，还有日常"领属"表达也要以"存在"为前提，如只有看到"山上存在草"，才能说"山上有草""山上的草"等。

---

① 其实所谓连接词"有"还是存在动词，说明见本书第五章第二节。
② 为表述方便，用"领属"涵括"占有、拥有"等。本书不否认"领属"来自"拥有、占有"等动词，而只是说领属义不只是"拥有、占有"类动词的语法化一个来源，还有源自"存在"实例的经验或文化构型。

二 从"有"及其否定式的关系看其基元

最初"有"与"无"对待,所谓"有无相生"(《老子》)。甲骨刻辞中这类用例很多,下面从杨逢彬(2003:158)引述两例,例如:

(5) a. 有大雨?
    b. 无雨?

可见,"有"就是"无"的反面,表示"存在"。据张新华、张和友(2013),"无"起初是跟"物"相对的否定存在物本体的名词。"无"是"物"的反面,表示"不存在之物"。观察南朝梁·顾野王《玉篇》释义:

(6) a. 无,不有也,虚无也。(《亡部》)
    b. 有,不无。(《有部》)

《玉篇》中"有"与"无"互释说明"有"是"存在","无"是"虚无","虚无"就是不存在或事物的空无。

"无"也否定"领属",但甲骨时代的"有"是表达"存在",可见"有"至少在有文字之始就与"无"相对。并且我们认为,"有"的存在义不仅没有随着高频使用淡化,而且在发展中还曾有过增强。王文斌、张媛(2013)指出用名词"无"否定(存在),不仅可引发"无"向动词或副词发展,而且可使"有"的空间性增强,特别是在"无有"组合中。所谓"有"的空间性增强,就是它的"存在"显著化。观察:

(7) 俾队其师,无克祚国,及而玄孙,无有老幼。(《左传·僖公》)

(8) 君实有郡县且入河外列城五。岂谓君无有,亦为君之东游津梁之上,无有难急也。(《国语·晋语》)

例（7）的"有老幼"孤立看有领属意味，但经过"无"的限定后是表"存在"的，因为"无"把"有"的存在义凸显了；同样例（8）的"无有"也是存在义。从现代汉语看也是如此，当我们说"老张有车"时，"有"领属义凸显；说"老张没有车"，"有"表存在，即"不存在老张拥有车的事实"。

总之，从"有"的共、历时肯定与否定看，语义基元是【存在】。值得指出的是，先秦肯定存在，以不用"有"为常。吕叔湘（[1942]1990：234—237）曾指出，"肯定句无须特别用字去表示肯定的意思，除非表示某种语气"。即肯定句用"有"肯定是"特别用字"的语用现象。"某种语气"就是主观强调。若不用"有"标记，句子是直陈或叙述性的。比较：

(9) 臣之罪重，敢有不从，以怒君心，请归死于司寇。(《左传·襄公》)

(10) 大伯不从，是以不嗣。(《左传·僖公》)

(11) 故君子有不战，战必胜矣。(《孟子·公孙丑下》)

例（9）中的"有"肯定事件"敢不从"的存在，有强调意味，句子是判断性的；例（10）没用"有"，是直陈事件存在的叙述句。例（11）的前一小句用"有"而后一句没用，二者的区别还是判断与直陈的差异。

相对于古代汉语，现代汉语在肯定与否定事物、事件存在的系统方面有点变化，否定词用"没（有）"，肯定仍以不用"有"为常。"有"与"没（有）"是表示肯定与否定事物、事件存在的一对范畴。分别如例（12）与例（13）：

(12) a. 他有哥哥/湖里有鱼。

　　 b. 他把它放在片子里了。

　　 c. 他有把它放在片子里了。

(13) a. 他没哥哥/湖里没鱼。

　　　　b. 他没把它放在片子里。
　　　　c. 他没把它放在片子里。

　　据戴耀晶（2000），例（12）与例（13）表示的分别是质肯定与质否定。前者肯定事物或事件存在（包括发生或动态存在），后者指否认事物或事件存在（包括发生）。总的来看，"存在"共、历时表达的最简最原始的形式都是"有"。"有"的语义基元应该是【存在】。

　　结　语
　　"有"语义基元是【存在】。这不仅体现在它是【存在】的词汇表达式之一，更重要的是体现在个体发生学、系统发生学、认知与句法语义及跨语言表现等方面。

第二节　"有"的领属义形成及其特征

一　"领属"概念、原型及其特征

　　"领属"是一个复杂的概念，Tayler（2003：228—229）认为，其原型至少有八个特征：

　　　　ⅰ) 人类独有现象；
　　　　ⅱ) 被领属的是具体或特定的事物而非抽象的；
　　　　ⅲ) 领属关系是排斥的，每个领属只有一个领有者；[①]
　　　　ⅳ) 领有者有权处理被领有者，其他人在领有者授权下可处理被领有者；
　　　　ⅴ) 领有者凌驾于被领有者的权力是转让赋予的，在转让给另一个之前该权力一直伴随着他/她；
　　　　ⅵ) 领有者对被领有者要负责、关心、维护且保持好它的状态；

[①] 这一点似难成立，如父母与同胞子女之间就并非如此。

ⅶ）领有者为了能对被领有者实施权利与义务，二者空间上必须紧密邻接；

ⅷ）领属是长期的。

Tayler（2003）认为，判断"领属"关系是件极困难复杂的事。领属义虽常用，但绝非语义基元，而是一个经验完形。"复杂"指它不是最简的、不可定义的或通俗易懂的。这就解释了为何儿童习得它的时间晚于"存在"，因为复杂困难概念在认知开始发展的儿童那里如果存在的话，是有违常规的，不符合人类认知事物由具体、简单向抽象、复杂渐次推进的一般规律。

从儿童语言习得看"存在"先于"领属"是绝对内在的一般规律。前者是认知事物的起点，后者是认知发展到一定阶段才会出现的。基于此，Lackoff 和 Johnson（1980：60）才认为，人类使用"领属"的动因与目的是物理组织与文化现实的需要，如对整体与部分、人际人伦关系等的认识。这也是 Wierzbika（1996）基元清单中没有"领属"之因。看来"领属"与"存在"是构成性关系，后者可定义前者而不是相反，至于定义方式见下文。这说明存在义是"有"的基元。

二 "有"字句的特征及"有"的基元

吕叔湘（[1942]1990：67—68）指出，"有无"句有四个形式类，下面将其用例以及说明引述如下：

(1) 甲．有跑堂儿的呢。〔没有起词〕
　　乙．船有两种。　〔分母性起词〕
　　丙．蜀之鄙有二僧。〔时地性起词〕
　　丁．我有一本书。〔领属性起词〕

甲类和乙类只表示"存在"而不参加别的概念。丙类除表示一人一物存在外，兼表示此人此物与某地某时有关系，例如丙表示两个和尚存在，同时表示这两个和尚跟四川有关系。通常认为丁类"有"表所有权，是普通动词，另外那些的"有"表存在……。这个话有一部分真理，丁的"有"和丙的"有"确是有点儿两样，可是我们也不要把它们当中的距离看得太大。也有些句子仿佛可两属，例如"村有村长，乡有乡长"……。"村有村长"可解为一村之中有一人为长，也可以解释为村长为村所有，属于此村。……丁类句子，无非表示事物存在，同时表示此物与某人有关系而已。例如丁同时表示两件事，一是表示有一本书存在，其次是此书与一个人（我）有关系。这种关系通常称为"领属关系"，其实这个关系也是很活动的。"我有一个朋友"和"我有一个敌人"，我们能说我跟这两个人的关系相同吗？"我有一块钱"，这块钱可以随我怎样花；"我有一哥哥"，我可不能随便处置他。"上星期我有一封信，收到没有？"这封信是我写的；"我有信没有？"这是人家写给我的。

吕先生的讨论说明以下几方面内容。一是原型存在句的主语是空间（甲类），或主宾语是分母与分子的关系（乙类）。分母与分子的关系是"容器与容纳物"的隐喻，即主语还是空间。二是丙类存在句还兼表广义的领属。三是丁类与丙类连续，其中的"领属"解读要以"存在"为前提，"领属"是"存在"的衍生义。四是丁类句的"领属"是活动的：一方面指它可表示原型领属，如"我有一个哥哥"（不可让渡的）及"我有一块钱"（"我"能处置"一块钱"）；另一方面，它可以是非原型领属，如"我有个敌人"（没有稳定、恒久、排斥性）。非原型领属其实是"存在"。领属的活动性还指它有多样的解读，如"我有一封信"可表达"我写的信"（领属）与"别人给我的"（非领属或存在）等经验意义。

看来"有"字领属句不管是原型的还是非原型的，都有活动性，都以"存在"为基础或兼表存在。从表达方式看，"领属"就是人类组织自然与文化现象的特殊的"存在"范畴。再结合上述论证看，可推断出例（1）的"有"字句之间的衍生关系是"甲/乙→丙→丁"，而不是相反。总之，"存在"是最简的、不可定义的、绝对的，"领属"可用它定义或解释，二者是构成性关系："领属"中总有可识别的成分"存在",或者说从它里面可以提取出"存在"。"存在"就是"有"的语义基元。下面再从"有"字存在句与领属句的句法语义关系作一说明。

薛宏武(2006,2008)指出,"有"字领属句主语都能变元或扩元成为存在句。观察:

(2) 胡萝卜有维生素⇌a. 胡萝卜(里)有维生素。
(3) 三角龙有骨质盾⇌a. 三角龙(脖子上)有骨质盾。

例(2)、例(3)的主、宾语是"整体与部分"关系,可视作广义的领属。"胡萝卜"加个"里"就是方所主语,相应句子就成为存在句。"胡萝卜"变元引起的变化是,例(2)可解读为领属句,也可解读为存在句,而例(2)a则是存在句。例(3)增加一个环境元"脖子上"就是存在句,扩元结果之一是句子的意象具体化了——"骨质盾"部位明确了;之二是"三角龙"变成大主语,或解读为"脖子上"的定语,而"脖子上"是小主语或中心词。总之,不管如何变化,例(2)a与例(3)a都可解读为存在句。

例(2)、例(3)变元与扩元之后的真值不变,说明"有"字领属句总是有存在义的。反之,删去二者a式的"里""脖子上"便是领属句。综合例(1)、例(2)、例(3)可发现存在句是领属句的底层。

"领属"句的底层是"存在"句,是跨语言的普遍现象。Lyons(1967,1968)、Clark(1970)等证明了英语处所句、存在句和领有句有着内在关系,三者都有相同的底层"处所结构",并指出,"领有"并非一个独立范畴,而是处所范畴的次范畴。"处所"就是存在物依存的空间,属于广义的存在范畴。吴为善(2011)也意识到"存在"的域比"领属"的大,这说白了就是指后者是前者的次范畴。

例(2)、例(3)变元或扩元之后真值不变,说明"有"字存在句与领属句之间能互相转换,只是在句义具体与抽象、时序的前与后方面有别,存在句具体且形成早,领属句产生迟且抽象。这进一步说明"领属"底层就是"存在",或"领属"由"存在"发展而来。任鹰(2009)等曾指出"拥有"和"存在"紧密联系,可相互转化,"X拥有Y"意味着"X那儿存在着Y"。但问题是二者为何是"紧密联系着"的,又是怎么"紧密联系"起来的?与此相关的是,二者之间"转化"机制是什么?

石毓智(2007)、任鹰(2009)、吕建军(2013)等认为,"领属"是"存现"(动态存在)的隐喻,是可取的。但"隐喻"是一个普遍认知机制,并不能揭示出"存现"到"领属"的个性或细节,这对于认识"领属"的特性来说是不充分的。王文斌、张媛(2018)认为"领属"与"存在"的转化机制是指对同一场景的主客观的识解方式。如"桌子上有本书"和"我有一本书":前一句的说话者"我"对"书"的识解具有最大客观性,"我"没有融入这一场景,凸显的是客体"书";后一句中,说话者"我"对"书"识解具有最大主观性,"我"融入其中,凸显的是"我"。这种看法比"隐喻"深刻,但还不充分:一是"我"融入或没融入场景究竟指什么还没有说透彻直白,理解起来有点晦涩;二是并不能揭示出"领属"文化特性的获得机制,研究基本属于情景释义范畴。下面我们从经验或文化构型出发,揭示并解释"存在"与"领属"之间内在衍生关系,以展示二者紧密关系之所在及其句法语义之间转化的深层机制。

三 "有"的领属义来源、特性及其形成

我们认为,"有"的领属义有两大来源,一是"拥有"类动词的语法化,这是共识,无须赘论;二是"存在"实例的文化构型,这是根据 Lakoff 和 Johnson(1980)、前文讨论以及下面的范畴化或概念化(categorize or conceptualize)得出的结论。

概念化与范畴化是人类认知世界的重要方式(Langacker [1991] 2014:170—171),二者都是通过原型特征延伸、实例抽象化或图式化等实现的,并且在此过程中都离不开参照。参照是人类一项基本认知能力,体现为激活某实体而跟另一实体形成心理接触,模型(Reference point modal)是由概念化主体(或说话人)、目标、参照点以及概念化域构成。

例（2）可视作说话人参照"人与身体部件"的关系去概念化"胡萝卜与维生素"的关系。选择"人与身体部件"作参照，是"人类中心主义"这一最基本的认知事物源与方式决定的。参照"人与身体部件"去概念化"胡萝卜与维生素"的关系，会产生两个密切相关的结果。

首先，说话人与"胡萝卜与维生素"形成了心理接触（mental contact）。这意味着前者已置身其中而有了明确定位（grounding）。Langacker（［1991］2004：215—216）指出，主观化表现之一就是说话人把实体之间关系从客观轴调整到主观轴，使之成为概念化过程的一部分。例（2）a跟说话人没有心理接触，是跟说话人无涉的客观情状。用Langacker（［1991］2004）的比喻说，就是说话人仅作为台下看戏的观众而未卷入其中（off stage and uninvolved）。当例（2）a跟说话人接触后，就不再是客观情状，相应的，说话人也不再是台下观众而已是卷入其中（on stage and involved）的成员。总之，说话人参照自身的"人与身体部件"的领属关系去概念化例（2）a是主观化。例（2）a主观化后，"胡萝卜"与"维生素"之间表达的"存在"关系不再是客观情状，而是主观化的领属关系。与此相应，"有"就由客观的存在义而变为主观的领属义。换言之，"领属"就是主观化了的"存在"。

其次，"胡萝卜"与"维生素"之间获得了"人与身体部件"的领属关系或意识，就是"有"的领属义由来。换言之，例（2）是"人对身体部件"的领属意识与例（2）a的存在实例的复合化。并且"人对自身的身体部件"的领属意识在例（2）也有印记，只不过这个印记相对于例（2）a作为存在句的标记"里"来说，是零标记。按照Susan（1995），主观标记越少主观性就越强的观点，例（2）主观性很强，因为它的标记是零形式。

例（2）a主观化后，存在标记"里"便可删去。即例（2）是说话人跟例（2）a完全融合为一的高度主观化形式。可见"领属"就是"存在"的次范畴化，或者说"领属"是文化意义上的"存在"，因为"领属"是人类的文化现象。

总之，"有"的领属义一个重要来源就是"存在"实例的文化构型，文化构型过程就是概念化或主观化。同样例（3）a 概念化为例（3）也可以按上述类推分析。再观察：

(4) 老王有房子⇌a. 老王_话题/主语（某地）有房子。

按照分析例（1）的"丁"，例（4）表示两件事：一是"某地"有房子存在，二是"房子"跟"老王"有关系。前者是后者的前提。从文化看，"老王"跟"房子"的关系就是"领属"。这一领属关系是通过购买或继承等特有的物权转移方式形成的。简单来说，例（4）是说话人把人类的物权关系加在目标例（4）a 上形成的。

以上讨论的存在物是实体 NP（entity）的概念化情况。存在物是一个抽象 NP 时，概念化过程同样如此。例如：

(5) 小王有见识⇌a. 小王，（这事上）有见识。

根据原型领属的特征及对例（1）的分析，例（5）是存在句，但本书还是从俗从众地把它解读一个广义领属句，因为它是组织人类及其"看法"的。就形成过程看，除可按照例（3）领属义的形成类推外，还可以把它看作原型领属实例的延伸，具体来说，是把原型领属图式的实体"房子"拓展为抽象的"见识"。

不管"有"的"领属"是以何种方式由"存在"实例构型而来的，归根到底是一个文化或经验的完型，体现的是一个由具体到抽象的一般认知规律。在此过程中，概念化主体的说话人对"存在"实例是有着深刻的自我意识、姿态与立场等的。在此意义上看，例（2）至例（5）的主语的语义角色与其说是领事（genitive），倒不如说是历事（experiencer），因为这里面有着概念化主体的显著的主观意识。总之，"领属"语义有着深刻的文化或经验烙印，体现了人类自我中心（egoism-center）观念或意识，主观性显著。至于现在不觉得它主观性显著甚或有主观性，那是高频使用中由于语感失敏所致或去主观性了。原型领属句严格说不多，大多数领属句是基于人类社会物理、社会文化及经验等需要而由存在实例概念化/范畴化而来，或者说由原型领属句延伸而来，如例（2）至例（5）都是广义领属句。有人意识到"存在"比"领属"域大，其实就是说后者是前者的次范畴。

上述讨论也说明"有"字存在句与领属句虽能转换，但有区别，表现为句义的具体抽象、时序的前后。存在句具体且形成早，领属句产生晚且抽象，说明"领属"的底层是"存在"，"领属"由"存在"发展来的。总之，"存在"是"有"的语义基元，认为"有"的基元是"领属"，除文字会意依据之外，还有个重要依据，就是印欧语类似英语的 have 等，是由 get、grab、obtain 等"获得、占有"类动词语法化来的。我们认为，这两个依据对于定性"有"的基元是"领属"是或然的，第一个依据或然性已说明，下面就第二个的或然性作一说明。

四 "领属"倾向源自"存在"的跨语言依据

"领属"是多源的，类似印欧语 have 等源自 get、grab、obtain 等"获得、占有"类动词仅是一个方面。扩大语言调查范围，可看到它还有"存在"及其他方面的。

首先，来自"存在"或广义"存在"的极普遍不仅丝毫不逊色于源自"获得、占有"动词等，而且在跨系属或语种上的普遍性丝毫不逊色于前者。观察例（6）至例（11）加点且加粗的部分：

（6）**may**　　bir　　si　　　Lúling.
　　　Exist　beer　TOPIC　Loling（Loling has/had beer = Loling 有鹿；菲律宾 - 宿雾族语 Cebuano）①

（7）ne-na　　motorbike　kai　**li**-f-me.
　　　2-GEN　motorbike　　Q　　**lie**-PRES-Q
　　（Do you have a motorbike? = 你有摩托车？新几内亚 - 伊

---

① TOPIC = 话题，GEN = 属格，ART = 冠词，1SG = 第一人称，DAT = 与格，HABIT = 习惯体，OBV-INDIC = 旁格指示语，3POSS = 第三人称领格，PLACE = 处所，DEF = 定指。下文同。

蒙达 Imonda，New Guinea）

(8) **wod ǻy**　nan　fǎkat　is　nan　ong ǒnga.
　　be. at　ART　nail　LOK　ART　boy

（The boy has a nail lit. "a nail is at the boy" = 那个孩子有颗钉子；南岛语族 – 伊哥洛特 Igorot Bontoc）

(9) aku　**naqan**　buku.
　　1SG.　**be. at**　book

（I have a book = 我有书。南岛语族 – 玛安延语 Ma'anyan）

(10) nana-ge　mu：varu　hennu　makkaḷu　**idda：re**.
　　1SG-DAT　there　female　children. NOM. PL　**be**. NON-PAST. 3PL. HUMAN

（I have three daughters = 我有三个女儿。南印度 – 埃纳德语 Kannada）

(11) ni?s　pik' aks　san　ʔat　ii n　**ʔin**-s-I ʔa. kawutIa-ʔis.
　　ART earlier. time　but　HABIT　must　**be**-OBV-INDIC teepee-3POSS

（But in earlier time, they must have had teepees = 早些时候，他们必定有帐篷。美洲印第安 – 库特内语 Kutenai）

这六例引自 Dryer（2007a：244—246）。例（6）的 may 与英语 exist（存在）相当，例（7）的 li 与类语 lie（位于）相当，即 may 与 li 是存在动词。例（8）的 wod ǻy 与例（9）的 naqan 相当于英语的 be at（是在某地方），是广义存在结构。例（10）的 idda：re 与例（11）的 ʔin 相当于英语 be，be 是表肯定的"是"，"是"与"存在"相通，也是广义的存在动词。再观察：

(12) nauanu　**iimwa**　　Nasu
　　village　POSS. **PLACE**　Nasu（Nasu's village = Nasu 的村庄；Woleaian 南岛密克罗尼西亚沃雷埃语）

Dryer（2007b：186—187）指出例（12）的领属标记 iimwa 本是处所名词，与汉语领属标记"的"有些类同。据江蓝生（1999），"的"是来自处所名词"底"。方所是表达广义存在的或是存在范畴。

语言调查还发现，"领属"来自"存在"的跨语言系属也很宽广。除上面用例涉及的南岛、非洲、美洲等地语言之外，还有来自如下语言的：

(13) n-**di** no-omuana.
　　 I-**be** with-child （I have a child = 我有个孩子；be = 存在）

(14) le-yóav **hayú** harbé xaverím.
　　 to-yóav **were** many friends （yóav had many friends = Yóav 有很多朋友；yóav = 是）

(15) ló **hayá** l-o et-ha-séfer ha-ze.
　　 NEG **was** to-him DO-DEF-book DEF-this
　　 （He didn't have that book = 他没有那些书；**hayá** = be）

这三例引自 Givón（1984：104—105）。例（13）是班图语支的本巴语（Bantu Bemba），例（14）是以色列希伯来语（Israeli Hebrew），例（15）是希伯语。它们都是用语义相当于英语 be 的 di、hayú 与 hayá 表达领属义的，并且也可表达让渡或非让渡领属，分别如例（14）的 hayú 与例（15）的 hayá。

另外，"领属"还有源自关涉、处所、种植等的，例如：

(16) baabiyor-**oi**.
　　 book-1SG. POSS (lit. book **about** me or **by** me) ［我有书。南岛密克罗尼西亚 Woleaian（沃雷埃语）］

(17) ［nikiliv owas］ **ne** misi.
　　 ［hibiscus old］ POSS. **PLANTED** missionary.
　　 The missionary's old hibiscus （传教士的木槿花；Planted =

种植；非洲巴布亚语 Papuan）

根据 Dryer（2007b：186—187），例（16）的领属标记 oi 来自表示"关涉"（about）或"经、由"之类（by）的词语。例（17）的领属标记 ne 源自表示"种植"的词语

如 Heine 和 Kuteva（[2002] 2007：148，241—242）调查所示，"领属"并非仅是"获得"类动词一个来源，"存在"及与之相关的"方所"等"存在"范畴也是一个重要来源。可见，"存在"是"有"的语义基元的跨语言事实的支持丝毫不逊色于"领属"。

结　语

"领属"是一个可定义的复杂概念，是"存在"的次范畴，次范畴化的途径是概念化或经验的文化构型。它主观性显著，体现了人类中心主义的文化特性。明确【存在】是"有"的语义基元，不仅可跟语感协和，在学理上逼近事实本相，还可以减少相关研究中不必要的周折，从而经济、直观且跟语感相宜地对事实或现象作出刻画或解释，后文详述，兹不赘言。

第三章 指示代词"是"与系动词"是"的形成、语义基元及其特征

第一节 指示代词"是"的形成、语义基元及其特征

一 谓词"是"的语义基元及基本特征

《说文解字》把"是"释为"直也，从日正"。段注曰"直，正见也。从日正，会意。十目烛隐，则曰直；以日为正，则曰是。天下之物，莫正于日也。《左传》曰：正直为正，正曲为直。其引申之义也。见之审，则必能矫其枉，故曰正曲为直。谓以十目视乚，乚者无所逃也"。段注有三层意思。一是"乚"指"曲折隐晦的事物没有逃处"，"直"是"十目视乚"，因此，"是"的意义指烛照洞悉一切、认识事物全貌。即其有［周遍］或［全量］。二是"直"为"正见"，"正"是不曲不弯不斜。即"正见"指认识事物不仅没有歪曲，并且已达到充分。换言之，"是"指主观认识与客观真实相合，通俗地说就是表示"正确""对"等正恰义。三是"天下之物，莫正于日"，这不仅说明"是"是主观的，而且也说明其抽象性显著，因为是从"以日为正"抽象而来的，表示"认为 X 是 Y"（X be thought/considered as Y）。综合来看，谓词"是"的语义基元是【正恰】，基本特征是［主观认定］［周遍］［抽象］。

本书没有把表【正恰】的"是"像传统那样定性为形容词，而是定性为谓词，因为它是纯心理活动，"形容性"仅是该活动的结果。

即为了涵括凸显它的"主观认定"的过程,才定性为谓词。为了与下文的其他性质及意义的"是"相区别,下文写作"是₀"。

二 指示代词"是"的功能、特性及其形成

汉语史的共识是,系动词"是"由指示代词"是"发展而来。下面把这两种性质的"是"分别称为"是₂"与"是₁"。

(一) 先秦汉语指示代词系统及"是₁"的功能、特征

根据郭锡良(2005:82—102),我们把先秦汉语指示代词的系统构成状况反映在表3-1-1中。"是₁"的特征是"凡指前文事理,不必历陈目前,而为心中可意者"。(《马氏文通》[1898] 1983:53) 即是指示不在眼前的抽象事理的中指代词。

表3-1-1　　　　　　先秦指示代词类型及构成

Ⅰ泛指	Ⅱ特指	Ⅲ近指	Ⅳ中指	Ⅴ远指	Ⅵ无定	Ⅶ谓词指代
之、兹	其	此、斯	是	彼、夫	他、莫	尔、若、然

杨伯峻、何乐士(2001:148—149)指出,先秦指示代词在句首作主语倾向选择"是₁","此"次之。换言之,不在眼前的抽象事理也能用"此"回指,如例(1)的"此"回指的是一个因果事理句。观察:

(1) 杞危而不能自守,故诸侯之大夫相帅以城之ⱼ,此ⱼ变之正也。(《春秋·穀梁传》)

看来"是₁"回指不在眼前的抽象事理,是一条软规则。这自然会有三个密切相关的问题需要明确回答:回指不在眼前的抽象事理为何倾向用"是₁"?在回指不在眼前的抽象事理之上,"是₁"与"此"等有何区别,或者说"是₁"回指特性为何?"是₁"的回指特性从何而来?

(二) "是₁"的语篇、人际功能及其特征

1. "是₁"的语篇功能与特征

"是₁"通过回指先行成分组织句子(sentence)就是其语篇功

能。例如：

（2）s₁男贽，大者玉帛，小者禽鸟，以章物也。s₂女贽，不过榛、栗、枣、修，以告虔也。s₃今男女同贽ⱼ，是ⱼ无别也。（《左传·庄公》）

例（2）的"是无别也"是通过"是₁"回指先行小句"今男女同贽"而形成一个句子的。郭锡良（2005：100—103）还把"是₁"的这个功能称为忆指，认为这是"此"等所没有的，因为先秦指示有形可迹、近而可指的事物用"此"。下面引述其两例，比较：

（3）鲁君之宋，呼于垤泽之门ⱼ，守者曰："此ⱼ非吾君也，何其声之似我君也。"（《孟子·尽心上》）

（4）杨氏为我ⱼ，是ⱼ无君也。墨子兼爱ⱼ，是ⱼ无父也。无父无君ⱼ，是ⱼ禽兽也。（《孟子·滕文公下》）

例（3）的"鲁君呼于垤泽之门"有形可迹近而可指，即"此"的回指特征是［近指］［实体］。例（4）的"是₁"回指的"杨氏为我"等是抽象事理，抽象事理与说话人没有物理距离，不存在远近分别。即"是₁"的回指特征是［－远近］［－实体］。

"是₁"回指特征是［－实体］［－远近］，一定程度上说明它由"是₀"发展而来，而绝非因语音巧合的假借，因为只有这样，才会与"不在眼前的抽象事理"相宜。

2. "是₁"的形成

根据肖娅曼（2003）构拟的"是₀"发展为"是₁"过程，结合吴峥嵘（2019）及前文有限讨论，先把"是₁"形成过程概括为如下一个链条：

Gs：日正→时间名词→指示时间→指示其他对象

Gs 是个语法化过程，因为"是$_0$"语义在虚化而指示功能在扩展。按照语法化的滞留原则（persisting），"是$_0$"的【正恰】或其［主观认定］［周遍］［抽象］的某一或某几方面会在"是$_1$"中有所滞留的。从例（2）、例（4）看，首先是滞留了［主观认定］，如"无别也"是说话人认为"男女同贽"与"没有分别"等同。这种看法与先秦历史文化的客观实际达到了统一。当然也有纯主观看法的，如"韩是魏之县也"（《战国策·赵策》），因为韩国客观上不是魏的县，但叙事者认为魏国用"共有其赋，足以富国，韩必德魏、爱魏、重魏、畏魏，韩必不反魏"手段，可让它成为魏的县。其次是滞留了［抽象］，因为它的回指对象是事理或抽象物，如"男女同贽""杨氏为我""墨子兼爱"。即使"韩是魏之县"的"韩"也难说是实体（entity），而是一个抽象"国家"概念。最后是滞留了［周遍］，尽管是隐性的。否则，就不会有这样的断言，如断言例（4）的"是禽兽也"前提是"无父""无君"，缺少任一方面都不能成立。当然［周遍］是代词的共性，因为它们的语义都打包自（wholly packaging）先行成分，但"是$_1$"本身就有此语义特征。这在它语法化为系词，特别是在系词词汇化中有充分的体现，这方面后文交代。

当然"是$_1$"也滞留了【正恰】，如"王之不王，是折枝之类也"（《孟子·梁惠王》）的"是"就有"这正是/恰恰是"意味。不过【正恰】有时受语境影响不明显，如例（2）、例（4）中的"是$_1$"。总之，"是$_1$"滞留了"是$_0$"的基元及其特征［主观认定］［周遍］［抽象］。

3. "是$_1$"的回指本质、人际功能与成因

"是$_1$"称为回指代词是基于其语篇功能的静态表象刻画，从本质或动因看是追认（identifying and tracking）事物、事件或其参与者（下称 X），具体表现为 X 在语篇再次被提及。追认不仅是语篇组织方式，也关系到解读。典型追认是用指示代词，这在抽象语篇很普遍，如例（4）。此外，指示代词作追认手段，还能获得"评估"的意义。Martin 和 David（2007：145—172）曾刻画过英语的追认系统，如图 3-1-1 与图 3-1-2。本章节用加重斜体及下划线凸显指示代词的追

认类属。观察：

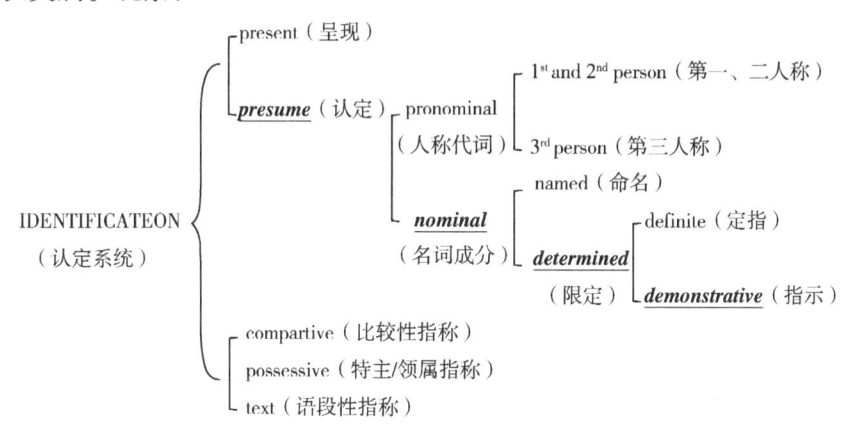

```
                    ┌─ present（呈现）
                    │                    ┌─ 1st and 2nd person（第一、二人称）
                    │        ┌─ pronominal┤
                    │ presume│  （人称代词）└─ 3rd person（第三人称）
                    │ （认定）│
IDENTIFICATEON ─────┤        │           ┌─ named（命名）      ┌─ definite（定指）
（认定系统）         │        └─ nominal ──┤
                    │           （名词成分）└─ determined ─────┤
                    │                         （限定）         └─ demonstrative（指示）
                    │
                    ├─ compartive（比较性指称）
                    ├─ possessive（特主/领属指称）
                    └─ text（语段性指称）
```

图 3 – 1 – 1　英语的语篇认定系统

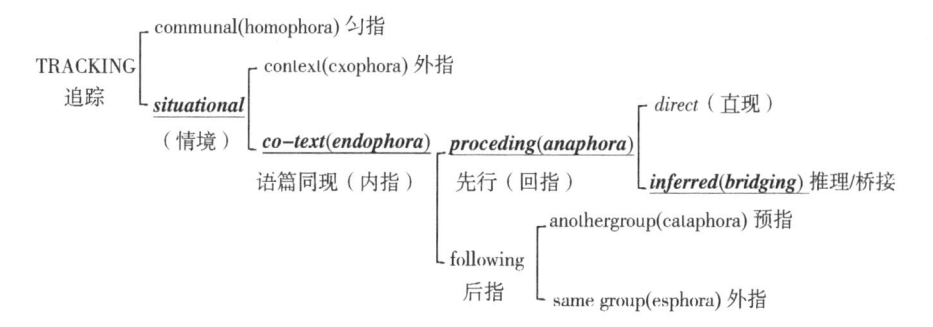

```
              ┌─ communal(homophora) 匀指
              │
TRACKING      │              ┌─ context(exophora) 外指
追踪    ─────┤ situational   │                            ┌─ direct（直现）
              │ （情境）      │              ┌─ proceding(anaphora) ─┤
              │              │ co-text(endophora)         └─ inferred(bridging) 推理/桥接
              └─             │ 语篇同现（内指）先行（回指）
                             │              ┌─ anothergroup(cataphora) 预指
                             └─ following ──┤
                                后指         └─ same group(esphora) 外指
```

图 3 – 1 – 2　英语的语篇追踪系统

图 3 – 1 – 2 的"推理/桥接"是指用指示代词打包先行成分 X，并把 X 延伸为后续句的话题。例如：

（5）The effect of amnesty is as if the offence had never happened, since the perpetrator's court record relating to that offence becomes a tabula rasa, a blank page. **This** means…*that the victim loses the right to sue for civil damages in compensation from the perpetrator.* **That** is indeed a high price to ask the victims to pay, but **it is** the price those who negotiated our relatively peaceful transition from repression to democracy believed the nation had to ask of victims.

例（5）的 this 打包 the effect of amnesty（X）目的是追认并延伸"民事损害赔偿的后果"（This mean…）。之后 X 又用 that 打包、追认且获得评价（That is…），最后是得到认定（it is…）。this 与 that 追认 X 的效应是使其意义变小或具体化，这是二者在句内作话题被陈述的结果，因为被陈述可得到更具体的解释。此外，this 与 that 还可以其明确的形式跟 X 的所在句在语篇内形成间停（pause），从而起到标示句界的作用。要之，二者功能：ⅰ）是追认 X；ⅱ）打包 X，功能是回指；ⅲ）给语篇添加语段、停顿，并桥接 X；ⅳ）作话题，使之在后续句获得新的句法语义角色（主事）与评价。其中 ⅰ 是动因，ⅱ、ⅲ、ⅳ 是结果。可见，回指本质是追认，语法作用是组织语篇、获得人际评价、给语篇添加停顿并使句子具有语段性的界限标记等。

"是$_1$"与 this、that 的功能基本平行，① 如例（2）中它回指"今男女同贽"（X）就是追认。其语法效应一是在 X 与"无别也"（Y）之间形成明确的句界，便于解读；同时也把 X 与 Y 桥接起来形成解释关系。二是它打包 X 后，作 Y 的话题。由于被 Y 陈述，意义不仅延伸了，而且还产生了新的评价义"男女同贽等同于没有分别"。

"是$_1$"获得人际评价表现在它的谓语"无别"是性属成分，性属成分有评价性。本书通过考察《今文尚书》《左传》《孟子》等有限语料，发现"是$_1$"的谓语是性属成分或是表达性属的，鲜见表行为或动作的。观察：

(6) 人之彦圣，其心好之，不啻如自其口出，是能容之。（《今文尚书·秦誓》）

(7) 吾不能早用子，今急而求子，是寡人之过也。（《左传·

---

① 严格说 this、that 跟"此、彼"类同。"是$_1$"跟"此、彼"不同，除是近、远指与中指之外，还在于前者是［主观认定］，而后者不是。

僖公》）

　　（8）不仁而在高位，是播其恶于众也。（《孟子·离娄上》）

"能容之""寡人之过"是表达人物的性属，同样"播其恶于众"是"不仁而在高位"之人的属性而非动作行为。例（6）、例（7）、例（8）还显示"是₁"身兼二职，回指先行成分 X，功能是外连；在句内又给 Y 提供了一个明确的指称或陈述对象，功能是内指。这两方面形象地说就是桥接。它集语篇组织及句法语义于一身，是二者之间的界面。它回指 X，在强调 X 同时，也把"是 Y"标示为一个清晰的句子。屈承熹（2006：2）指出篇章语法研究小句联系，"一头是句子内部的句法研究，另一头是将句子组成更大单位的组织法研究"。"是₁"的内指与外连显然就是这两方面的具体体现。

　　前文曾说"是₁"是忆指的，且是"此"等所无的功能。这显然是立足于语篇信息加工中的心理活动而言的，即忆起先行信息并追认。追认就是主观再肯定，该功能究竟地说还是来自它的［主观认定］。吕叔湘（［1942］1956：167—169）曾指出"是"的近指性不及"此"强，但承指比"此"更合适。至于为何"是₁"承指比"此"更合适，吕先生未作说明。我们认为，还是"是₁"有［主观认定］，追认度强且没有区别性，能单一地凸显对象。深入论证见后文。

　　观察表3-1-1还可看到Ⅰ、Ⅱ、Ⅵ、Ⅶ的指称特征，决定了它们作回指成分都不及"是₁"理想。Ⅲ与Ⅴ是［可点指］［远近］［区别］，［可点指］是说被指对象是可以手点指的"形而可迹"的实体，［区别］是说点指近的实体一定与远的区别。就此来看，二者显然与回指的抽象事理不相宜。"是₁"不同，其［主观认定］是心理意识，不存在点指且也没有远近之分，自然与回指动因、目标及对象最为相宜。至于它的近指性弱，是元语（metalanguage）中没有对立词。"此"却不同，元语中有"彼"对立，近指示性自然强。[①] 总之，"是₁"的忆指与更适合承指的功能特性，是基于［主观认定］［抽

[①] 据朱淑华（2011）"斯"与"此"是地域差别。故本书以"此"为例讨论。

象]。可见"是₀"语法化为"是₁"之后，语义基元及特征仍滞留着并起着应有作用——后拉或回头看（pull back or look back）。正因为如此，"是₁"才会回指不在眼前的抽象事理，因为语法实体的组配，语义或功能相宜是一条最根本的原则。

上文指出，"是₁"在衔接语篇中还得到了解释，如例（4）的"无君"就是它的解释成分。解释关系容易发展为因果关系，如例（2）的 S_1、S_2 是大前提，S_3 是小前提，"是无别"是从大小前提推理来的。"是₁"是处在推理关系句中的虚成分，吸收语境义获得因果义也在情理之中。这在先秦就已普遍。例如：

（9）是非之所在，不可以贵贱尊卑论也。是明主之听于群臣，其计乃可用，不羞其位；其言可行，而不责其辩。（《淮南子·主术训下》）

"是₁"表达因果关系，还表现在与"故"词汇化为因果关系词"是故"。例如：

（10）晋、楚将平，诸侯将和，楚王是故昧于一来。不如使逞而归，乃易成也。（《左传·襄公》）

（11）诚身有道，不明乎善，不诚其身矣。是故诚者，天之道也。（《孟子·离娄上》）

"是故"位置灵活，在例（10）中是处在主谓之间，在例（11）处于句首。比较例（9）、例（10）、例（11）与例（12），还可发现它们之间是变换关系，说明"是₁"与"故"择一即可表因果。

（12）古之人与民偕乐，故能乐也。（《孟子·梁惠王》）

"是₁"表因果，至今还保留在推荐、序跋等语体中，如"是为荐/序"等。顺及指出，现代汉语的指示代词表因果也是常见的。例如：

(13) 我这么自私的人能决定跟你结婚,那就证明我……动了情?(王朔《过把瘾就死》)

据 Heine 和 Kuteva(2007:107—108)调查,指示代词发展为表达因果关系是普遍现象,如 Hixkaryana(希卡利亚纳语)、Khasi(卡西语)及德语等。再观察:

(14) The shops were closed, *so* I didn't get any milk.

尽管例(14)的 so 是个表结果的连接成分,但语感里它仍然有回指先行句的迹象。

前文指出"是₁"回指先行成分的同时,还可以给句子立界。观察:

(15) 淳于髡曰:"男女授受不亲ⱼ,Øⱼ礼与?"孟子曰:"Øⱼ礼也。"曰:"嫂溺不援,是豺狼也。"(《孟子·离娄上》)

"是₁"仅是例(15)中一个便于解读的羡余成分,第一、二句没用它,因为对话中可用停顿识别"礼也"是独立句。第三句用了,说明说话人用它除追认"嫂溺不援"之外,还要明确表达"豺狼也"是一个独立句,因为它可使句子有清晰的句界,避免解读费力,这对无标点的古代书面语很有必要。看来"是₁"还体现了表达清晰的方式准则与礼貌原则,[①] 是个典型的主观化成分。值得注意的是,第三句用"是₁"还可以取得共同注意(joint attention)的效应。交际是互动的,为了顺利,说话人必须尽力把对方注意力集中到谈及的指称物上。实现这一目的的手段,无非使用眼色、手势或相关语言成分等来引导对方。就书面语而言,如 Mundy 和 Newelill(2007:269—274)所言,指示代词就是使交际对象的注意力跟说话人协调一致的手段。

再看例(15):第一、二句基本是背景或铺陈性,第三句才是叙

[①] 表达清晰的方式准则及礼貌原则,见何自然(1988:71—100)。

事的重点。为了把听话人对前者的关注转移到后者上来,才用了"是₁",从而也实现双方注意力的协调。这可以从例(15)的信息是从叙述到评论的构成特征说明:"是₁"回指对象是叙述成分,"豺狼"是评说成分。概括地说,"是豺狼"是语篇信息峰,显然是言谈双方共同注意之所在。

4. "是₁"的特性

回指是追认。"是₁"是忆指的且更适合承指不在眼前的抽象事理,是基于[-可点指][-远近][-区别][主观认定][抽象]。它桥接语篇之时,不仅可标示句界、表达解释关系,还是语篇信息峰。它继承了"是₀"的【正恰】及[主观认定][抽象],是一个重指示代词(content)。这就是敖镜浩(1982:62)等认为它本身就有"论断"等意义之所在。

《马氏文通》([1898]1983:53)指出"此"等近指代词所指示的前文事物是"有形可迹,近而可指"的,即特征是[可点指][实体][远近][区别]。这些特征也是源自该词项的特征滞留。《说文解字》曰:"此,止也,从止从匕,匕,相比次也。"陈年福(2006)认为,"此"用"双脚比并、停止不走"表示"就在此"之意,论断可信。但认为它"是个罕见的不用假借而专为指示代词造的字"尚缺乏足够的事实支持。从理论推理,我们认为,其指示代词用法是从"就在此"的动词发展而来,这个过程可构拟如下:

Gc:①人双脚比并、停止不走→②实体在此→③指示实体→④指示抽象事物。

其中①说明"此"是空间动词。近指代词是直接由②发展而来,①到②与②到③是转喻。按照语法化滞留原则,"此"自然有[实体][物质空间][可点指]的特征。基于此及其发展中的后拉或回头看的语法效应,它用来指形而可迹、近而可指的对象无疑是最相宜的。

(三)"是₁"话题标记功能及其特征

"是₁"标记话题有[(惟)NP是VP]、[是NP也(,)VP]两种形式。

1. [（惟）NP 是 VP] 及 "是$_1$" 特征

(16) a. 皇天无亲，惟德是辅。民心无常，惟惠之怀。(《今文尚书·蔡仲之命》)
　　　b. 日居月诸，下土是冒。(《诗·柏舟》)
　　　c. 岂不谷是为？先君之好是继，与不谷同好如何？(《左传·僖公》)

例（16）中的"是"通常称为复指代词。尽管复指也是回指，但二者还是有异的：一是复指的对象是 NP，如"德、下土、不谷"等，而回指对象的是 NP、VP 或 S 等，如例（2）；二是"是"与复指的 NP 紧邻，如例（16），而"是$_1$"与回指对象 X 之间却有停顿，如例（2）。当然复指的"是"与 X 之间也有停顿的，但这是有条件的。例如：

(17) 今商王受，惟妇言是用，昏弃厥肆祀弗答，昏弃厥遗王父母弟不迪，乃惟四方之多罪逋逃，是崇是长，是信是使，是以为大夫卿士。(《今文尚书·牧誓》)

为表达经济，例（17）才出现了"崇、长、信、使"共用宾语"四方之多罪逋逃"现象，所以"是"仍是紧邻的回指代词，这样才在"四方之多罪逋逃"与"崇、长、信、使"之间出现停顿（书面表现为逗号）。下面为了比较之便，把例（16）的复指"是"称为紧邻回指，以区别于它的语篇回指，后文概称为"是$_{1a}$"。

按照石毓智、徐杰（2001），例（16）用"是$_{1a}$"回指 NP 并且还加肯定语气词"惟"，目的是使 NP 成为强式焦点结构而置于句首强调，因为先秦尚未发展出用词汇强调 NP 宾语的强式焦点结构。那么，句首强调 NP 有何特性？句首强调 NP 宾语的句子是受事主语句吗？若不是，成因是什么？

句首与句尾的语法特征。重要信息的词语在句子中分布有选择靠前或靠后的特征，前者尤为突出，因为信息存储与提取时先出现的会影响后出现的，此即前摄干扰。① 这样看来，句首的地位显著，信息可先入为主地被存储与提取，是一个心理焦点域。② 另外，除强调句，一般句子的信息分布还遵循着尾重原则，因为句调的核心常在句尾，只有二者一致，句子才能平衡。这样句尾 NP 自然带有句调核心的重音，也是一个重成分。但不管如何，它的信息地位仅是个常规的自然焦点。

[（惟）NP 是 VP] 句子特征。例（16）的句首 NP 在句尾时是自然焦点，但仅是靠自然重音提示的弱强调。前置到句首则不同，如"德"被"是$_{1a}$"回指后是重上加重的同位结构"德是"（句法语义与"德这方面"等相当），再加上排他性"惟"的强调，语义就更重了。可见，句首的"德"既是心理焦点又是重成分，强调性比在句尾显著得多。

例（16）的句首 NP 表面是受事主语，如"德"是"辅"的受事主语，但语感与例（18）的受事主语句有异，具体表现有五。请比较：

(18) a. 蔓草$_j$犹不可除 t_j，况君之宠弟乎？（《左传·隐公》）
　　 b. 锲而不舍，金石$_j$可镂 t_j。（《荀子·劝学》）
　　 c. 兵$_j$挫 t_j地$_j$削 t_j，亡其六郡。（《史记·屈原贾生列传》）

第一，形式不同。例（16）的句首 NP 有连带成分，且它们已组块为同位结构 [（惟）NP 是]。[（惟）NP 是] 音节数是 [1, 7]，单音节的如"德"；7 音节的少见，如例（17）的"四方之多罪逋逃"。例（18）的 NP 无连带成分，通常是单音节或双音节的。VP 也不同，例（16）的 VP 是单音节的，如"辅、冒、为、继"等；例（18）的

---

① 前摄干扰（proactive），参见桂诗春（1991：129—133）。
② 这里的"句首"包括次话题/次主语位置，如例（17）中的"妇言"前面其实还有主话题/大主语"商王受"。为减少分析程序，本书对此不做分析，这不会动摇前摄干扰的原则及相关结论。

VP 是复杂结构，如"犹不可除""可镂"等，单音节的罕见。总之，例（16）与例（18）形式对立，前者 NP 复杂而 VP 简单，后者 NP 简单而 VP 复杂。本书用 CCL 语料库的《诗经》《左传》《战国策》《史记》检验，发现例（16）与例（18）的 NP 与 VP 的确有这两方面的对立，说明例（16）的 NP 长度总体比例（18）的长，是一个重成分，而它的 VP 相对于例（18）则是短的轻成分。

第二，语义语法不同。例（16）的 [（惟）NP 是] 语义重且有对比性，是话题焦点。例（18）的 NP 语义轻没对比性，是受事主语，如"金石、兵、地"等。至于"蔓草"带重音有对比性，是语境中跟"君之宠弟"对比形成的。VP 方面，例（16）的行为或动作性模糊而状态性明显，如"惟德是辅"的"辅"。反映在形式上就是"辅"之类 VP 不带动作或行为标记，即例（16）的 VP 没有动态性或被动义，是事态性的（affair-state）。现代汉语"类似"句子也是如此。观察：

（19）a. 你这个家伙，硬的不敢来，耍软的了。（CCL 语料库）
b. 纪晓岚这个人一向以机巧欺人，沽名钓誉。（电视剧《铁齿铜牙纪晓岚》）

所谓类似，一是说例（19）中回指"你"的"这个家伙"是指量名结构；二是指"来、耍、欺、沽名钓誉"还有连带成分，如"不敢、一向"等。不管如何，VP 都呈状态性。例（18）的 VP 是动态的，被动义明显，是动作行为句，如"蔓草不可除"与"兵挫地削"。并且若语境需要，可用介词引进施事而变为被动句。

第三，信息分布模式不同。第一、二方面显示例（16）的信息分布是头重尾轻，NP 置于句首是语序标记，"惟"与"是$_{1a}$"则是使之成为话题焦点的标记。即它综合使用了词汇与语序标记，NP 是强式话题焦点，显然，比在句尾作弱式的自然焦点重。例（18）的信息分布相反，是由轻到重的，NP 轻而 VP 重。

第四，形成动因不同。例（18）的 NP 是域内论元，移到句首是为获得主格位，并且是在拼读（spell out）之前就已完成的内部句法运算，如"蔓草犹不可除"的形成可简要表示为：

$$[_{CP}蔓草_j\ [犹不可除_{tj}]]$$

例（16）的 NP 是语用移位，是外部移位，如"惟德是辅"之"德"，"惟"与"是$_{1a}$"是语用标记。移位的动因不同，句子功能有异：例（16）是情感评价句，例（18）是叙事句。前者之所以有显著的人际评价功能，是基于"是$_{1a}$"的［主观认定］。看来，例（16）与例（2）是平行句，平行基础是"是$_1$"的回指功能。

第五，句首 NP 的语法身份不同。例（18）的 NP，如"蔓草"立足语篇看也是话题，但从句法语义看不是。例（16）的 NP，如"德"句法语义与语用都是典型的话题。顺及指出例（16）的 NP 宾语前置除强调外，也跟语篇组织有关，如前置"德"可跟后续的"惠"平行对比映衬。再如例（17），前置的"四方之多罪逋逃"可跟"妇言"平行衔接。至于前面又用了个"乃"，目的是使它形成强于"惟妇言"的递升语势。

"是$_1$"话题化 NP 宾语的基础与特征。例（16）是话题句，"是$_{1a}$"是 NP 话题化标记，"惟"是强化 NP 话题身份的选择成分。有之，"德"的话题焦点身份更显著；无之，它仍是话题焦点。现代汉语指示代词也有此功能：

（20）林丹这人对部下比较宽厚。（CCL 语料库）⇌ a. 林丹对部下比较宽厚。

例（20）与例（20）a 分别是情感句与叙事句，差异是由"这人"的复指形成的。

"是$_1$"的特征。例（16）用"是$_{1a}$"与语序把句尾自然焦点 NP 前置为强式的话题焦点句，结果是 NP 的话题化。在此过程"是$_{1a}$"的［主观认定］是关键成分。无之，句子或者是个受事主语句，或者不合法，或者可受性有问题，如删去例（16）的"是"即可看到。问题是如例（16）a 所示，句尾的 NP 宾语既可用"是$_{1a}$"复指，如"德"，也可用泛指的"之"复指，如"惠"，那么，二者的复指功能有何区别？

回指是追认，"是$_{1a}$"紧邻 NP，追踪功能虽被抑制，但认定功能还在，因此，它对 NP 的强调力一定比"之"强，如"惟德是辅"就比"惟惠之怀"的强调性显著。事实支持有二：一是句尾 NP 宾语前置多用"是$_{1a}$"；二是含有疑问代词的 NP 宾语前置时，用"之"而不用"是$_{1a}$"。观察：

(21) 苟得闻子大夫之言，何后之有？（《国语·勾践灭吴》）

疑问与否定结构是强式焦点（徐杰，2001：153），"何后"是强焦点结构，其语义自然比一般的 NP 重，无须再用［主观认定］的"是$_{1a}$"就可前置到句首，因此，用"之"也可标记它的话题化身份。由此可发现两点。一是先秦 NP 宾语话题化有强弱两式，分别用"是$_{1a}$"与"之"标记；二者与标记对象匹配原则是语义重者用"之"，轻者用"是$_{1a}$"。①二是进一步说明了"是$_1$"是重指示代词。

总之，"是$_{1a}$"复指前置 NP 同时也把它标记为焦点话题，在此意义上它是话题焦点标记。这种现象据 Heine 和 Kuteva（［2002］2007：111—112）是普遍的。如 Ambulas、Mokilese、Cahuilla 及 French 等的指示代词也有类似的表现。观察 Mokilese（莫基语）的指示代词 ioar：

(22) **ioar** Wilson ma pwehng ih mehu.
   FOC Wilson REL told   him that
   (It was Wilson who told him that ="是 Wilson 告诉了他那件事")

---

① 宾语 NP 话题化为何必须用代词复指成为重成分，一方面显示这是语用移位，另一方面也是句首位置与话题化的 NP 互相选择的要求。就像调动工作，调入单位需要满足调动工作者要求，这在最简方案叫贪婪原则。另外，调入的单位也要求调入者本身也要"重"，以与该单位匹配。

FOC 是焦点标记，REL 代表关系词。当然"是₁"与 ioar 标记话题焦点有异，但仅是位置的："是₁"在焦点后，如例（16），ioar 在焦点 Wilson 前。

2. ［是 NP 也 VP］句与"是₁"的特征

"是₁"还跟语气词"也"一起标记话题。为跟"是₁ₐ"区别，下面把它称为"是₁ᵦ"。句法上"是₁ᵦ"主要功能是作 NP 限定语。例如：

（23）a. 季武子将立公子裯，穆叔曰："是人也，居丧而不哀，在戚而有嘉容，是谓不度。不度之人，鲜不为患。若果立，必为季氏忧。"（《左传·襄公》）

b. （威后）乃进而问之曰："此二士弗业，一女不朝，何以王齐国，子万民乎？於陵子仲尚存乎？是其为人也，上不臣于王，下不治其家，中不索交诸侯。此率民而出于无用者，何为至今不杀乎？"（《战国策·齐策》）

例（23）中的"也"显性功能是提顿，表示句子的主次信息分界。它提示"人""其为人"是话题的同时，还标记后面的部分是主要信息。再看"是₁ᵦ"，作用一是把 a 的类指成分"人"限定为定指话题"是人"，"是人也"与"这个人啊"等相当；二是"为人"被特指代词"其"限定为特指话题后，"是₁ᵦ"的指示功能羡余，作用是标记并凸显话题"其为人"的。由此可知，b 的"是₁ᵦ"的功能与［（惟）NP 是 VP］的"惟"平行，平行基础是［主观认定］。语料考察显示，在"其为人"这类话题前面加其他指示代词的用例是没有的，说明"是₁"确实是一个携带了［主观认定］［抽象］等的重代词。

总之，"是₁ᵦ"是凸显 NP 话题的标记。张伯江、方梅（1996：39）指出现代汉语"这"能加大话题的识别度。"加大话题识别度"就是凸显话题，如例（24）、例（25）的"这"显然跟"是₁ᵦ"的功能平行。观察：

(24) 董将士一见高俅……自肚里寻思道："这高俅我家如何安着得他！若是个志诚老实的人，可以容他在家出入，也教孩儿们学些好。"(《水浒传》)

(25) 这两口子打架，你最好别去当那个劝架的。(张伯江、方梅，1996例)

再看例（22）、例（23）的VP及句义特征。VP也表状态，是话题的评价成分。这跟例（16）的VP平行，只是感情比例（16）的强。强的原因在于"是$_{1b}$"是NP限定语，而"是$_{1a}$"是NP的话题化标记。当然若"是$_{1b}$"羡余，它就是NP话题的标记及指示说话人情感的成分，如例（23）。由此可见，"是$_{1b}$"的限定性跟情感表达是反向关系，限定性越弱，情感表达越强。反之，限定性越强，情感表达就越弱。

当然，"是$_{1b}$"也有语篇功能，如例（23）的"是人"一方面通过替代"公子裯"与先行句衔接；另一方面，通过语义打包"公子裯"，而与"季武子将立公子裯"连贯。可见"是$_{1b}$"与"是$_{1a}$"也基本平行。由此可见，"是$_1$"是滞留了"是$_0$"的基元与特征，否则不会有这样的巧合，因为例（16）、例（17）与例（22）、例（23）的"是"，紧邻回指的对象与限定的对象仍是不在眼前的抽象事物，如"德"、"夫言"与"人"、"为人"等。

结　语

"是$_1$"由"是$_0$"语法化而来，继承其基元及特征，是个重指示代词。这样才更适合回指不在眼前的抽象事理、作话题标记及表达评价，才与"此"的篇章回指、"之"的话题标记功能形成差异。值得指出的是，董红玉（2017）考察"是$_1$"特性时也有一定的基元滞留意识。吴峥嵘（2019）也曾指出，"是$_1$"是确指代词而非普通代词。该文尽管没有揭示"确指"的内涵、表现及从何而来，但意识到了"是$_1$"有"确"的特征。

第二节　系动词"是"的形成、语义基元及其特征

一　系词"是"的形成环境、过程及其特征概说

学界共识之一为，系词"是$_2$"由回指篇章成分（X）的"是$_1$"发展而来。这种语境是一个语篇构式 [$_t$…, X$_j$, [$_s$是$_{1j}$, Y]]，记作 Ct。其中下标 t、s 分别指语篇与句子，j 表同指，构式内逗号表停顿，X 包括 NP、VP 或 S 等语类。例如：

(1) a. 人之彦圣，其心好之，不啻如自其口出（X$_j$），是$_j$能容之。(《今文尚书·秦誓》)
　　b. 今男女同贽（X$_j$），是$_j$无别也。(《左传·庄公》)

学界共识之二，Ct 发生下述三点变化之时，便构式化为构式 [$_s$ NP1$_j$是$_{2j}$ NP2]，下记作 Cs。变化是：

ⅰ) X 与 Y 分别变为 NP1、NP2；
ⅱ) NP1 形式短小化，跟 NP2 的语义关系是"等同"或"包含"；
ⅲ) "是$_1$"与 NP1 之间停顿变小或消失，其回指 NP1 的功能趋于消失。

这三点变化通过比较例（1）与例（2）即可看到。观察：

(2) a. 巫妪、弟子是女子也。(《史记·滑稽列传》)
　　b. 龟者是天下之宝也。(《史记·龟策列传》)（郭锡良 1990：130)

按照郭锡良（[1999] 2005）、冯胜利（2003）及梁银峰（2012）等，Ct 构式化为 Cs 之后"是$_1$"就是成熟的系词"是$_2$"。这有点简单化了，因为这一过程客观上由两个连续阶段构成，只有把这两个阶段呈现出来，才能充分揭示系词"是"的语法特性及与之相关的现象。

第三章 指示代词"是"与系动词"是"的形成、语义基元及其特征

第一阶段"是$_1$"发展为"是$_{21}$"。"是$_{21}$"没有联系 NP1 与 NP2 的语义语法功能,而是一个类似前附于 NP1 的附缀(clitic),它是成熟系词"是$_2$"的雏形。吕叔湘([1979]1984:511,545—547)曾指出系词"是"是 NP1 的前谓语——谓语的一部分但不是主要的,NP2 才是 NP1 的主要谓语。这未在学界普遍流行,吕先生也未坚持。[①] 我们认为,作前谓语的系词"是"正是"是$_{21}$"。这可用大量"两可句"充分说明,如例(2)的"是"表达显性判断的同时,还隐隐约约在回指"巫妪、弟子":显性判断是成熟系词"是$_2$"的功能,此时句子层次结构是 [$_{SP}$巫妪、弟子 [$_{VO}$是女子也]],下标 SP、VO 分别表主谓、动宾。隐约回指"巫妪、弟子"是"是$_{21}$"的功能,句子层次结构是 [$_{SP}$ [$_{SP}$巫妪、弟子是] [$_P$女子] 也],下标 P 表谓语。语感上"巫妪、弟子是"与"巫妪、弟子这些人"相当,即"是$_{21}$"是"巫妪、弟子"同位陈述语,相对于作"巫妪、弟子"的谓语"女子"而言,它是前谓语。显然"是$_{21}$"的前谓语表现正是"是$_1$"的回指功能滞留的反映。

第二阶段"是$_{21}$"发展为"是$_2$"。王力(1989:197)认为,成熟系词特征有三:摆脱了语气词"也",成为一个必要而不是可有可无的系词;可被副词修饰;前面可加"不"字,口语里代替了上古的"非"。由此可推出两点结论。一是"是$_2$"的形成由两个阶段构成,否则就不会有"成熟"的表述语的。并且,它预设了"是$_2$"经历了一个由不成熟到成熟的过程。显然,王力先生的上述说明就是对这一过程的静态刻画。至于这个过程的动态构成状况,至今缺乏研究。二是"是$_2$"已有"等同"或"包含"等判断义。只有这样,才能摆脱判断语气词"也",才有联系 NP1 与 NP2 的语义语法基础。显然,这一语义必然要有一个"获得"的过程。

"是$_2$"形成中先后经历了语法化与词汇化,可用例(2)说明:"是$_1$"到"是$_{21}$"是语法化,因为语义与功能是缩减的且已变成类附

---

① 吕先生不再坚持系词"是"的前谓语功能特性,可能是觉得这并非"是$_2$"的显性主导功能。

缀。"是$_{21}$"到"是$_2$"是词汇化，它获得了"等同"或"包含"判断义。当然"是$_{21}$"词汇化后，前谓语功能成为"是$_2$"的底层。马贝加、蔡嵘（2006b）提出系词"是"经历了词汇化为判断动词过程，认为机制是判断句 NP 的次类、变换、语序变化、句式变化及语气变化。这种观点有道理但基本着眼于外因，并未挖掘出内因以及上述形式表达的意义或句义特征。另外，该文讨论的是"系词"词汇化，在本书看来对象不够确切，因为词汇化的是"是$_{21}$"，"是$_2$"不需词汇化的，它已是词汇。造成这种对研究对象不确定的原因，归根到底还是认为，"是$_2$"是由"是$_1$"一步到位形成的。

"是$_2$"形成的两阶段可客观回答其形成是否为语法化，还可揭示其性质及成因。梁银峰（2012）认为，"是$_2$"的形成不是实词虚化，不是语法化。这是执着于语法化对象及本质是原子实体虚化，忽视语法化对象是构式、本质是创造"新"范畴及其表现是功能或意义的减缩（Lehmann，1992：406；2004：183）。该文还认为，"是$_2$"与英语 be 不同而未能解释，恐怕是未注意到"是$_2$"经历的词汇化。基于此，该文才不认为，"是$_2$"是动词。石定栩、韩巍峰（2013）认为，"是$_2$"的形成是语法化，但基本是用跨语言事实比附立论的，其充分性有待提高。即使认同其"是$_2$"跟 be 一样已发展为焦点标记，但仍解释不了它何以同时具有右向肯定与隐性微弱的左向提顿功能。周国正（2008）认为，"是$_2$"不是满足句法需要的，而是一个强调"话题—述题"关系、使述题更加明确的语用成分，①但无法回答强调基础与机制。要回答这个问题，显然是离不开揭示"是$_2$"的语义来源及特征。而要揭示"是$_2$"的语义来源及特征，又离不开对其形成过程的揭示。

不论回答"是$_2$"形成是不是语法化，还是要说明其性质及成因，都离不开对其形成过程的揭示。下面就此展开讨论。为行文便捷，用"是$_2$"涵括成熟系词"是$_2$"及其雏形"是$_{21}$"，必要时分开表述。相应的，"是$_2$"构式 Cs 涵括"是$_{21}$"的构式 Cs1 与"是$_2$"的构式 Cs2。

---

① 本书遵照习惯把周国正（2008）的"主题+论述"改称为"话题+述题"。

二 "是₂"形成过程、特征及其性质、意义
(一)"是₁"发展为"是₂₁"的过程及其性质、意义

(3) 知之为知之,不知为不知(X_j),是ⱼ知也(Y)。(《论语·为政》)

例(3)的"是₁"在句内给 Y 提供了一个明确的陈述实体,句外跟 X 衔接连贯、划界并标示"是知也"是句子。这三方面意义就是桥接或语篇与句法的接口。下面把 Ct 的形义配对及"是₁"的意义、性质总结为表3-2-1。

表3-2-1   Ct 的形义配对及"是₁"的意义、特性

F	M
[⋯X_j,[ₛ是ⱼ, Y]]	Ct:[肯定]解释或评说 是₁:回指/追认,桥接、标志句界;中指的重代词

Ct 的具体意义是解释或评说,如"是知也"是评说先行句 X,或者说 X 是解释"是知也"的。当 Ct 发生上文 i、ii、iii 变化后就构式化为 Cs,相应"是₁"就发展为"是₂₁"。Ct 构式化为 Cs 的系列变化,比较例(1)、例(2)即可看到,形式变化有如下五个方面:

F1)由语篇构式变为句子构式;

F2)Ct 的 X 由 S、VP 变为 Cs 的 NP;

F3)Ct 的 NP 在 Cs 已短小化;

F4)Ct 的 Y 由 V、NP 变为 Cs 的 NP;

F5)Ct 的 X 与"是₁"之间的停顿在 Cs 里已变短或消失。

这五个方面的形式变化特征概括说就是减缩(reduction):F1 是结构与长度的,F3、F5 是长度的,F2、F4 是语类数量的。再看意义或功能的变化:

M1)Ct 表达的解释/评说关系,在 Cs 变为"包含"或"等同"等判断关系;

M2)Ct 的"是₁"是桥接或接口成分,在 Cs 变为主谓语之间的

成分。

显而易见，M1 与 M2 的变化还是减缩。郭锡良（［1989］［1990］2005）、梁银峰（2012）等观察到了 F1、F2、F3 及 M1 变化，却没给 F4、F5 及 M2 应有的关注，这不充分。一方面，"是₁"变化不能独立于它的构式；另一方面，语法化也绝非实词虚化，按照 Lehmann（1995），最主要的是形义缩减。Ct 构式化为 Cs 中形义是缩减的，是语法化。相应"是₁"发展为"是₂₁"中意义也在缩减，表现有四：

M1）所指趋于消失，比较例（1）与例（2）即可看到；

M2）例（1）的立界/标句功能，在例（2）中消失了；

M3）例（1）的灵活自由的功能（作主语/话题及自由隐现等），在例（2）消失了；

M4）回指或追踪趋于消失，如例（2）的"是"紧邻"龟策"，追踪必要性不大。

总之，"是₁"语义及其重要复杂的功能已趋消失或消失，由桥接或接口成分变为主谓之间的一个非强制成分，如例（2）b 可说成"龟者天下之宝也"。显然例（2）的"是"已是个不同于"是₁"的新成分。就此看，"是₁"到"是₂₁"是语法化。

在"是₂₁"形成中，"是₁"有些功能是趋于消失而非消失，语法化不可能把它的语义或功能彻底漂白（bleaching）而总有滞留的。这就是语感里例（2）有一丝"巫妪、弟子这些人"等意义所在，当然，也是"是₂₁"为"巫妪、弟子"的同位性前谓语之因。不仅古汉语"是₂₁"这样，现代汉语"是₂"也有此表现，尽管极虚。先观察话题是个复杂成分时的情况：

（4）和平与发展是当今世界的主题。

恐怕不能说例（4）就没一点儿"和平与发展这方面"意义。即使"是₂"的话题是个短小的 NP，也有这样的语感。观察：

（5）鲁迅是作家。

"是$_1$"的追认功能在"是$_{21}$"滞留,根据语法化分层原则(layering)只能处在"是$_2$"的底层。由此可知,其追认话题或作前谓语的功能自然是隐性的微弱的。也正基于此,"是$_{21}$"才不具有支配NP2的能力。

总之,"是$_{21}$"跟NP2没有直接的句法语义关系,是NP1隐性的前谓语。它没有联系NP2的语义基础,不是系词。它作前谓语有别于一般谓语,如"巫妪、弟子是"是隐性的同位性的主谓关系,内部句法、语义及韵律关系要比一般的主谓紧密。另外,NP2语义是现实的,是NP1的主要谓语,它们构成的主谓才是典型主谓。从"是$_{21}$"上述表现看,它就是个类附缀(quasi-clitic)或前系词(pre-copula),前者指形式上只能依附在NP1之上而没有独立自主的句法功能及语义,后者指它是系词前身或雏形。

总之,"是$_{21}$"构式的结构层次是[NP1 是#NP2],为区别下文"是$_2$"构式Cs2,下称为Cs1。它的形义配对及"是$_{21}$"的性质、意义等,如表3-2-2所示。

表3-2-2   Cs1形义配对及"是$_{21}$"性质、意义等

F	M
[NP1 是#NP2]	Cs1:判断/肯定 是$_{21}$:陈述NP1,前系词/类附缀;NP1⊆NP2

(二)"是$_{21}$"词汇化为"是$_2$"的因素、过程及其特征

1. "是$_{21}$"的词汇化因素

"是$_{21}$"是Cs1的选择成分,它要么次要语法化——向更语法化方向变化(Givón,1990:305),要么去语法化而词汇化,最终选择的是后者,因素有三。

一是先秦缺乏一个概念上跟"非"相对的肯定动词,这为"是$_{21}$"词汇化为系动词提供了系统条件[1]。这方面前贤时彦已多有说明,此不赘述。

---

[1] 梅广(2018:167—170)认为"惟(唯)"是先秦(上古)的系词。我们出于慎重且从众考虑,仍认为是无系词的。系词可形式上联系具有同一或从属关系的两个名词,当然具有动词性或属于动词。

二是"是$_{21}$"有［主观认定］，具备词汇化的内因。该语义成分是两方面的滞留与叠加，即"是$_1$"的追认功能及其滞留的"是$_0$"的［主观认定］，这是"此"等所不具有的。"此"的［主观认定］语篇中才有，离开语篇不复存在。"是$_1$"的［主观认定］是［－远近］，"此"元语中有"彼"对立，［区别］［近］鲜明。

肖娅曼（2005）、张玉金（2008）曾以先秦专书定量统计了"是$_1$"跟"此"功能差异，形成了一致结论。① 下面把跟本书最密切相关的内容总结在表3－2－3内。

表3－2－3　　　先秦"是$_1$"与"此"的功能差异

	作主语	作定语	谓词性谓语	体词性谓语	同位复指
是$_1$	＋	－	＋	－	＋
此	－	＋	－	＋	－

表3－2－3的"＋"表示偏好或占绝对优势，"－"没有偏好或不占绝对优势。"谓词性谓语"、"体词性谓语"指"是$_1$"、"此"作主语或主语同位语时句子的谓语特性。"是$_1$"倾向作主语、偏好同位复指及谓词性谓语，说明它有语义。该语义必然有"是$_0$"滞留的［主观认同］。推理下去，在"是$_1$"语法化为"是$_{21}$"中［主观认定］应有所滞留。② 只有这样，"是$_{21}$"才能具有同位陈述功能，也才具有不可替换与不可删除语用价值。

三是Cs1为"是$_{21}$"词汇化提供了绝佳环境、机制。"是$_{21}$"滞留的［主观认定］跟Cs1的判断功能一致。

2. "是$_2$"的形成机制

首先是构式的作用与"是$_2$"的内因。Traugott和Trousdale（2013：203）、Breban（2009：80）发现，词项会搭构式顺车获得构式义，这是朝前走效应。还发现，词语新用法会用它的源构式填充，源构式义会对它产生向后拉作用，这是回头看效应。与此相关，它滞留的语义

---

① 肖娅曼（2005）统计的是《左传》《孟子》，张玉金（2008）统计的是《春秋金文》《尚书》的2篇、《春秋》及《诗经》的"二颂""国风"等。

② 这在一定程度上解释了"此"在Ct与Cs1里没有发展为系词之因——没有表判断的内因。

特征也会微步（small step）现实化。据这三方面看，"是$_{21}$"无论搭 Cs1 顺车朝前走（pick-up and reach-forward），还是受 Cs1 后拉回头看，都会获得判断义，因为该构式功能是"判断"。同时，由于"是$_{21}$"的[主观认定]跟 Cs 判断义相宜，这个隐性微弱的[主观认定]也会被 Cs1 激活并微步现实化为判断义。

其次是表认识、范围的词语，特别是"不"等普遍地出现在"是$_2$"前面。表认识与否定的词对"是$_2$"的形成很重要，近年来，汪维辉（1998）、冯胜利（2003）、梁银峰（2012）等有所讨论。不过并未刻画它们在"是"之前的历时分布状况，没有把它们的重要性充分展示出来。这直接影响到对"是$_2$"形成过程及特性的认识。本书以《史记》《三国志》《汉书》为例，对上述两类词及表语气、范围的词在"是$_{21}$"之前历时类型量分布作了统计，⑥发现它们与时递增。为称说方便，把除"不"之外的词语概称 M。

《史记》中"是$_2$"之前的 M 有"必、真、皆"三个。例如：

(6) a. 此必是豫让也。（《刺客列传》）
　　b. 悠悠者天下皆是也。（《孔子世家》）
　　c. 此真是也。（《外戚世家》）

例（6）a 的"是"为"是$_2$"，例（6）b 与例（6）c 的"是"可解读为"是$_2$"或"是$_1$"。不管如何，《史记》中"是$_2$"之前的 M 不多。排除跟《史记》重复的 M，《三国志》又增加了"皆、亦犹、即、诚、似"等。例如：

(7) a. 昔走曹操，拓有荆州，皆是公瑾。（《周瑜鲁肃吕蒙传》）
　　b. 今天下民人为艾悼心痛恨，亦犹是也。（《邓艾传》）
　　c. 保羽闻吾欬唾，不敢涉水，涉水即是吾禽。（《甘宁传》）

《后汉书》的 M 共十四个。排除《史记》《三国志》的"必、即、诚"类，增加了"尽、纯、独、复、实、乃、合（应该）"等 11 个。

例如：

  （8）a. 尽是我饮血之寇仇也。(《仲长统传》)
    b. 纯是蛇。(《方术列传》)
    c. 独是莫晓。(《律例》)
    d. 子合是一国。(《西域传》)
    e. 复是草妖邪。(《光武帝纪》)

  总之，M 不普遍时，"是$_2$"的"是$_{21}$"特性明显，比较例（2）、例（6）与例（7）、例（8）。当 M 普遍时，"是$_2$"支配力显著，是趋成熟的"是$_2$"。也就是说，在"是$_2$"的两可解读中，哪一方显著或解读率高，与 M 的类多少是正相关的。看来"是$_2$"形成中存在着中间环节"是$_{21}$"。

  M 与"不"的普遍化，是"是$_2$"成熟为系词的重要机制，特别是后者。原因在于以下三点。ⅰ）它们可阻断"是$_{21}$"回指或同位陈述 NP1 的可能。形式阻断无须说明，语义阻断指"是$_{21}$"被否定后或许还有指代性，但已不能"回"指。ⅱ）"不"以负向肯定功能强化凸显已现实化的[主观认同]。ⅲ）基于ⅰ与ⅱ，"是$_{21}$"已有支配 NP2 的语义、语法功能，可和 NP2 同在一个句法语义层次，因为[主观认同]肯定的对象已是 NP2。观察：

  （9）余亦不是仵茄之子，亦不是避难之人。(《敦煌变文·伍子胥变文乙》，王力，1980 例)

  例（9）的"不"阻断了"是$_2$"回指追踪"余"的可能，丧失了跟"余"在同一句法语义层次的基础，相反，跟"仵茄之子"同在"不"管控约束之下而一起构成强式焦点结构。在这个焦点结构中，"是$_2$"的[主观认同]被"不"的负向肯定进一步强化，自然能够支配"仵茄之子"，即"仵茄之子"已是"是$_2$"的句法宾语。换言之，"是$_{21}$"已词汇化为具有自主语法功能的"是$_2$"。再观察：

(10) 南荆之地……诚是国之西势也。(《三国志·甘宁传》)

例(10)中"诚"可阻断"是₂"回指追踪"南荆之地"的可能。这种状况跟例(9)一样,"是₂"的[主观认同]被"诚"的肯定认识意义进一步强化而自然可支配"国之西势"。与此相应,句法语义上它可以联系肯定"南荆之地""国之西势"。综合来看,它已是系动词。

总之,王力(1989:197)的系词成熟三个标记以及 M 与"不"前普遍出现,是系词"是₂"成熟的重要标记。当然 M 与"不"在"是₂"前普遍出现并不同步,语料显示前者远早于"不"。据郭锡良([1999]2005:106—123),前者在战国末西汉初就已出现。例如:

(11) a. 天子识其手书,问其人,果是伪书,于是诛文成将军。(《史记·封禅书》)
　　　b. 学者博览而就善,何必是周公孔子,故曰法之而已。(《盐铁论》)

汪维辉(1998)指出,"不"出现在"是₂"前最早见于东汉后期汉译佛经,用例很少,如《禅行法想经》、《法镜经》及《阿閦佛国经》中仅有 3 例。稍后的三国译经也没多少。至于中土文献的"不"在唐以前更是鲜见。

综合中土与汉译文献,结合 M 与"不"历时的类型数量分布状况,基本可肯定"是₂"是东汉后成熟的。因为这两类文献的"不是"例句相对于当时口语实际应是沧海一粟,加上它们是文人所为,多少有拟古性或迟滞于当时的口语,因此,即使"不是"的量少,也能肯定它在东汉之后绝非偶发现象而是常态。

最后是信息凸显。这是"是₂₁"词汇化的一个重要因素。Boye 和 Peter(2012:12—17)认为,语法化源自话语或篇章成分的语言学凸显或竞争,凸显度较低和竞争中可能输掉的语言成分由于跟高频使用联系,有资格可能最终取得主要地位而语法化。但是,若凸显度较低与可能输的成分被凸显为焦点或焦点结构中的成分，即使已语法化或正在语法化的也会去语法化。这些看法是适于"是$_{21}$"词汇化的：受"不"管控与作用，它是焦点结构中的成分，信息地位凸显，自然会去语法化而词汇化的，如例（9）的"是"。同样在 M 管控下，它作为焦点结构中的成分至少也可得到凸显，去语法化也是必然的。

总之，"是$_{21}$"词汇化中，滞留的［主观认定］是内因。若它是空代词或仅有指示功能，即使在 Cs1 也不可能词汇化。同样，若其语义跟 Cs1 构式义无关或相关不大，上述三方面因素也不能发挥作用。这是我们对"是$_{21}$"词汇化为"是$_2$"机制的揭示，也是对朝前走与回头看语法效应发挥作用的前提的限定。

3. 成熟"是$_2$"的特征

"是$_{21}$"词汇化就获得了判断义，同现的语气词"也"就成为羡余。王力（1980：351—353）把"也"脱落作为系词成熟的标记之一，原因就在此。历时事实也可说明这一点：西汉前后"是$_2$"常跟"也"同现，之后越来越少，比较例（2）、例（6）与例（7）、例（8）即可看到。顺及指出"是$_2$"成熟绝非王力先生所说的三个标记，至少还应该包括［周遍］现实化及句类分布的拓展。

"是$_1$"语法化为"是$_{21}$"之后，［周遍］滞留了下来。由于 Cs1 的"等同""包含"蕴含着［周遍］，如例（9）是表示"余"的特征完全不等同或不包含于"仵茄之子"的。这种情况下"是$_{21}$"受朝前走、回头看效应作用，特别是跟具有［周遍］成分同现时，［周遍］一定会激活并现实化的，如例（12）的"一身""都"就可激活"是$_2$"潜在隐性的［周遍］并使之现实化，观察：

（12）子龙一身都是胆也。（《三国志·赵云传》）

Norde（2009：120）认为，去语法化是特定语境的成分在不止一个语言学层面获得自主性或物质性的混合变化，最终结果是词汇化。这在语法化后期并不鲜见，如英语连词 but（但是）用作名词（buts）、词缀"主义"作名词用（多研究些问题，少谈些主义）。去语法化有去屈折与脱黏（debond）两种形态，前者是对次要语法化的逆转，在印欧语表现为语法化成分变为形态音位，而汉语的去语法化一般表现为脱黏，如"是$_{21}$"脱黏就是摆脱黏附 NP1 而获得［主观认定］［周遍］等语义成分及语法自主性。语法自主性指脱黏后的"是$_2$"可单独作句子成分或回答问题等，如例（5）的"是"不仅作"鲁迅"的动语，而且还可作疑问句答语或否定句的申辩语，分别如下列两组对话的"是"。观察：

（5）a. 甲：鲁迅是作家？　乙：是。
　　　b. 甲：鲁迅不是作家。乙：是。

例（12）、例（5）的"是$_2$"能支配 NP2，是动词；能联系 NP1 与 NP2 且表"等同"或"包含"意义，是判断系词。综合来看，它就是传统所说的系动词。下面把成熟"是$_2$"及其构式 Cs2 的形义等情况表示为表 3-2-4。

表 3-2-4　　　　Cs2 形义配对及"是$_2$"性质、意义

F	M
［NP1#是 NP2］	Cs2：判断或解释 是$_2$：与 NP2 形成述宾陈述 NP1，是表"等同""包含"的系词

"是$_2$"成熟后，就从基本出现在肯定句而拓展到否定句、疑问句中。"基本"指它未成熟前很少出现在否定句、疑问句中。"是$_2$"出现在疑问句的用例在先秦罕见，例如：

（13）口是何伤？祸之门也。（刘向《说苑》）

例（13）是设问句，并非典型问句。但是随着"是$_2$"趋于成熟，它在疑问句中也开始普遍化，例如：

（14）a. 是水将无是大海？（《道行般若经》）

b. 得无是白净王子悉达者乎？（《中本起经》）
c. 岂不是平等耶？（《分别功德论》）（王维辉，1998 例）

我们之所以强调成熟的"是$_2$"是普遍出现在否定句、疑问句中，是因为二者是"是$_2$"成熟的重要标记，具体来说，就是它在这两种句类中是强式焦点结构中的成分，信息地位凸显，"等同"或"包含"等判断义显著，回指或追踪功能都已消失或趋于消失，否定句的"是$_2$"的这一表现前文已分析。疑问句的"是$_2$"尽管没有阻断其回指追踪主语/话题的成分，但疑问句本身却会抑制"是$_2$"的这一功能，如观察例（9）与例（14）的"是"。

总之，成熟的"是$_2$"在形成中经历了语法化与词汇化。结合本章第一节"是$_1$"的语法化链 Gs，可将其形成的完整过程简要刻画如下：

Ls：是$_0$→时间名词→指示时间→指示代词（是$_1$）→前系词/附缀（是$_{21}$）⇨ 系动词（是$_2$）

符号→与 ⇨ 分别表示语法化、词汇化。从 Ls 看，梁银峰（2012）认为"是$_2$"的形成不是语法化是有道理的，因为它还经历了词汇化。该文认为"是$_2$"不同于印欧语的 be 也客观，因为它在词汇化中获得了［主观认定］［周遍］等语义成分与语法自主性，是个系动词。

三 成熟"是$_2$"的特性

1. "是$_2$"形式特征

"是$_2$"联系主、宾语时是选择的，如例（5）就可以说成如下：

(5) c. 鲁迅，作家。

它是判断构式［NP1（,）NP2］的一个实例，下称为 C$_0$。C$_0$ 及其变体［NP1（者），（adv）NP2（也）］一直是汉语判断式，adv 表判断语气副词。系词产生后，才出现跟 C$_0$ 并行的构式 Cs2。即 C$_0$ 是汉语主导判断式。必须注意的是,"是$_2$"的选择性是基于其词义、功能与 Cs2 一致形成的,否则不可能是选择的。至于如例(15)的"吃",虽然也可以不出现,但不是句法选择性体现而是语境缺省。观察:

(15) 他吃苹果。vs. 他,苹果。

当然,例(5)的"是"的选择性立足在真值义而非结构、表达。正是基于结构与表达,王力(1989:197)才说成熟的系词是"必要的而不是可有可无"。汪维辉(1998)认为,这不是"很过硬的客观标准",因为很多不用"是"与用"是"的判断句数量对比很难说明它究竟是不是必要的。这种解读与王力本意不对称,王力着眼于句型或结构才说它是客观标准,因为没有它,系词句就变成名词谓语句。然而,汪文着眼点在"判断"形式的语义表达(真值)之上。

2. "是$_2$"表达价值

至少从现代汉语看,Cs2 倾向用在书面语或通用语,适于规范正式场合。C$_0$ 则倾向用于非正式场合,多在口语用作即时的一般介绍,如日常生活中将一个人介绍给另一个人,常伴随手势用例(16)a;反之,则用例(16)b。观察:

(16) a. 这位,陈大夫。
　　　b. 这位是陈大夫。

可见,"是$_2$"可使判断句形成正式(Cs2)与非正式(C$_0$)两种风格。正式者规范,语义重、语势高、语气重,除作申辩、绝疑、断言等外,句义总有未尽之感,是不自足的。不自足就需解释或补足,因此,例(16)b 在语篇常作始发句或者总结句。C$_0$ 则不同,如例(16)a,相对来说语气弱、语势低,一般不需后续句解释或先行句铺垫就是自足的。下面把 C$_0$ 句与 Cs2 句的基本差异表示为表 3-2-5。

表 3-2-5　　　　现代汉语 C₀ 句与 Cs2 句的基本差异

	通用体	功能多样	语气语势强	句义自足
C₀	-	-	-	+
Cs2	+	+	+	-

总之,"是₂"在句法、语义及语用上都有重要意义。它分布灵活价值独特,是印欧语系词 be 等无法比拟的。例如:

(17) Lu Xun is a writer. → *Lu Xun a writer.

吕叔湘([1976]1984:511,545—547)认为,成熟系词的"联系、判断及强调都无非是肯定,不过轻点儿重点儿罢了,都可一元化为肯定"。从中可解读出三点:联系、判断、强调分别指"是₂"的形式、语义及语用功能,它们都是肯定——形式肯定就是联系主宾语的系词,语义肯定即判断,强调是语用肯定。肯定是连续的,只有相对的轻重而无本质区别。总之,"是₂"就是传统所说的系动词或判断动词。吕先生系词是广义的,构式是[X 是 Y],它包括了强调副词"是"。

王力(1980:345)说:"'甘地是印度人'……是判断句。其中'是'是系词。但是,我们不能说'是'字在任何情况下都是系词。缺乏主语的往往不是系词(是我忘了);当谓语不是名词性质的时候,谓语前面的'是'字也不是系词(他实在是很爱你)……它的任务是联系主谓两项,缺一不可。"显然,"不是系词"即所谓的副词。"缺乏主语的往往不是系词"意味着"是"在少数情况是"是₂",而多数情况是副词。再推断,前者指主语在语境中可唯一地补出来的情况,是省略;后者指主语在语境中不能唯一地补出来,用形式语法术语说,就是个 PRO①,如"是我忘了"。王力先生的上文论述,表明他的系词观是狭义的,构式为[X 是 NP]。

---

① 语义有指但不能出现的主语。

系词的广义与狭义分歧在于强调、肯定对象不是 NP 的以及没有主语等的"是",是系词还是副词。朱德熙(1982:105)认为系词"表示强调等特殊情况时,'是'后还可以是动词或者形容词短语"。这意味着"是$_2$"强调对象包括 NP。既然强调 NP 的"是"是系词,那么,强调动词或形容词短语(VP)的"是"从共时结构平行性与历时的构式构件扩展变化看也应是系词。沈家煊(2017)从共时结构平行性证明了 VP 前的"是"是系词而非副词。当然认为 VP 之前的"是"是副词也有道理,如黄廖本《现代汉语》(增订六版)认为,例(18)的"是"表"的确","生气了"也不能用"什么"替换而可用"怎么"替换。这两方面基本是"意义"依据,只能说明它有副词性,并不能说明它已是副词,因为形式上它不具有副词特征。观察:

(18) a. 他是生气了? 是。
b. 他是不是生气了? 是。
c. 生气了$_j$,他是 t_j。

其中 t 指语迹 trace。例(18)的"是"可以单说单用、支配"生气了",还可把"生气了"移到句首而让"他是"成结构有意义,说明它就是系动词,副词没有这样的形式特征。另外,例(18)的 a、b、c 跟例(5)的 d、e、f 平行,也说明前者的"是"就是系词。观察:

(5) d. 鲁迅是作家? 是。
e. 鲁迅是不是作家? 是。
f. 作家$_j$,鲁迅是 t_j。

屠爱萍(2013)认为"是$_2$"的副词表现,由附丽在它上面的重音与时长表达的,有道理。① 总之,共时上"是"强调 VP、AP 与 S 之时仍为"是$_2$"。同样,从历时事实及推理看还是如此,因为狭义系

---

① 重音以时长为基础,时长必然会产生重音。

词的构式［X是NP］在高频使用中，其NP必然会向VP、AP与S扩展而偏离原型变为［X是Y］，具体过程是"NP→VP作指称用/指称化→VP"。例如：

（19）萧何建武库、太仓，皆是要急，然犹非其壮丽。（《三国志·桓二陈徐卫卢传》）

很明显，例（19）的谓词成分"要急"是作指称成分用的。这样，自然就可在"是"后类推出陈述单位，例如"情况是要急，不要怀疑"。这是侧重形式得出的结论，从语义看也是如此，"是$_2$"是主观意念上的"认为是"，不管表示事物的NP还是动作、行为VP及性状AP，都可以成为它的支配的对象。

［X是NP］变为［X是Y］，并没产生新义或新功能，仍是判断，是构式变化。相应的，"是$_2$"也没变成副词，只不过构件X、Y偏离了NP而扩展到VP。同样"是我忘了"的"是"还是"是$_2$"，因为联系功能还在，只不过仅联系一个非NP的"我忘了"。从范畴连续性与延展性看，没必要把有偏离原型的范畴就另立为类，这不完全符合事实，有违词类的认知特性，同时也不符合系统经济性。

不管系词"是$_2$"是广义的还是狭义的，显性功能都是右向肯定。至于其左向肯定，是隐性的微弱的且是有条件的，说明见下文。下面把"是$_{21}$"与"是$_2$"的特性及功能等表示为表3-2-6。

表3-2-6 "是$_{21}$"与"是$_2$"的基本特性、形式特征及句法功能

	重读	左向肯定NP1，作前谓语	右向肯定NP2，作谓语	性质
是$_{21}$	-	+	-	类附级
是$_2$	±	-	±	系动词

3. "是$_2$"的本质功能

"是$_2$"功能有"连接""傀儡""谓词"之说。周国正（2008）认为它是标记"话题+述题"关系，增强表达明晰性，是使述题身份更明确的语用成分。他的观点中肯，但没有挖掘"强调"机制及其

"明确"内涵。我们认为强调机制是其滞留的［主观认定］与现实的语义功能［判断］。如例（5）的"是"一方面以［主观认定］左向隐性肯定话题"鲁迅"而使之得到弱凸显，语感表现为它有点"鲁迅这个人"意味；另一方面，又用［判断］显性右向肯定"作家"而使之凸显成为宾语焦点。即"是$_2$"隐性功能是"鲁迅"的前谓语，显性功能是跟"作家"一起作"鲁迅"的谓语。基于此，例（5）g才会有g1与g2两个答语。观察：

（5）g. 鲁迅是作家？　g1. 鲁迅是。　g2. 是作家。

例（5）g1与例（5）g2针对的疑问焦点分别是"鲁迅"与"作家"。说明"是$_2$"确实有同时强调话题"鲁迅"与述题"作家"的功能。下面把它强调的语义基础及功能特征反映在表3-2-7。

表3-2-7　"是$_2$"强调"话题+述题"的语义基础及其功能、特征

	语义类别		句法功能		句法功能特征	
	滞留	现实	前谓语	谓语	隐性	显性
主观认定	+		+		+	
等同/包含		+		+		+

看来"是$_2$"滞留的与现实的语义在同时起着作用，这是印欧语系词be等所不具有的，观察：

(17) Lu Xun is a writer ?　→ a. Yes, he is.
　　　　　　　　　　　　→ b. *Yes, is a writer.
　　　　　　　　　　　　→ c. Yes, he is # a writer.

例（17）的"be"(is) 是前附主语、维系主谓一致的强制形式成分。前附性在其语法化为附缀后表现充分，如's、'm或're等只能前附主语。"是$_2$"则不同，可以一隐一显地分别跟"鲁迅"及"作家"形成两个句法语义层面，如图3-2-1所示。

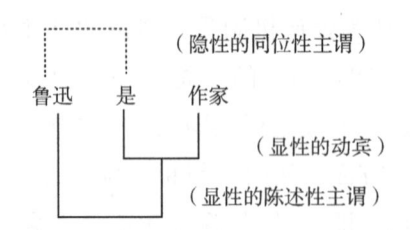

```
             ┌─────────  （隐性的同位性主谓）
             │
    鲁迅    是    作家
             │          │
             │          └──  （显性的动宾）
             │
             └──────────────  （显性的陈述性主谓）
```

图 3-2-1　"鲁迅是作家"的结构层次图

图 3-2-1 "是$_2$" 的隐、显两种关系是其滞留的〔主观认定〕与现实的〔等同/包含〕作用的结果。这像"分身"完成两件事一样。总之，"是$_2$" 的句法语义特性是回头看与朝前走效应的体现，究竟地说是它相继经历了语法化与词汇化。系词 be 只有语法化，说明见本书第十一章第三节等。

需要注意的是，"是$_2$" 的〔主观认定〕包括 "是$_1$" 语篇功能〔追认〕的滞留以及 "是$_{21}$" 词汇化获得的两方面，其语义功能及特征可表示为图 3-2-2。

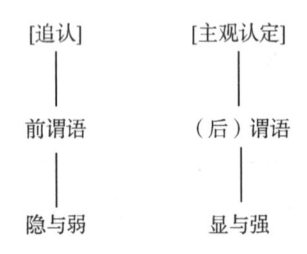

```
    〔追认〕           〔主观认定〕
      │                   │
      │                   │
    前谓语             （后）谓语
      │                   │
      │                   │
    隐与弱              显与强
```

图 3-2-2　"是$_2$" 的〔主观认定〕来源、功能及特征

"是$_2$" 作前谓语与（后）谓语在实际话语中并非同等显现，而有个此消彼长。孰消孰长，取决语境，如例（5）的 "是$_2$" 前面若出现副词或后谓语又是焦点时，支配 "作家" 的功能就是显现的。反之，则前谓语的功能有所抬头。

应当指出，汉语的 SVO 是非问句都有例（5）那样的两类答句。例如：

(20) 小张去商店了？a1. 去了。　　a2. 他是）

b1. 去商店了。b2. 是去（商店）了。

例（20）a1可用a2"他是"替换，说明"是$_2$"滞留了"是$_1$"的[主观认定]，因为"他是"语感中有"他是这样"的意味。例（20）b1可用b2"是去了"替换，说明"是$_2$"是给例（20）绝疑的。当然，这种情况在答话人表达坚定信念之时，也可说成"是去商店了"。从这两方面看，若仅用简式"是$_2$"给例（20）作答语是有歧义的，可解读为"他去了"或"是去商店了"。这就是为何SVO型"是非问句"的肯定答语除用简式"是"外，还并行使用"SV"与"VO"复杂式之因：简式有歧，复杂式无歧。这再次说明"是$_2$"形成中确实经历了语法化与词汇化，否则，是不能同时进行左向、右向肯定而产生歧义的。

4. "是$_2$"本质功能的形成

"是$_2$"左向强调"鲁迅"是隐性的微弱的，右向强调"作家"是显性的显著的。前弱后强的势差必然会产生两个结果。一是形成语法停顿。其现实性至少在心理上体现为"鲁迅"与"是作家"之间有瞬间的无声的静默（silent）。加上说话人还可以人为地在二者之间再停顿，最终可形成一个由两种停顿叠加而成的停顿。二是"作家"更凸显，这是被"是$_2$"现实语义强调造成的。张伯江、方梅（1996：39）指出，提顿成分是主次信息的分界线。徐烈炯、刘丹青（2007：79）认为"提"是话题提挈，"顿"指停顿。据此，"是$_2$"有提顿功能，如例（5）的"是$_2$"不仅在"鲁迅"与"作家"之间形成了语法停顿，而且它还作为句子的旧新信息界限。可见，"是$_2$"提顿功能的形成跟强调"话题+述题"机制一致，并且本质上后者就是前者的体现或通俗的说法。

如果说例（5）的"是$_2$"提顿功能尚不明显，那么下述三种情况则相对明显。

一是话题长度长或复杂，例如：

（21）全面建成社会主义现代化强国、实现中华民族伟大复

兴是新时代中国共产党历史使命。(www.so.com)

在语感上,例(21)在"是"之前或之后停顿的频率高低难分上下。但据刘天福(2020:73)对多种语体调查,发现"是$_2$"有前附性。我们又在CCL语料库以政论、科技(规范)与小说、戏剧(自由)等两大类语料各选取5000条[X是Y]为例,考察其停顿与前谓语性表现,发现规范体的"是$_2$"倾向前附,约占总数的61.23%;自由体的略显劣势,但占比仍达44.36%。即规范语体"是$_2$"提顿功能比自由体的显著,综合来看"是$_2$"有提顿功能是事实。

二是主谓句[$_S$[S 是 Y]]构式化为主谓词语[$_W$[S 是]]中,"是$_2$"是主导因素。观察:

(22) 我说的是#阴差阳错的乌龙喜剧故事。(www.so.com)
(23) 值得注意的是,#从唐代开始历经宋元,朝廷对割股疗亲均予以鼓励和表彰,明代以后鼓励不鼓励的情况较为复杂。(www.so.com)

因为例(22)、例(23)的"是$_2$"是隐性的前谓语,这样才能在韵律打包下,与"说的"与"值得注意的"自然地紧密结合甩开后面的成分而构式化为[$_W$[S 是]]。目前,讨论跟"是$_2$"有关的主谓词汇化把问题简单化了,如李宗江(2008)、张爱玲(2016)认为,"有的是"与"问题是"等具备表大多、负面评价的转折义,便可用韵律把二者打包为词。例如:

(24) 他有的是时间,有的是钱财,有的是决心。(BCC语料库)
(25) 瓶瓶回家打算再一次成了泡影。离开了我们家,离开了坛城。这个结局是命定的,是迟早要发生的。问题是瓶瓶不告而辞,走得不知去向!(BCC语料库)

例(24)、例(25)的"是$_2$"能突破它与"有的""问题"之间的停顿、层面隔而词汇化，一个重要因素是滞留有"是$_{21}$"的特性。这可通过[$_w$[S是]]跟普通[$_w$[SV]]的不同得以反映：前者是内部结合紧密的词汇词，"是$_2$"语义语法特征是其词汇化的内因；后者如"日出"等是语法词或图式词，它们词汇化，除事件转喻与高频使用外，人为的韵律打包是主导因素。因此，它的内部关系松散，性质与单位不稳定，很容易变为动词短语或句子且"概念"基本能保持不变。观察：

(26) a. 地震了。
　　 b. 地在震。

汉语主谓不仅跨层且无印欧语那样的形态约束，关系极其松散，可停顿、加语气词或插入句外成分。相对于联合、偏正、补充、动宾等结构体词汇化来说，它是极困难的。它要词汇化，突破停顿与层面阻隔是最大阻碍。从其形式为词的方式看，无非是靠人为的韵律挤压，"地震"等[$_w$[SV]]就是这样形成的。因此，其松散的主谓关系并没有因韵律打包而得到实质的改变，而仅仅是变紧了一些，即还有些松。[$_w$[S是]]不同，主谓的底层下面滞留着隐性的同位性主谓关系，如例(25)的"问题"与"是"可同在一层，形成的"问题是"多少还有一丝"问题这方面"等意味。基于此，韵律才能轻易挤掉其间本就极短的可忽略的停顿并突破基本没有跨层的层次阻隔而将它们紧密打包为词。即[S是]是一个特殊的主谓结构。可见，韵律压倒句法语义是有条件的。

总之，[S是]成词中韵律打包看似是人为的，实质却是顺势而为的自然结果，因为"是$_2$"滞留的"是$_{21}$"的前谓语功能才是重要的根本因素。

三是"是$_2$"提顿功能还表现在与推测、言说动词的跨层词汇化，如"怕是、应是"等。这类现象有人刻画过，但认为韵律打包是主导因素。例如：

(27) 据说是穿衣服太模糊了。(www.so.com)

"据说是"能成词，主要是基于"是$_2$"的提顿功能，只不过它左向肯定的"据说"是一个主位（theme）。当然，还有一个因素，就是"是"与"据说"都是指向说话人的语用成分，二者紧邻且功能、性质相宜。

成熟的"是$_2$"的形成经历了语法化与词汇化，这有着客观依据。在"是$_1$→是$_2$"中，"是$_0$"的【正恰】及其［周遍］［抽象］［主观认定］与"是$_1$"的［回指/忆指/承指］一直滞留或传承着。至于"是$_2$"提顿功能的证伪见本书第七章第一节。

四 系词"是$_2$"来源、特征及其关系

（一）"是$_2$"的来源、特征及其关系

学界认为，"是$_2$"有三个来源：一是"是$_1$"，如王力（［1937］1980）与洪诚（1957）等；二是源自"是$_0$"，如洪心衡（1964）与洪成玉（1980）等；三是认为"是$_0$"就是系词而不存在演变问题，如任学良（1980）等。其中第一类是主导的，但也不能无视第二、三种，因为三者都应是"是$_2$"的来源且是通融的。如郭锡良（［1998］2005：132）就认为"是$_1$"发展为"是$_2$"受到了"是$_0$"影响，这种观点有道理但没刻画、解释是怎样影响的。肖娅曼（2005，2010：40—55）认为，"是$_1$"发展为"是$_2$"是其可能兼具判断性，这种看法有道理但无法回答"判断性"从何而来。根据前文可知"是$_0$"影响"是$_2$"的形成以及"是$_1$"兼具"判断性"，是由于"是$_1$"滞留了"是$_0$"的基元及其特征。换言之，"是$_1$"有"是$_0$"的语义语法特征，此即二者通融所在。

第二类的看法本质是把"是$_2$"看作"是$_0$"被动式的语法化。例如：

(28) 居尧之宫，逼尧之子，是篡也，非天与也。（《孟子·万章上》）

按照洪心衡（1964），例（28）的"是$_2$"表示"被认为……是"（be considered/thought）等。语感可信，因为它表达的断定就是一个广义的二元模态 A（x，p）——"居尧之宫，逼尧之子"被说话人认为是"篡"。x 表断定者，A 表断定，p 是命题。按照杨伯峻、何乐士（2001：714—717），这个"是"就是"是$_0$"的被动活用。任何活用到了一定频率之后"活用感"都会降低，如"（取得）骄人成绩"的"骄"使动感很低。用 Haiman（2009：160—191）的话说，这就是语义自然磨损（erosion）。基于此，例（28）自然可解读为 [$_{SP}$居尧之宫，逼尧之子，[$_{VO}$是［篡也］]]，因为其被动义已磨损殆尽，大众不会认为是被动，"是$_0$"就成了联系主语"居尧之宫，逼尧之子"与宾语"篡也"的系词。当然，这种情况的系词跟吕叔湘（［1976］1984）的广义系词等同，因为联系对象是 VP 而非 NP。

"是$_2$"源自"是$_0$"有两个旁证：一是很多汉藏语言的系词都源自正确义的"对"（张军，2005：81—82），如壮语邕宁话、柳江话、布衣语及拉珈语等；二是据王健、顾劲松（2011），江苏涟水话系词"斗"可能来自表正确的"斗"。在理论与事实上，这两类情况的系词形成跟例（28）一致，都是"正确"义词语的语法化，"正确"就是【正恰】的表现。例如：

（29）他斗小五子。（江苏涟水话，王健、顾劲松，2011 例）

例（29）表示说话人认为［他，小五子］正确。总之，判断属于语用而非语义的，因为它是说话人表示对事物之间或事物与性状、行为等之间有无等同或归属关系的确定，是形式语法所谓的提升动词（raising）。基于此，本书结合语用与形式明确把系动词定义如下：

S$_C$：认为 A、B 两事物或事件之间，或 A、B 跟某性状（a）、动作行为（v）等之间有着等同、归属关系；且可以形式上把 A 与 B，A、B 与 a、v 连接起来的成分。

汉语没有及物、不及物与主被动范畴的严格区分（沈家煊，2014、2019），心理词"是$_0$"尤其如此。因此依据 S_c，第三类观点也是自然客观的，并且跟第二种看法本质一致，区别仅在于第二类看法着眼于"是$_0$"的被动语义语法化，再观察任学良（1980）用例：

(30) a. 问人曰："此是何种也？"对曰："此车轭也。"（《韩非子·外储说左上》）
　　　b. 夫虞之有虢也，如车之有辅。辅依车，车亦依辅，虞虢之势正是也。（《韩非子·十过》）
　　　c. 此是欲皆在为王而忧在负海。（《韩非子·中山策》）

很明显，例（30）的"是"与例（28）的平行一致。值得指出的是，解植永（2010）还提出"是$_2$"还有直接源自句尾"是"的。例如：

(31) 仁之实，事亲是也。义之实，从兄是也。（《孟子·离娄章句上》）

按照王力（1980：347），例（31）的"是"兼有指示代词与形容词两种情况，可解读为复指/紧邻回指"事亲"的，也可解读为指向说话人的判断词"对"或"正确"。不管怎么解读，"是"都是"事亲"与"从兄"的谓语。同时作为代词，它仍然滞留有形容词特征，加上出现在肯定判断句中，如解植永（2010）所言其判断功能势必显著化，因而到中古已发展为后置系词，观察其用例：

(32) 功曹之官，相国是也。（《论衡·遭虎》）

按照解植永（2010），相对于例（31），例（32）的"是"的先行成分变为具体 NP"功曹之官"，复指功能消失而确认功能凸显，最后被重新分析为系词，这种看法有道理。当然，把它定性为"后置系词"着眼点在语义，因为仅是语义联系"功曹之官"而形式没有。既然它的语义是肯定"相国"属于"功曹之官"的，那么形式上把"功曹之官"放在它后面也是完全可能的。尽管反映这一动态变化过程语料鲜见，但上述推理是完全符合事实或逻辑的。

值得指出的是，解植永（2010）的系词与王力（［1937］1980）的系词相似性较大，表现为它有"是$_{21}$"的功能——同位陈述或主谓，只不过不是类附缀而是更实的形容词兼代词。另外，它又无须词汇化而像第二、三类那样可以直接带宾语。总之，解植永（2010）的"是$_2$"来源观兼有上述三个来源的特征。

（二）"是$_2$"的第二、三来源的基元、特征及其关系

不管"是$_2$"源自第二、三的哪个类，都鲜明继承了"是$_0$"基元与特征。第一类无须讨论，下面就第二、三类来源的系词基元、特征及三类来源关系作一简要总结说明。

敖镜浩（1985）把"是$_0$"称为动词，分为不及物、及物与兼有代词三类。这三类对应于通常所说的形容词、形容词活用为动词及兼有代词的形容词。它们都有判断功能，当然也都具有相同的基元及特征。先看形容词，观察：

（33）此乃一是而一非者也。（《墨子·小取》）

例（33）中的"是"陈述"一"，断言"一个/方面"完全符合说话人的看法，语义中当然有着显著的［周遍］［主观认定］。活用为动词的情况同样如此，观察：

（34）a. 子是之学，亦为不善变矣。（《孟子·滕文公上》）
　　　b. 反古者未必可非，循礼者$_i$未足多是 t_i 也。（《商君书》）

例（34）a 的"是$_0$"肯定"之学"，表全盘接受"农家学说"，即周遍判断。例（34）b 的"是、多"是"足"（值得）的并列谓词宾语，"是$_0$"肯定对象"循礼者"在句首，"是循礼者"是全面肯定

"循礼者",还是周遍判断。同样,例(31)的"是₀"也有[周遍][主观认定]。综观例(31)、例(33)、例(34)的"是₀"可以发现以下两点。一是不管它有无句法宾语,元语都是"Ø 认为 x 对"等意义。Ø 是外指成分(same group esphora),x 是"是₀"语义肯定对象,如"一""之学""事亲"等。二是它的性质与语义清晰度有异,例(33)的"是₀"性质与语义透明,而例(34)次之,例(31)的模糊。尽管如此,它的判断功能一直是明显的。再观察:

(35) 诸家是如此说。(《朱子语类》)
(36) 若得他再也不来,便是干净了。(《元代话本选》)

例(35)的"是"是系动词,但也可解读为意动,表示"诸家以如此说为是"。例(36)的"是"是系动词,同样也有意动的痕迹,表示"他再也不来"被认为是"干净"的。总之,例(35)、例(36)的"是₂"语义特点至少可说明活用"是₀"语法化为"是₂"是站得住脚的,即"是₂"的来源是多样的。

例(33)的"是₀"是不及物的,跟例(34)a 比较会看到:前者"是"根据表达需要,可像后者一样带宾语。也就是说,形容词"是"至少也是"是₂"的间接来源,即先活用如例(34)a 的"是",然后再发展为"是₂"。由此可知,不论例(33)、例(34)的"是₀"是形容词还是活用为及物动词,都是"是₂"的来源。它跟来自"是₁"的"是₂"的判断功能同一,基元及其特征相同,都是【正恰】及[周遍][主观认定]等。其间差异在于:一是"是₁"发展为"是₂"以及解植永(2010)讨论的"是₂",存在着作前谓语的"是₂₁"阶段;二是第二、三类来源的系动词不存在词汇化阶段。由于这方面与本书主题相关性不大或不直接,拟另文详讨。

结 语

"是₂"是一个多源的系动词。系词是着眼于句法格局而言的,形式与语用上它跟印欧语 be 之类不同,有着独特的价值,是个主观判断动词。其构式是［X 是 Y］，X 与 Y 是开放的实词且可缺省。"是₂"表示"等同"或"包含"，基本功能是肯定，包括左向的隐性潜在肯定及右向的显性显著肯定，基元及基本特征是【正恰】［周遍］［主观认定］［抽象］。

第四章 "有、在、是"基本语义语法关系、特征及其形成基础

第一节 "在"的基元、特征以及跟"有、是"成类的基础

一 "在"的语义基元及其特征

"在,存也,从土才声。"(《说文解字》)"存"就是"存在",形符"土"是"处所"。显然,"在"是基元【存在】的最简的词汇表达式。但是,它的"存在"义却是复杂的,因为里面有［定位］。正因为如此,在句子中通常要释为"处在"等意义。例如:

(1) 电脑在桌上。

"处在"是一个复杂的概念语义而不是最简的,完全可用｛【存在】+［定位］+【处所】｝定义。［定位］虽不是概念基元,但可看作概念基元【移位/MOVE】的静态变体,因为【移位】是基元,见本书第一章第二节表1-2-1。"在"的处在义中有［定位］,还表现在它可以现实化为行为或动作终点,如"把车停在路边!"当然,它的［定位］也可用于意念活动,如"在他看来"。

"处在"可用｛【存在】+［定位］+【处所】｝定义,但三者显著度及地位、作用不同:【存在】是核心,［定位］是区别性的,【处所】是默认的,因为【存在】与［定位］一定涉及【处所】。因此,

从表达经济看,"处在"用【存在】、[定位]定义即可,如"父母在"的"在"表"存在"之时,没必要把处所"世上"等说出来。

二 "有""在""是"为类的基础与关系

(一) 语法基础

三者的内在过程(akionsart)的续段(duration)显著,都是状态动词,即其本来就是一个语法小类。如观察例(1)与例(2)、例(3):

(2) 桌上有电脑。
(3) 桌上是电脑。

上述三例都是断言方所(NL)与存在物(NP)的依存关系的动词。即"有、在、是"是表达同一判断关系的三个语义语法功能的变体,只不过例(1)重在处所判断,例(2)重在所指判断,例(3)是性属判断。

(二) 概念语义

笛卡尔认为,"存在"是个没什么可使它更为清晰的概念,是绝对的最简的不可定义的,[①] 因此,Wierzbika(1996:73—74)才视之为概念基元。根据第二章第一节及本节上述讨论,"有"与"在"的基元都是【存在】。这样看来二者自然是成类的,因为都是【存在】的表达式。

虽然"有""在"都是【存在】的表达式,但二者并不等同,分别是首要的与非首要的词汇表达式。这不仅体现在"有"的"存在"义是最简的不可定义的,而"在"是个{【存在】+[定位]+【处所】}定义的复杂语义,而且还表现为"发生学"时极不同。根据孔令达等(2004:125—126),汉族儿童习得"在"是在1岁6个月左右,比"有"要晚两个月左右。

[①] 转引自 Wierzbika(1996)。

顺及指出，动词"存在"也可以表达【存在】，但它跟"在"是构成性关系或者说可用"在"定义，不具有最简性，不是基元表达词。此外，【存在】还可以用"V着/了"等动词结构表达，但它们更是复杂的可分解的，如"柜里摆着/了书"。它们与动词"存在"一样，都可用{【位移】+【存在】+【时空】}定义。

"有、在"是【存在】的词汇表达式，还有跨语言的依据，Wierzbika（1996：83—86）认为，英语 there be 与 exist 就分别是【THERE IS】的首要与次要的词汇表达式。观察：

（4）There are no unicorns = Unicorns don't exist.（没有独角兽）

（5）There are no cockroaches here $\neq^?$ Cockroaches don't exist here.（没有蟑螂）

例（4）、例（5）的"exist"是表示"存在"的不及物动词，若要把它的处所引出来，得用定位介词 in 或 on 等，如"unicorns don't exist in the world"等。储泽祥（1996）、付义琴（2012）等认为，介词、副词"在"功能是定位，说明动词"在"的基元确实有［定位］，因为二者都是由动词"在"语法化而来的，滞留［定位］是必然的。

（三）"是"与"有、在"的认知联系

例（1）、例（2）、例（3）是表达图式［方所－存在物］的三个变体式。这样，它们才可以作真值不变的变换。观察：

（1）电脑在桌上 ⇌ a. 电脑，桌上 ⇌ b. 桌上有电脑

（2）桌上有电脑 ⇌ a. 桌上，电脑 ⇌ b. 桌上是电脑

（3）桌上是电脑 ⇌ a. 桌上，电脑 ⇌ b. 桌上有电脑

例（1）、例（2）、例（3）不管怎样变换形式，都是断言"事物与空间"依存关系的。只不过由于表达视角不同而形成了形式差异：例（2）、例（3）表达的出发点是"桌上"，焦点在"电脑"，例（1）恰好相反。

"是"为主观意识动词,"有、在"是"存在"的动词。直观看,是两个独立的概念语义范畴,其间没有直接的内在关系,即二者不挂钩。但从句法语义看,前者却可以对后者断言,如例(1)、例(2)都可接受"是"的肯定。观察:

(1) 电脑在桌上⇌c. 电脑是在桌上 ⇌ d.？电脑是桌上(呢)
(2) 桌上有电脑⇌c. 桌上是有电脑⇌d. 电脑是桌上

例(1)、例(2)的c是例(1)、例(2)的直接肯定式。例(1)、例(2)的d从分析角度看,可视作是把"有、在"并入到"是"的融合式。无论哪种变换,都说明"是"是对"存在"的肯定。反过来说,"是"的肯定要以"有、在"为前提。至于例(1)、例(2)的c与d差别,在于前者是两个显性概念结构［桌上有电脑］［桌上是电脑］的整合,即对两个依存关系都凸显;例(1)与例(2)的d则是一个潜在的概念结构［桌上有某东西］与显性概念结构［桌上是电脑］的整合,即表征为现实句d时,［桌上有某东西］被心理视窗屏蔽了。① 可表示为［Ø+桌上是电脑］。

例(1)与例(2)的d就是例(3)。按照通常看法,例(3)的"是"表"存在"的,其实它本身并不表示"存在"。这方面薛宏武(2006,2011a)有过说明,沈家煊(2010)也曾指出:

"山上是座庙"就是表示山上"是"座庙,说话人关注的是"是不是"的问题,"是不是"一座庙的问题虽然以"有"某物(不一定是一座庙)的存在为前提,但是本身不是"有没有"这个概念上的"存在"问题。

沈家煊(2010)认为,从甲骨文到《诗经》到现代方言,肯定

---

① 萧国政(2020)认为"状态"有双事件性,但在表达时常常把"前关系的事件"形式上作了心理掩盖或零处理。

"物"和"事"的存在都用"有"。同样,汉语从古到今"在"都是肯定"时空"的。"是"的肯定本离不开"有、在"的肯定,没有"有""在"的肯定事物、事件,它就失去了肯定对象。总之,"是"是对存在范畴的肯定或以存在范畴为前提的。海德格尔([1926] 2006:8)也曾说:

> 我不知道(概念)"存在"说的是什么,然而当我们问道"'存在'是什么?"时,我们已经栖身在对"是"的某种领悟中了。尽管我们还不能从概念上确定这个"是"意味着什么。

海德格尔的概念"存在"与"是"的表达式,大致与汉语"有""是"对应。[①] 上述第一句话是说"有"与"是"的肯定相连续,一旦对事物的所指判断之后,便进入性属判断状态。第二句话中不能确定"是"究竟"意味着什么",其实就是对"有、在"表达的存在范畴再肯定。既然"有""在""是"三者有这样密切的认知联系,自然是一个类。

"有、在"即可肯定事物、事件与时空,为何还要叠床架屋地用"是"再肯定?"是"有什么独特价值?观察例(1)、例(2)、例(3)可发现,例(1)、例(2)是客观叙述,例(3)是主观肯定。看来"是"对"有""在"的再肯定,是体现说话人的主观认识。"是"是一种意念活动,自然可以肯定"有"或"在"而不是相反,例(6)与例(7)的a与b可受性上的对立即由此造成。观察:

(6) a. 书是在桌上。　　b. *书在是桌上。
(7) a. 桌上是有书。　　b. *桌上有是书。

例(6)与例(7)的a的"是"管控并肯定"在桌上""有书",而b的"有、在"则是管控肯定"是书",显然不符合主观意念高于

---

① 海德格尔所说的概念"是"的表达式特性尽管不同于汉语的,但其肯定对象也以"有(存在)"肯定的存在物为前提的。

并管控客观事物的规律。

沈家煊（2010，2017）认为，汉语"有"与"是"分立，二者不必挂钩，是概念上的。从句法语义看，"是"一定要与"有、在"挂钩，这两种情况并不矛盾。再看"是"事件肯定或事态，观察：

(8) a. 老张Ø看过那本书。 b. 老张是看过那本书。
(9) a. 天Ø热了。   b. 天是热了。

例（8）与例（9）的a分别是直陈的客观事件与事态，Ø是肯定二者的零标记。共、历时上Ø的元语义就是"存在"，而"存在"的基元表达式就是"有"或"在"。b的"是"是对a的主观再肯定，或者说b是以a为预设的断言句。屠爱萍（2013）曾指出，"是"字句底层是"有"字句，观察客观。可见，"是"在句法语义上一定跟"有、在"挂钩。换言之，"是"以"有"或"在"为前提，句法语义一定预设"有"或"在"。

结　语

"有、在、是"是一个语义语法类。"有""在"是【存在】的表达式，肯定对象分别是事物所指、时空。"是"对"有、在"肯定的范畴的再肯定，是属性肯定，是主观断言。"是"与"有、在"分别表达的是主观认识范畴与存在范畴，其间可以不必挂钩；但句法语义上二者却一定挂钩，因为后者以前者为肯定对象或前提。

第二节　"有""在""是"的基本语义语法差异

一　"有""在""是"的断言及状态性差异

（一）三者的判断差异

"有""在""是"均可以表达［存在物－时空］或断言［存在

物-时空]，但有所侧重。例如：

(1) 电脑在桌上。
(2) 桌上有电脑。
(3) 桌上是电脑。

例（1）断言方所，是直陈的；例（2）是反映"存不存在事物"问题，也是直陈的；① 例（3）断言的是一个"真假"问题，句子是非直陈的，因为"是"本质是肯定例（1）、例（2）之类。再从断言对象看，例（1）是处所判断，"在"是处所判断词；例（2）与例（3）是事物判断，"有、是"是判断词。可见三者作判断时，如张占山（2007）所言是互补的，"有、是"断言存在物，"在"断言时空。

当然，"有"与"是"的判断也各有所重，前者是所指判断，而后者是性属判断。"是"的判断对象是必须"存在"的，因此，它也可以说是表达存在范畴的，只不过是间接的。据此看来，"有""在""是"都是存在范畴的表达式，关系如图4-2-1。

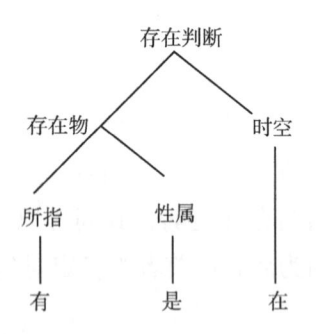

图4-2-1 "有""是""在"原型肯定的关系

（二）三者的状态性差异

"有""在""是"都是状态动词，但典型性有异："在、是"的内在过程中无起点或终点，是典型状态词。"有"的内在过程有起点

---

① "肯定"是着眼于句法语义，而"断言/判断"着眼在命题。

(inception) 或终点 (atelic)，可以带"了、过"之类动态成分。此外，还有被动结构，即有动态性。例如"我有一台电脑"就可以变换为"我有电脑了"、"我有过一台电脑"或"电脑为我所有"等。

二 "有""在""是"断言上的基本语义语法特征及其之间的关系
（一）"有""是"语义语法特征及其之间的关系

断言上"有""是"也叫作不定量词与全称量词，如例（2）断言"桌上的存在物是电脑"，至于"电脑"的品质、配置等属性未必就全在断言之内，如仅凭外形、界面等几个特征就可以确定是"电脑"，而不必强调全部。即"有"仅肯定有无"电脑"，其性属构成对于断言者来说是外在的，对听话者来说，更具有不确定性。"是"断言"桌上"的存在物是"电脑"，意味着它的品质、性能等性属已为说话人充分认知，① 这样才可形成判断。

例（2）肯定"桌上有电脑"，是不排斥有其他事物存在的，即"有"的断言是［-排他］。这方面宋玉柱（1995：201）、张占山（2007）等已有说明。因为"有"是［-排他］，所以才可在例（2）之后拼连上同类的结构或句子。观察：

（2）a. 桌上有电脑，有书，还有盆花。

并且例（2）的"电脑"的数量也不确定，即"桌上"存在物全部是"电脑"还是一部分是，也不得而知。这就是逻辑称"有"为不定量词的因素之一。例（3）的"电脑"属性全部在"是"的断言内，这样才能够断言"桌上"存在物是"电脑"而不是其他的事物，即"是"是［确定］。［确定］是从内部属性断言存在物的。从外部表现看，就是［排他］。因为"是"是［排他］的，因此例（3）通常不能像例（2）a那样，拼连上相同的结构或句子。观察：

---

① 这里"充分"是经验的而非科学上的，如日常认知事物一般是相对充分而未必达到周遍。

(3) a.?桌上是电脑，是书，是花。

例（3）a 需要说明三点。一是若要表达"桌上"既有"电脑"，也有"书""花"等，通常要说成例（3）a1：

(3) a1. 桌上是电脑、书、花。

很明显，例（3）a1 是把"电脑""书""花"打包视为"一体"的。二是例（3）a 在一定条件下也有一定的可受性，条件是作疑问句"桌上是些什么？"之类的回答句，此时，"是"的功能列举或呈现，判断意味减弱，表现在它可用"有"替换，说成例（3）b：

(3) b. 桌上有电脑，有书，有花。

三是"是"甚至可以同时肯定两个对立或相反的 NP，例如：

(4) 小王是君子，也是小人。

例（4）的表现，跟"是"的［排他］不矛盾，因为它断言的是"小王"的正、反两面，即"君子"与"小人"是"小王"的双重属性，二者均是"小王"的内在性属。可见"是"的［排他］，是指断言对象区别于其他存在物的表现。

例（3）还意味着不管"桌上"的存在物有多少，都是"电脑"。当然对于例（3）a1 来说，就是存在物全部是"电脑、花、书"。总之，"是"肯定存在物是［周遍］。这就是它是全称量词的所在。另外，"是"肯定对象的属性在断言内，也是其［周遍］的表现。"是"是［周遍］的，可通过加统括副词去强化显现，例如：

(5) 小明与小李（都）是君子。

例（5）用不用"都"是一个修辞问题：用，［周遍］是显量，句子的肯定语气直白、强烈；反之，［周遍］就是潜量，句子的肯定语气弱而委婉。

我们说"是"表达性属判断，句法体现就是例（4）的"君子"可以用"什么（样）"或"怎么样的"去提问或替换，而不可用"什么事物/东西"或"谁"提问或替换。观察：

（4）a. 小王是什么样的/怎么样的人？
　　　b. *小王是谁？

"什么样/怎么样"指代性属，"什么事物/东西"或"谁"指代事物，即"是"的肯定对象重在性属判断。从指称看，例（4）的"君子"与"小人"无指（non-referential），无指事物当然凸显的是性属。这就解释了例（4）a 为何可以作例（4）的问句而例（4）b 不可以。

顺及指出，例（4）b 不能说，是因为其中"谁"已不是特指问的"谁"，而是相当于不确指或待选的"哪个"。这可以通过它的答句特征得以体现，例如：

（4）b1. 小王是那个个子高高的、戴着眼镜坐在后排左边的小伙子。

值得指出的是，例（4）的"君子"或"小人"之前可以添加数量"（一）个"等，似乎"是"是表示所指判断的。但说到底它是羡余的，如张伯江、李珍明（2002）所言，"（一）个"不是句法语义要求而是表达说话人"主观感受"的，即"是"仍然表达的是性属判断。同理，例（3）的"电脑"之前加数量后，虽然指称性增强了，如"桌上是三台电脑"，但还是重在表达性属，如可以作"桌上是（些）什么？"的回答句。刘文正（2009）观察到不论"是"之后成分是什么，都是表达被断言对象的特征的。"特征"就是本书的"属性"。

就"是"的［全量］与［排他］关系看，前者是根本，后者是其外在体现。因为事物区别是靠属性,肯定"小王是君子"就绝对排斥是其他的可能,或者说与其他人划了界或作了区别。可见"是"有立界或示别功能的,只不过通常是隐性的。这有充分的[X是X]等构式显现。观察:

(6) 他幼小心灵中,父亲就是父亲,而不是世人眼中的那个大文豪。

(7) 陈文英这时候插嘴道:"说是说,可不许吵闹。"(欧阳山《苦斗》)

这两例的"是"重在"立界",表示"父亲仅是父亲""说仅是说"而不是其他的。再观察[X是X]的连用情况:

(8) 父亲是父亲,你是你,你的路要自己走。

(9) 说是说,笑是笑,你那条黄狗还是早撂倒好。要不那帮民兵还得打。

例(8)是说"父亲"与"你"有区别,例(9)指"说、笑"应该与"正经事"区分开。可见[X是X]连用重在"示别"。

"有"的基本语义语法特征是[-确定][-排他],因此也没有[立界][示别]。它若要作排他或示别肯定,得借助排他性的标记。比较:

(10) 桌上只有电脑 ≠ 桌上有电脑。
(11) 桌上只是电脑 ≈ 桌上是电脑。

"有"是[-排他],所以"只"是例(10)的必有成分(obligatory)。"是"是[排他]的,所以"只"对于例(11)是羡余的或选择性的。①不管如何,"只"对"是"的真值没有影响,作用是强化表达。

---

① 羡余(redundancy)是着眼于语义表达而选择(optional)是着眼于句法。

(二)"在"的语义语法特征及其与"有""在"的关系

人类栖息的空间由具体物质及其具体运动、行为建构的（胡潇，2018），具有具体性、场域性及间断性特征。"在"的断言对象"空间"就是人化的，是［离散］的。例（1）把"电脑"定位在"桌上"，就排斥了在其他方所的可能。即其特征是［定位］［排他］。再如：

(12) 在中国做领导不易（www.ifeng.com）→是中国做领导不易

例（12）是标题句，正文内容是说，"在中国做领导不易"而在其他国家容易。"在"有［排他］，这样才可与"是"字句基本等值。按照储泽祥（1996），例（12）的"在"是强调的，强调的基础就是［定位］［排他］。当然，有时事物也可以处在两个连续的空间之上，如"电脑"可摆在相邻两个桌之间上，此时"在"是［-排他］。这种情况，语言通常会标记的，如说成"电脑在两个书桌之间"等。不管如何"在"有［排他］之义，这是它跟"是"相通的基础之一。当然二者［排他］度有轻重之分，是"是＞在"。之所以"是"的［排他］强，是它是基于［主观认定］［周遍］；"在"的［排他］弱，是基于［定位］。

"有、是"是逻辑量词，可以表量。"在"的原型肯定没有这项意义，但非原型上肯定有，张国宪（2009）认为，"在+处所"在动词前可浮现出多量义，如"猴子在马背上跳"表示"跳"行为量不止一次。观察：

(13) 老王在吃饭。

"在吃饭"是个动态持续状态，是［处在吃饭中］。Tayler（2003：131）认为，任何状态都可解读为由一系列短时的连续的事件构成的延展体。"吃"是"把饭放在嘴里咀嚼后咽下去"（《现代汉语词典》2005：179），意象上饭在嘴里嚼完，咽下一次即一个"吃"（下称为

I),每个 I 都是时轴上的一个动态离散点。据此看,"在吃饭"是由 Q≥1 动态离散的 I 点构成的延展量。可见"在"的动量是[－确定],是意象浮现的潜量,与"有"的量相通相别,相通的是[－确定],相别的是"有"的量是现实物量。由于动作行为占据时间,"在"的动量也可解读为时量,是不定时量。

三 "有""在""是"的语势及其形成基础

(一) 语势及本文之所指

例(1)、例(2)、例(3)若不作疑问句的答句、绝疑句或申辩句,孤立看都不自足,表现为仅对空间与存在物的关系作了断言,而没有对"电脑""桌上"作解释或说明。因此,句义有蓄势待发而意犹未尽之感。这种语感就是语势(potential)高或强的表现。

吕叔湘([1942]1990:258)指出"语势"就是广义的语气,属于传信范畴,如图4-2-2。图4-2-2中加黑加点的文字表示与本书的讨论密切相关的内容。观察:

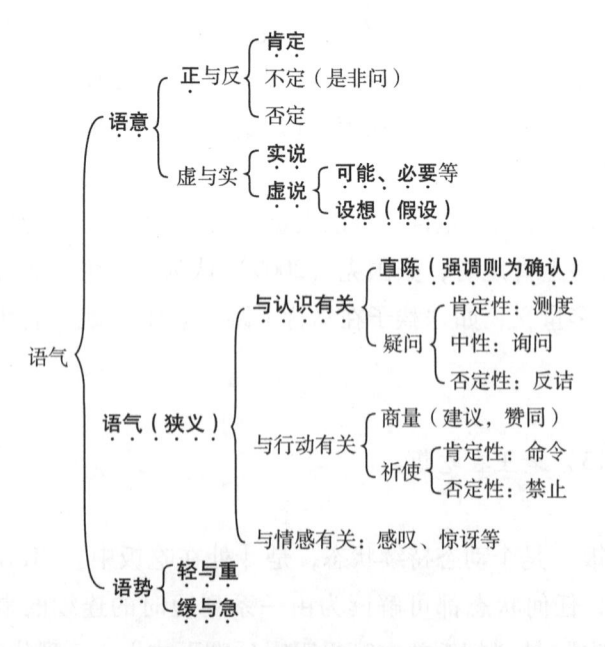

```
        ┌ 正与反 ┌ 肯定
        │      ┤ 不定(是非问)
        │      └ 否定
  语意 ─┤
        │      ┌ 实说
        └ 虚与实┤     ┌ 可能、必要等
               └ 虚说┤
                    └ 设想(假设)

                      ┌ 直陈(强调则为确认)
        ┌ 与认识有关 ┤      ┌ 肯定性:测度
        │          │ 疑问 ┤ 中性:询问
        │          │      └ 否定性:反诘
  语气 ─┤ 语气(狭义)┤
        │          │      ┌ 商量(建议,赞同)
        │          │ 与行动有关┤      ┌ 肯定性:命令
        │          │          └ 祈使 ┤
        │          │                 └ 否定性:禁止
        │          └ 与情感有关:感叹、惊讶等
        │
        └ 语势 ┌ 轻与重
              └ 缓与急
```

图4-2-2 吕叔湘([1942]1990)的语气系统及语势

图4-2-2的"语势"指语气或口气的轻重缓急。语气或口气的轻重缓急，说话人是可以调节的，如陈述句可说得舒缓轻一些，也可说得急重些。另外，它是由句类及其句内成分的特性决定的，如祈使句比陈述句语势急切。可见，语势是说话人的主观调节与句子特性互动作用形成的。

　　系统功能语法也提出了语势（Halliday，1970；胡壮麟等，1989：52—52）。指一个类聚成员潜在的组合可能，也叫语义潜势。马庆株（1995：139—152）提出的语势，则指语言单位句位分布的势能。李宇明（2000：68）认为，说话人情感在语言的反映，如情绪高低好坏，交谈者关系亲疏远近及权势，对话题的兴趣，立场、态度、价值取向及表述世界的方式等，也是语势。

　　上述四方面的"语势"之间是有关联的，这另拟文专讨。就其在本书的所指而言，主要是吕叔湘（［1942］1990）与李宇明（2000），还指由语法单位自足差异形成的跟"句意""语气"等密切有关的方面。此外，也包括Halliday（1970），胡壮麟等（1989）与马庆株（1995）。即本书"语势"包括上述四方面。

（二）"有、在、是"语势差异及其形成基础

　　例（1）、例（2）、例（3）都是表示判断的状态句，语势高。若不用作问句的答句、用来绝疑或申辩等，都是不自足的。要自足或者给断言对象添加修饰或限定成分，这是句内自足，将在本书第八章第一节讨论；或者是给它们加先行或后续句，这是句外自足。这两种手段都可以降低语势，使句子趋于自足，观察：

（1）b. 电脑在桌上，没看见吗？
　　　b1. *电脑在桌上。
（2）b. 桌上有电脑，打开查去。
　　　b1. *桌上有电脑。
（3）b. 桌上是电脑，别把水杯放上（桌子）去。
　　　b1. *桌上是电脑。

但"有""在""是"语势并不平行,而是有级差,表现为"是>在>有"。"是"最强,因为它是［主观认同］［排他］;"在"次之,它有［定位］且有弱的［排他］;"有"的最弱,则基于［－排他］,当然还跟它有动态性有关。

总之,"有""在"的基元是【存在】,没有"是"的【正恰】语义重。沈家煊(2015)认为汉语句法大分野是主观肯定和客观叙述的分立,形式标记就是"是""有"。"是"字句是主观的,是"是"的基元及其特征决定的;同样"有"字句是客观的,也在于它的基元及特征。至于"在",可把它归入"有"的范围内。可见,语法实体的主客观性、有无排他性及状态非状态对立等,是语势高下或强弱的内在因素。

四 "有""在""是"的认知关系

(一) 概念结构表达及其关系

例(1)、例(2)、例(3)是对同一概念语义结构［空间－存在物］的表达,只是由于视角不同而呈现出差异,观察表4－2－1:

表4－2－1 "有""在""是"与概念语义结构［空间－存在物］的表达关系

例句	概念语义结构	背景	图形
(1) 电脑在桌上	存在物－连接词－方所	电脑	桌上
(2) 桌上有电脑	方所－连接词－存在物	桌上	电脑
(3) 桌上是电脑	方所－连接词－存在物	桌上	电脑

李英哲(［1972］2001)把例(1)、例(2)、例(3)的"在""有""是"叫作表达同一关系的功能词变体。所谓同一关系,就指"空间与存在物的依存关系"。"变体"的功能词是连接"空间"与"存在物"的关系词,"是"是主观认定,重在性属肯定。"在"与"有"都是客观直陈,前者是处所肯定而后者则是所指肯定。

(二) 认知关系

认知事物的一般经验是先感知到某时空有某事物,然后才是对事物定性说明。例如:

第四章 "有、在、是"基本语义语法关系、特征及其形成基础　91

(14) 王正月……戊申,朔,六鹢退飞过宋都。(《春秋·僖公》)

"王正月……戊申"是时间,观察者看到天空有事物,细看是"六"个,再看是"鹢",再细看是"退飞"。"六""鹢""退飞"本质上都是对天空存在物的定性。即例(14)反映的认知过程是"时空—事物—性属",如用形式标记,就是"在 NL/NT—有 NP—是 NP"。

本章的第一节曾指出"有、在"是"是"肯定的前提,这可用萨特的"存在先于本质"进一步概括。即对存在物的本质(性属)认知,是后于对其本身(所指)的认知。看来"有"是对进入认知视野内的事物、事件的肯定,"是"是对存在的事物、事件的性属的判断。观察例(3)的认知语义结构:

(3) [[$_{S1}$桌上有 X$_j$], [$_{S2}$X$_j$是电脑]]

显然,$_{S1}$是$_{S2}$的预设句。换言之,"有"是"是"的预设,"是"是对"有"所肯定的存在物 X 的性属诠释,句法上就是"是"是对"有"的再肯定。

"存在早于本质"是一条内在的绝对的认知规律,即先有认知起点"存在物",之后才是对存在物的本质的认知。"有"与"是"就是汉语体现这一认知关系的标记或表达词。观察:

(15) 荀九爷停下脚步,有一搭无一搭地顺过去一眼……只见昏黄路灯下,一位精瘦的黄脸老者,胡须扎里扎煞,手$_j$屈在心口窝儿那儿,$_{S1}$[Ø$_j$] 拖着一件什么物件儿……细看,却见$_{S2}$Ø 他手里$_j$是一把琴。(黄建华《铁罗汉与玉观音》)

(16) 阿独轻唤一声,显得惊喜,$_{S1}$"Ø 里面真的藏有东西$_j$!"两位女人凑上去看。黑乎乎的小洞里,真看不清$_{S2}$[Ø$_j$] 是啥。(孙颙《拍卖师阿独》)

例(15)、例(16)的 Ø 指缺省的[(在)NL]。$_{S1}$的"拖着"元

语是"存在",可用"有"替换。根据薛宏武(2008),"藏有"的语义语法中心是"有","藏"是方式状语,即其还是表达"存在"的。基于此,并结合 s1 与 s2 及相关句子,会发现如下三点。

第一,s1 是 s2 的后景,或"有、在"是"是"的后景,它们是给"是"引出断言对象或前景。句法上"在"没出现,但语义中有,如例(16)的"里面"也可加"在"。至于"里面"没加"在",是它不是凸显对象。总之,s1 与 s2 的句法语义关系是"是"的主语是"有"的宾语,概言之,先有"有""在"的存在表达,然后才有"是"的断言。

第二,通过 s1、s2 及其间小句"细看""两位女人凑上去看",可发现"荀九爷""两位女人"认知事物过程及特征是:先发现存在物"物件儿""东西",之后是"细看""看",最后才断言存在物是"琴""啥"。尽管例(15)、例(16)没把"细看""看"的具体内容表达出来,但据经验推理,一定是"物件儿""东西"的体、状貌及品质等属性或特征,因为只有综合这些属性或特征才能断言二者的类属。再观察:

(17)这里雨村且翻弄书籍解闷,s1 忽听得 Ø 窗外有女子嗽声,雨村遂起身往外一看,s2 原来是一个丫鬟,在那里掐花,生得仪容不俗,眉清目秀,虽无十分姿色,却也有动人之处。(《红楼梦》)

例(17)的"有"断言窗外的存在物是"女子",后经"一看"才确定其性属是"丫鬟",s2 后续句仍是对"丫鬟"性属的揭示。可见"有"是断言事物所指,"是"断言事物属性。二者内在关系体现了"存在先于本质"的一般认知原则。这一结论是从二者不在一句内得出的,即使在一句同现之时仍是如此。观察:

(18)我有个朋友是医生。

第三,"有""是"肯定事物的认知过程与特征可抽象为由少及多、由近及远或由表及里等距离变化。"及"的对象是事物属性。"距离"不仅指物理的,如例(16)的"凑上去"就是由远及近的物理距离变化的提示语;也指心理的,如例(15)的"细看"就是反映对断言对象属性的由少到多或到周遍的认识,这显然是认知主体与认知对象的心理距离变小的过程。同样,"在"跟"是"也是这样的关系,例如:

(19)你在二组吗? a. 是。 b. 是二组。 c. 是在二组。

很明显,例(19)a、b、c都可以作例(19)的答句。这意味着"是"的肯定同样要以"在"为前提,要与"在"挂钩。总之,"有""在""是"成类,内在关系可概括为"存在先于本质"。"有、在"的概念可以不跟"是"挂钩,但句法语义"是"一定跟"有、在"挂钩。无之,"是"就没有肯定对象。"有"是所指肯定,"在"的处所判断本质也是所指判断,二者都是认知起点。"是"重在肯定对象的属性,是认知的目标。下面把三者的原型肯定差异表示为表4-2-2。

表4-2-2 "有""在""是"的肯定特征及内在关系

	判断层面		判断对象类型		认知顺序	
	主观	客观	所指	属性	先	后
有		+	+		+	
在		+	+		+	
是	+			+		+

结 语

本章讨论显示"有、在、是"是一个语义语法类。其间,基本的语义语法联系与差异可表示为如下的表4-2-3。

表4-2-3　　　　　"有、在、是"基本语义语法关系

	类基础			不同										
	存在	状态	断言	表达【存在】的关系			内在过程			断言对象类型			量表达与特征			断言	特性
				首要	次要	关联	起点	讫点	续段	所指	性属	空间	数量不定	性质全量	动量不定	排他	主观
有	+	+	+	+			+	+	+	+	−		+	−	−	−	−
是	+	+	+		+		−	−	+	−	+		−	+		+	+
在	+	+	+			+	−	−	+	−	−	+	−		+	+	−

尽管"是"语义特征还有［立界/示别］等，但表4-2-3没有标示出，因为它们可以从［全量］或［排他］衍推（eutail）出来。

第五章 "有、在、是"的质肯定与时体、情态表达及其特性

第一节 "有、在、是"质肯定与时体表达、意义及其特性

一 惯常体

动词"有、在、是"都可以表达惯常体（habitual）。惯常体属于情状体（situation），这方面三者在古普方的表现一致。观察普通话的用例：

(1) a. 老王有个家传宝。
    b. 老王在（家）。
    c. 老王是退休工人。

二 将然体

"在"没有表达"将然"的语义基础。"有"具有［－确定］的语义特征，因此，在未然时制中可以表达相应的情状义。例如：

(2) a. 渠有想走去考大学。（吴语瓯语，骆锤炼，1994）
    b. 伢妹仔_{孩子}还有长_{要长}，衣服要做大些。（赣语萍乡，李荣，1998：258）

例（2）的"有"表示"要"或"会"等将来义。古汉语也有相应的表现，例如：

(3) 一国有变，万二千国何誉，当复有变者邪？（汉《太平经》）

"有变"可解读为"将来出现变故"。其实"有"的将来义是动态"存在"或"存现"，具体来说，就是"有"的内在过程中的"起点"在未然时制的现实化。

理论上说，"是"也有表达"将来"的概念语义基础。石毓智（2005）认为，它连接的两个名词所指的事物之间的关系，具有强烈时间持续性。这种关系存在于"从过去某时到说话时刻""说话时刻"和"从说话的时刻到可见将来"。这样，"是"自可表达情状"将来"。并且据 Heine 和 Kuteva（[2002] 2007：96—97）调查，这有一定的跨语言普遍性，如俄语与蒙古语等就是如此。观察俄语用例：

(4) ja **budu** tanscevat' segodnjia večerom.
1: SG be: 1: SG: FUT dance: INF today evening: INSTR

（I **am to dance** today evening/I **will dance** today evening 今晚我要跳舞）

例（4）的 budu 与英语"be + 动词不定式"或"will/shall + 动词"相当，表示"将来"。汉语并没发展出"将来"义，[①] 如石毓智（2005）所言，可能跟汉民族的认知视点和语法系统有关。

三 持续体

"有、在、是"内在过程中的"续段"显著，因此，例（1）表惯

[①] 尽管汉语"是"与英语等的系词不同，但从连接的两个 NP 及表达等同或归属等看，是可比附的。

常体的同时，还表达情状的持续（continuous）。三者肯定 NP 表达持续意义不再讨论，下面着力讨论"有、是"肯定行为或动作 VP 时的情况，"在"肯定 VP 的情况见本章本节第四部分。

（一）"有"肯定 VP 之时的持续义及其特征

(5) 伊厝有养鸡鸭。(他家是养了鸡鸭的)（闽语福州，郑懿德，1985）

(6) 今日我有头痛，所以唔上班。(今天我头痛，所以没上班)（粤语广州，白宛如，1998）

例（5）表示说话时"他家养鸡鸭"仍在持续，例（6）表示"我今天一直头痛"，例句后的释义句是这种意义的依据。陈鸿迈（1996：28）指出，海口话句末助词"有"可表示尚未进行某动作或出现某情况，此时前面有"无"；也可表示某动作或情况还在持续。分别如：

(7) 伊无去有。
(8) 伊坐着望书有。

例（7）的句义是 [[无去$_j$] 有 t_j]。由于"有"没有句法宾语，在句尾悬空而发展为助词。尽管如此，它还是有肯定"无去"意味的。"无去"表示"去没有实现"等，"有"也就有了相应的"没去"的持续意义。不管如何，例（7）的"有"还是持续义，只不过是尚未实现的持续。同理，例（8）的句义是 [[坐着望书$_j$] 有 t_j]，"有"语义肯定对象是表持续的"坐着望书"，因此它自然是持续义。简单地说，就是它肯定的 VP 是什么体意义，它就是什么体意义。

四川话的"有"在句尾也能表示持续体。例如：

(9) 原是这样吗？那篇书上写得有？——只屙不吃那倒好啦。（黄伯荣，1996：217）

"写得有"就是"写着"。普通话"有"也有类似的表行为持续的情况，观察：

（10）教室都装有空调。

按照薛宏武（2012），例（10）表示"装"结束后的持续状。这是由"有"的起、讫点重合表完成与持续的。Comrie（1976：19—20）认为，用动词起、讫点表达完成与持续是普遍现象。再看古汉语"有"表持续的情况：

（11）a. 受命以出，有死无霣。（《左传·宣公》）
　　　b. 那鸨儿又有做生意，打差买物事、替还债许多科分出来。（《初刻拍案惊奇》）

例（11）a 的"有死"表"存在死"的状态。例（11）b 的"有做生意"是做着生意。总之，"有"句法语义肯定 VP 之时所表达的持续是情状体，而海口话的例（7）的持续义，由于"有"是句尾助词，已有视点体特征。至于例（9）、例（10）的"有"表达的持续，也是情状体。

（二）"是"肯定 VP 之时的持续义及其特征

不论"是"肯定的 VP 是动作行为还是性状，都表达的是持续义。观察：

（12）a. 老张是抽烟。
　　　b. 他是毕业了。
　　　c. 他是九点上的车。

例（12）a 的"老张抽烟"是惯常体，惯常体是持续体，因此"是"肯定后还是持续体。例（12）b 的"毕业了"是已然事件，被"是"肯定后成为事态（affair-state），事态是持续的，表示"毕业"

完成后的状态。例（12）c 与 b 平行，只是用"的"把"了"替换了，持续态更显著。方言"是"表达持续与普通话基本相同，但也有些特殊形式，例如上海话：

(13) 戴是眼镜寻眼镜。
(14) 新娘子出门，用是两个女跟班。

例（13）、例（14）引自黄伯荣（1996：218）。例（13）表示"戴着眼镜寻眼镜"，持续义明显。例（14）的"是"，据黄伯荣（1996），表示"了"或"着"。"是"表"了"与"着"不矛盾，因为这是个事态句，底层是已然事件［用了两个女跟班］，经"是"肯定后成为状态，状态是持续。另外，"用了"结束后就成为"用"的状态持续。总之，普通话与上海话形式有异：上海话"是"在事态化 VP 时处在动词后，而普通话的在 VP 前，但无论如何本质一致，即例（13）、例（14）都是事态句，底层表完成，表层是持续。

黄伯荣（1996：218）指出温州话用"搭"与"是搭"表进行或持续。"搭"是用在连谓结构中的，例如：

(15) a. 坐搭笑。（坐着笑）
　　　b. 翻搭瞓。（躺着睡）

"是搭"则用在动词之前表动作进行。例如：

(16) a. 我是搭着棋。（我正在下棋）
　　　b. 佢是搭读书。（他正在读书）（黄伯荣，1996：519—565）

"是搭"还可用在不带宾语的单音节动词后，表示人或事物所处的状态。当然也可以前置到动词之前，例如：

(17) a. 门是搭开。(门开着)
　　 b. 门开是搭。(门正开着)

例(17)的 a 与 b 区别是：动词前的"是搭"之"是"绝对不能省略，而后置的则可省略，只是省略后肯定语气变弱了。再结合例(16)，有理由相信温州话"搭"是表达持续或进行的必有成分，而"是"是强化进行/持续的成分。另外，动词前"是搭"的"是"不可省原因，在于进行比持续动态强或更需能量，而"是"的主观肯定至少在心理扫描(mental scanning)上可满足这一要求。

"是"可以表达持续或作强化持续/进行的成分。据 Heine 和 Kuteva([2002]2007：97—99)调查，这是有跨语言普遍性的。例如英语、泰语、Godie、Tyurama、Maninka、Lingala、Basque、Burmese 等的判断词，就可作为进行体/持续标记。

四　进行体

"有""是"表达持续义的形式有限，表达进行体更受限，因为二者本身都没有表达进行体意义的语义语法基础。

(一)"是"与进行体

例(16)、例(17)说明"是"可强化进行体，本身不具备表进行的基础。但似有例外，因为据调查，徽语绩溪话与闽语厦门话的动词"是"能表达进行体，观察：

(18) 匀仔是。(从缓进行)(厦门话)

按照许宝华、宫田一郎(1999：4160—4161)，例(18)的"是"表进行。我们认为，该意义并非源自"是"本身而是源自它的构式。例(18)的句义为[匀仔Ø，是正确的]之类，即让听话人"从容着Ø"，Ø 表示做某事，"是"仍是指向说话人的评价成分。具体来说，已是表肯定的句尾语助词，说明见本书第七章第一节。

(二)"在"表进行/持续

"有""是"表进行/持续的形式远不及"在"的典型与多样。共时看,"在"可以单独或者跟"着""正""呢"等同现表达进行或持续这两类体。下面讨论"在"单独或跟"着""正"同现表达体意义,至于跟"呢"同现表达体意义的可依前者类推或见本书第七章第一节。

1. 形义类

[在(NP)]。下称为Ⅰ式,其他的依此类推。Ⅰ式的体是情状持续,如例(1)。它可图示化为一条延绵的线。当然"在"的性质不同,意义有异:若是及物动词,是限时持续体,因为"老王"不可能"一直在家",可肯定的是仅在说话人的参照时间里(RT)"在家";若"是"为不及物的,它则与RT无关,是恒时的,如"父母在_{活着}"的"在"。

[在VP]。有Ⅱa)[在VP]与Ⅱb)[在VP着]两个子类。例如:

(19) a. 老王在吃饭。　　b. 老王在吃着饭。
(20) a. 老王在忙。　　　b. 老王在忙着。

例(19)、例(20)"在"是说话人把"老王"定位在"吃饭""忙"上的主观动词,依据见下文例(35)的分析。即例(19)a是动宾[$_{vo}$在[吃饭]]。看来"在"表达"吃饭"的进行是句法语义与推理双重作用产生的,本质是情状进行。"吃着饭"是持续,例(19)b自然也是情状持续。例(20)的"忙"是状态成分,动宾"在忙"也是情状持续,相应的,"在忙着"还是情状持续。总之,"在"表情状持续还是情状进行,取决于宾语的语义语法特征:若宾语是NL(含缺省)、状态动词或形容词,表达持续;若宾语是动作或行为VP,表进行。为节约篇幅,下文一般以动作动词为例讨论"在"的体形式、意义,必要时才论及肯定状态动词或形容词之时的"体"情况。

[正在VP]。有Ⅲa)[正在VP]与Ⅲb)[正在VP着]两式。它们是Ⅱ加"正"的变式。例如:

(21) 我进去的时候 ₍ᴿᵀ₎，杨天啸正在吃饭₍ₛ₎。(阿城《爱情简史》)
(22)？杨天啸正在吃着饭。

例（21）的"正在吃饭"是"恰在吃饭"。"在吃饭"是一条延展的线，长度是说话人的参照时间 RT，"正在吃饭"便是 RT 之上凸显出来的一个"点段"，表示为图 5-1-1。

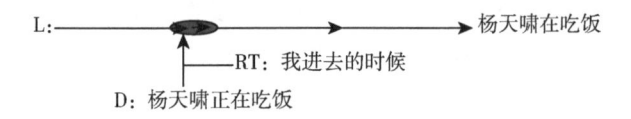

```
L:━━━━━●━━━━━━━━━▶ 杨天啸在吃饭
         │
         ├─RT：我进去的时候
         │
         D：杨天啸正在吃饭
```

图 5-1-1　"在吃饭"与"正在吃饭"的体特征

例（21）的 ₛ 虽是一个"点"，但内部尚有一定的续段，此即"点段"含义。图 5-1-1 显示，ₛ 是说话人把"在吃饭"置于 RT 并用"正"观察的，一方面，"在吃饭"与"我"有语境定位或心理接触，是主观化的结构，另一方面，在"我"的心里，"正"还把"在吃饭"勾勒为点段，这也是其主观化的一部分。何瑛（2010a）认为"正在"是一个时点，显然有道理。据此，可解释如下的对立：

(23) a. 杨天啸一直在吃饭。
　　　b. *杨天啸一直正在吃饭。

例（23）a 的"在吃饭"是一条动态延展的线，可受"一直"修饰；"正在吃饭"是点段，与"一直"不相容，因此例（23）b 不可受。至于例（22）的可受性不高，是叠床架屋造成的，不如说成"杨天啸正吃着饭"或"杨天啸正在吃饭"简要。若要给它的体定性，是个点段持续体或准持续体。

"正"限定 [在 VP]，在韵律打包及重新分析下，状中 [꜀正在 VP] 可以突破层次束缚发展为 [꜀ [正在][VP]]，这方面学界多有说明。由于"正在"对 VP 黏附，最终成为副词。目前也有历时考证认为，"正在"是从 [正+在这里+VP] 发展来的，其实基于有限语料也是不充分的：一是"正"并非简单对［在（这里）VP］强化，重要的是语义限定；二是"正在"也并非对表进行的"在"的更新，二者体类型不同，前者是点段式，后者线条式；三是"正在"除源自［正+在这里+VP］，还有由［正在NP］类推拓展为［正在VP］的，说明见后文。

［VP在（NL）］。有Ⅳa）［VP在NL］及缺省NL的Ⅳb）［VP在］两式。Ⅳb下文讨论，这里先讨论Ⅳa。观察：

(24) 她坐在床上，曲着腿，下巴抵在膝头上，慢条斯理地提起褂子，翻过来调过去地找不着衣领。（杲向真《向日葵是怎样变成大蘑菇的》）

(25) 我一直呆在门旁，看着爸爸收拾这个敌人，心里真是高兴。（鲁彦周《找红军》）

"坐在"与"呆在"都表持续，语义语法中心是"在"。只不过"呆"是状态动词，"呆在"的持续性显著。［V在］表持续有两个证据：一是［V在］句的后续句是表持续或与之协调的句子，观察例(24)、例(25)的变换式a1即可看到；二是［V在］不能用［V到］作真值替换，如a2。比较：

(24) a1. ?她坐到床上，曲着腿……。
　　　a2. *她一直坐到床上，曲着腿……。
(25) a1. 我呆到门旁，看着爸爸……。
　　　a2. ?我一直呆到门旁，看着爸爸……。

例(24) a1的"坐到"表"坐"移位结束，与"曲着腿"不协调不相宜，可受性不高；"一直"是持续的，与"坐到"抵牾，因此a2不可受。例(25) a1可受，与"呆"状态性相关；若再用"一直"去限定，会造成a2的可受性有问题，这同样是"一直"与"呆到"语义不协调造成的。那么［VP在］后带"了"，还能表持续吗？观察：

(24) a3. 她坐在了床上，曲着腿，下巴抵在膝头上。
(25) a3. 我呆在了门旁，看着爸爸收拾这个敌人。

例（24）a3 表示"坐"位移到终点"床上"，意义是"完成"。但该行为完成后，"坐"成为状态，又是持续的起点，故它有持续义。用"终点"表持续的"起点"是常见的，如"看了三天了""门前停了一辆车"。按照 Comrie（1976：19—20），这是跨语言的类型现象，下面从中引用二例：

(26) Ebasíleusa déka étē.
(27) Pedro hace muchos años.

例（26）是古希腊语，ebasíleusō（我辞职了）既指辞职完成，也指"辞职"之后的状态持续了 10 年。例（27）是西班牙语，muchos（conocí 的完成式）表认识 Pedro 完成后持续了多年。

相对于Ⅰ、Ⅱ、Ⅲ式，Ⅳa 表持续受限，因为其中的动词带"了"之后排斥"一直"等。顺及指出，[VP 在 NL] 前面也可以加"正"，如例（24）、例（25）也可说成"她正坐在床上""我正呆在门旁"，它们的体也是限时持续。

[在 NLVP]。它有 V a)[在 NLVP]、V b)[在 NLVP 着] 及 V c)[NLVP] 三式。观察 V a 与 V b：

(28) a. 他们的影响在我身上发酵。
    b. 他们的影响在我身上发着酵。
(29) a. 小山子在路上跑。（鲁彦周《找红军》）
    b. 小山子在路上跑着。

例（28）a 可视作如下的一个复合句，观察：

（28）a1. $_{S1}$他们的影响$_j$在我身上，$_{S2}$Ø$_j$发酵。

例（28）a1 中表持续的$_{S1}$跟$_{S2}$跨句语法化为例（28）a 之后，"在我身上"是"发酵"的限定成分。这必会抑制"发酵"内在过程的起点与终点而使它的续段凸显，表现为可在它前面加"一直"或在后面加"着"。例如：

（28）a2. 他们的影响（一直）在我身上发（着）酵。

例（28）a2 与例（28）a 差别在：a 是情状持续，a2 是以"一直"与"着"表达的视点持续，层次是［$_{AC}$一直［在我身上［发着酵］］］。例（28）b 是视点体，与Ⅱb（"在吃着饭"）的情状持续不同。同理，例（29）a、b 所表达的体也是如此。当然 V a 表持续之时 VP 是活动、状态动词，而不是渐成、瞬成动词。①

V c 本质是 V a 缺省"在"的变体。观察：

（30）甲：怎么一个人散步？你家先生呢？
乙：Ø 家里看电视。

"家里看电视"表进行，表面是"家里"表达的，实则其前面缺省了"在"。这样听话人才能在线把它完型为"在家里看电视"，进而解读出进行义。当然，[NLVP] 表进行要依赖语境。②

[有（NP1）在（NP2）]。包括Ⅵa)［有 NP 在 VP］，Ⅵb)［有

---

① 上述动词的四种分类见 Vendler（1967：106）。
② V c 表达进行/持续是普遍现象。据 Heine 和 Kuteva（2007：98），Basqued 处所系词 egon (be) (in a location or a state) 就是持续/进行标记。例如：
（ⅰ）Bilbo- **n** da- go.
　　　Bilbao-**LOC** PRES be (he's in Bilbao)
（ⅱ）Telebista- a ikus-te- n da- go.
　　　TV DET see-IMPFV LOC PRES be: in (he's watching TV)

NP在]，Ⅵc）[有在NP] 以及Ⅵd）[有在] 四式。例如：

(31) 有几条蚕已经在吐丝。（林海音《城南旧事》）
(32) 有我在，别怕！
(33) 皮氏平昔间不良口气ⱼ，已有tⱼ在王婆的肚里。（清《醒世姻缘传》）
(34) 那笔迹从来认得，且词中ⱼ意思ᵢ有tᵢ在tⱼ，真是拙妻所作无疑。（明《初刻拍案惊奇》）

例（31）是递系式，前段"有几条蚕"不自足，后段"已经在吐丝"是其补足成分，因此后段是句法语义中心。这样看来，它是情状进行体。例（32）可切分为动宾 [ᵥₒ有 [我在]]，也可切分为连谓 [ₚₛ [有我ⱼ] [Øⱼ在Ø]]，或共用结构 [ₛ𝒸 [有我在Ø]]。不管怎样切分，三者都是两个情状同现形成的强式持续体。

例（33）是"皮氏平昔间不良口气"移到句首形成的，从 [ₚₛ [有皮氏平昔间不良口气ᵢ] [Øᵢ在王婆肚里]] 到主谓 [ₛₚ皮氏平昔间不良口气 [ᵥₒ有 [在王婆肚里]]]，①"有"以其情状持续增强了"在王婆肚里"的持续性。例（34）的"有"与"在"是各自的宾语移到句首后，邻接为一体的，它的持续义自然也会增强。

Ⅵb、Ⅵc、Ⅵd 的持续强度是Ⅵb < Ⅵc < Ⅵd，原因在于Ⅵb的"有""在"不在同一句法层次，二者没有直接的修饰关系，故最弱；Ⅵc的"在王婆肚里"嵌在"有"内，是两体叠加，故持续性强；Ⅵd是邻接同现，自然最强。最后指出一点，例（32）、例（33）、例（34）的情状持续体也可以加"正"，但不管"正"的句位怎样，它们的体都是点段式的持续。

2. 性质类

情状与视点。"在"的诸多体形式从意义看，不外乎是情状与视点两类。基于上文的研究，表示为表5-1-1，表内"±"表示同时

---

① 下标 PS 表示连谓句（serial predicate）。

具有情状与视点两体的特征的强弱。

表 5-1-1　　　　　　　"在"的体形式及语义语法类

	I [在（NL）]	II [在 VP]	III [正在 VP]	IV [VP 在 （NL）]	V [在 NLVP]	VI [在（NP1) 在（NP2)]
情状	+	+	−	+	+	+
视点	−	±	+	−	−	−

影响"在"的体类型因素有二：一跟 VP 有关。若其是动作或活动，那么 [在 VP] 表持续的同时也有进行义，如"在吃饭"就有可离散的动态性。若 VP 是状态，则是持续的，例如：

(35) 你老人家真胡涂，还在想她！（姚雪垠《李自成》）

"想"是状态，"在想她"是情状持续。二是跟有无"正""着"等的同现有关，如"正在吃饭"是"在吃饭"线条上的一个动态点，是视点进行体。同样"在吃饭"重在状态，经过"着"观察后，"在吃着饭"是视点持续。

主观体与客观体。视点体是主观的，是说话人将事件置于自己时轴 RT 观察的，说话人已置身于事件中，如"在吃着饭"。情状持续，说话人没有把事件置于自己时轴观察，是客观的。因此，这两个体的语力才有轻重之别，如"正在家"强调性比"在家"强。

点段体与非点段体。Ⅴa 与 Ⅴb 加"正"后，如"正在我身上发（着）酵"与"正在路上跑"分别是点段持续与点段进行。不加"正"，则为非点段的持续与进行，如"在我身上发酵""正在我身上发酵"。

物理体与经验体。前者是建立在观察者可感知的客观基础上，是物理性的真值；后者是说话人的心理体验，是主观意识。例如：

(36) 它们在那纸上吐丝……另外的许多蚕还在吃桑叶。（林海音《城南旧事》）

(37) 单老师您怎么了？还在为外婆伤心吗？（裘山山《戛然而止的幸福生活》）

"在那纸上吐丝""在吃桑叶"是蚕的真实物理活动，是可视的客观的物理进行体。"在为外婆伤心"是说话人猜测单老师的心理活动，是主观经验。二者不同表现在：前者"在"强制，不可删，删去后真值会变；后者的"在"羡余，删去后真值不变。

经验体常常与评估性词语同现，如例（38）的"知道""好像"：

(38) a. 看到别人正在批判自己，其中自然有许多肮脏文字，但总觉得自己良知是清白的。因此也就轻松，因为我知道，这是别人在欠债。（刘再复《总是压在我心头的三位学者》）
　　　b. 突然风声中我好像听见有人在喊："小谷！小谷！"（鲁彦周《找红军》）

即使没有评估性词语与经验持续体同现，这种句子的语义还是表示评估的：

(39) a. 高调亮相红场阅兵，俄罗斯在冒险吗？（ifeng.com）
　　　b. 幸而在改革，在平反冤案错案，也就是在还债。（刘再复《总是压在我心头的三位学者》）
　　　c. 他们还在悲愤地说鲁迅吃的是草，吐出的是奶。（刘再复《总是压在我心头的三位学者》）

经验持续/进行体与客观现实可能吻合，也可能相反，具体为何，取决于语境，如例（38）b 是心理经验的或想象"在喊"，实际上根本没人"在喊"，而例（40）则与事实相符，观察：

(40) 飞飞她们都知道，胖姥姥是在假装做针线，其实她是在偷偷看她们。（林海音《城南旧事》）

区分物理与经验的进行/持续体，可以解释如下三类现象。一是解释虚拟句的体特征及其不同的体类型的中和（neutralized），观察：

(41) 理念再好，脱离实际之后，价值就在下降。

一般来说，"理念的价值下降"不具备"观察"的物理基础，但作为虚拟句就不同了，可做诸多观察而真值不变：可说成惯常体"价值下降"，也可说成完成体"价值下降了"，还可说成例（41）的进行体。即这三种体在经验层面可以中和或失去对立。

二是解释同体同现，例如：

(42) 这些具有穿透力的诗句正向21C的我们传递着正能量。（微信）

"诗歌"与"正能量"是领属关系，没有观察的客观基础，但例（42）是心理经验，因此，同时可用"着"与"正"观察并反映。行为或状态的物理表现通常是唯一的，要么持续/进行，要么非持续/进行，要么完成要么未完成，据此看，例（42）是非现实的。此外，尽管"着"与"在"关系密切，但对具体行为或状态的反映而言，只能是其中之一，特别"向"是无时间无情状可言，因此，例（42）的"正"与"着"同现是心理的。

三是解释异体同现，观察：

(43) 彩霞ⱼ高了兴，Sⱼ想着大家连着忙了几天几夜，该慰劳慰劳。（彭慧《不尽长江滚滚来》）

(44) 从母女两个面容上，他猜出刚才ₛ她们正为了此事在争执。（彭慧《不尽长江滚滚来》）

例（43）的"彩霞想着"是说话人的推测。"想着"的小句宾语之内的"着""了"同现，功能主义解释为"连着"后景化了，但这是描写,并没回答"着""(正)在"的后景化语法功能之所在。在本书看来,它们后景化有三方面因素。

ⅰ. 持续/进行体的语势高,如例(43)的"大家连着"不自足,需补足语,而"忙了几天几夜"自足。二者同现,自然是后者补足前者,这是"大家连着"后景化的真正动因。

ⅱ. 例(43)的"连"加"着"是说话人有意凸显"连"在"彩霞"的心理持续。据此看,"着"的强调功能显著。

ⅲ. 例(43)的"忙了好几天"是客观完成体,"连着""想着"属经验持续体。两体的类型不同,但可在一句同现,是因为经验体表达不受限制。同样,例(44)的"为了"作为完成体却同时可以受"正"的限定,还是心理经验体,否则无法解释。

量化与非量化。邹海清(2010)认为,体内部有量化与非量化对立,"在"的六类体就是这样。Ⅰ是情状持续,是非量化的。Ⅱ的"在吃饭"可与时段同现,是多次量化体,这可解释为何"一直在吃饭"自然,而"偶尔在吃饭"通常不可受之因。以此还可解释为何"一直正在吃饭"不能说的原因,因为"正在吃饭"是一次量化,不能与"一直"同现。据此推理,"吃着饭"与"在吃着饭"是多次量化,而"正在吃着饭"是一次量化。

Ⅳa与[在NL]相同,是非量化体。Ⅳb亦此,如"现现掘得七坑八坎在此"(《三刻拍案惊奇》)。Ⅴ(a、b、c)是Ⅱ(a、b)的缺省NL式,它们的体也有量化与非量化之分,前者Ⅴ(a、c)如"小山子在路上跑着""家里看电视"是量化的;而如Ⅴb的"在我身上发酵"是非量化的。推理下去,Ⅴ(a、b、c)加"正"之后都是一次量化。Ⅵ的各种体的量化取决于"在"的分布,如"有几条蚕在吐丝"是多次量化;"有我在""有在王婆的肚里"是非量化的。顺及指出,如"正在家",可视作广义的一次量化。

下面把"在"的体类型反映在表5-1-2。表中形式类内的括号表选择性,意义类的五方面为表达简要采取二元对立的方式,只呈现"视点与非视点(情状)、主观与客观、点段与段、物理与心理经验及量化与非量化"的前者。

表 5-1-2 "在"的体类型

意义类		Ⅰ [在(NL)]	Ⅱ [在 VP(着)]	Ⅲ [正在 VP(着)]	Ⅳ [VP 在(NL)]	Ⅴ [(在) NLVP(着)]	Ⅵ [有 (NP) 在 (VP)]
意义类	视点	-	-	+	-	-	-
	主观	-	+	+	-	-	-
	点段	-	-	+	-	-	-
	物理	+	+	-	+	+	+
	量化	-	+	+	-	+	-

五 完成体

"在"与"是"的内在过程中没有起讫点,不具备表完成的条件。但"在"有[+定位],因此,在动词后表达位移终点时,可表达完成情状义。

(一)"在"表完成

这是用[VP 在 NL]表达的。该构式的显性体意义是持续,隐性的是完成,如例(24)显性是表达"她在床上"的持续状态。另一方面体意义"她"不可能没有缘由地处在"床上",而是一个由移位行为"坐"等引发的结果。换言之,"她"经历了一个由"不在床上",因"坐"而"到床上"的移位事件。在此过程中,"她坐到床上"无疑是表示位移行为"她坐"的结束,这便是所谓的完成义。

上述分析显示,例(24)至少由三个连续事件 e1、e2 及 e3 复合而成。e1 指由"不坐而到坐",e2 指"她"向"床上"移位的"她坐",e3 是"她坐到床上"。总之,例(24)复合事件表征的是一个移位路径图式,如图 5-1-1 所示。

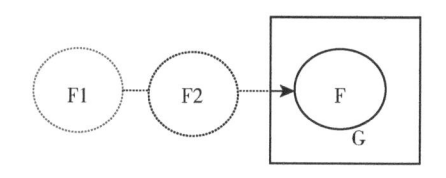

图 5-1-1 "她坐在床上"的移位路径图式

图 5-1-1 的 F1 表示"她"的位移起点，F2 是位移，F 是终点"床上"，G 是 F 的背景。F1、F2 及 F 三者分别对应于 e1、e2 及 e3。F1 到 F2 用虚圆、虚线段表示事件及连接，是指它们并没有在句法表征。这里自然就会有两个密切相关的问题：一是把例（24）分析为三合事件，有何依据？二是为何 e1、e2 没在句法上得到明确的表征？里面有何深层的动因？

就 e1、e2 及 e3 在现实物质世界所指而言，都是自载的原态事件（Ⅰ）。① 它们以本身的存在形态负载了相应意义，是先于认知与语言体现而自在的存在。说话人在报道 e1、e2 及 e3 时，绝非机械复制反映，而是作了加工。这种加工就是 Talmy（2000）所谓的注意视窗取景（attention windowing）。报道者（说话人）可凸显该三合事件的某一或某几事件及其细节（注意视窗打开），也可淡化、遮掩或零处理某一事件或其细节（注意视窗屏蔽）。凸显的是报道者注意力聚焦的或重要事件，淡化、遮掩或零处理的是注意力不聚焦的或不关注事件。基于此，报道者通常会把凸显事件作前景，把不太关注的提示事件作背景。经过这样认知加工后，原态自载事件就成为心载的知态事件（Ⅱ）。心载知态事件最终以"概念语义结构"方式存在于心理空间。当它表征为符号组合体之后，就是语载语法事件（Ⅲ）。下面把上述三类事件关系表示如图 5-1-2 所示。

$$\boxed{Ⅰ} \rightleftarrows \boxed{Ⅱ} \rightleftarrows \boxed{Ⅲ}$$

图 5-1-2　三类事件及其形态关系

图 5-1-2 的 Ⅰ→Ⅱ→Ⅲ 指事件由自在、认知而到语言表达，Ⅲ→Ⅱ→Ⅰ 指由解读而还原为心载、自载事件的过程。当然有些原态事件并非有自载的物质空间，而是属于心载空间，或者说，这种事件本身就是心载事件，如抽象心理活动"我认为对"等。总之，Ⅱ 是 Ⅰ 与 Ⅲ 的中介，也是事件表达与解读的关键。

前文把例（24）分析为三合事件，就是把语载事件还原为心载、

---

① 萧国政（2020）把事件按存在形态分为原态自载、心载知态及语载语法事件。

自载事件过程,即图 5-1-2 的 Ⅲ→Ⅱ→Ⅰ。Ⅰ→Ⅱ→Ⅲ 则是把原态事件经注意视窗取景加工为心载知态事件,最后表征为语载语法事件。

显然,例(24)在由原态事件经注意视窗取景为心载的知态事件时,把对 e1 与 e2 的注意窗口屏蔽了,仅开启了对 e3 的注意窗口。这种取景是终点取景,表示如图 5-1-3 所示。

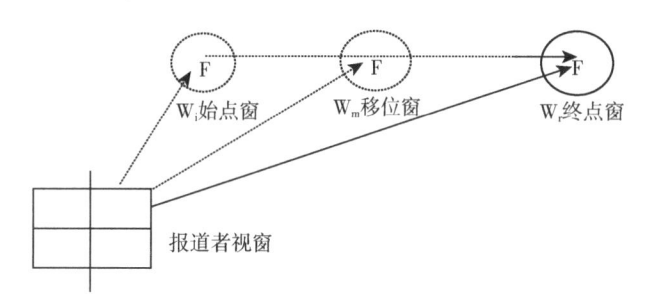

图 5-1-3　例(24)的事件取景示意

终点取景凸显的是 e3。该事件可表示为:

(24) a. [她坐到床上 + 她在床上]

由例(24)a 也就解释了例(24)显性表持续、隐性表完成之所在:e2 的完成过程与 e1 一样,不是报道者注意的,因此取景窗口屏蔽了它们,其情状义"完成"当然是隐性的。同时,也解释了 e1 与 e2 没有表征到句法层面之因。此外,也说明了前文把例(24)分析为"e1 + e2 + e3"三合事件的语感基础。

必须指出的是,图 5-1-3 不可能完全屏蔽 e1 与 e2 而是留有痕迹的,句法层面的"坐"就是这方面的表现。基于此,前文才以之为触发词而把例(24)还原为三合自载事件的。换言之,e1 与 e2 被注意视窗屏蔽,"坐"在心载空间已淡化为 e3 的"在床上"的背景性细节(specification)。

"坐"是心载的知态事件 e3 的背景性细节,当 e3 表征为例(24)之后,它自然是语义语法中心"在"的方式状语。正因如此,句法语义上才可把"坐"删除而不可把"在"删除，观察比较：

(24) *她坐床上，曲着腿……翻过来调过去地找不着衣领。
她在床上，曲着腿……翻过来调过去地找不着衣领。

看来，[VP 在 NL] 的结构义就是〖方式/动因－状态/结果〗。下面用新戴维森分析法把例（24）的逻辑语义表达式表示如下：

∃e（e = e1 + e2 + e3），∃e1（坐（e1）∧ AGT（e1）她 ∧ e11 向 + e11 ∧ TH = 床上）；∃e2（坐（e2）∧ AGT（e2）她）∧ TH（e2）床上 ∧ ∃e2（X（e2）= 完成 ∅）；∃e3（在（e3）∧ AGT（e3）她 ∧ TH（e3）床上）∧ ∃e3（X（e3）= 持续 ∅）[①]

其中 e11 表示从属于 e1 的状语性谓词，AGT、TH 与 ∅ 分别表示施事、客事及以空成分出现的零形式。

总之，[VP 在 NL] 的体意义包括显性的持续与隐性的完成。它是物质空间三个自载事件注意取景时，把起点、位移过程及其终点事件屏蔽而只显示状态的结果。考察还显示，[VP 在 NL] 的语义语法中心是"在"，而"坐"等 VP 是其方式状语。

例（24）由三个自载原态事件按时序构成，但经心理加工时切分为一主、前景（e3）与两次、后景（e1、e2）。那么有没有可能或能不能对 e1、e2 取景而屏蔽 e3 等；或者对 e1、e2、e3 同时取景？答案是肯定的。例如：

(24) b. 高脚椅不舒服，她下来往床边走去，直接就往上坐。
（e1 + e2）

[①] 我们在表达技术上作了两点变通，不把 e2 与 e3 的体 ∅ 独立为事件谓词，而是作为事件的事件元。新戴维森分析法[+]认为：句义 = 语义事件 = 狭义论元结构或事件 + 广义论元或事件论元（状语）+ 补语（时体），详细说明或解释见萧国政（2020）。

例（24）b 取景就是把"坐"的起点视窗与位移视窗打开而形成的，至于"坐没坐在床上"的结果屏蔽了。当然也可以开启 e1 与 e3 或者 e2 与 e3。分别如：

(24) c. 高脚椅不舒服，她下来往床边去，直接就坐在了上面。(e1 + e3)

(24) d. 高脚椅不舒服，坐在床上了。(e2 + e3)

另外，也可以把起点、位移及终点窗口同时打开，说成：

(24) e. 高脚椅不舒服，她下来往床边走去，直接就往上坐，（不顾主人）坐在了床上。(e1 + e2 + e3)

但这两类取景形成的例（24）的 b、c、d、e，与例（24）有异：一是前者是复句而后者是单句；二是前者的事件小句是按时序"平列"的，它们之间没有明显的主、次之分或前景、后景之别，而[①]后者的"坐"与"在"却有主次，或者前、后景之别。

（二）"有"表完成

这有独立表达及在 VP 前或后表达两种情况。独立表达指用其内在过程的起点或终点表达情状完成，特征是隐性的。如"他有那本书"表示"他拥有那本书"完成之后的持续状态，"完成"是隐性的而"持续"是显性的。与之类同的是在 VP 后形成［V 有］表达隐性的完成情状义。

［V 有］表示完成及其类型、形成机制基本跟［V 在］平行。观察表 5-1-3 所反映的前文例（10）的事件构成及其体类型、特征。

表 5-1-3　　　　［V 有］的事件构成及其体类型、特征

事件与体	e1 教室装了空调	e2 教室存在空调
事件类型	行为事件	状态事件

---

① 不包括例（24）的 b、c、d、e 里第一个小句"高脚椅不舒服"。

续表

事件关系	致使之因	后续结果
事件的标记词语	装	有
体类型及特征	隐性完成	显性持续

例（10）是 e1 + e2 复合而成的双事件句。e1 是个物质空间的自载事件，e2 是个心载的知态事件。二者表征为语法事件时，报道者为凸显 e2，把对 e1 注意的视窗屏蔽了，仅留下了"装"作 e2 的背景性细节。因此"有"的显性义是持续，隐性义是完成。由于"装"是 e2 的背景性细节，句法语义上自然是"有"的状语。即"装有"是状中，"装"是"有"的原因或方式。"有"是"装有"语义语法中心，体现在例（10）可删去"装"而不能删去"有"，观察并比较：

（10）* 教室装空调。　vs. 教室有空调。

基于上述分析，下面用"新戴维森分析法$^+$"把例（10）的逻辑表达式表示如下。

$\exists e\ (e = e1 + e2 + e3),\ \exists e1\ (装\ (e1)\ \wedge AGT\ (e1)\ \emptyset \wedge TH\ (e1)\ = 教室 \wedge e11\ 向 + e11 \wedge TH = 教室)\ \wedge\ \exists e12\ (X\ (e12)\ = 完成\emptyset);\ \exists e2\ (有\ (e2)\ \wedge TH1\ (e2))\ 教室 \wedge TH1\ (e2)\ 空调)\ \wedge\ \exists e21\ (X\ (e21)\ = 持续\emptyset)$

顺及指出，[V 有] 与 [V 在] 也有不平行性。一是前者来自原载的物态事件与心载事件的复合，后者则都来自原载物态事件。从图式看，前者可表示为一个容器图式，如图 5-1-4 所示。

二是 [V 有] 不如 [V 在] 的及物性强。[1] 如例（10）与例（24）

---

[1] Hopper 和 Thompson（1980）认为，小句的及物性是由 VP 参与者数量、动作性强弱、体类型、是否瞬时、意志性、肯定性、语态、施事性、宾语受影响程度及其是否为个体性的等 10 个参数决定的连续的语义功能范畴。

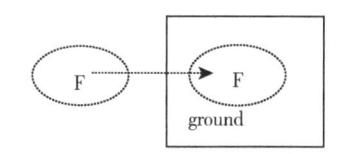

图 5-1-4　[V 有] 事件的图示

的及物性基本一致，但"装有"的施事性、意志性与动作性方面是不及"坐在"强。这是由它们的事件构成或事件的图式类型所决定的。

"有"在 VP 前表达情状完成，在南部方言与古汉语中很普遍。必须指出，[有 VP] 虽已进入普通话，但使用范围有限。因此，下面以方言为例进行考察，观察表 5-1-4。

表 5-1-4　　　　　　闽粤语中的 [有 VP] 句

方言	方言区	例句	释义
闽语	福州	a. 我有收着汝个批。	我收到了你的信。
	厦门	b. 伊有食，我无食。	他吃了，我没吃。
	台北	c. 我有买。	我买了。
	闽东	d. 我有看。	我看了。
粤语	海丰	e. 你星期日有去洗浴仔无？	你星期天去游泳了吗？
		f. 领父有来了无？	—
		g. 小林有来信了无？	—
		h. 我中午有困了。	—

表 5-1-4 用例引自黄伯荣（1996：176—177）。表中"—"表示原文没有释义。一方面海丰话 h 的"有"肯定"困了"，是完成义；另一方面由于"有"的状态性，"困了"被肯定后也有事态特征。同样海丰话 e、f、g 的"有"也表完成，句尾"无"就是"没有"，"没有"就是"没存在"，二者正反并列，说明"有"是表完成的。闽语 [有 VP] 同样表完成，因为"食""看""买"是事件，只不过没用完成体标记"了"。这一方面是"有"的情状已表完成，没必要再用；另一方面与情态表达有关，如 e、f 虽有完成体标记"了""仔"，但仍用"有"，这是为了表达认识情态"强调"的。这两方面并不矛盾，前

者着眼体意义的真值表达，后者体现情态。这在本章第二节还将讨论。

六　经历体

"在""是"不具有表经历体的基础。"有"表达经历体在南部方言常见，如粤语香港新界锦田及闽语等。观察：

（45）有去北京　（去过北京）（闽语厦门）
（46）有食　　　（吃过）　　（闽语临清）
（47）叶问：可我在读书，付不起学费。
　　　梁壁：我有说过向你要学费吗？（电影《叶问前传》）

例（45）、例（46）引自许宝华（1999：1750—1768）。经历体与完成体有交集，就如现代汉语"过$_1$"与"了"，如"吃过$_1$ = 吃了"。经历体"过$_2$"是表示行为完成后对现在的影响，或与现在相关联。"现在"即说话人的说话时间（RT）。例如：

（48）我看过$_2$那部电影，就那样儿。

例（48）的"就那样"就是"那部电影看了"之后对说话时"我"造成的影响。例（45）、例（46）的"有"表经历，着眼于"去北京""食"与说话人现在的"状况"相关。反之，若不计较对说话人在说话时的影响，"有"就是完成，重在说明行为完成。例（47）的"有"是肯定经历体"说过$_2$"，自然也是表经历体的，只不过是情状经历体。

结　语

"有、在、是"肯定事物、事件（动作、行为或性状）的同时，都可以表达体意义。基于 Smith（1997）的双体理论，本节讨论了它们的体表达及其类型共性、个性及其成因，发现三者形式类的多寡表现为"在＞有＞是"，意义类多寡表现为"有＞是＞在"。这些表现是三者语义及其特征决定的，如"有"内在过程有起讫点、续段及

[－确定]，可以表达完成或经历、持续、惯常等。与此相应，这些时体自然是情状的，说明见薛宏武（2006，2012a）、薛宏武等（2011a）。沈家煊（2010）也从语义说明"有"不是时体标记，但可以表达过去、现在和将来及持续、完成等，本书则进一步立足在语义特征予以了解释。

第二节 "有、在、是"质肯定与情态表达、意义及其特性

一 "有、在、是"的命题情态表达、意义及其特性

命题断定是命题情态（Palmer，2001：7—8）。这方面"有""在""是"基本平行，例如：

(1) a. 老王有个家传宝。
    b. 老王在（家）。
    c. 老王是退休工人。

"有""在""是"三者表达命题情态的特征是，所肯定的对象是其原型宾语，如"传家宝""家""退休工人"。这方面古方普是一样的。

"有"表达的命题情态还有个次类——物力（physical）情态，这是"是、在"所不具有的，如"他有力量搬起这块石头"表示"具有搬起石头的力量"。"有力量"是连谓前件。精神能力也是物力，Kiefer（[2009]2014：201）把它列入根情态，本书则把它放在物力情态内。其实南部方言，包括进入普通话的[有VP]也可以表达物力情态。例如：

(2) 李广泉主厨：我觉得姜汁柠檬比较有拿分吧！（CCTV2《厨王争霸》）

(3) 雅加达发大水，飞机不能飞……还好，飞机有飞了。（闽南台湾：慧律法师《2013年新春开示》）

例（2）的"有拿分"就是"具有能够拿分"的潜力。例（3）的"有飞"是具备起飞的物理条件，这有先行句"不能飞"作提示。

必须指出"有""在""是"虽然都可以表达命题情态，但受基元或基本特征制约，命题情态的典型性有异："是"有［主观认同］，认识情态特征鲜明。相对来说"有""在"的基元没有主观性，是典型命题情态。

二 "有、在、是"认识情态表达、意义及其特性

Palmer（2001：7—8）指出，认识情态是断定命题的事实状况。或如 Coates（1983：4）所言，是反映说话人对所言的事实状况的信念、态度等。由此可以看出，认识情态是基于命题情态形成的，二者密切相关难以分开，因为断言命题事实通常会牵涉说话人态度、看法以及给予命题的定位，只不过在命题情态中说话人的主观因素轻弱一些。基于此，Coates（1983：21）才把情态分为根（root）情态与认识（epistemic）情态。由此可见，基于逻辑把情态分为"命题"与"认识"两类，在揭示情态特征上不如"根"与"认识"的两分法客观。本书采取"命题"与"认识"两分法，是从习惯考虑。

如表达命题情态一样，"有、在、是"也都可以表达认识情态，下面仍从三者的质肯定（肯定事物、事件）讨论。

（一）"有、在、是"肯定 NP 的认识情态义与特征

1. 认识情态表达与"有、在、是"构式化、特征

三者表达认识情态有两类形式：用词汇式及［(S) 有/在/是 NP］构式（C1）。前者指以词汇内的词素表达认识情态。这方面不平行，"有、是"有此方式而"在"无，如"真有你的""真是（的）""是了"等。下面看三者以 C1 表达认识情态及其特征实例。

(4) 这话有理。　这话是理。　这话在理。

"有/是/在理"表示"这话的道理性高"之义，可受程度副词修饰。即 C_1 语义语法都已偏离而构式化为词汇性的成分。对于其原因，

石毓智（2000）认为，是"理"的社会认知平均值高，刘丹青（2011）则认为，"有"是积极的表大表好成分。但是，上述两种观点不能解释"在/是理"的偏离，更不能系统解释例（5）的这类现象。观察：

（5）老王守时。　这个冰箱占地方。　孩子听话。

因为"时、地方、话"不是认知平均值高的词，"守、占、听"也不是表大表好的，但"守时、占地方、听话"都构式化为与例（4）平行的词汇性成分。薛宏武等（2011a）则把例（4）、例（5）刻画为主宾无标关联构式，即在这样的构式中形成的词汇性构式化。再观察：

（6）山西醋酸。

醋是酸的，山西醋亦此，因此，例（6）作陈述句是没信息的。没有新信息不等于没意义，如它可表评价"山西醋的酸度高"。总之，例（3）—例（5）是主谓无标关联构式句，可表示为表5-2-1。

表5-2-1　　　　　　　主谓无标关联构式的构成

主谓无标关联构式	主谓无标关联		独头蒜辣；山西醋酸（SA）	
	主宾无标关联	C_1：有　是　在	这话有理/在理/是理	
		C_x：其他动词	C_{bx1}：NP 宾语	老王讲卫生；冰箱耗电；这孩子听话
			C_{bx2}：VP 宾语	年轻人能吃；老王会说；王力懂汉语

C_1表达高认知评价，还表现在其肯定与否定式的意义不对称及其否定标记的特殊性，如表5-2-2所示。

表5-2-2　　　　　　C_1肯定、否定式意义的不对称

肯定式	否定式 n1	否定式 n2
这话有理	这话没有理	这话没有一点儿理
这话是理	这话不是理	?这话一点儿理也不是
这话在理	这话不在理	这话一点儿也不在理

n1的"这话没有理"不是"不存在理"而是"理少"。要完全否

定它,据李宇明(2000:276)必须用n2。可见例(4)与n1不是矛盾关系,"没有理"是"理不足或少",但不是零,表示为 $0<Q<1$;"有理"是"理多",可表示为 $Q\geqslant 1$。

那么"有、在、是"的主观评价功能是如何形成的?我们认为是吸收了构式义、受宾语语义感染及自身特性决定的。语法实体发展中吸收语境义是常见的,① 三者处在 C1 中,吸收评价构式义是情理。从构式说是强迫(coercion)。就三者的 NP 宾语而言,基本是性属名词,中性与消极的少而积极的多。观察表 5-2-3:

表 5-2-3　　　　　　　C₁ 中 NP 的类及特性

性质	语义及其特征		词语
实体名词	身体部件	中性	腰　腿　手　嘴(口)眼睛　脑袋　头脑　牙口
	时空	中性	地方　年　年月　年头　日子
抽象名词	主观世界及其活动	积极	情感　意志　思维　能力　信心　胸怀　气度　意识
	社会文化规范道义	积极	立场　修养　纪律　人情　礼仪　名声　素质　情义
	社会履历及相关的	积极	出身　背景　地位　学历　职称　衔位　来历　关系
	人或物神态的词语	积极	容貌　举止　坐相　派头　手势　表情　眼神　气势
	人或事物特性品质	积极	水平　规模　弹性　味儿　意思　价值　胆量　档次
		中性	说明　差异　印象　建议　嘱托　安排　分歧　矛盾
		消极	麻烦　病　脾气　情绪　灾难　忧愁　损失　遗憾

不管表 5-2-3 的名词是积极、消极还是中性,认知特征都很显著。表现在作"有、在、是"宾语之后都是无指的。交际中无指 NP,一般是表示性质或特性。换言之,用的是 NP 的陈述义而非指称义,如例(4)的"理"重在"理据"的强弱;同样"有年头"不在于"年头"的所指,而在"时间"的长短。另外,表 5-2-3 的 NP 生命度也是最低的或无生的,处在生命度等级链的最右端。观察 Comire(1981)提出的 NP 生命度等级链:

(Ⅰ)言/听者 > 第三人称代词 > 指人专名 > 指人普通名词 >

---

① 并非所有语法实体都可吸收构式义,而是有条件的。这方面另拟专文考察。

其他有生名词＞无生名词

张伯江（1994）认为NP的功能偏离遵循如下的序列：

（Ⅱ）名词＞非谓形容词＞形容词＞不及物动词＞及物动词

从Ⅱ来看，NP功能是容易偏离为形容词。总之，表5-2-3的NP生命度低且无指，与生活密切且加上认知特征显著，偏离为形容性谓词是正常的。如"日子"得一天天过，所以"有日子"有评价性，表时间长；说话离不开"嘴"，因此"有嘴"有评价功能，表示善于言辞；同样"病"对于人是唯恐避之不及的，因此，多数说"有病"（相对于"得病"，它是消极的）。这些认知特征显著的词语，一定会把自身的特征浸染（percolate）给高频同现的"有、在、是"。高频同现或搭配是主观化的体现之一，"有日子""在理""是理"等是高频搭配式，"有、在、是"获得或增强主观性是自然之事："是"是主观的，领属"有"是【存在】的经验或文化构型，也有主观性，二者在构式化C1中主观性会增强。"在"中性，主观性是在C1中获得的。

Givón（1984：72）认为，无指名词在动词前后最易构式化，包括状中（如枪毙，网购）与动宾词语（如讲话、下棋）。"有、在、是"肯定的是低生命度的无指名词，在主宾无标关联构式内构式化为C1是必然的。就C1类型看，是词汇性的。它能产性强，可生成一大批惯用词语。当然，三者的能产性有异，是"有＞是＞在"。至于三者能产性差异的成因，是由基元及其特征决定的："有"是肯定"存在"的标记词，肯定对象广；"是"是［主观认同］，肯定对象虽广，但重在再肯定，一般离不开"有"联系的主宾两项这一前提，如"他是修养"不可受，得说成"他是有修养"的；"在"的原型肯定对象是NL，受此制约，加上表5-2-3多数名词语隐喻方所或空间有困难，①

---

① 非NL作"在"的宾语，受基元后拉作用都有方所意义，如"这话在理"就可说成"这话在理上"。

能产性差。

C1 是评价构式,"有、在、是"功能也由命题断言发展为认识评价。这是三者在构式中搭顺车、朝前走的结果。当然,三者的评价功能有强弱之分,表现为"是＞有＞在"。这跟它们的主观性强弱一致。

2. "有、在、是"的主观性、特征及其形成

沈家煊(2014,2017)指出,汉语谓语重视区分客观叙述与主观肯定,标记分别是"有、了"与"是、的",如表 5-2-4 所示。

表 5-2-4　　　　　　　　汉语谓语主客标记

	客观	主观
句类特征	叙述/有无/非直陈	肯定/是非/直陈
形式标记	有、了	是、的
否定标记	没(有)	不

"有"标记的谓语是客观的,跟其主观性不矛盾。Kiefer([2009]2014:182)认为认识情态有主、客观之分,尽管界限模糊,但语境中多数能分开:重读,是客观认识情态;反之,是主观情态。据此看,C1 或其词汇内的"有、在、是"是表达主观认识情态的,因为是轻读的,如例(4),具体说就是凸显肯定对象。三者表达主客认识情态。

薛宏武(2006)、薛宏武等(2011a,2011b)、杨玉玲(2007)等指出,"有"能够凸显肯定对象。那么,这是怎么形成的?吕叔湘([1942]1990:234—237)指出,汉语肯定无须特别用字,除非表某种语气。就"存在"范畴肯定而言,用"有"去标记会产生强调语气。强调就是凸显的表现之一,观察:

(7) Ø 一间旅馆房间,中间有个门,可通内室。下手 Ø 一个屏风,外面 Ø 一张圆桌,Ø 几把椅子。(欧阳予倩《屏风后》)

若例(7)的 Ø 用"有"后,NP 就是凸显的。反之,如果删去,NP 的凸显性会降低。这方面,古汉语也是如此,如例(8)的"有"。观察:

(8) 晋侯以齐侯宴，中行穆子相。投壶，晋侯先，穆子曰："有酒如淮，有肉如坻。寡君中此，为诸侯师。"（《左传·昭公》）

学界所说的"有"表大多积极义，就是"有"凸显功能的应有之义。必须指出的是，其凸显对象不仅是大或积极的，也可以是中性、消极的或小少的。观察例（9）、例（10）、例（11）的中性、消极及小少的宾语：

(9) 有个懒汉，已经懒得远近闻名了。但他总觉得自己懒得不到家，还想找个师傅深造一下。（《笑话连篇》花城出版社）

(10) 太可惜了！这么一位德高望重的人怎么会有这么一个不争气的儿子！

(11) 雏鸡剖检后内脏器官无明显变化，仅小肠内有几个头发丝状出的血条，不仔细鉴别难发现。

可见"有"认识评价功能的特性是凸显 NP。NP 的特征从例（4）及例（9）、例（10）、例（11）看，是认知属性显著，如例（11）的"几个头发丝状出的血条"尽管是"微小"的，但在说话人看来仍然是"显著"的，只不过是负向的。

Ungerer 和 Schmid（2008：7—42）认为，率先进入人类认知视野的事物，性属或维度（prominent attributes or dimensions）一定显著，并且越显著越倾向用标记。据此看，不论存在物（即进入认知视野的）是积极的、中性的还是消极的，或是大量还是小量，只要说话人认为是显著的，便可用"有"去凸显或标记，如例（7）的"门"是中性显著物，后续句"可通内室"是提示成分，因此它用"有"肯定。其他小句的存在物没用"有"，说明它们不是凸显物而是场景构成物。再如例（9）的"懒汉"用"有"标记还是为了凸显，正因为如此，才形成了"懒汉"话题链，并以之组织语篇。再如：

(12) 老师这个职业，在我父母辈中依旧是非常受欢迎的，

特别都喜欢自己的女儿去做老师，听说好嫁人，还有假期。（百度搜索）

"假期"本是中性的，无所谓长短，但在"父母辈"看来是"老师"的显著特征，因此它才用"有"肯定的。再如"有病"，若真病，也可说成"得病"；若作詈语，一定是说"有病"，即"有"是凸显"病"的。Grice（[1975]1985）认为，交际中选择动词是为突出事物被说方式而不是说了什么，"有假期""有病"等高频用语中的"有"就是凸显肯定对象的。

"有"凸显存在物的功能也可一定程度推广到"在、是"上。"在"可通过[定位]凸显肯定对象，如例（7）的"中间"与例（11）的"小肠内"之前就可加上"在"而得到凸显。"是"是主观动词，句法语义是对"有、在"的再肯定，认识评价义自然显著，把例（7）—例（11）的"有"字句换成相应的"是"字句即可看到。

总之，三者都能凸显肯定对象，强弱表现为"是＞有＞在"。至于用不用它们凸显存在物除来自句法语义的刚性需求之外，主要是说话人的主观选择。

Traugott（1995：47）认为，主观化是为了创建文本或指示态度的，包括增加所言信息量、追求礼貌、给予解释的选择以及为听话人识解出比听到的更多的信息。比较例（4）的释义，如表5-2-5所示。

表5-2-5　　　　　　　例（4）的释义句

	字面义	评价义
这话有理	这话存在/拥有理	这话道理充分
这话在理	这话处在理的里面	这话道理充分
这话是理	这话的确有理	这话的确具有充分的道理

例（4）不仅有字面义，还有评价义，评价义就是它们的语用义的语义化，而语用义则是它们经语用推理来的。综合来看，C1是主观化构式，信息多且表达委婉含蓄。再观察：

(13) a. 阿莉走到小叶前:"你看我身材怎么样?"小叶打量了一下说:"还好。"但阿莉皱了皱眉头说:"可我丈夫说我没有腰。"小叶急了,忙说:"胡说,这么粗的腰还说没腰。"(《读者》)

b. 这是我见过眉毛最清秀的人啊!眉是眉,眼是眼。(百度搜索)

丈夫的"腰"是指审美的,"没腰"是腰身曲线性差。小叶说的"腰"是空间维度的,"没腰"是指腰粗等。"没腰"的多样解释恰恰说明它主观化了,即"有"是主观的。同样"眉是眉,眼是眼"是说眉眼界限分明,"是"的功能是评价。

C1 中"有、在、是"的主观性来源不仅与构式相关,也与它们语义基础有关。三者比普通动词的语义虚,因此更容易吸收构式的主观义而衍生出评价功能。它们的评价功能共性是凸显事物。

(二)"有、在、是"肯定 VP 的认识情态义、性质、特征

三者肯定 VP 的构式是[有/在/是 VP],记作 C2。"是"肯定 VP 通俗地说就是强调,因此,在讨论"有、在"之时附论。

1. [有 VP] 认识情态义与"有"的性质、特征

李佐丰(1985)指出,先秦汉语的"有"具有一个记异物与异事的特征。下面引述其 6 个《左传》中的用例,观察:

(14) a. 有星出于婺女。(《昭公》)
b. 齐有彗星。(《昭公》)
c. 惠公之薨也,有宋师。(《隐公》)
d. 人弃常则有妖兴,故有妖。(《庄公》)
e. 秋,有蜮。(《庄公》)
f. 齐有乱。(《僖公》)

"异"的认知特征是显著,如"宋师、妖、彗星、星"等异物,"妖兴""蜮""乱"等异事。当然这些"异"基本是消极的,并且带有主观性,因为"异"的定性跟主体有关。简言之,"有"是叙事者

凸显"异"的主观标记。再看表5－2－6。

表5－2－6　南部方言［有VP］句、释义及"有"的性质

	例句	释义句	方言	来源
a	有卖去一间厝啊。	是卖掉一所房子了。	台湾	李英哲，2001
b	伊厝有养鸡鸭。	他家是养了鸡鸭的。	福州	郑懿德，1985
c	撮鱼栽担个时候阮有照人教个向生。	挑鱼苗时候，我们是按照人家教的那样。	汕头	施其生，1996

表5－2－6的"有"明显是主观动词，可用"是"释义，其功能是强调。句法上它是选择的，根据李英哲（2001：161），类似表5－2－6的"有"是可以删去的。观察：

（15）有真放心（是很放心）→真放心（很放心）（台湾闽语，李英哲，2001：161）

例（15）的"有"与"放心"之间还有状语"真"，也说明它就是主观动词。有人认为，它是副词，有道理，因为它确实可表达肯定语气。但表达肯定语气的并非就是副词，因为肯定动词也有这样的语气义。此外，它还可以单独回答问题，一般语气副词是没有这种独用性的。例如：

（16）（有）睇了无？　a. 睇了。b. 有。
（17）（有）学了无？　a. 学了。b. 有。（海丰话）

黄伯荣（1996：177）指出，例（16）、例（17）有时可省去"有"，如"有去无"可说成"去无"，只不过以用"有"为常。至于它的答语，常用［V了］如例（16）a与例（17）a。当然也可用"有"。如例（16）与例（17）的b。这说明海丰话用"有"表完成是选择性的。即句子没完成体标记时，就用"有"的情状表完成；反之，则可以删去。综合看，它还是表强调的主观动词。李如龙（1986）、

施其生（1996）等认为表5-2-6之类的"有"是肯定副词、助动词或真谓宾动词等，其实就是主观动词。当然，他们认为，它和时体无关，是值得商榷的。

南部方言的"有"表达主观认识，有时还可以释为"可能"之类的意义。观察：

（18）这杠法子有得出事啊。（李荣，1998：217—218）

例（18）的"有"表推测，推测就是"可能/会"等认识情态义。再观察：

（19）他们在生的时候连饭都没有吃，他们的作品一钱不值。只要一死，便大大值钱了！（江西丰城，熊佛西《艺术家》）
（20）徐家阿秀，一家子穷的连饭都没有吃。（安徽婺源，汪仲贤《好儿子》）
（21）（精神病似）到了明天，连这样漏雨的屋子也没有住了。（湖南长沙，田汉《梅雨》）

这三例的"没有吃""没有住"的"没有"不是否定"吃了""住了"的，而是表示"不存在吃/住的可能"等。当然，"有"的认识情态义"可能"，与命题情态义"具有某能力/条件"等的"能够"是连续的，前者就是从后者发展而来的。因此，这两种意义常常相伴，若语境不明确或不充分，语句是有歧义的。例如：

（22）孟庆和：我这病有治吗？（电视剧《神医喜来乐》）
（23）靖王爷：格格有救吗？
喜来乐：那就看格格的造化了。（电视剧《神医喜来乐》）

例（22）、例（23）的"有治/救"就可解读为"有能力治/救"或"治/救的可能性"等。

"有"的命题/根情态与认识情态连续,都有评价义,产生机制是分布在未然时制句中,语义基础是它的[－确定]。如例(22)、例(23)的"治/救"是未然行为,因此出现了两种情态并存的状况。若在现在或已然时制句,"有"就作"确定"的解读。观察:

(24) 首长们围成一个圆圈在开会,一颗炸弹恰好落在中间,眼看全完了,可是,没有炸。我听说子弹有瞎火,可没有听说炸弹也有瞎火。你说这里面能没有命大的?(黎汝清《湘江之战》)

"有瞎火"是"存在瞎火"的事实,"有"重在表达根/命题情态。总要看"有"肯定 VP 之时,是表达根/命题情态还是认识情态,是时制跟[－确定]互动的结果。未然时制表达认识情态,现在或已然时制是表达根/命题情态。

此外,"有"还可以表达求证与证实情态意义。这主要用于"问—答"语境中。观察:

(25) a. 央视记者:你们有没有接到举报ⱼ(这个厂有问题)?
被采访者(河南偃师市环保科负责人):有 $\emptyset_j$。(焦点访谈 CCTV13:2013)
b. 甲:您有试过新汰渍ⱼ吗?
乙:有 $\emptyset_j$ 呀!隔壁一介绍我就买了。(CCTV1:2012 广告)
c. 记者:复试时候您负责面试他吗?
教授:有、有、有。(news.ifeng.com 2014)
d. 张副官:老幺,你们彭家墩从来没有住过兵ⱼ吧?
老幺:有 $\emptyset_j$ 啊。(电视剧《洪湖赤卫队》)

根据薛宏武(2006,2010),例(25)a 的"有没有"已词汇化为疑问求证的主观动词,如例(25)a 是记者觉得"应该存在接到举报",但由于不确定而向听话人求证,这种情况"有"兼有命题/根情态与认识情态的特征，是两种情态之间的中介类。而作答语的"有"则是证实事件存在的，当然是命题/根情态。例（25）b、c、d 的"有"，可依 a 类推。① 下面把"有"表达的情态类型及意义表示如图 5-2-1。

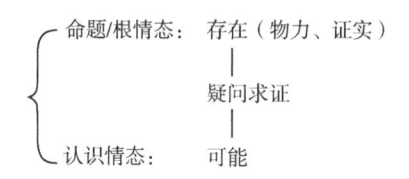

$$\begin{cases} 命题/根情态： & 存在（物力、证实）\\ & |\\ & 疑问求证\\ & |\\ 认识情态： & 可能 \end{cases}$$

图 5-2-1　"有"情态表达类型及意义

值得指出的是，例（25）的"有没有"及"有"可分别用"是不是"与"是"替换。当然替换前后存在差异：前者针对事件的"有无"，后者是"是非"或"真假"。差异还是来自二者基元的差异。

"是"肯定 VP 的主观性更强，但情态义不及"有"多样，它没有表"可能"的认识义。这可以解释为它是对事物、事件的"有无"主观确认，展示的是态度或信念，如例（1）不用"是"也能表命题情态；但用"是"，基于［排他］就有坚定的态度在其中了，是认识情态。前文把它处理为命题情态，是着眼于它是客观认识情态及与"有、在"比较而言的，命题情态与认识情态不可能一刀切。

---

① 按照邢福义（1990），例（25）是来自南部方言、港澳台及域外方言的南味句。按照 Traugott 和 Trousdale（2013：29—30），这是普通话与南部方言等接触的即时构式化（instantaneous）。必须指出，南味句是局限语码，多用在受过高等教育、商业、文化及科技工作者等言语社区，地域也局限在南方。如《张扣扣被执行死刑》（《潇湘晨报》2019 年 7 月 18 日）湘方言记者采访陕西汉中"王家二儿子"（村民）用了 3 个"有没有 VP"与 4 个"有 VP"问句，而"王家二儿子"回答时直陈事实，没用"有"而用"是"。一方面，这些［有没有 VP］句与［有 VP］句都是求证或评估性的，观察：
　a. 你现在回想当年，有没有觉得自己不对，或者你的家人有没有什么做的不好？
　b. 他有没有跟你讲过他在学校跟人闹过纠纷啊？你一般都怎么跟他讲？
　c. 那你有同情过张扣扣吗？你觉得他是个可怜的人吗？
　d. 虽然张扣扣被执行了死刑，但他爸爸态度这样，有想过反馈这些不实的说法吗？
　e. 你有想过再回三门村吗？
　f. 你们有因为当年的这些事情吵过架吗？
另一方面也说明［有 VP］句就是南味句，属于局限语码，使用受限。

同理，"他是去了"是对事件"去了"的认定，排斥了"没有去"，态度坚定。至于"是"表示推测询问及证实，学界已有说明，如邵敬敏（2014）等，此不赘述。总之，它是对"有没有"及"有"的再肯定，表达"真伪"或"是非"。当然"是"表证实义也与命题情态连续，体现的是"真"。

2. ［在VP］认识情态义与"在"的性质、特征

一般认为其中的"在"是副词，但客观地说它还是动词。观察：

（26）老王在吃饭？　　?在。

例（26）的"在"作"答语"只是可受性低，但不能否定它是动词的实际。理据之一，［在VP］一个重要来源是由［在NL］类推拓展而来的，VP一定受"在"的强迫而有NL特性，如"吃饭"可隐喻时空，因而解读为"吃饭之中"。"之中"就是衍生自"在"的［定位］，这是［在NL］后拉"在吃饭"回头看的体现。当然"吃饭"也保持了它的动词性，这是［在NL］朝前走的体现。"吃饭"的这两方面体现，可解释为词项在构式中受到后拉而回头看以及搭顺车或朝前走获得构式义，都是强迫。当然受强迫的同时，词项也要保持自己的范畴特征而不是绝对顺从强迫。这就解释了"吃饭"为何既隐喻处所（有了指称性），又是动词之因。沈家煊（2013）从"结构平行性原则"指出"他在打猎"跟"他在山上"都是动宾，表示"他在打猎之中"，是"he is in (the middle of) hunting"的自然表达。该文认为，结构平行性是句法操作原则，但更是语感。其实，语感基础就是"在"的基元对肯定对象的后拉作用，即［在NL］类推发展为［在VP］后，VP受【处在】的默认对象是NL的后拉，有了空间义"之中"。既然"在"能强迫"打猎"带有空间义，那么它就有动词性。

例（26）的"在"为动词的理据之二是，它虽不能独用，但从现代汉语看，黏着动词不鲜见，如"等于、姓、给予"等，因此，把独用性不强或作答语的"在"分析为动词也是可行的。这方面还有大量的历时事实作支持。观察：

(27) a. 子羽曰:"非知之实难,将在行之。"(《左传·昭公》)
　　b. ……兴天下之利,除天下之害,当在乐之为物,将不可不禁而止也。(《墨子·非乐下》)
　　c. 虽违常科,有合古义,原心定罪,本在可论。(《三国志》)
　　d. 托意在经济,结交为弟兄。(李白《读诸葛武侯传书怀赠长安崔少府叔封昆季》)
　　e. 墨氏之学比杨朱又在可取。(《朱子语类》)

"在行之"是"在于实行","在乐之为物"是"在于愿意从事生产","在可论"是"处在可以讨论的范围","在经济"是"处在经世济民","在可取"是"处在可取之列"。总之,[在VP]是动宾。再看现代汉语:

(28) 你的问题主要在读书不多而想得太多。(微信)

例(28)的"在"支配的是一个紧缩复句"读书不多而想得太多",还是动词。

共、历时分析显示"在"肯定VP时,【处在】及[定位]仍清晰,仍不同程度地起着动词应有的语法功能。它与"有、是"一样,没有语法化为副词。本书认为,"在"是动词,但不否认它有副词性,但从典型性及与"有、是"的类关系看,它是动词。再观察:

(29) 相声创作无论成功与否,主要责任(x)都在我们自己(y),不能推给外界(z)。(梁左《笑忘书》)

例(29)是说话人将x定位到y。从听话人看,可解读为"说话人将x归结到y",即"在"表示"归结于"等;同时还可解读为"x产生于y",即"在"表"缘由",后续句"不能推给外界"是反面提示。"归结于""缘由"都是归因,差异是对同一过程用了两个相反的心理视角观察的,主观性显著。总之,例(29)的"在"可理解为定位或归因强调,从主观性的交互特征看,特别是立足于听话人看,"在"是反映主观认识的情态词语,意义还是评价。

可能会有疑问,例(26)的"在"有主观性吗?我们认为,不仅有,而且还是很显著。Finegan(1995)认为,主观性体现为说话人视点(perspective)、认识(epistemic)与情感(affect)等,这里仅说"在"的前两点,最后一点下一节讨论。比较表5-2-7的答语a与b。

表5-2-7　　　　　　[在VP]问答句及体类型

问句	答句	体类型
他在干什么?	a. 吃饭。	情状
	b. 在吃饭。	视点

表5-2-7的a是客观情状,b是说话人用"在"把a调整到自己当前时间流程内(RT),即a与说话人有了心理接触(mental contact)且形成了语境定位(grounding),即"在吃饭"已主观化。这一心理过程是隐蔽的,"在"主观性很强,"在"是主观动词。

结　语

本节从质肯定,共性与个性并重考察了"有""在""是"的情态表达,包括其形式、意义或功能等,并就成因作出了解释。发现三者在表达认识情态方面都是主观动词,主观性差异在于"是>在>有",情态义表达的多少差异是"有>在>是"。

第三节　"有、在、是"质肯定上的时体表达、情态表达关系及特性

一　"有、在、是"的情状体表达与情感

(一)"有、在、是"的持续或惯常体表达与肯定态度

(1) 老王有个家传宝。　老王在(家)。　老王是退休工人。

三者的肯定性由弱到强为"有＞在＞是"。三者的意义差异在于重在表达所指、空间及性属肯定，其中"是"有说话人认同态度在内。三者肯定状态 VP（含形容词）与表达情状持续同时，也表肯定态度。这有 VP 前与 VP 后两个位置，"在"在 VP 之前后表达体情况于本章第一、二节已有一定的讨论。接下来先说"有"。观察：

(2) 臣之罪重，敢有不从，以怒君心，请归死于司寇。(《左传·襄公》)

(3) 大伯不从，是以不嗣。(《左传·僖公》)

比较例（2）与例（3）可看到"有"是指向说话人的强调成分。"有不从"是［存在某行为，该行为是不从］，它比例（3）的"不从"多出个预设句"存在某行为"，这正是"有不从"具有强调意义的语义基础。这在对举语境中最明显，例如：

(4) 受命以出，有死无霣。(《左传·宣公》)

马建忠（［1898］1983：179—181）把例（4）的"有"称为"决辞"，指出"后面紧接动字，则有'惟有'之解"。Finegan（1995：1）指出为表达主观性而在结构形式与策略上经历的演变，或语言形式本身经历的变化，便是主观化。由此看来，例（2）、例（4）是主观化句，"有"是叙事者有意加上去的表达坚定态度的成分。"有"的这种用法在现代汉语同样有体现，如"有失身份"比"失身份"的强调性明显。"有"肯定形容词仍然如此，例如：

(5) a. 咯件衣服就有蛮贵咪。(湘语长沙，李荣，1998：258)
    b. 橙子有酸，不想吃。(赣语萍乡，李荣，1998：258)

说话人被"衣服贵""酸"影响（affected），才用"有"强调的。根据李荣（1998：183，258），例（5）的"有"是肯定语气副词，自然是表达肯定态度的。当然，它还是动词。总之，三者都重在表达肯定态度或情感，无之，句子真值不变，包括句义及持续或惯常情状体。观察：

(6) 有真放心（是很放心）→真放心（很放心）（闽语台湾，李英哲，2001：161）

"有、在"在 V 之后表持续情状的同时，同样可以表达肯定态度。只不过没有在 V 之前的肯定态度或语气显著。观察：

(7) a. 教室都安有空调。
　　b. 她坐在床上，曲着腿。

例（7）的"有、在"是肯定或弱强调，是"安有、坐在"的语义语法中心。这样，它们自然可以在表达层面弱强调"空调、床上"。这方面有历时材料作支持，观察：

(8) 幸带着有广东的午时茶，白氏亲身和他热了一碗喝下去。（吴趼人《恨海》，1906）
(9) 这里头恐怕含着有别的意思吧？（南开新剧团《新村正》，1918）

"带着有"与"含着有"相对于现代汉语的"带有""含有"，是综合式。从例（8）与例（9）反观例（7）a 会发现"有"有强调功能，只不过不及例（8）、例（9）明显。至于例（7）b，虽没有与例（6）平行的"V 着在"综合式，但不影响我们的结论。

"是"也可以在 V 之后强化情状持续并表达强调，如例（10）、例（11），列举如下，说明见后文。观察：

(10) 戴是眼镜寻眼镜。（上海话）
(11) 新娘子出门，用是两个女跟班。（上海话）

(二)"有""是""在"两两连用表达情感认识与时体

(12) 有我在,你别怕!

从真值表达上看,例(12)用"有我"或"我在"即可。"有"与"在"同现的根本原因,就是说话人用以提醒听话人或者展示自己对听话人的支持、肯定等姿态或立场。再如:

(13) 他是在家。
(14) 他是有看法。

例(13)与例(14)体现了说话人对命题为真的坚定信念。再观察"有"与"在"同现,这多见于近代汉语。

(15) 皮氏平昔间不良口气$_j$,已有Ø$_j$在王婆的肚里。(清《醒世姻缘传》)
(16) 俊臣道:那笔迹从来认得,且词中$_j$意思$_k$有Ø$_k$在Ø$_j$,真是拙妻所作无疑。(明《初刻拍案惊奇》)

例(15)的"在王婆的肚里"是持续,叙事者又用"有"肯定,持续体意义增强,表达了确信"王婆"对"皮氏平昔间不良口气"的认识。例(16)的"词中"是"在"的语义宾语,"有"体现了说话人"俊臣"对"词中存在思念他的意思"的确凿信念。

总之,"有、在、是"在质肯定上所表达的体意义处于潜状态,相对来说,肯定或者强调等认识情态意义则是显性表现。

二 "有、在、是"与视点体同现及其情感表达
(一)"有、在、是"强化视点体与表达情感

(17) 老英雄$_i$本来就不快活徐松朋,因为去年间在扬州,姓

徐的有句大意话,有伤了鲍老ⱼ的心病。(扬州平话《劫法场》)

例(17)的"有"是肯定已然事件"伤了鲍老的心病"的,目的就是强化该事件存在的真实性(客观认识情态)。若换成"是",则重在体现对该事件的真伪的确认或认定(主观认识情态)。观察:

(18)有卖去一间厝啊。(是卖掉一所房子了)(闽语台湾,李英哲,2001)

伊厝有养鸡鸭他家。(是养了鸡鸭的)(闽语福州,郑懿德,1985)

撮鱼栽担个时候阮有照人教个向生。(挑鱼苗时候,我们是按照人家教的那样)(闽语汕头,施其生,1996)

例(18)释义句来自原研究文献。其中"有"不仅可用其完成情状义强化事件,而且表达说话人的强调态度,释义句中"是"即为标记。"是"不论强调视点体还是强调情状体,也不管肯定 NP 还是 VP,都与"有"的形式、功能或意义平行,只是强调的侧重点以及轻重有异,现在简要把它们呈现为表 5-3-1,观察:

表 5-3-1　　"有"与"是"肯定功能的平行性与差异

	无标	功能	标记	功能
有	桌上Ø一台电脑	场景说明	桌上有一台电脑	场景呈现
	益于健康	行为直陈	有益健康	行为肯定
	老张擦过活络油	事件直陈	老张有擦过活络油	事件肯定
是	桌上Ø一台电脑	场景说明	桌上是一台电脑	场景断言
	益于健康	行为直陈	是益于健康	行为强调
	老张擦过活络油	事件直陈	老张是擦过活络油	事件强调

"有、是"强化体意义的同时,都可提高行为或事件的指称性,使句子事态化。体现在"有、是"肯定 VP 后,都可加"这事、这行为"等复指成分,如"老张有/是擦过活络油"就有"老张有擦过活络油这事"的意味。"在"也是如此,"在吃饭"含有"吃饭中"等

义，这也是把这种体定性为兼有视点体与情状体之因。三者之所以会有这样的平行功能，是它们原型构式［有NP］、［是NP］与［在NL］被类推为［有/是/在VP］之后，VP受基元后拉的结果。［有/是/在VP］呈事态性，也说明三者的主导功能是肯定。

（二）"有、在、是"的视点体表达、意义与情感

"有、是"本身不能表达视点体，"在"却可以；当然，"有、是"之间也不一致，前者可带"了/过""着"形成视点体，而后者少见带体成分。"有"带"了""过"表视点完成及经历体，无须讨论。

1. "有"的视点体表达，情感功能及特征

"有"带"着"可形成视点体表达形式，特征是它的宾语通常是一个带有抽象性定语的复杂NP，黏宾性显著，并且它排斥否定句与疑问句。例如：

(19) 彭宝林形象有着新鲜的很强的艺术感染力。
　　a1. *彭宝林形象有着新鲜的很强的艺术感染力（吗）？
　　a2. 彭宝林形象有新鲜的很强的艺术感染力（吗）？
　　b1. *彭宝林形象没（有）着新鲜的很强的艺术感染力。
　　b2. 彭宝林形象没（有）新鲜的很强的艺术感染力。

根据本章第一节讨论可知，"有着"是经验持续体的表达式。按照Susan（1995），该体是前景策略，聚焦的不是事件的内在时间进程，而是说话人在事件、状态、活动中的主观意识活动，是为了引起受话人对其所言的情感经历或姿态（stance or positional）的关注，它是以说话人为中心的主观经验，不能直接从真值解读。

经验持续体的"着"是反映"彭宝林形象有新鲜的很强的艺术感染力"在说话人心理经历的一个持续，以此提示听话人注意这是说话人一贯持有的观点。这种句子常作前景句，是语篇或话语焦点，例如：

(20) 我们的人民是勤劳的人民，有着艰苦奋斗的传统。(《邓

小平文选》第二卷，人民出版社2004年版）

即使"有着"作后景，也是话语或篇章的总说成分，其他句子是诠释性的，如例（19）若作后景，前景句通常是"这种艺术感染力来自作家对生活的深入把握与体验"等。"有着"句既可以作前景，也可以作后景，跟"有"字句篇章表现有平行性。不过，二者在作连谓的构件上绝对不平行："有NP"可作连谓后件，如"有力气搬起那块石头"，而"有着NP"绝对不可以，语料未见到这样的例子，语感也提取不出来这样的句子。

"有着"经验持续体不仅有跨语言的普遍性，而且其表达的情感也是有普遍性的。观察：

(21) You are imagining things.（你在想事情）
(22) I'm not talking to you.（我不是在跟你说）

说话人不可能进入受话人心理观察想象（imagine）活动，因此，例（21）是说话人心理评估受话人"正想事情"的活动。例（22）预设了说话人认为听话人"在跟他/她"说，因此用进行体提醒或警告受话人等，否则就是矛盾句。

"有着"是经验持续体，"着"是警示或引起注意、关注的功能成分。Tayler（2003：176—181）指出，过去时（含完成体）反事实使用，是缓解所言影响的语用软化策略。例如：

(23) a. Excuse me, I want to ask you something.（打扰一下，我想问你点事）
    b. Excuse me, I wanted to ask you something.（打扰一下，我想问你点事）

例（23）b比a委婉。委婉由"want"的过去式"wanted"体现。若以过去时的表达功能比附，进行/持续体就是说话人硬化（strengthen）所言的语用策略。硬化就是通常所说的强调。因此，跨语言看，持续体"着"的功能就是强调或硬化语力。同样，印欧语状态动词的经验持续体意义也是如此，例如：

(24) Fred is being silly.

Comrie（［1976］2005：36—37）把例（24）解释为 Fred is acting in a silly manner。即说话人认为"Fred 在犯傻"。该文还指出例（24）表达了说话人的吃惊、厌恶等。

总之，"有"字句是肯定断言，"有着"句是强肯定断言。二者分别是客观信息句与情感传递句，情感标记就是"着"。跨语言看，认识情态的情感句很普遍。观察：

(25) a. ñuka-ta miku-naya-n-**marí**
　　　I-ACC　eat- DED- 3-EF. INF　（I want to eat）
　　b. kan-paj ushi-wan　　Agatu-pi-**mi**
　　　you of daughter-with　Ageto-in-F. INF（I Met your daughter in Ageto）

例（25）是 Imbabura 语，Palmer（2001：68）把 a 称作认识情态优先句（emphatic first-hand），ma（rí）是强断言标记（strong assertion）；b 称作信息优先句，mi 是断言标记。

目前有学者认为"有着"已词汇化，"着"的体功能弱化或消失，如董秀芳（2005）指出，它是词缀，主要作用是凑音。王红斌（2009：69—77）也认为是词缀，功能是调配"有"的节律，起舒缓语气作用。说"着"是词缀没问题，但说其作用主要是凑音，值得商榷。因为用"着"满足"有"的双音节律远不如用"具有、拥有"等经济便捷。其实"着"是表达词缀，凑音是它的伴生功能。

当然，本书也不完全否认"有着"的体功能淡化，因为它目前正

泛化,① 表现在它的宾语甚至可以是具体名词。观察:

(26) a. 矿工手中,都有着一把斧头。
     b. 平原内有着也许是世界上最大的泥潭沼泽地。

"有着"硬化语力功能的成因。观察例(19)c:

(19) c. 彭宝林形象有新鲜的很强的艺术感染力。

例(19)c是客观情状。例(19)是说话人用"着"把c置于自己当前的时间流程内(RT)观察的,与之产生了心理接触且形成语境定位,即"有着"已主观化,或者说这是其主观化的第一方面。Fell认为,进行体是指示行为的持续、激情、能量或者状态(引自Susan,1995),"着"也是或多或少地有这些表现的。把例(19)c调整到RT,说话人必用"着"观察。戴耀晶(1991)指出"着"是深入情状内部进行持续观察的不完整体,例(19)c不具备这样观察的基础,因此,例(19)只能是说话人在心理想象着经历着一个持续。尽管如此,说话人也可用"着"在心理空间中持续地扫描(sequential mental scanning)c。随着时间延绵,观察或扫描者会把自己的持续、激情、能量均匀地灌注进去,使"有"获得了情感与能量等。这样"有着"中便有了说话人情感、认识等,因而"有着"便有了体现说话人坚定(firm)信念的基础。这是主观化的第二个方面。

"有着"上述两方面的主观化,概括地说,就是例(19)c在说话人心理经历了一个持续过程。该过程可图示如下,b内的重黑线表示

---

① 泛化的特征是回归源头,观察:i)恁都则这里有着,我去税了,送将来与恁;(《老乞大》)ii)你都这里有着,我税契去。(《老乞大》谚解)即元代就有"有着","有"与"在"相当,它与本书"有着"非严格同一。"着"虽表持续,但有使令性。语料考察显示,现代汉语意义的"有着"基本出现在以南部方言为背景的明代小说中,观察:他见(现)有着许多金银付在我家,就认义他做了儿子,传我家事,也还是他多似我们的,不叫过分。(明凌濛初《二刻拍案惊奇》)

用"着"进行心理扫描。

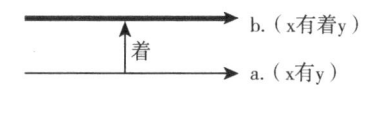

```
         ↑       b.（x有着y）
         着
         ─────→  a.（x有y）
```

图 5-3-1　"有着"主观化过程的示意

2. "在"的体意义、情感表达及特征

这包括它独立、用构式［在这里］以及"在着"等体形式表达体与情感等。

"在"的表达功能及其形成。观察：

（27）周大：秦二，你以为$_{s1}$我在这儿做什么？
　　　秦二：$_{s2}$你在望月吧？听琴吧？（郭沫若《卓文君》）

如果孤立地看，例（27）中$_{s2}$的"在"的功能是表进行，但结合$_{s1}$看不尽如此。Payne（1999：139）认为，影响语言在线生成的有听话人的完成，综合认知因素及言听双方加工等，前两点在句子解读上占绝对优势。Arie（1995）立足说话人指出，语言表达式都有指向解释者（听话人/读者）的特点。事实上，语言不同，听话人在话语理解中的地位不同，Huang（1984：531—574）把语言分为热与冷（hot and cool）两类，前者如英语，很少依赖听话人参与；后者如汉语，极需听话人求助语境、世界知识等认知经验。以此观察$_{s2}$的"在"的隐现及功能。

按照习惯，秦二针对$_{s1}$的焦点"什么"回答为"望月"即可，并且语境中的"望月"也能表进行，但$_{s2}$用了"在"。Prince（1986：208）指出话语似这样形成的：说话人总是可能和听话人信念相一致，认为什么是他/她们应知道的，什么是被预期知道的，从而将信息结构化（通俗地说即一厢情愿）。据此及关联推理看，是秦二认为"望月"重要才用"在"的。也就是说，"在望月"表进行的同时还有强调功能，即它作用的层面是句法、语义与表达，这是【处在】及［定位］同时作用不同语法层面的体现。

"强调"是个习用的宽泛的直觉的表述概念。在此有必要交代"在"的强调功能的形成基础及具体表现。Fell 认为，进行体是指示行为的持续、激情、能量或状态的。这包括三个层次：ⅰ）能量是一层，主要指进行所需的物理或认知基础；ⅱ）持续或状态是一层，指进行体的认知特性；ⅲ）激情是一层。这是在ⅰ与ⅱ，特别是在ⅱ之上体现出来的表达特征。

就"在"的强调基础看，一是依靠【处在】及［定位］。当它显性表进行时，二者仍起着肯定作用。二是施事主语不断给"望月"注入的能量，否则该行为的进行是无以为继的。三是说话人注入的能量，表现为用"在"从外部整体（outer and global）扫描"望月"时，随着行为的动态推进持续注入的能量，即"在望月"是两种能量的加合。由此可见，"在望月"进行所需的能量，是施事与说话人共同给予的，这是"在望月"强调功能的物理与心理基础。

"在望月"进行体有物理与心理能量两个来源，再加上它的基元及［定位］，所以它语力强。这有两个证据。一是"在望月"也可说成"望月"或"是望月"，但"望月"没有它的肯定语力强；"是望月"的肯定语力强，但没有"在望月"的进行义。二是［在 VP］的并列，有强烈的表达激情。例如：

(28) 风在吼，马在叫，黄河在咆哮……（《黄河大合唱》歌词）

例（28）的语势强、语力大，激情与能量（passionate and energy）显著。此外，还可用"在"肯定［VP 着］，增强说话人的情感，如例(29)用"着"就可以表达真值上的进行体，[①] 用"在"的目的就是强化"工作着"的。

(29) 夜深了，他还在工作着。

[①] 持续体可涵括进行体，或者说"进行"是离散的或相对动态的"持续"。

"在"还可用［在这里］构式，同时表达体意义与情感。观察：

（30）今天我们在这里隆重举行纪念全民族抗战爆发77周年仪式，目的是铭记历史、缅怀先烈、珍视和平、警示未来，坚定不移走和平发展道路，坚定不移维护世界和平。（http：//www.sina.com）

按照范继淹（1982），例（30）的"在"是表进行的副词与介引"这里"的介词的合体，这是着眼于形义对应关系的静态刻画。我们认为，这是"在"的基元在不同语法层面同时作用的表现，即它表进行的同时还强调"隆重举行纪念"。"在"表进行，并能对"这里""隆重举行纪念"进行强调，是主观化的表现。正因为如此，［在这里］已成为政论风格常见的形式手段。这首先表现为羡余。《现代汉语八百词》（1999：647）指出，有时它的处所义很不明显，主要表进行。说"主要表进行"，意味着它还有次要功能。次要功能就是强调，就例（30）而言，就是表达讲话人的警示及坚定信念。

刘丹青（2003）把［在这里］称为前后置词的复合，已有构式化基础。其中"这里"或者是羡余的，如例（30）是现场讲话，"这里"羡余；或者所指模糊，如例（31）。基于这两方面，特别是它的独特表达功能，在高频使用中必然会构式化为词汇成分。值得指出的是，词汇化的［在这里］还有一定的生成力，如可实例化为［在那里］等，下文表达上用［在这里］代称与涵括。

日常交际中［在这里］还可把"在"缺省，用"这里"同时表达进行与提醒等。这很普遍，如仅在BCC语料库检索《人民日报》就有1300例之多。观察：

（31）a. 白菜有大小之分，我这里专指的是大白菜。
　　　b. 北京大学副校长周培源说，我这里不说成绩，光谈缺点。

例（31）a 的"这里"提醒听话人注意"专指的是大白菜"，"提醒"或"警示"都是强调。当然"这里"表达体及强调与［在这里］有异：它倾向分布于口语，强调性弱。换言之，"这里"已语法化为一个与［在这里］平行的词语，机制是缺省。缺省是心理操作，句法表现是删除。江蓝生（2007）认为，缺省是汉语语法化的重要机制。由于［在这里］的两个构件是高频搭配的空间范畴，完全可缺省其中之一而用另一个表达构式义。这种方式很常见，如"他非去"之"非"表达的就是［非……不可］之义。当然，构式缺省构件之后，其意义解读离不开构式或另一构件，表现为解读一个构件必得激活另一构件或构式。这就是语感中例（30）的"这里"有"在这里"的意义之因，以及"这里"具有与［在这里］平行的功能或意义所在。同样［在这里］也可以缺省"这里"形成"在"，"在"同样与［在这里］有着平行的功能或意义。就此看，有学者认为，"在"表进行体是来自［在这里］缺省"这里"，是有道理的。

"在"与"这里"由［在这里］缺省语法化而来，因此三者的功能平行，都是主观强调成分。当然，三者强调的度、适用语体及风格等有异，下面反映在表 5-3-2 中。表 5-3-2 的"强调"涵括的三个级次及代表性词语说明见后文。

表 5-3-2　　"在""这里"及［在这里］功能平行性与差异

	Ⅰ. 强调度及具体义			Ⅱ. 适用语体及风格		
	高（警示）	中（提醒）	低（引起注意）	书面（政论）	书面	口语
［在这里］	+			+	+	
在		+		+	+	+
这里			+			+

表 5-3-2 空白表示没有相应功能或功能不显著。下面讨论［在这里］及其缺省式的性质、功能。观察：

(32) a. 人的身体时时刻刻在那里消耗水分。
　　　b. 我在这里想明天的工作怎么安排。（《现代汉语八百

词》1999：647）

例（32）的［在这里］是［在 NL］的构式化。按照 Traugott 和 Trousdale（2013：8—11），前者会继承后者的功能。这在方言中充分体现，如许宝华、宫田一郎（1999：1775—1776）就指出厦门话"在哩"、冀鲁官话山东寿光话"在乜里"、吴语安徽铜陵话"在格里"等已语法化为表进行/持续的副词（本质还是动词）。

句法上［在这里］是状语，有强调功能，即它是有副词特征的主观动词。同样"在"也如此。至于"这里"，仍是代词：一方面尽管它指代功能淡化或羡余，但尚有所指，如例（30）；另一方面即使没有指代功能，也不是完全无指的。刘丹青（2003）认为，它已从空间概念引申为时间概念，这是事实，但"时间"就是说话人的参照时间 RT，即它还是有所指的。此外，由于它是 VP 的状语，有一定副词性。综合看，它是副词性代词。

本章第一节指出［在 VP］进行体有两个来源：［在 NL］的类推及［在这里］缺省构件。例如：

（33）我一本正经的坐到靠门廊的一个角落，眼睛却在观察木屋内$_i$的人。船长由于受伤眯着眼睛，不知道睡着没有；乡绅在Ø$_i$专心地擦他的枪。（BCC 语料库）

语境提示例（33）的"在"后隐含着方所"木屋"，由于它不是凸显信息而缺省了。再观察缺省"在"用 NL 表进行/持续的情况。例如：

（34）你先生呢？怎么一个人散步？
Ø 家里看电视。

例（34）的"家里"表进行其实是由"在家里"表达的。按照付义琴（2012），"在家里看电视"是时、空的双重定位，可以表达进行。这有道理但解释尚欠充分。在本书看来，"家里"能表达进行还

与"看电视"的事件特征相关。它是活动，在无标记情况之下语义结构如下：①

$$V_{activity}: DO\ (\alpha_1,\ [\pi_n\ (\alpha_1,\ \alpha_2,\ \cdots,\ \alpha_n)])$$

即"看电视$_{activity}$"语义结构是"$Va_1 + Va_2 + Va_3 + \cdots$ 且 $Va_1 = Va_2 = Va_3 = \cdots$"。其中的省略号表示无终点。也就是说，[（在）NLVP]表进行与"看电视"之类的VP是同质成分且具有时间的延展性有关。这样，在它定位下VP（看电视）才具有表进行的语义基础。

总之，[在NL]、NL及"在"表进行/持续有异：[在NL]与NL表达的进行是情状体，"在"有视点体特征。既然例（34）的"家里"可以表进行，那么"这里"也是可以的，因为它也是[在NL]缺省"在"形成的。例如：

(35) 什么话？我这儿饿着呢，刚吃上劲儿来，你怎么让我离开呀？（《雍正剑侠图》）

(36) 妈妈几次把碗送到嘴边，张了张嘴又把碗放下来。这碗鱼汤她怎么能咽得下去呵！她一边揉着心口一边说："英妹子，把碗端过去，我，我这里哽得慌。""妈，喝吧，四妹子等着吃奶哩！"（BCC语料库）

当然，例（35）、例（36）的"这儿""这里"的进行/持续义不明显，但绝不是没有这样的意义。南部方言中"这里"等表进行/持续极普遍，潘悟云和陶寰（1999）、汪国胜（1999）、赵日新（2001）等都有说明。他们视之为副词或副词性代词。副词也好，副词性代词也罢，都说明它有副词性。因此，它表达的进行或持续就有视点体特

---

① "无标记"指不考虑"看电视"活动中客观上可能包括的如"打开电视"之类的异质活动。当然"开电视"与"看电视"可以连续累积或加合为一个活动事件，也可以各自独立为一个活动事件。

征，基于此，下面称为准视点体。这显然与"在"是一致的。观察：

（37）火车辣[lA?]开。（火车正在开）（辣=这里）（上海话，钱乃荣，1999）

（38）我勒里看书。（我在这儿看书）（勒里=这里）（苏州话，刘丹青，2003）

[在这里]及其缺省式的体类型、体强度及显著度。[在这里]是准视点体，进行/持续性要比例（27）的"在这儿干什么"的情状体显著。同样，它也比"在"或"这里"的持续/进行显著，这是数量象似原则使然。把例（32）跟它的变换式作一个比较即可发现。观察：

（32）a1. 人的身体时时刻刻在消耗水分。
　　　b1. 我在想明天的工作怎么安排。

例（32）的[在这里/那里]长度长，尽管"这里/那里"所指模糊、不明确或羡余等，但仍可强化体意义并起到强调作用。并且相比较，例（32）的 a1、b1 也没有例（32）的提醒义强。再比较例（32）及其缺省式 a2、b2：

（32）a2. *人的身体时时刻刻那里消耗水分。
　　　b2. 我这里想明天的工作怎么安排。

很明显，例（32）b2 的"这里"的进行/持续不及例（32）b1 强，重在提醒。

"在"与"这里"是[在这里]缺省而来的准视点体形式，是空间范畴。Heine 和 Kuteva（[2002]2007：202）指出空间表持续/进行是普遍现象。就三者体类型而言，虽都是准视点体，但有两方面差异：一方面是"在这里""在"的视点体相对于"这里"更典型，后者更倾向情状体，因为它的解读离不开激活构式［在这里］；另一方面它们的进行/持续强度、语体适用及时空分布也有差异，如表5-3-3所示。

表5-3-3 "在"、"这里"及［在这里］体类型及其功能差异

	I.体类型		II.进行/持续显著度			III.语体适用倾向			IV.时空分布	
	视点	情状	强	中	弱	书面	通用	口语	普通话	方言
在这里	+		+			+				+
在	+			+			+		+	+
这里		+			+			+	+	+

表5-3-3内 II、III、IV 的空白表示意义不显著或不普遍。如 I 的"这里"也有视点体特征，但更倾向表达情状体。III 的内容后文讨论。

下面再看［在这里］跟其缺省式的情感表达差异。进行/持续体的能量与激情，是［在这里］及其缺省式强调功能的基础。例（30）的［在这里］限定"举行纪念"，认知心理上就是它扫描后者。这可给后者均匀持续地灌注能量，此即强调之所由。但［在这里］的强调与体意义在句内表现不均衡，强调是显性的，体意义是微弱或隐性的。《现代汉语八百词》认为，它主要表进行/持续表述有些不确，事实是主要表强调，次要表进行/持续。这可以通过给例（32）添加后续句看到，观察：

(32) a3. 人的身体时时刻刻在那里消耗水分，因此每隔一段时间就需要补充水分。

b3. 我在这里想明天的工作怎么安排，你们出去一下。

例（32）a3 与 b3 的"在那里""在这里"显性义是提醒，① 进行/持续是隐性或次要的。看来［在这里］确实构式化了，这样才会出现功能的调整或分层。再观察：

---

① 语感上"在这里"强调性比"在那里"高，与"这"的指示性比"那"强相关。

(39）我们每一个人都爱争强斗狠，但是又爱贪懒好闲，在这儿便种下了堕落的种子。（郭沫若《屈原》）

例（39）的"在这儿"的持续义受"种下了"的完成体抑制，功能是强调或引起关注。总之，[在这里]的强调与体意义表现不均衡，决定性参数是表5-3-4的Ⅰ、Ⅱ、Ⅲ。表5-3-4内空白表"弱"或"隐性"，Ⅰ与Ⅱ会在后文陆续说明。

表5-3-4　　　[在这里]表达强调与体意义的参数

	Ⅰ.书面	Ⅱ.通用	Ⅲ.与完成成分同现
进行/持续			－
强调	＋	＋	＋

"在""这里"表进行与强调不平衡。"在"显性表进行，隐性表强调，如例（27）[在VP]句，这是语法化结果。语法之后实体语法化，后起的意义会增强，原有的意义则成为底层或处在隐性状态。再看"这里"的句内表现，观察：

（40）"把式你姓……""我姓张。""嗷！你家里拴着几辆车啊？""就这一辆。一家六口人，指这一个车吃饭！""嗷，你这马卖给我。""呦！我这儿拉着半截车，怎么能卖给您呐？"（《雍正剑侠图》）

（41）马亮听了忙解释："哥哥，不是这么回事！我这儿正跟老二商量呢，我说咱们绿林人跟官人冰炭不同炉，咱们要捉住他就得宰他。"（《雍正剑侠图》）

例（40）的"这儿"是提醒听话人注意"我拉着半截车"。例（41）的"这儿"也是提醒，只不过强些，这与它跟"正""呢"同现有关。显然例（40）、例（41）的进行义不如强调显著。可见"这里"表进行与强调，在句内表现跟"在"对立，原因是"这里"解读为进行体，有赖于激活构式[在这里]，而"在"本身就有表进行的基础【处在】。

由［在这里］发展而来的"在""这里"表进行、强调，不仅有潜显对立，同时也有语体分布差异："在"通用，"这里"是口语的。观察表5-3-5：

表5-3-5　　　　"在"、"这里"表达体与强调的差异

	Ⅰ. 普通话		Ⅱ. 语体	
	进行/持续	强调（提醒）	通用	口语
在	+		+	
这里		+		+

表5-3-5的"+"表显著，空白表示不显著。总之，［在这里］及其缺省式表达体的同时，有强调功能，但强调程度有异，立足听话人看，体现为警示、提醒、引起注意三个连续级。强调还体现为说话人的信念、态度强弱等，立足说话人看，是对命题的坚定信念或认识（firm stance or epistemic）。

值得指出的是，近代汉语"在"还出现过视点体结构"在着"。它与"有着"出现时间平行，只不过这种体没多久就消失了。功能上，它表达体的同时，也有强烈的情感意义。例如：

（42）人道是学中尊经阁，又赶来，都沸反的在着廊下叫。（明《三刻拍案惊奇》）

例（42）绝非偶发现象：一方面"有"出现了"有着"，与它为类的"在"也是可以的，这是由系统的语义潜势决定的；另一方面从明代到民国初期，静态词语带"着"是普遍现象，有三大类，分别如下，观察：

（43）a. 贪着屋中有物。
　　　b. 仔么恋着他做个守钱虏。
　　　c. 把着一片壳浮在水上。

　　　　d. 信着马走去。
　　　　e. 慢着答道。
　　　　f. 这个人物尽着看。
　　　　g. 门边死着阮大。（明《三刻拍案惊奇》）
（44）a. 牵挂着父亲。
　　　　b. 夫人这话合着律法。
　　　　c. 同着几个亲戚。
　　　　d. 随着便走。（明《醒世恒言》）
（45）a. 分别着他们。
　　　　b. 只得起来让着唐僧吸。
　　　　c. 傲着孙行者。（陈景韩《新西游记》）
（46）a. 念着当日同居之时。
　　　　b. 因为……所以着想这个去处。
　　　　c. 尽着耽搁之理。（吴趼人《恨海》）

视点体"在着"与"有着"一样属于经验持续体。二者相异之处在于：一是前者是作后景，如例（42）的"在着廊下"就是"叫"的后景；二是它在现代汉语消失了，这可能是受到了"存在着""有着"的系统排挤。观察：

（47）a. 卢沟桥有着童真般的真实。
　　　　b. 领导同志还长期存在着这种顽固的思想。（《邓小平文选》第二卷，人民出版社2004年版）

不管如何"在着"也是硬化句子语力的，表达"人在廊下"在说话人心理一直持续，厌恶感显著。

最后指出一点，"在""着"虽都能表达持续/进行，根本区别一为前者是准视点，后者是视点体。二是前者的主观性不及后者，这方面，戴耀晶（2017）等已说明。三是从表达层面看，前者比后者强调性显著，因为"在"有词汇性，"着"是语法成分。词汇性"在"语

义重,有[定位],标记进行或持续义时自然就强。观察:

(48) 孩子们在吃饭。雪白的台布上,灯芯放出柔和的梦幻般的玫瑰色光焰,照映着红色的海棠。(BCC语料库)

例(48)的"在"是动态延展的进行,而"着"仅表示"照映"的持续状态,前者的强调功能自然比后者强。

结　语

"有、在、是"表达体的同时,都有情感表达功能。表达情感的基础,一是来自它们固有的状态性或语义语法特征;二是体表达之时的持续/进行的能量。总之,三者同时作用于句子的句法、语义及表达层面,只不过在特定层级有个显潜或强弱的表现罢了。

第六章 "有、在、是"表量及其与情态、时体表达的关系、特性

第一节 "有、在、是"表量类型及其与情态表达的关系、特性

一 "有、在、是"质肯定上的指称量及其特性

这方面三者不平行。"在"是时空判断而不能表达指称量。"有"是所指判断而指称量表现明显。"是"是性属判断,表达的是性属量。

(一) [有N][是N]的指称性及量特征

(1) 有人来了。

例(1)的"人"指称量是不定的,是≥1。黎锦熙(1924:51)认为,"有"像英语的不定冠词 a 或者说是冠词性形容词。也有学者认为,"有人"已词汇化为跟英语 someone 相当的不定代词。我们认为,"有"的不定指义是其[-确定]作用于"人"的结果,或者说是[有N]表达的。它还是动词,并没有词汇化,因为不能作如下变换。观察:

(1) a. *人来了。
  b. *来了有人。

例（1）a不可受,因为删去"有"之后"人"是定指的。可见,"有"是把"人"无定化的手段。若"有"是无定代词或冠词,那么例（1）b是可成立的,因为无定结构在宾位是常态,如"来了几个人"。吕叔湘（［1942］1990：100）也曾对例（1）之类的"有"作过说明：

[有人敲门］……［有］字只是一个形式词,既然有敲门的事情,其为［有］人,不言而喻,何必再说？所以要这样说,因为不知道是谁敲门,前面有没有这个［有］字就可以表示起词是无定或有定……当权宜计,也未尝不可把［有］字作为一个表无定性的指称词。

也就是说,把"有"定性为无定指称词是权宜之计,绝不是说它是无定指称词。它就是一个［-确定］的动词。这样它在肯定"数量名"时,数量才会作部分量的解读,部分量就是不确定的量。观察：

(2) a. 有26只大黄蜂在院子里忙着采蜜。
　　b. ?26只大黄蜂在院子里忙着采蜜。

有学者发现,例（2）a与b中的"26只"分别是部分量与整体量,观察是客观的。二者的对立就是"有"作用的结果。曹逢甫（2005：63—64）发现,"有"肯定的名词也有部分量的特征。下从中引述两例：

(3) a. 门外有人。　b. 门外有山。
(4) a. 门外是人。　b. 门外是山。

例（3）意味着"门外"除"山""人"之外,还有其他的存在物,即"山""人"是"门外"的部分存在物；例（4）意味着"门外"只有或全部是"山、人"。看来"有"的宾语解读为部分量是一个硬规则。这在它的宾语是专名时仍然需要嵌入"一个"得到反映。例如：

(5) 聊到停车，有个老张说，哎，现在新花样真是层出不穷哎，有人因为抢不到车位，竟出钱雇人看守。（范小青《今夜你去往何处》）

数量与名词是无标关联着的，例（1）—例（5）的 NP 都是部分量。说白了就是由于"有"是一个反映空间与存在物的关系词。这种关系词关系的事物本质是"容器－容纳物"的隐喻，因此，一般情况下"容纳物"自然是"容器"的部分存在物。

"有人"没有词汇化而是［有 N］语法构式的一个实例，依据是［有 N］有一定的能产性。观察：

(6) a. 有研究称成功创业者大多无名指比食指长。
b. 有专家称房价会跌回三年前。
c. 有报道称由于人类大量排放温室气体……全球气温一直在持续上升。

例（6）是百度上随机检索到的。可见，"有人"与"有专家/研究/报道"等一样，是［有 N］的一个实例。再观察：

(7) 有说是最严重暴乱，有说是新的革命，巴黎亲历者带来的真相竟是……（《每日经济新闻》）

"有说"即"有人说"或"有报道说"之类的缺省式。由于"有"的［－确定］及其默认宾语为 NP，它才具有了无定指称的功能。由此可知，它有些语法化，但仍是动词。基于"有"的无定指称解读需要激活［有 N］去推理，它是主观动词。

方言的"有"表达无定指称，也是普遍现象。李荣（1998：214—

215）认为它是与"某"相当的泛指词。例如：

(8) 有人打电话来揾过佢。（广州话）

例（8）说明广州话的"有"在表达不定指方面与普通话的平行，还是动词。"是"是［全量］［排他］的，断言重在事物性属，因此跟"有"的指称特征自然不同。观察：

(9) 小张是大夫。
(10) 是大夫，就得救死扶伤。

例（9）、例（10）中的"大夫"一般情况下都是无指的，除非是标记表达，如作问句的答句或陈述/断言句的申辩句。并且，即使它们前面加上"一名/个"等之后，也不是典型的"数量"，而是强化表达的语用成分。

（二）"有"作表不定意义称代语的词素及其量特征

这类称代语常见的如"有的""有些"。按照吕叔湘（［1942］1990：187—189），二者分别是偏称与分称。但是，不管是偏称还是分称，它们都表达的是部分量。

"有的"本是转指 NP 的名词语，但由于"有"的［-确定］及吸收语境而发展成为不定指代词。它的词汇性有些弱，表现之一是其根据表达需要还可以带中心语。例如：

(11) 天津队一名场上队员向场边的教练员疾呼："快换人，有的队员都没劲了！"（国家语委语料库在线）

表现之二是"有的"还可以内部扩展，如例（12）扩展之后它是动词短语，如"有抢号板的"层次结构是［有［抢号板的］］。观察：

(12) 进来的人就多了，有抢号板的，也有乱坐次的，还有

诸事不作，找人去的，人来找的。（吕叔湘，1985）

"有些"与"有的"基本平行，也可以带中心语。例如：

（13）代表们畅所欲言，有些代表提出了小龙河水污染等问题。（国家语委语料库在线）

"有些"与"有的"的不同在于：一是前者不能扩展，词汇性高；二是"有些"是［有些NP］缺省NP形成的，重在量代称。"有的"由"的"提取"有"的宾语而来，重在代称事物。

古汉语的"有"也有作称代语的词素的，如"有以""无以"。吕叔湘（［1942］1990：110—111）曾把它作为熟语作过详细的讨论。"熟语"就是类似词汇的成分。例如：

（14）人各有以事君。（《左传》）
（15）故推恩足以保四海，不推恩无以保妻子。（《孟子》）

例（14）的深层语义结构为［人各有 Ø$_j$ 以 Ø$_j$ 事君］，即"有"与"以"是缺省了同指的宾语 Ø，在双音节韵律打包及高频率下词汇化的。而二者之所以能缺省宾语，有两个根本机制作支撑。一是"有"的无标宾语是 NP，不言自明，而"以"缺省的宾语是承前缺省。由此可见"有/无以"是由连谓（下简称 sev）发展而来的，结构是［$_{sev}$［有 Ø$_j$］［$_{ac}$［以 Ø$_j$］事君］］，下标 ac 表状中。二是"有"缺省 NP，跟它不重要或不定无指有关，如例（14）是泛论"事君"的方式或方法（NP），至于 NP 是什么不重要，因为"人"都有自己的 NP 方式去"事君"。

看来，缺省确是汉语语法单位语法化甚至词汇化的一个重要机制。这跟汉语缺少印欧语那样的严格的形态约束有关，因为在句法成分搭配的前提下，有足够的语境，便可把不重要、无指的或者是不宜说出来的成分缺省。这是句法经济的一种表现。同样"无以"的形成可以"有以"类推，此不赘述。

总之,"有"不论以何形式表达不定指称或称代量,表达情态的都是命题性的,观察例(1)—例(15)即可看到,这方面就从略,不再一一说明。

二 "有、在、是"的程度量表达与特性

三者在表达程度量方面是不平行的。"有"能表达程度量而"在、是"不能。"有"表达程度量的形式是作程度副词"有所、有点儿、有些"等的词素。这三个词都是表微量的,黏着性强,是一个语义语法类。"有点""有些"适用的语体倾向口语,限定的对象倾向消极成分;而"有所"修饰动词,语体是书面的。

(一)"有些"与"有点"的程度量表达及特性

如学界调查显示,"有些"倾向修饰消极性的词语,性质上这类词语是状态动词及性质形容词。观察表6-1-1:

表6-1-1　　　"有些"修饰成分的语义、语法特征

修饰对象	例句(国家语委语料库在线)
VP	报刊之所为,就很有些让人哭笑不得了。
	本来对党国有些失望……怎会不离心离德呢?
	这时候,他才觉得有些饿了。
AP	他也有些生硬。
	今年秋季有些旱。
	脸部表情有些木讷的中年汉子。

"有些"的词汇化不充分,偏称代词的迹象明显,所在句常有歧义。例如:

(16)李时珍的本草原刻附有插图,虽然有些粗拙,但我相信是力图忠实于草木金石的实物的。

(17)人类由猿猴进化而来、劳动创造世界等道理,有些想不开。

例(16)的"有些"可解读为指代"插图"的一部分,是"粗

拙"的主语。当然，也可以解读为"粗拙"的程度状语。例（17）的"有些"同样如此。这说明副词"有些"可能是在其称代功能上形成的。

"有些"修饰的消极的状态动词、性质形容词量特征很显著，如"想不开、粗拙"都有程度之表现。基于"有些"的［-确定］，自然可作二者的限制语，如表示"插图的粗拙""道理想不开"的程度。再加上它有明确的主语"插图""道理"，就基本排除了它再作代词的可能，从而最终发展为"粗拙""想不开"的状语。"有些"发展为程度副词的另一方面，是"有"支配的"一些"与"想不开、粗拙"没有直接形成定中关系的语义基础，这也会促使"有些"向副词发展。

可见，副词"有些"形成的根本机制是语义相宜，VP/AP的量特征显著、状态性及语境抑制偏称功能等是语义与句法条件。当它在例（16）、例（17）等中完成副词化后，就是使用范围的扩展与定型、巩固。例如：

（18）这个发展规划尽管由于各种原因可能有些延缓，但总的说来，速度仍是很快的。

（19）蒂斯有些惋惜地说，我们有两名队员受伤……实力有所削弱。

（20）思想有些像照片上的形象，照片的形象也不是胶片原来就有的，而是对外界的反映。

（21）大家也感觉到憎恨是多少有些过激了。

例（18）—例（20）的主语是单数，"有些"没有偏称功能实现的条件，例（21）的"有些"前面有状性成分"多少"的管控，这两种语法条件促使它只能向表量的状性成分发展而成为副词。

《现代汉语八百词》（1999：631）认为，副词"有点"多用于不如意的事情，诸多学者给予了解释。显然"有点"的这一特征、形成机制跟"有些"平行。值得指出的是，"有点""有些"表达消极微量义，似乎跟"有"所谓的大多积极义相反，其实不然。按照本书第四章第二节，"有"是标记认知特征显著事物的，消极微小的事物跟大或积极的都有认知显著性,因此,都是"有"凸显的对象。当然,在"有点""有些"表微量中,"点"或"些"抑制"有"的表大或积极特征是一个因素。不管如何,二者表达的量是主观的,具体形成的刻画见李宇明(2000:425—427)。

(二)"有所"的程度量表达及其特性

"有所"跟"有点/些"的语法功能及特征一样,如表6-1-2所示。

表6-1-2　　　　　　　　"有所"的语法功能及特征

Ⅰ. 小明学习成绩有所下降。		Ⅱ. 小明学习成绩有点/些下降。	
问	答	问	答
小明学习成绩有所下降?	*有所	小明学习成绩有点儿(些)下降?	*有点/有些

语感中表6-1-2的"所"仍有处所义,表现为若"成绩"是特指的,如语文或数学等某科,那么它就指该科中的某一或某几个方面;若"成绩"是类指的,如语文与数学等,它就指某一或某几科。这两方面概括说就是"有所"只能作部分量解读,即跟"有的、有些"一样是偏称的。有人认为,"所"失去了所指,是不充分的,因为它不一定就是"下降"的必有主事论元"学习成绩",而是完全可以作"有"的系事论元或"下降"的环境论元。

"有所"可以释义为"学习成绩有下降的方面或地方"。即"所"是表示"下降"的方所。再观察:

(22)朋友圈子对阿独思想是否一以贯之,是否非常彻底,还是有所存疑的。(孙颙《拍卖师阿独》)

"有所存疑"即"有存疑的地方",其先行句提示了"思想"有"是否一以贯之"与"是否非常彻底"的两个方面(抽象处所),"所"代替二者或其中之一。此外,"有所"表示存在地方或方面等还有两个旁证。一是有些方言的"有处"就有此义。例如:

(23)那人有靠向,实在没办法啦,有处哭(那人有依靠,

实在没办法了，有哭诉的地方)(晋语丰镇话)

"有处哭"是"有哭诉的地方"。显然，"有处"与例（22）的"有所"平行。南部方言"有处"也有此用法，如蔡国璐（1995：56）就指出在吴语丹阳话中它不单用，用在动词前表示"有地方发生行为"。例如：

(24) 格种衬衫有处买咧。(这种衬衫有买的地方)

旁证之二是"在所"也有此用法，如例（25）的"在所难免"就是"存在难免之处"，并且它可以用"有所"替换。观察：

(25) 那些艺术品大买卖……偶尔混进个把假货，也在所难免。(孙颙《拍卖师阿独》)

按照邢福义（1996：233），例（26）的"所"是用在动宾结构[有/无+VP]中间，帮助VP表示有限动量的。换言之，"所"是嵌入[有/无+VP]之中的。例如：

(26) 有所改进　有所图　无所求　无所顾虑（邢福义，1996：233)

"有限动量"就是不定的微量。这其实就是"有"的[-确定]作用于"所"的表现。就"有所"之后的VP而言，有如表6-1-3所示的两类。

表6-1-3　　　　"有所"之后 VP 的语义语法类

	性质	语义类型	词例								
i	动词	行为	上升	下降	增强	减少	缓解	加剧	变化	进步	提高	改善
ii	动名	心理	希望	体会	感悟	感受	失望	顾虑	需求	图谋	思考	满足

ⅰ与ⅱ共性有三。一是量特征显著，如"变化"有幅度大小与速度快慢等；"希望"也有心理活动上的强弱之别。二是倾向积极性的，这与"有些""有点"修饰的 VP 语义特征正好形成对立。三是［有VP］的语义不自足，观察并比较：

（27）a. 婚后他对父母的感情有所变化。　vs. b. ?婚后他对父母的感情有变化。
（28）a. 他对农村生活有所体会。　vs. b. ?他对农村生活有体会。

例（27）与例（28）的 b 有点不自足，因为"有变化、有体会"是无界的；a 是自足的，与"有所"是表达部分量相关，它可使［有所VP］有界并自足。即使 VP 不是表 6–1–3 的动词，［有所VP］仍是表部分量的，例如：

（29）繁华地段摆地摊卖书报的现象时有所见。

"有所见"是动宾［$_{VO}$有［$_N$所见］］，它的不定量义还是"有"肯定［$_N$所见］产生的。但例（27）与例（28）的"有所VP"似乎与"有所见"不同，如例（27）的"有所"跟"变化"是连谓关系，"所"跟"有""变化"同时具有句法语义关系，表示"变化"的处所或方面。

邢福义（1996：233）认为，例（26）的"所"是准结构助词，特征是：ⅰ）位置和作用跟典型结构助词有近似处；ⅱ）用在"有"和 VP 之间，但又未成为"有"或 VP 的专用标志。这两点观察客观充分，因为"所"在两个成分之间，不仅是"有"的宾语，还同时是VP 发生的处所。并且由于它还有一定的词义，因此是准结构助词。看来，例（29）的"所见"的深层语义语法关系是［现象$_i$有所$_j$所$_j$见 t_j］。换言之，"所"仍受"有"支配，即"有所见""有所改进"都是成分共用结构。当然，二者共用的"所"的"处所"义显著性与典型性有异,"有所见"小于"有所改进",这跟"见"的支配力强有关。不管如何,二者的"所"都未成为"有"或VP的专一支配对象。立足于"所"的所指清晰度与被"有"支配的显著度看,[有所VP]有两个连续的次构式,所指清晰且被"有"显著支配的是连谓[$_{sv}$[有所][VP]];反之,是动宾[$_{vo}$有[所VP]]。但不管哪个构式,"所"都是共用成分。

"有所"的副词化。[有所VP]的两个次构式[$_{sv}$[有所][VP]]与[$_{vo}$有[所VP]]发展有异。前者的"有所"副词化了,而后者维持不变,分别如表6-1-2的"有所"与例(29)的"有所见"等。前者的副词化与代词"有些"的副词化机制平行:语义不自足,黏着在VP前作连谓前件,表示VP出现或发生的处所,特征是不定指的。吕叔湘([1942]1990:109—110)指出,白话虽没有专用的无定指称词,但有时可借用疑问指称词达意,如"讨饭讨到点儿什么,一定拿回来孝敬他妈"翻译成文言,就得用到[所]字来帮忙了,说成:

(30) 有所得,必持归陈母前。(《梦溪笔谈·哑孝子》)

我们认为,"有所"就是表达不定指的一种手段。下引用吕叔湘([1942]1990:109—110)两例观察:

(31) 狷者有所不为也。(《论语》)
(32) 至于穷墟僻巷,无所不到。(《大学》)

吕叔湘([1942]1990:110)把称代性的"有所""无所"叫作动词性熟语,如例(31)、例(32)的"所"分别代称"为"的对象与"到"的处所。再观察:

(33) 读书只是且恁地虚心就上面熟读,久之自有所得,亦自有疑处。(《朱子语类》)

例（33）的"有所得"与"有疑处"对举，语义相类，表示"有获得的方面"与"有疑惑的地方"。五代时由于"所"的称代模糊以及句子谓语发展为心理动词，"有所"可重新分析为动词的程度修饰语，其语义基础之一是"有所"重在指代处所，而处所作状语是自然的。例如：

（34）远公深有所怪，遂令同行与我唤此老人。（《敦煌变文·庐山远公话》）

例（34）的"怪"是心理活动，"有所"表达不定的程度量是顺理成章的。特别是它前面还有表程度的"深"，会促使它向程度状语发展。

重新分析的语义基础之二是宋代"有所"的后面出现了大量的量特征显著的 VP。它们通常是不及物谓词或一价谓词。这是它向副词发展的一个重要的句法语义条件。例如：

（35）有流而至海，终无所污，有流而未远，固已渐浊，有流而甚远，方有所浊。（《朱子语类》）
（36）人之善心虽已放失，然其日夜之间，亦必有所滋长。（《朱子语类》）

例（35）、例（36）的"所"指代模糊，难说是"有"或 VP 的潜宾语，只能是不及物动词"浊"与"滋长"的微量修饰语。至此，黏着副词"有所"形成了。之后经元明清的发展，"有所"又出现了两点细微变化，VP 的双音节化及其语义语法类的扩展，如类推出了"体会、希望"之类的动名词。可见，微量不定副词"有所"是从它的不定指代功能发展来的。

总之，"有所、有点、有些"等是表达不定微量的。不管是作称代用，还是作程度副词，它们都有主观性，跟指称量的［有 N］比，所反映的认识或情感等意义明显，重在表达认识情态，包括"有所"的庄重及"有点、有些"的消极、通俗等语体意义。

三 "有、在、是"的性属量表达与特性
(一)"有、在、是"独立表达性属量与特性

这方面三者不平行,"有、是"可独立表性属量,并且均发展出形容词用法,"在"不能独立表达性属量。其中"有"表达的不定多量是其语义特征[-确定]的表现,这在古普方都有表现,不同仅在于古方里的"有"发展出了形容词用法。例如:

(37) 止基乃理,爰众爰有。(《诗经·公刘》)
(38) 施氏之邻人孟氏同有二子,所业亦同,而窘于贫,羡施氏之有。(《列子·说符》)

例(37)的"有"郑笺为"器物有足",即是丰足义。其中"众"也是其提示语,即"有"就是"众"。例(38)的"有",汉张湛注为"犹富也",先行句"贫"是该意义的反面提示。总之,例(37)、例(38)的"有"至少有形容词的语义与形式特征。方言"有"表大多含义的,比比皆是,如表6-1-4所示。

表6-1-4　　　　　方言里"有"表大多的用例

语义	例句	方言	页码
富裕	格份人家有猛个	吴语浙江金华	164
富有	渠家老早好有	徽语绩溪	136
	他屋/他家可有哩	晋语山西万荣,*内蒙古丰镇	263

表6-1-4中除带星号的外,都来自李荣(1998)。晋语、徽语中的"有"可以受相当于"很"的程度副词"可""好"修饰,是形容词。它还可作定语,如许宝华、宫田一郎(1999:1750—1768)指出,中原官话山东梁山的"有家"即"富裕的人家"。此外,它还可以作补语,观察:

(39) 今朝酒吃有了,不能吃了。(徽语绩溪)

(40) 前一向她哭得有。(湘语长沙)

李荣(1998：136—138)认为，例(39)、例(40)的"有"是补语，分别表示"够""足够、次数多时间长"。总之，古方里的用例说明"有"已发展出形容词用法。

与"有"平行，"是"在一些方言也发展出表全量的形容词用法。下面从许宝华、宫田一郎(1999：4160)引一例：

(41) 要说他那份虚假，真比是人都大。(松龄《小额》)

例(41)的"是"修饰"人"，表"所有/一切"等，这种句法形态显然是跟我们在第二章讨论的"是$_0$"不同。二者虽都表示"周遍"意义，但句位分布不同。再比较例(41)与例(42)：

(42) 就像黄胡子对待我一样，是人，就想拧我的耳朵。(莫言《食草家族》)

例(42)的"是人"是动宾句，"是"也表示"所有"等意义的，但它是"是"的［全量］表现。例(41)的"是人"则不同，它是定中，是"比"的宾语，把它视作动宾结构则在句子中得不到合理的解释，"是"只能是形容词。

(二)"有、在、是"风格、语气等量表达及其特性

若把"量"延伸到口语、通用与书面风格的轻重及语气强弱等上，会看到三者作缀之时都有主观增量功能。但它们在构词能产性、普遍性及词语的跨类上有异，表现为"有＞是＞在"。观察：

(43) 在稳　在破烂　在笃笃　在波
(44) a. 有周　有政　有的
　　　b. 有益于　有关　有如
　　　c. (忧心)有忡　(明星)有灿　(《诗经》)

(45) 是谁　是底　是物　是你　是汝　是他　是渠

据许宝华、宫田一郎（1999：1775—1776），例（43）的［在P］已词汇化（P表示谓词），其实例的词性、语义及来源情况，如表6-1-5所示。

表6-1-5　　　　　　　［在P］词语的词义、性质

	词语	词义	性质	闽语地区
a	在稳[1]	成功的把握	名词	福建厦门
b	在破烂	自暴自弃	动词	福建厦门
c	c1. 在稳[2]	稳当，可靠	形容词	福建厦门
	c2. 在笃笃	安然自在若无其事		台湾
d	在泼	肆意	副词	福建厦门

表6-1-5的"在"语义模糊，有的是词缀，作用或者是让它后面的词素自指，如c、d；或者是让后面的词素转指，如表6-1-5a、b。而表6-1-5c的"在"则是表达词缀，因为"在"没改变"稳""笃笃"的形容性及基本义，无之，二者还是形容词且语义基本没变；有之，则可增强二者的状态性。另外，"在"也没有阻断二者独立为词的功能，也不影响以它为词素的复合构词，如"在册""在逃"等。

总之，不论"在"是词缀还是表达词缀，据表6-1-5释义看，相对于"稳""破烂""笃笃""泼"等的性状量均有增强，即"在"的功能是主观增量。

值得指出的是，方言"在"作词缀很普遍，不独闽语。再观察表6-1-6：

表6-1-6　　　　词缀"在"的方言分布状况及其词义

性质	词语	意义	方言
名词	在早	以前、从前	东北胶辽、兰银、西南官话；闽语
	在近	附近	闽语厦门
	在往后	今后、将来	中原官话山东郯城；晋语内蒙古丰镇
	在往前	以往	中原官话山东郯城

续表

性质	词语	意义	方言
动词	在思	思念	古北方方言
	在得	值得、应该	湘语长沙
	在论儿	有讲究	北京官话
副词	在过	曾经	粤语广州

表6-1-6信息引自许宝华、宫田一郎（1999：1775—1776）。其中"在"的存在义虽然相对清晰，[在X]的内部关系也相对透明，但它已不承担词义，并且与普通话相比较，它还是羡余的，是表达词缀。

根据对例（43）的分析来看，例（44）的"有"也是表达词缀，只是它是跨名词、动词、形容词三类的词缀。观察：

（44）a1. 有周⇌周朝⇌周⇌东周
　　　b1. 有益于⇌益于
　　　c1. 有忡⇌忡

"有"的构词能产性强，如"有秦/宋/明""有碍/请/待"等。并且，它在这类词语中的增量功能显著。比较：

（46）a. 有秦的历史教训⇌b. 秦朝/秦/秦代的历史教训
（47）a. 这话有失身份。⇌b. 这话失（了）身份。

例（46）a相对于b的通用或口语风格来说，它是历史文化气息厚重的史论体。Tayler（2003：207）指出语体义是词语主观性的一个表现，据此看"有秦"相对于"秦"等，厚重的书面语力是"有"带来的。同样，例（47）a的书面气息重，b则是口语性的。当然，"有失"也比"失"的语义重。总之，词义轻重与语体风格是相宜的正相关关系。

比较例（43）的"在"与例（44）的"有"可发现：后者的分布更自由，更倾向附缀（clitic）。Tayler（2003：206—207）认为，附缀可自由附着在特定句法成分上、不影响其意义或功能，而只跟说话人态度或文本等相关成分发生关系。但我们宁愿把"有"归到表达词缀中，理据如下。

首先，附缀与词缀连续，中间成分普遍存在，表达词缀即是中间成分，因此把"有"归到表达词缀内有客观基础。

其次，"有"作表达词缀还有"类"事实依据。观察：

（48）有请　有待　有如　有损　有失

例（48）的"有请"可说成"请""请求"等，"有"是表达词缀。名词与动词连续，既然"请"前"有"是表达词缀，那么"有周"之"有"也当如此。另外，"在、是"也可作表达词缀，分别如例（43）与例（45）等。这是它作为表达词缀的类与事实支持。

再次，"有"作表达词缀，可与其他词缀建类。"有"和其他表达前缀、类前缀有不同程度的平行性，是成类的。例如：

（49）不——　不道德　不法　不人道　不礼貌　（准前缀）
　　　可——　可恶　　可观　可靠　可耻　　（准前缀）
　　　见——　见教　　见告　见谅　见示　　（真前缀）

例（49）引自马庆株（1995）。"可"是认识情态词缀，"不"是否定意愿词缀。"见"是遭受义或是其变通用法，（杨树达，2006：127—128）也有主观性。即"可、不、见"都是主观表达词缀。若再考虑跟"头、子、儿、阿"等建类，更可以把"有"作为主观表达词缀的。

复次，"有"为表达词缀，还可类推到其他的普通 [$_N$ [有 N]] 之上，例如：

（50）a. 敬尔有官，乱尔有政，以佑乃辟。（《今文尚书·周书·周官》）
　　　b. 发彼有的，以祈尔爵。（《诗经·宾之初筵》）
　　　c. 有王虽小，元子哉。（《尚书·召诰》）

例(50)的"有官、有政、有的、有王"所指即"官、政、的、王","有"就是这些词表达庄重义的词缀。

最后,把"有"作为表达词缀还可以跟例(44)的b与c等的[有V][有A]等词语相连续,形成平行的构式实例。

再看例(45)。这是唐五代的一些代词,刘坚等(1992:276—281)认为,这些代词加"是"最初为"加强疑问、指示"的,后来习惯了固定化了,动词性渐渐虚化,只起加强指示作用,变得类似前缀。加强疑问、指示即是主观增量,"是"还是表达词缀。总之,它与"有、在"的功能平行。

"是"作表达词缀在方言中也很普遍,如闽南语的"是"在疑问代词"谁/物(物款/物号)"之前有三种使用情况。第一,附在"谁"前用来询问"人"的,如表6-1-7所示。

表6-1-7　　闽南语表达词缀"是"的构形、语法功能

形式	单位	"是"的意义	中心语素	句法功能 主	句法功能 宾	句法功能 定	表达功能
是谁	词	-	谁	+	+	+	判断
是物人	短语	-	物人	?	+	?	说明

表6-1-7中的"?"指黄伯荣(1996:519—524)未作说明,表6-1-8的情况亦同。"是谁"作主语时,"是"绝不可省。它可直接作宾语,此时前面还可再出现"是"。它作定语形式是"是谁因(人)+中心语"。这三种情况"是"与代词结合紧密,没有羡余性。尽管如此,立足普通话去看,它仍是表达词缀。下面从黄伯荣(1996:519—524)引用三例观察:

(51) a. 或本册着找是谁借则借有里?(那本书得找谁借才能借到呢)

b. 外面在拍门兀(是)是谁啊?(外面敲门的是谁啊)

c. 或位先生是是谁因(因即人)老师?

第二，它附在"物"等疑问词之前，功能与普通话的"什么"相当，是用来询问事物的。它的变体较多，如表6-1-8所示。观察：

表6-1-8　　[是+疑问词] 变体及其语法功能、单位类别

指代对象	形式	中心语素	功能						单位
			主	谓	宾	定	状	补	
事物、原因或目的	是物	物	+	+	+	+	+	−	词
事	是物载	载	物载	+	?	+	?	?	?	短语
	是物载事	载事	物载事	+	?	+	?	?	?	
	是物事	事	—	+	?	+	?	?	?	
	是物空	空	—	+	?	+	?	?	?	
物	是物物	物	—	+	?	+	?	?	?	
	是物物件	物件	物物件	+	?	+	?	?	?	
	是物亓	亓	物亓	+	?	+	?	?	?	
	是物货	物货	—	+	?	+	?	?	?	
处所	是物所在	—	物所在	+	?	+	?	?	?	
性状、方式、行为	是物款	物	物款	+	+	+	+	−	+	

黄伯荣（1996：519—524）认为，表6-1-7与表6-1-8的"是物人""是物款"等是短语。这样"是"为表达词缀的理据就更加坚实：一是词缀/附缀与词连续，就汉语而言是与助词连续；二是"是物人"的"是"意义模糊，并且除作主语之外，其他情况下或作其他句子成分是羡余的。

除闽语外，"是"在其他方言作代词的表达词缀也有。观察表6-1-9，引自许宝华、宫田一郎（1999：4161—4162）：

表6-1-9　　表达词缀"是"的方言分布状况及释义

性质	词	语义	用例	方言
代词	是啥	无论什么	他成了万元户，家里是啥家具都有	西南官话成都
	是么样	怎么样	—	西南官话武汉
	是什里	无论是什么	是什里都想买，就是钱不够	赣语南昌
	是莫兜	怎么样	—	兰银官话兰州
	是乜事	什么事	—	闽语广东潮阳

此外，"是"还可作连词与形容词的表达词缀。据许宝华、宫田一郎（1999：4161），前者在闽南语、吴语等里就有。例如：

（52）俺为甚么懒上凤凰台，羞对鸳鸯浦？则为那霹雳火无情的丈夫。是则是海藏龙宫曾共识。世不曾似水如鱼，谩踟躇。（河北正定，元·尚仲贤《柳毅传书》）

（53）是但在理方面住唔对。（但在理方面就不对）（闽语揭阳、潮州）

例（52）的"是则"即"则"，"是"是强化"则"的转折义的表达词缀，二者是跨层连用，结构关系是［是［则［是……］］］。由于"是"与"则"语义相宜，① 因此，使用中跨层构式化为［是conj］。"是"成为其中的词素后，不再是强化句子［则是……］的句法成分，而成为一个表达词缀，专一强化"则"的连接功能。② 同样，例（53）的"是但"之"是"亦此。总之，［是conj］真值与conj相当，"是"为表达词缀，功能是强化连词的语义。

"是"作形容词的表达词缀。据许宝华、宫田一郎（1999：4160—4163），指用在形容词之后表示性状的"正好或恰好"或者要求对方注意。分别如：

（54）人生得白白是壮壮是（人长得白白胖胖）。（吴语苍南金乡）

（55）开水慢慢是冲，蛮烫去。（吴语苍南金乡）

例（54）的"是"表正恰。例（55）的"是"表面是要求听话

---

① "是"有潜在的表达假设、容让及转折等功能，与"则"相宜，讨论见本书第七章第二节等。

② 当然"是则"形成后会出现语义磨损。正因为如此，例（52）才在它后面又加"是"强化。不论如何，它比"则"的转折性强。

人"慢慢冲开水",实则表示"慢慢冲"是"正恰"的。可见二者释义有异但本质一致,都是"是"的【正恰】的反映,【正恰】特征是[主观认同]。总之,"是"对于状态形容词"白白""壮壮""慢慢"是选择的,功能是强化状态量,并表达说话人认同态度。它是个表达词缀。

(三)"有、在、是"作词内成分的量表达与特性

第四章二节指出,三者构式化为[有/在/是 X]之后,已是主观动词,且都可以表量。当然 X 是非 NP 之时,该构式的能产性及其词汇性有异,这两方面都体现为"有＞在＞是"。这里的 NP 涵括物量成分,下同。先观察方言里"有"作词内成分时表多量的情况。

从许宝华、宫田一郎(1999)与李荣(1998)的释义看,表 6-1-10 的词语是在主宾无标关联构式中产生的,都表达性属量,"有"是表评估的主观动词。

表 6-1-10　　方言中"有"作词内成分表多量的状况

词语及其例句	意义	方言	出处
有学问	多、大	中原官话西安	李荣(185)
番子米有饭；早米更有饭	出饭率高	客家语于都	李荣(136)
有本事/有两度〔有两下子〕	多、大	粤语广州	李荣(217)
有斤两	分量足数量多	湘语长沙	许宝华(1756)
有量	雅量宽宏的气度	闽语厦门	许宝华(1751)

再看方言"在"作词内成分表多量的,下从许宝华、宫田一郎(1999:1775—1776)引3类,如表6-1-11所示。

表 6-1-11　　方言中"在"作词内成分表多量的状况

词性	词语	意义	方言
名词	在处	到处,处处	江淮官话广济；湘语湘乡
动词	在道理	有理	中原官话吐鲁番；兰银官话乌鲁木齐
	在行	小孩听话[1]；存心[2]	湘语衡阳[1]；闽语厦门[2]

续表

词性	词语	意义	方言
形容词	在行	聪明伶俐	西南官话贵州黎平
	在杭［在行］	内行，熟悉	粤语广东
	在架	内行	东北官话吉林
	在调	内行	吴语江苏太仓
	在伍	牢靠	闽语福建永春
	在步	沉着稳步安稳	闽语厦门
	在腹	真挚，真实	闽语台湾

表6-1-11的［在NP］词语均表达性属量，"在"是主观的评估性的动词语素。这些词语的量意义形成机制与表6-1-10的一样。

方言中"是"作词内成分表多量的情况。［是NP］也有能产性，亦可生成一定量的实例，如表6-1-12所示。这些词例基本引自许宝华、宫田一郎（1999：4160）。观察：

表6-1-12　　　方言中"是"作词内成分表多量的情况

词性	词语	意义	例子	方言
名词	是处	到处	*是处张扬	江淮湖北鄂城；晋语丰镇
	是把手	擅长计划组织	*他可是是把手	北京、冀鲁官话；晋语丰镇
	是件	件件	商贾事体是件伶俐（《初刻拍案惊奇》）	近代官话
形容词	是行	样样齐全	他是个儿女双全的，是行人	晋语太原
	是利	利所在、大开心	伊赢着是利，干日日入［pua?²］馆①	闽语广东揭阳
	是等	过分大，太厉害	—	兰银官话甘肃武威
	是劲儿	到家、够水平	比那么搁当儿、得样儿、是劲儿	北京官话
	是份儿	达到满足程度	肚子里不差什么，是份儿了	北京官话
	是样的	各种各样的	他屋里是样的花都种哒	湘语长沙

表6-1-12的［是N］词语都表达主观多量。名词"是处、是件"与形容词"是行、是样的"等构式化因素一致，主要是基于

---

① 此例句义是"他赢得大开心"。

"是"的［主观认定］及［全量］，韵律打包与频率是外因。它们内部关系透明，词汇性不及［有 N］与［在 N］，特别是"是处、是件"完全可根据句法语义加合而出。形容词"是等、是劲儿"等比"是处、是件"等词汇性高些，是在主宾关联构式内形成的，动因还涉及关联推理，这方面可参见薛宏武等（2011b）。

以上讨论的是"有、在、是"的动宾构式［有/在/是 NP］表量及其特性，下面再看［有/在/是 VP］构式。在［有/在/是 VP］表量方面，三者是不平行的，表现为"有＞在＞是"，"是"不显示表量功能，"在"则受限制，"有"表量功能显著。观察表 6-1-13：

表 6-1-13　　　方言中"有"在［有 VP］表量状况

	例句	意义	方言	出处
a	有多	有富裕、有剩余	粤语广州	许（214—218）
b	尔尔歇不狠劲学书，歇日苦头有得吃	动作持续时间长	徽语绩溪	许（136—138）
c	生活有得做，就怕侬勿想做	许多、有的是	吴语上海	许（198—199）
d	早儿米_{早稻米}就有煮，番儿_{晚稻米}米就无煮	产生的数量大	客家语梅县	李（133—134）

表 6-1-13 取自许宝华、宫田一郎（1999）与李荣（1998）。VP 在"有"肯定下都是增量的。表 6-1-13a、b、c 增量是"有"的大多义作用形成的。表 6-1-13d 是由于谓词"煮"与"早儿米"是主宾关联，在主宾关联构式中经推理形成的。表 6-1-13 的四例［有 VP］都倾向于短语，"有"是主观动词。总之，表 6-1-13 显示［有 VP］表量是不匀质的，类型上包括性属量、时量、物量、动量等。

"在"肯定 VP 表达的量有三类。一是无限状态量，此时 VP 是形容词、状态动词或心理动词，如"灯在亮""他在等你""还在考虑"，它们在理论上表示"亮""等""考虑"的时间可以无限延绵。二是有限的动态量，此时 VP 是离散的动作，如"在吃苹果"意象是由有限"吃苹果"的"点"构成，即"吃"的次数可以量化。这两种量都是说话人用"在"把"灯亮""他吃苹果"调整到自己的时间流程中观察的，"在"有主观性。三是"在"还可以用［在 NL·VP］表达量，这种量是情状的，VP 也是可离散的动作，如"在马背上跳"的"跳"

的次数≥1。

总之，"在"肯定 VP 表达的量是潜在于心理空间的，是浮现性的动量或时量。同样，它在［在 V］词里表达的量也是如此，只不过是状态量。观察：

（56）在编　在聘　在建　在读　在逃　在押（《现代汉语词典》2005：1694—1695）

结　语

"有、在、是"都可独立表量，也可以在构式中表量。量包括指称量、动/时量、性状量及语体量。三者表量上既有动词性的，也有作词缀或表达词缀的，它们都有不同程度的主观性。三者表量的显著性、方式以及类型的多样性都呈现出"有＞是＞在"的状况。这种差异的形成跟三者基元、语义语法特征密切相关。从情态的表达看，三者表达的基本是认识情态。

第二节　"有、在、是"量肯定及其与情态表达的关系、特性

一　"有、在、是"的数量肯定、情态义及特性

"有、在、是"肯定数量本质是质肯定，性质是动词。数量通常与事物关联，因而此时的量是客观量，它们功能是"断言某事物数量"。三者肯定数量历时出现顺序是"有＞在＞是"。"是"肯定数量东汉时才出现，它的情态义有时是命题性的，此时不重读，如"三减三是零"；有时是认识性的，此时重读，如"一加一不是二"。下面着力讨论"有、在"，"是"附论。

（一）"有"的数量肯定、情态与性质

殷商时"有"就用在位数与系数或整数与零数之间，作用是连

接。龙海平、匡鹏飞（2009）认为，这一连接功能是从"领属"衍生来的，证据是世界上6个语族的14种语言（含如 Basque 独立为类的）都有领属成分用作连接数词，表示"整数对零数的占有"。并且主要基于 Swahili（斯瓦西里语）构拟出"有"的语法化路径是"领属词＞并列连词＞数字连接词"。本书认为尚不充分，因为这个语法化路径是基于有限语言的归纳，是或然的。下文从"有"肯定数量名［有 Nu（·eN）］的并列式出发，说明其连接功能是构式强迫与重新分析而来的，其中（·eN）表示可缺省的实体名词。下面引述龙海平、匡鹏飞（2009）四例并重新整合为表6－2－1。观察：

表6－2－1　　　　　殷商"有"连接数名的形式类

连接对象	意义		例子	
数名或名词	并列	a	a1. 侑于祖乙牢业一牛业豰	a2. 羊业豕
连接时间词		b	b1. 五旬业一日	b2. 旬业二日
两个任意数		c	c. 伐十业三十	—
整数和零数		d	d1. 百业五十	d2. 二十业五

表6－2－1中，a1的"牢"指太牢（牛、羊、豕三牲）或少牢（羊、豕两牲）。"侑"的施事不可能逾制给"祖乙"赐太牢，因为"太牢"只用于天子祭祀等，因此，这里的"牢"是少牢。这样看，a1的句义是a10之类。观察：

　　a10：［馈赠给祖乙的有少牢，还有一头牛，还有豰］

语感上a10有如下两种解读：

　　a11．［∅ 侑于祖乙牢之外，（还）有一牛，（还）有豰］
　　a12．［∅ 侑于祖乙有牢，有一牛，有豰］

这说明表6－2－1a是由"侑""有"作谓语的三个并列小句构成的复合句，跟现代汉语表列举的并列复句平行。观察：

(1) 展台上密密麻麻地摆满了上千种花色的柳编制品：有各色花篮，有面包盒，有啤酒篮，有食品筐，还有鸡、鸭、兔等各类动物状的柳编工艺品……（1994年报刊精选）

看来表6-2-1的a1是并列复句语法化而来的连谓句，机制是"侑于祖乙牢""有牛""有榖"性质相同、语义密切，在表达经济作用下，取消a11、a12之内的三个小句之间停顿形成的。即"有"的连接功能来自并列 [有 Nu (·eN)]。这方面还有一个或然证据，甲骨书写困难、没标点，后人把a1断为连谓结构是可能的。当然，这种断句本身就是重新分析。

连接词"有"的本质。Traugott和Trousdale（2013：203）指出，语法项发展跟早期分布特征的滞留相关，这是回头看或向后拉效应。同时也与搭顺车或朝前走有关，这是指范畴成员的使用倾向和构式的范畴相似，即强迫。强迫还指推理性程序或类型的转变，词项义由此屈从于包孕它的构式义。强迫预设了名词、动词等可能有一定内在语义，即使它们被具体化并且屈从于构式之后。据此看，表6-2-1中a1的"有"会被迫带上构式的"并列"义，这是它表并列连接的句法语义基础。但不管如何，"有"的"存在/领属"义仍存在，因为强迫的前提是容许词项有自己的内在语义，这是我们把a1分析为并列句的语感基础。a1形成之后，由于时代久远与各种各样的解读阻隔，加上"有"分布在几个NP之间（关联项居中），使用者在不明来源下把"有"重新分析为并列连词语是可能的。

Croft（2003：233）认为，语法形式过去与现在没有本质不同。Kroch（2000：699）认为，语法形式的跨时变化可被清晰地解释为语言学特征在发展中的失败。失败之因一是在本书看来跟重新分析的介入有关。据此看，"有"的连接功能是并列 [有 eN] 在跨时发展中被重新分析形成的。

观察表6-2-1还可发现，甲骨中"有"的被连接项是体词而无谓词。这也一定程度上说明了它的连接功能是来自并列的 [有 eN]，因为"有"的原型肯定对象是实体名词eN。

上述考察"有"的连接功能形成的事实基础是表6-2-1中的a1，那么从"有"的原型构式［有eN］与数量的天然关联看，数量自然可称代eN。由此可见，表6-2-1中的a2的"羊㞢豕"的"有"同样由并列"有羊有豕"发展而来的，至于没有出现数量，应该是"羊""豕"数量小，没有必要凸显出来。

"有"的连接功能来自肯定功能的证伪。"有"能连接数量名Nu·eN，自然也可连接时间词，即表6-2-1中的b是a的构式变化。至于它连接数词的功能，如c与d，是数词关联的eN在语境缺省了，因为"数"与eN天然关联，甲骨书写困难，省去eN而保留焦点"数词"经济。例如：

（2）丙戌卜，在箕：丁亥王阱？允擒三百有四十有八。（屯南663）

例（2）把"三百""四十""八"关联的猎物eN缺省了。数词出现在它关联的对象eN后，是陈述关系；出现在关联的eN之前，是定语。这两种情况均可缺省eN。分别如：

（3）羌十有五。（合集32065）
（4）十有五羌。（合集32067）

"有"用在例（2）的数值之间，高频使用中逐渐构式化。后人为理解省力而把它重新分析为连词也在情理之中。连接功能的"有"来自肯定功能还有间接依据，就是它连接数词时，是羡余的或灵活的。观察：

（5）a1. 一百有九十有九。（合集10407正）
　　　a2. 其十有五？（合集304）
　　　b1. 百∅十有四。（合集10830正）
　　　b2. 二百有九十∅一。（合集10349）
　　　c1. 四百∅五十∅一。（合集10344反）

c2. 二百 Ø 六十 Ø 九。（合集 10761）
d1. 三百有四十 Ø 八。（屯南 663）
d2. 二百有九十 Ø 一。（合集 10349）

可见，例（5）的"有"出现与否，跟系数及零数的大小是正相关关系，系数越大越倾向出现，反之，倾向不出现，比较例（5）的 a1 与 c2 即可看到。即"有"还有凸显系数及零数的功能，这是其肯定功能的表现，即回头看效应在起作用。当它连接数量（名）时仍如此，比较例（6）、例（7）：

(6) 新㱿二升 Ø 一卣。（合集 30973）
(7) 五屯有一丿。（合集 17663）

例（6）的"二升"与"一卣"之间没用"有"；例（7）的"五屯"与"一丿"之间却用"有"连接。另外，作连词之用的"有"不仅羡余，而且可用提顿成分"者"去替换，例如：

(8) 素神长九尺者九，弩九，九发而止。（《墨子·闲诂》）
(9) 青旗青神长八尺者八，弩八，八发而止。（《墨子·闲诂》）

例（8）、例（9）间接说明"有"并非专职的连接数词成分。与之类同的是，现代汉语还可用语气词连接相关成分，只不过列举对象是数词的少见。例如：

(10) 什么花呀、月呀、精神呀、修养呀、统治阶级的特权呀等废话空想，来得又多又杂。

例（10）的"呀"的功能本质与例（8）、例（9）的"者"平行。总之，"有"的连接功能来自并列 [有（数）N]，其间经历了重新分析。"有"的状态性、语义虚及高频使用是基础。一个反证是，并列的［普通动词＋（数）名词］是不可能发展出连接功能的，因为动作或行为动词的语义实，构式义通常是难以强迫的，如"他抽烟喝酒"的"抽、喝"是不会有连接功能的。不管如何，越是语义虚的状态成分，越容易强迫带上构式义的或功能的。①

甲骨时代"有"的连接功能就是其肯定功能的重新分析。这还有一个相关旁证，据Heine和Kuteva（［2002］2007：205），方所范畴在有的语言就演变出从属连词（subordinator），如非洲科伊桑语的Kxoe语的ò（与英语at相当）就成为时间、原因及情态从句的连接词。据此看，"有"也是有可能发展为并列连接成分的。当然，这种推测尚需深入证明。

先秦"有"肯定的数量都是客观的确量。观察：

（11）有一于此，未或不亡。（《今文尚书》）
（12）有贰臣于此，其一人者，见子从事，不见子则不从事；其一人者……不见子亦从事。（《墨子》）

当然，［有 Nu（·eN）］发展到今也有变化，体现在 eN 与 Nu 的类是开放的，并且该构式陈述的主语也是开放的，如：

（13）a. 小学附近有5所。
　　　 b. 看法有三类。
　　　 c. 走了有两次。

总之，先秦用在数词或名词之间起连接作用的"有"是动词，表达的是命题情态。所谓连接功能是构式强迫与重新分析的结果。

---

① 陆俭明（2013）认为，把"构式语法义误归到句中某个虚词头上"是普遍毛病，但并不否认可以把构式义归结到某个构件上的客观性。这种"归结到"就是重新理解。它是"毛病"还是"客观"，首先要看"构件"语义语法特性，特别是跟构式义是否相通相宜。其次看重新分析后的使用率，使用率高就不能认为是毛病，因为这意味着已具有了心理客观性。比如"有"的连接功能及词缀等就有语义语法基础及心理现实性。这方面拟另文考察。

(二)"在"的数量肯定、情态与性质

"在"肯定数量的普遍化大致在春秋前后,最初的"数"多为序数。例如:

(14) 以狄故,让季隗而已次之,故班在四。(《左传·文公》)
(15) 中行伯之于晋也,其位在三;孙子之于卫也,位为上卿,将谁先?(《左传·成公》)

"班在四"是说季隗的地位排在第四位,"位在三"是"中行伯"在晋国的地位处在第三位。总之,"有、在、是"肯定数量本质是肯定"数量名"。现代汉语中三者仍在平行地肯定数量,它们是动词,表达的情态是命题情态。例如:

(16) a. 他的人生观有三(方面)。
　　 b. 他的人生观在三(方面)。
　　 c. 他的人生观是三(方面)。

共、历时讨论显示"有、在"肯定的"数量"是客观量,它们的功能是断言,即表达命题情态。

二 "有、在、是"的量肯定、情态与特性

量肯定是肯定事物、行为、事件的量达到了或者逼近了说话人预期或规定性,"规定性"是说话人的经验值而并非科学上的量值。"有、在、是"在狭义量肯定上都有主观性,当然肯定数量也有程度不同的主观性。

(一)"有、在、是"肯定物量、情态及其特性

表 6-2-2 中相对于直陈句 i 的客观量"八千",ii 的"八千"都有主观性:a 的"八千"是主观大量,表示可达到八千;b 的"八千"是确量,隐喻空间,是主观定位;c 的"八千"是量点,有确定的界,就是"八千"。其中"有"的主观评价或评估最显著,"在"次

之,"是"重在排他认定。

表6-2-2　　"有、在、是"肯定物量、意义及其特性

i	ii	意义	特征
零用钱每月平均∅八千	a. 零用钱每月平均有八千	约量≤八千	凸显量幅
	b. 零用钱每月平均在八千	确量=八千	凸显空间
	c. 零用钱每月平均是八千	确量=八千	凸显量点

(二)"有、在、是"肯定动量、情态及其特性

表6-2-3显示"有、在、是"肯定动量时不平行:"有、是"可以肯定动量,而"在"基本不可,因为"三次"没有隐喻时空的基础,即使后面加个"左右"等,可受性还是很低的。"有、是"之间也不平行:"是"直接肯定"三次"可受性有问题,如"?书看了是三次","有"则可以。i的"三次"是客观量,ii的"三次"有主观性。iia的"三次"是主观大量,表示可达到三次。iic的"三次"是量点,就是"三次"。其中"有"的主观评估显著,"是"重在认定。由此可见,二者在动量肯定与物量肯定上的性质与量特征是平行的。

表6-2-3　　"有、在、是"肯定动量、意义及其特性

i	ii	意义	特征
书看了∅三次	a. 书看了有三次	约量≤三次	凸显量幅
	b. *书看了在三次	—	凸显空间
	c. 书是看了三次	确量=三次	凸显量点

表6-2-2与表6-2-3的ii a中"八千""三次"都是偏大的量幅(约量),是"有"的[-确定]及偏大特征决定的。"在""是"是肯定的量、是确量,是[定位]与[确定]决定的。三者都反映了对量的态度,是认识情态:"有"是评估,"在"定位强调,"是"反映确然态度。

(三)"有、在、是"肯定性状量、情态及其特性

这方面三者也不平行,"有、是"的肯定力强且性质量显著,"在"受限,并且它肯定的对象的量意义也不显著。

1. "有"肯定性质量、情态及其特性

"有"肯定性质量(aQ)有两个构式[有aQ]与[有m·aQ],

其中 m 是 aQ 的限定成分。［有 aQ］有两个形式类：独用式［有 aQ］与加合式［有 aQ₁有/无 aQ₂］与［有 aQ₁是 aQ₂］。

独用式［有 aQ］。这在普通话鲜见，而在先秦汉语与方言普遍。看先秦汉语：

(17) 从孙子仲，平陈与宋，不我以归，忧心有忡。(《诗经·击鼓》)

例 (17) 的"有"通常认为是词头，但并不妨碍我们从系统的角度分析为主观动词，即"有忡"是动宾。① "有忡"郑笺曰"忧心忡忡然"(《十三经》1997：168)，语义与"忡忡"一样。显然"有"不全是为满足诗的双音节韵律需求，因为它也可像例 (18) 一样用"忡忡"去满足，可见例 (17) 的"有"羡余。

(18) 未见君子，忧心忡忡；既见君子，我心则降。(《诗经·出车》)

可见，例 (17) 的"有"是强调"忡"的程度高，表示"忧心达到了忡的程度"之意。"兵，凶事。惧不得归，豫忧之。"(郑笺) 按常理，对战争忧惧远比对例 (18) 的"未见君子"的相思程度深。概言之，"有"的功能是主观增量。文炼 (1993) 也可以说明这一点。

古汉语还常用"有"表示"多么"的意思。如《诗小雅·隰

---

① "有"肯定性质形容词 A 是述宾，A 呈现指称化。这种情况"有"的存在义相对清晰，如"尔有善，朕弗敢蔽。"(《今文尚书》) 的"有善"即"存在善行"之类。形容词作宾语是普遍现象，据此 Schachter 和 Shopen (2007) 把语言分为"形—名"与"形—动"两类。"形—名"语言的形容词可指示具有某特性的客体，如下例 Hausa 语是用形容词 hatun（大）指称具有"大"的事物的。观察：

Rikaška： hatun- (kuna) -ta
I saw   big -   (pl) - ACC (I saw the big ones/one)

桑》多次出现"隰桑有阿"，意思是"低田里的桑树多么美好"。又如《诗郑风·女曰鸡鸣》中"明星有烂"，"意思是启明星多么灿烂"……王引之《经传释词》解释说："'有'状物之词也，若诗桃夭，'有蕡其实'是也。"翻成现代口语："多么饱满呀，那些果实！"王引之所谓状物之词，是说形容事物的状态或高或深，或大或长，用"多么"可以概括。

"有"表示"多么"或"状物"就是它的主观增量功能。看来，例（17）是"有"的性质量肯定的雏形。再观察：

(19) a. 昔先王受命，有如召公。（《诗经·召旻》）
　　 b. 今人之治其形，理其心，多有似封人之所谓。（《庄子·则阳》）

例（19）a 的"有如召公"是动宾［有［如召公］］。"有"的功能是给比况量"如召公"增量的，b 的"有"亦此。至于现代汉语意义上的"量肯定"是晚于《诗经》时代出现的。例如：

(20) 人徒之众，未至有数十万人也。（《墨子·非攻中》）

"有数十万人"就是"达到数十万人"，"有"是主观评估，"至"是它表达主观"达量"的词汇性标记。把它与例（21）作一比较，会看到例（20）是量肯定的综合式而例（21）是分析式。

(21) 那牛有六百斤。（马原《冈底斯的诱惑》）

现代汉语意义上，"有"的量肯定形式是在宋代成熟的。例如：

(22) a. 诗人当时多有唱和之词，如是者有十数篇。纵未说得七八分，也有三四分。（《朱子语类》）

b. 鲁地是跨许宋之境，是有五七百里阔。若是陂塘中水方有一勺之多。(《朱子语类》)

再看南部方言的量肯定式［有 aQ］。观察表 6-2-4：

表 6-2-4　南部方言量肯定式［有 aQ］及"有"的性质、意义

词性	例子	"有"的意义	方言
形容词	a. 有红够红	时间较长、程度较高	闽语厦门
动词	b. 咯件衣服有蛮漂亮在	的确；确实	吴语上海
副词	c. 白线有得长勒白线长勒	形容词前表多于实际需要	湘语长沙

表 6-2-4 的 a、b 见许宝华、宫田一郎 (1999：1750—1768)，c 见李荣 (1998：198—199)。据许宝华与李荣，厦门话与长沙话的"有"是形容词与副词，结合第五章研究与表 6-2-4 的释义看，它还是主观动词。"时间长、程度高"是句义，表"的确"等意义是"有"肯定功能而具有的语气义，"多于实际需要"也是句义。不管如何，表 6-2-4 的"有"是主观增量动词，跟古汉语平行。

［有 aQ］的加合式。这有 i）［有 aQ₁有/无 aQ₂］与 ii）［有 aQ₁是 aQ₂］两式。i 式是［有 aQ］跟其否定式的组合，这在古普方都有，实例生成力强，"有"没有主观性。这无须说明。

ii 式是［有 aQ₁］与［是 aQ₂］的构式化，aQ 有指称性。它在古普没有见到，多见于方言，但实例能产性差。语义上它不能从［有 aQ₁］与［是 aQ₂］相加而来，且二者不能像 i 式那样可以换位，"有"存在义也不及 i 式透明。观察表 6-2-5：

表 6-2-5　南部方言量肯定式［有 aQ］及"有"的性质、意义

词语	释义	方言
a. 有红是褐	有红有褐，红里透褐	晋语内蒙古丰镇
b. 有酸是咸	酸咸适中	晋语山西忻州
c. 有红儿是白儿	形容脸色白里透红	冀鲁官话山东牟平
d. 有红是白	—	西南官话湖北武汉

表 6-2-5 除 a 外，其他三例见许宝华、宫田一郎 (1999：1763)，

其中"有"与"是"为主观动词。总的来看，ii式是主观化形式，因为它是为表达"喜爱"情感而［有 aQ₁］与［是 aQ₂］构式化的结果。

［有 m·aQ］有争议：一是"有"语义、功能及性质；二是［m·aQ］的结构关系，有学者认为，它是状中式的形容词结构，有认为是定中式的名词结构。《现代汉语八百词》（1999：631—632）认为，"有"是动词，表性质、数量达到某种程度，以下简称"达量"。邢福义（2012）认为，它是表估计的动词，以下简称"评估"。观察例（21），可以发现"达量"与"评估"差异仅在释义着眼点而无本质区别：前者侧重从说话人的角度释义的，"有"表示"牛"达到六百斤；后者侧重从听话人解读说的，"有"表示估计。但不管从哪个角度看，它都是主观动词，下面再从其分布特征作一说明，表现在四个方面。

一是它跟认识情态词共现，包括"会、能、想、以为"等动词以及"到底、究竟、真的、大约"等副词，例如：

（23）a. 你脸皮已经变得很厚了，但还是没想到会有这么厚！（吕志青《黄色花朵上的几个人》）
　　　b. 想也没想到大陆的司机有这么温文尔雅这么心地善良呀。（方方《定数》）
（24）a. 世界杯赛、欧洲杯赛定位不十分稳定，难于准确判断比赛的价值到底有多大？
　　　b. 商业信函真的有那么神吗？

例（24）的"到底"表深究，"真的"是对事物或情况确认。此外，表评估的"有"还与语气词同现，观察：

（25）a. 目前宏观调控，对中国股市走势影响到底有多大呢？
　　　b. 看你也60多岁的人了，有这么闹着玩儿的吗？

二是它分布在主观认识句中。例如：

(26) a. 如今只好去菜园子出力，哪儿有放牛轻快？（梁左《笑忘书》）

b. 无论有多忙，每星期一定会抽一天时间和云彩见面。

例（26）的"哪儿"的语气坚决，是反映对事实的态度。"无论"是排除任何条件，一切事都会如此，还是主观的。

三是上下文是反映认识情态的。包括有明确的认识情态词语或句子本身是评估句，分别如：

(27) 这孩子没了爹，也可怜……还不晓得他心里有几难过哩。（方方《万箭穿心》）

(28) 老姜有多少岁我们不知道，可能一百岁或者一千岁也不定。（阿袁《守身如玉》）

四是"有"能替换"能、得、够"等，例如：

(29) 185（cm）啊，根本就不够那么高。（www.baidu.com）→根本就没有那么高。

例（21）—例（29）的"有"与质肯定"有水平"之类的"有"平行，是主观动词，而非如沈威（2012）等所言，是一个形式动词。顺及指出目前还有学者认为"有"在［S＋有＋m·aQ］是一个表比较的介词，其实它仍是主观评估动词。比较表6-2-6的a、b及其平行的变换式。

表6-2-6　［S＋有＋m·aQ］与［S＋比＋m·aQ］实例变换比较

	a. 冯名贵头有脸盆大		b. 冯名贵头比脸盆大	
1	冯名贵头有脸盆那么大。	—	*冯名贵头比脸盆那么大。	—
2	冯名贵头有这么大。	—	*冯名贵头比这么大。	—
3	冯名贵头脸盆那么大。	—	*冯名贵头脸盆那么大。	—
4	冯名贵头是脸盆。	—	*冯名贵头是脸盆。	—
5	冯名贵头有脸盆大？	有。	冯名贵头比脸盆大？	*比。

续表

	a. 冯名贵头有脸盆大		b. 冯名贵头比脸盆大	
6	冯名贵头有没有脸盆大？	有。	?冯名贵头比不比脸盆大？	*比/不比。
7	冯名贵头有多大？	脸盆那么大。	冯名贵头比什么大？	*比脸盆大。

汉语介词来自动词，这是认为"有"是介词的一个原因，再加上它语义确实有些虚，就更使介词说有了依据。此外，还与怎么看介词有关，高名凯（[1948] 1986：356—378）称介词的功能是引导。赵元任（1979）也认为表6-2-6中a的"有"是介词。然而表6-2-6显示：a1—7可受，b1—7基本不可受，并且a1可在"脸盆"后加程度指示词"那么"或"那样"等，而b1不可。表6-2-6的a与b变换的不平行至少可说明如下五点。

一是a1的"脸盆"与"大"句法语义同层次。b1说明"脸盆"跟"比"不在同一句法语义层次。语境中可把a的"脸盆"换为"这么"并以手势比画说成a2；b2的"脸盆"不能这样变，显然，a2的"这么"修饰"大"。换言之，"这么"与"有"没有直接的句法语义关系。这意味着"有"对"脸盆"没有直接的支配关系，而"脸盆"与"大"却是个句法语义组块，这在a7体现得充分。

二是不考虑表达因素，a3可以说明"脸盆"加上"那么"后空间量激活并现实化。并且，还可将a的"有"删除，说明它是选择成分，功能是评估。b3的"比"是不能删去的强制成分。

三是a4可表达与a近似的意义，因为它在表达"脸的大小"方面与a相近。b4是不能表达b的意义。

四是a5的"有"可作答语，b5的"比"不可。至少说明"有"是动词而不是介词。介词不能独用。

五是b6的"比"可像a6的"有"一样有正反问，但不能像"有"那样独用，"有"是动词。

马建忠（[1898] 1983：246）指出，"凡虚字用以连实字相关之义者……然而实字相关之义，有出乎主宾两次之外者……乃以介字济其穷"。即介词是济主宾外的其他NP作句法成分之穷时的手段，引导只是确定介词的一个必要而非充分条件，动宾关系都是引导关系。就此看，表6-2-6的a的"有"是动词，"脸盆大"是它的宾语，句义是"头达到脸盆那么大"。但是孤立静态看，"脸盆大"似是不成结构且无意义的，该怎么解释？

邢福义（2012）用"那么"为标记，把"脸盆大"定性为状中。即"那么"是激活"脸盆"的空间量成分的功能成分。① 表6-2-6的a之所以把"那么"缺省了，是"脸盆"具有解读为空间量的语境，但是，更主要的是为了表达强主观性，因为无标的比有标的主观性强。因此，表6-2-6的a准确说是比拟句而非比较句，这就解释了a为何可变换为a4。比较与比拟形影相随，比较基准就是比拟时"拟"的对象，同样"拟"也隐含着"比较"，如a4就是把"脸盆"与"他的头"作比较，找出相似性之后的断言。

"脸盆"是"大"的比况状语，二者关系密切，有直接的句法语义关系。直观看"有脸盆"也成结构，因为"大"则是陈述"头"的，自然也会把"脸盆"视作"有"引进的比较基准。基于此，把a定性为比较句、把"有"定性为介词也是有道理的。但无论如何这是重新分析，而不是它本身的特性。《现代汉语八百词》（1999：631—632）认为，[有……[那么] +形] 用于比较，表相似。形义结合地看，似乎改为"比拟"更贴切一些。表6-2-6的a是比拟句，不是典型的比较句，它和例（30）、例（31）是平行的。观察：

（30）一走进中国艺术馆，迎面便是一幅气势恢弘的大型壁画，有三米高十米长。

（31）天天就窝在这山沟里，哪有你消息灵呢？（吕志青《黄色花朵上的几个人》）

例（30）的"三米高"是"有"的宾语，例（31）的"你"后也可加个"那么"，把它的表属性量的功能标记之后，会明显看到是"你

---

① 此外，"一般""一样"等也是"盆子"为比况量的标记，只是没有"那么""这么"夸饰性强。

消息灵"的比况量。名词作状语或表达形容词意义或性属量很常见，古代如"人立而啼"的"人"，现代如"指头大的东西"的"指头"等。再结合汉语史看，也可以说明"脸盆"就是一个比况量。观察：

（32）a. 那灯有缸来大。（《西游记》）
　　　b. 锁梃有指头粗细。（《西游记》）
　　　c. 此宝有二丈多长，斗来粗细。（《西游记》）

例（32）数量助词"来"是"缸"作比况量的标记，功能和"那么"一样，只不过它重在"帮助"表达量，而"那么"重在指示量与拟量。跨语言看，名词表达性属也是普遍的。观察：

（33）a. Mutum mai alheri arziki/hankali.

　　　　Person having kinding prosperity/intelligence.

　　　　（A kind/prosperous/intelligent person：一个朝气蓬勃/智慧的人）

　　　b. Yana da tauri/laushi/nauyi.

　　　　It is with hardness/softness/heaviness.

　　　　（It is hard/soft/heavy：它是硬的/柔软的/重的）

例（33）引自 Schachter 和 Shopen（2007），a 与 b 分别是 Quechua 与 Hausa 语。其中的 arziki（名词：朝气蓬勃），hankali（名词：智慧），tauri（名词：硬），laushi（名词：软）及 nauyi（名词：重）是强属性的抽象名词。总之，表 6-2-6 的 a 是构式 [S+有+m·aQ] 的一个实例。

表6-2-7　　[S+有+m·aQ] 形义及"有"的性质、功能

F	M
[S+有+m·aQ]	语义：S 达到的量 "有"性质与功能：主观动词、评估

总之，[S+有+m·aQ] 是比拟的，也有比较特征。比拟本身就是评价，二者相通。句法结构体主观化表现之一就是可做多样解读，

[S+有+m·aQ] 显然是主观化结构。

"在、是"的量肯定形式及其特性。严格地说，"在"没有量肯定式的，如表6-2-2中ⅱb，本质是质肯定，下文会进一步讨论到。"是"是对"有"的再肯定，因此，"有"的狭义量肯定都可以替换为"是"字肯定式[是 aQ]，只不过经它肯定之后的"量"是确量，也不是严格或狭义的量肯定了。观察：

(34) 冯名贵头是脸盆大。

2. "在"肯定性状量、情态及其特性

"在"的量肯定是[在 aQ]，其中形容词 aQ 重在指称，性质量不明显。先看古汉语：

(35) a. 民生在勤，勤则不匮。(《左传·宣公》)
　　　b. 安危在是非，不在于强弱。存亡在虚实，不在于众寡。(《韩非子·安危》)

例(35)的性质形容词转指具有该特性的事物，如"宽"是指宽松施政的手段或方式。再如：

(36) 人之死生自有长短，不在操行善恶也。(《论衡·解除》)

例(36)的"善""恶"跟"操""行"是异类并列，明显是指称性的。就"在"而言，[定位]明显，如例(35)的"在"与"在于"真值上相当，只不过前者是分析式，[定位]不及后者的综合式显著，据此看，[在 aQ]不是量肯定式。当然[在 aQ]历时发展中由于高频使用磨损①，aQ 指称事物功能有点淡化而量意义却有些显现，表现有二。一是普通话这类现象表量功能有所明显，观察：

---

① 这里"磨损"重在指构式的显性义磨损而引发潜在义的显现。

(37) 读书在精，不在多。→a. 读书在很精，不在很多。

"精""多"就是表达性属量，形容性显著，而且前面可加程度副词。二是可以从闽语厦门话的［在 aQ］表量特征得到说明，观察表 6 - 2 - 8：

表 6 - 2 - 8　　　　　　厦门话表量的［在 aQ］词语

性质	词语	意义
名词	在稳[1]	成功的把握
动词	在破烂	自暴自弃
形容词	在稳[2]	稳当，可靠
副词	在泼	肆意

表 6 - 2 - 8 信息采集自许宝华、宫田一郎（1999：1775—1776）。［在 aQ］的词素"破烂、笃笃"与"稳、泼"分别是状态、性质形容词，它们是词汇义的承担者，"在"已基本无词义而是表达词缀。不管如何，这些［在 aQ］词的底层结构是动宾，"在"肯定它们时，都给词语增了量。正因为如此，［在 aQ］才构式化为词汇性的词语。

"有、在、是"肯定性质量 aQ 表达的是认识情态，都不同程度地有说话人对 aQ 的强调。三者除构式的实例能产性、量的显著度有异之外，语体分布也有异，［有/是 aQ］是通用性的，而［在 aQ］则倾向于书面语。

结　语

"有、在、是"肯定数量，基本表达的是命题情态并发展出连词用法，但不是连词。肯定名量、动量及性质量等表达的是认识情态，功能可概括为主观增量，并衍生出词缀。当然三者在肯定量成分之时是不平行的，"在"整体受限，"是"自由开放，而"有"次之。另外，它们肯定的量虽都是主观量，但表现有异："有"是主观评估，"是"是量确认，"在"是定位。

第三节 "有、在、是"构式类型、情态义及其特性

一 [有/在/是 NP] 构式类型、情态义与特性

"有、在、是"肯定 NP 的构式在本书第四章第二节已有讨论。它们的特征是以肯定 NP 为中介而曲折表达指称量或性属量等。三者构式化为 [有/在/是] 之后，该图式的词语能产性有异，是"有 > 在 > 是"。下面主要立足方言，着力于该构式的形式类型、情态义等再作一说明。

(一) [有 NP] 形式类、情态义及其特性

[有 NP] 从 NP 语义语法特征看有 [有 Nc] 与 [有 Na] 两类，Nc 与 Na 分别表示具体、抽象名词，分别如例 (1) 与例 (2):

(1) 有时间　有地方
(2) 有弹性　有理想

[有 Nc] 词语数量有限、词汇性低、词义客观，表达的是命题情态。[有 Na] 词语数量大、词汇性高、词义主观色彩显著，反映的是认识情态。方言同样如此，如表 6-3-1 所示。

表 6-3-1　　方言中 [有 NP] 词语类型与情态类型

类型	情态	词语	释义	方言
[有 Nc]	命题	有阵时	有时候	闽语广东潮阳
		有时阵	有时	闽语厦门永春
		有处	有地方发生行为	吴语江苏丹阳
		有论时	有时候	吴语浙江金乡
[有 Na]	认识	有一十	数量大，体积多	吴语上海松江
		有数	有限（不多）	吴语上海松江
		有心加	故意	吴语江苏黎里
		有斤两	分量足，数量多	湘语长沙

表6-3-1的［有Nc］与［有Na］的词语分别引自李荣（1998：56）、许宝华、宫田一郎（1999：1750—1768）。刘大为（2013）指出语体有语力，词语的强弱、庄谐或语义轻重是参数。［有Na］的语力比［有Nc］的强，前者表达含蓄委婉而后者直白。把二者结合起来会看到：［有NP］词汇性跟能产性、性质、表量、语力及主观认识是正相关关系。［有Na］的词汇性、能产性强，性质为形容词性，并且表量显著，反映主观认识情态，语力也强；［有Nc］词汇性与能产性都弱，基本是动词结构或称作短语词，量意义不明显，体现命题情态，语力弱。

（二）［在NP］形式类、情态义及其特性

［在NP］有［在Na］与［在Nc］两个次类。Na是认知平均值高的抽象名词，Nc表示非Na的名词。这两个构式的词语能产性差，前者如《现代汉语词典》（2005：1694—1695）仅收录了四个，列举如下：

(3) 在行　在理　在谱　在情

例（3）的词语形成机制与相应的［有Na］一样，是主宾无标关联与语用推理。例如：

(4) 曾师傅的建议很在理。他什么都很在行。

根据薛宏武等（2011b），例（4）的"理"与"建议"是主宾无标关联关系。说话人用"在"把"建议"定位在"建议"上并陈述出来，根据交际足量原则，是有意义的。听话人从关联推理出发，可推出"曾师傅的建议道理强或多"等。基于这两因素，"理"陈述义中的高低深浅等量域被激活，语义语法由动词偏离为形容性成分，相应的，"在"也成为表达评价的主观动词而处所判断功能模糊，这是构式强迫的结果。综合来看，［在N］变成了形容性谓词，如在例（4）已可受程度副词"很"修饰了。

［在Nc］比［在Na］的词语能产性强些，但总体上仍然很差。观察《现代汉语词典》（2005：1694—1695）收录的20个实例，如

表 6-3-2 所示。

表 6-3-2　　　　　　　　[在 Nc] 词语及情态类型

性质	[在 Nc] 实例	情态
副词	在先¹	命题
名词	在下	
动词	在案　在册　在岗；在内　在先²；在世　在业　在职　在位　在座　在野　在线；在家　在教	

表 6-3-2 词语不仅性质有异，词汇性程度及其形成机制或动因也有异。其中"在家"与"出家"相对，而"在教"则指"信仰某宗教"，它们词汇性的程度高，解读有赖宗教知识与推理。名词"在下"是转指而来的，词汇性也高。至于其他词语，词汇性有些低，内部关系透明，如"在案"是 [S 处在档案里] 等，构式化是双音韵律打包与高频，它们已是词语，重音模式已由 〖次重+重〗 变为 〖重次+重〗。例如：

(5) 在教 〖w重+次重〗 的群众不少。
(6) 群众在教 〖p次重+重〗，是好事。

例 (6) 的"在教"是个短语 (P)，"教"是焦点，自然重读，"在"次重读。例 (5) 的"在教"是词 (W)，韵律模式相对于短语"在教"已基本颠倒。

比较例 (3) 与表 6-3-2 的词语会看到二者有一个不平行的规律：表量的 [在 N] 词汇性跟能产性、性质、语力及主观认识是负相关关系。例 (3) 的词汇性、能产性弱，性质为形容词性的，表量显著，反映主观认识情态，语力强。表 6-3-2 的词语则相反，词汇性与能产性相对强，没有量意义，体现的命题义或真值，语力弱。

顺及指出 [在 NP] 与 [有 NP] 词语总体看还有一个对立，前者的书面性强而后者是通用的，比较表 6-3-1 与表 6-3-2 的词语即可看到。

方言中的 [在 NP] 与普通话的平行，也有 NP 为 Na 与 Nc 的两类。立足某个具体方言点看，它们的［在 NP］词语实例也少，下面从许宝华、宫田一郎（1999：1775—1776）摘录些 NP 为 Na 的词语，如表6-3-3所示。

表6-3-3　　方言中［在 Na］词语的性质类、情态类及意义

情态	性质	词语	意义	方言
认识	动词	在道理	有理	中原官话吐鲁番、兰银官话乌鲁木齐
		在心	留意	北京官话、冀鲁官话
		在行	听话[1]；存心[2]	湘语衡阳[1]；闽语厦门[2]
	形容词	在行[1]	聪明伶俐	西南官话贵州黎平
		在架	内行	东北官话吉林
		在调	内行	吴语江苏太仓
		在步	沉着稳步安稳	闽语厦门
		在腹	真挚，真实	闽语台湾
		在伍	牢靠	闽语福建永春
		在行[2]	内行，熟悉	粤语广东

表6-3-3中的词语都是表性质量的惯用评价语，呈现出积极认识情态的倾向。下面再从许宝华、宫田一郎（1999：1775—1776）摘录些 NP 为 Nc 的词语，如表6-3-4所示。[①]

表6-3-4　　方言中［在 Nc］词语的性质类、情态类及意义

情态	性质	词语	词义	方言
命题	名词	在头	头里	闽语厦门
		在地	本地，当地	闽语厦门、台湾
		在室[1]	黄花后生、闺女	闽语厦门、台湾
		在钱	存款	闽语厦门
		在一档	一块儿	闽语福建松溪
		在内个	在家的	闽语广东潮阳
		在地人	本地人[1]；地主[2]	闽语厦门、台湾[1]；闽语厦门[2]
		在来米	岛内出产的大米	闽语台湾

---

① 《汉语方言大词典》用字有问题的本书未录入，如晋语沁县"在些些"（代词）的"在"本字应是"这"，忽视了它是"这"的音变式，具体说明见薛宏武（2005）。

续表

情态	性质	词语	词义	方言
命题	名词	在室女	未婚女	闽语厦门、台湾
		在室囝	未婚男	闽语福建莆田
		在街处	街上	粤语广东增城
		在初	当初	西南官话四川
		在货	正品	西南官话武汉
		在呢位	住的地方	西南官话云南建水
		在前	以前	中原话河南、西南话成都
		在室[2]	新郎、新娘	中原官话
		在数	名单上	东北官话
		在党的	党员	晋语河北阳原
		在地虎	地头蛇	晋语山西忻州
		在教的	教徒	胶辽官话山东荣成
		在旗的	满人	东北官话
	代词	在处	那里	闽语海南琼山
		在地边	哪边	闽语海南琼山
		在些样	怎样	闽语广东揭阳
		在哪块子	什么地方	江淮官话安徽全椒
		在也	这个	晋语山西沁县
	动词	在人	随意	闽语台湾
		在伊	由他	闽语福建福州
		在你	随你便	闽语广东潮阳
		在月	坐月子	闽语福建沙县
		在块	在家；在那里	闽语广东汕头、潮州
		在面	在这里/那里	吴语浙江义乌
		在一顿	打一顿	吴语浙江衢州
		在日	在世	吴语江苏江阴
		在管佢	不管他	客家话广东梅县
		在月中	坐月子	西南官话广西都安
		在月里	坐月子	西南官话湖北随州
		在心着	记住	中原官话山西芮城
		在合家	好像	晋语山西柳林
		在炕儿咧	生孩子了	中原官话陕西户县
		在坛子里	受蒙蔽	北京话

续表

情态	性质	词语	词义	方言
认识	副词	在处	到处，处处	江淮广济；湘语湘乡
		在本	本来，从来	闽语厦门
		在哩	正在	闽语厦门
		在外	另外	吴语上海，客家话瑞金，闽语厦门
		在格里	正在	吴语安徽铜陵
		在先	预先	冀鲁官话
		在乜里	正在	冀鲁山东寿光
	助词	在块	持续态	闽语汕头
		在底	呢（表持续）	闽语汕头
		在里	呢（语气兼持续）	闽语厦门

观察表6-3-4可发现［在Nc］词语有如下五方面特征。

第一，若不囿于某个具体方言点，与普通话的整体差异在于［在Nc］性质类的多寡：普通话只有动词、形容词、名词与副词四类，方言除此之外，还有代词与助词。

第二，表达同一范畴时NP的词形选择有异，如江阴话"在日"即普通话"在世"，"日、世"是个语义类。闽语"在人""在伊""在你"也属于此类。NP音节也有异，如普通话的"在理"在新疆话是"在道理"。此外，方言［在NP］有连带成分，如山西芮城话"在心着"就比普通话"在心"多了一个"着"，这类词语的词汇性低。

第三，方言的NP还有数量成分这个小类，如浙江衢州"在一顿"与福建松溪"在一档"等，普通话没有这样的语义语法类。

第四，同形异义，如厦门、贵州黎平与湖南衡阳"在行"就跟普通话的有异。如"在处"在江淮广济与湘语湘乡是副词（处处），在海南琼山是代词（那里），语义语法与性质不同。

第五，方言［在Nc］不仅有大量的表达命题或真值的实词语，还有表达认识情态的，涉及的词类是副词与助词等，这跟普通话的［在Nc］不同。换言之，方言［在NP］表达认识情态的词语类型多样而普通话匀质单一，基本限定在［在 Na］。与此相关的是表达主观量方面，普通话是［在 Na］，方言除［在 Na］之外，还有［在 Nc］。

（三）［是 NP］形式类、情态义及其特性

［是 NP］也有［是 Nc］与［是 Na］两类。但不管哪类，它们词汇性、能产性都很弱，前者如《现代汉语词典》（2005：1249）仅收录了3个，如下：

(7) 是个儿　是味儿　是样儿

［是 Nc］词语常见的还有"是时候、是地方"等。NP 为 Na 的［是 NP］词语也极有限，例如：

(8) 是理　是情　是话

例（7）与例（8）的词语是词汇性弱而语法性强，如"是理"的语义"完全符合道理"，是基本可通过语法加合而来。

总之，普通话［是 NP］跟［有 NP］［在 NP］比较起来，不仅词汇性弱，而且实例生成力有限。更重要的是，它的［是 Nc］与［是 Na］词语都是表量的，性质都是形容性的。［有 NP］及［在 NP］的 Nc 与 Na 实例则有表量与非表量，形容性与非形容性的语义语法对立。

再从方言看，［是 NP］的 Na 与 Nc 两类构式实例仍是表量的，[1]尽管词语的性质不一致，但都是表达认识情态的，如表6-3-5所示。

---

[1] 许宝华、宫田一郎（1999：4160）指出方言［是 Nc］也有不表量的，但很少见，如晋语静乐、湘语隆回"是牛"（母牛）与北方古鲁语"是月"（月底）之类，它们语义形成机制我们不甚明了。尽管如此，也不会影响［是 NP］表量的总体特征，并且基于它不承担词义，也可以把"是"分析为词缀。

表6-3-5　　　方言中[是NP]词语的性质类及意义

性质	词语	意义	例子	方言
名词	是处	到处	是处张扬（丰镇）*	江淮湖北鄂城；晋语丰镇
	是把手	擅长计划组织者	他可是是把手（丰镇）*	北京、冀鲁官话；晋语丰镇
	是件	件件	商贾事体是件伶俐	近代官话
形容词	是行	样样齐全	他是个儿女双全的，是行人	晋语太原
	是利	利所在、大开心	伊赢着是利。	闽语广东揭阳
	是实	真，符合事实	佢这么讲是实弗的？	吴语金华岩下
	是等	过分大，太厉害	—	兰银官话甘肃武威
	是劲儿	形容到家够水平	比么么搁当儿、是劲儿	北京官话
	是份儿	达到满足程度	肚子里不差什么，是份儿了	北京官话
	是样的	各种各样的	他屋里是样的花都种哒。	湘语长沙

表6-3-5除带*的之外，都来自许宝华、宫田一郎（1999：4160）。这些词语内部关系透明，量意义显然是基于"是"的[全量]产生的，有的也不需要语用推理，如"是件、是样"之类。有的则是要一定推理，如"是利、是劲儿"等。

二　[有/在/是 VP] 构式类型、情态义与特性

总体来看，"有、在、是"肯定VP（含形容性词语）之时的构式，在类型、情态义等方面是不平行的。

（一）[有 VP] 形式类、情态义及其特性

[有 VP]包括语法性的与词汇性的构式两类，后者已在本书第四章第二节作了一定讨论。下面从方言着力讨论前者，同时对后者在古汉语中的表现也作出考察。[有 VP]语法构式特征是表多量，所在句都属于认识情态句，观察表6-3-6：

表6-3-6　　　方言中[有VP]语法性构式表示多量义的实例

	例句	意义	方言	出处
a	有多	有富裕、有剩余	粤语广州	许（214—218）
b	尔尔歇不狠劲学书，歇日苦头有得吃	动作持续时间长	徽语绩溪	许（136—138）
c	生活有得做（活儿有的是）	许多、有的是	吴语上海	许（198—199）
d	早儿米_{早稻米}就有煮，番儿米_{晚稻米}就无煮	产生的数量大	客家语梅县	李（133—134）

表6-3-6中a的"有"表多量，是它跟肯定对象"多"的认知、语法特性相宜产生的。具体地说，就是"多"使"有"肯定认知属性凸显的对象的功能现实化为"大多"义。至于表6-3-6b、c、d的［有VP］多量义的形成，其机制是平行的，都是基于主宾无标关联句与推理而来的。由此可见，［有VP］构式多量义的形成是跟［有NP］平行的，观察：

(9) 番子米有饭，早米更有饭。(出饭率高)(客家语于都话)(许宝华、宫田一郎，1999：136)

顺及指出，"有"作VP补语之时，在无标关联情况之下同样可以形成多量义。当然，这一意义的获得也离不开关联推理。例如：

(10) 今朝酒吃有了，不能吃了。(够，足够)(徽语绩溪，许宝华、宫田一郎，1999：136—138)

(11) 前一向她哭得有。(次数多时间长)(湘语长沙，许宝华、宫田一郎，1999：182—183)

以例(10)为例："酒"喝了自然就是"有"，其间关系是默认的关联着的，这无须说明，因为说出"有"也是没有信息的。尽管如此，根据足量原则与认知关联（这个句子一定是与语境是最佳关联着的），它是有意义的。基于此，通过关联推理自然可推出是"喝得足够或足兴"。例(11)可依照例(10)类推，此不赘述。

再看［有VP］的词汇性构式的实例：

(12) a. 有如　有似
　　　b. 有烦　有劳　有请
　　　c. 有益　有碍　有失　有违
　　　d. 有望　有加

例（12）的四类词语中"有"的词义清晰，并且［有 VP］的动宾关系也是透明的，具体体现为由 a 到 d 在增强。例（12）a 类词语先秦就形成了，是跨层的［有［如/似 NP］］。"有如"最古老且使用率高，基本出现在情感强烈的宣告句中。中古后，它的表情功能减弱且出现在叙述句甚至疑问句，如表 6-3-7 所示。

表 6-3-7　　　"有如"历时句类分布及其表情功能

	用例	来源
先秦	昔先王受命，有如召公。	《诗经》
汉魏	王之使使诸侯，有如子贡者乎？	西汉·司马迁《史记》
	假求外物以自坚固，有如脂之养火而不可取。	晋·葛洪《抱朴子》
唐—现代	世人闻此皆掉头，有如东风射马耳。	唐·李白《答王十二寒夜独酌有怀》
	有如行病鬼，到处降人间。	宋《简贴和尚》
	相思有如欠债的，每日相催逼。	元《元散曲》
	朋友从游者众，未有如在越之盛者。	明《传灯录》
	其名分虽系姊弟，其情状有如母子。	清《红楼梦》
	她的脸有如浇了一掬沸水，顷刻通红。	王朔《谁比谁傻多少》

"有似"出现稍晚一些，结构、功能与"有如"类同，但使用率不及"有如"，如表 6-3-8 所示。

表 6-3-8　　　"有似"历时句类分布及其表情功能

	用例	来源
先秦	射有似乎君子，失诸正鹄，反求诸其身。	西汉《礼记》
	今人之治其形，理其心，多有似封人之所谓。	战国《庄子》
近现代	如今方丈英贤卧，有似愁天皓月倾。	五代《敦煌变文》
	北斗阑干移晓柄，有似佳期常不定。	唐·慈恩塔院女《题诗廊柱》
	有似皂雕追困雁，浑如雪鹘打寒鸦。	宋/元《万秀娘仇报山亭儿》
	意识流动有似蛛网飘飞。	CCL 语料库

"有如、有似"都表达性属量，认识情态义显著且感情凸显，如表 6-3-7 的"有如召公"即"达到像召公那样殚思竭虑"等。由于表 6-3-7 与表 6-3-8 的词语的语义由 V 承担，"有"基本都已语法化为主观增量的表达词缀，如"有如浇了一掬沸水""有似蛛网飘

飞"的真值就是"如浇了一掬沸水""似蛛网飘飞",显然"有"就是给它后面的比况结构表达的性状增量。

再看例(12)b类词语。如"有请"相对于"请"等,显得更加客气或礼貌。例(12)c类的词语表达庄重,适用于书面语,说明见薛宏武(2006)、薛宏武等(2011a)。例(12)d类的词语与例(12)c类的形成、风格平行,形成的说明见张谊生(2010,2017)。

(二)[在V]的形式类、情态义及其特性

[在V]表达的是不定行为量,这在第三章第二节等已论。它的词汇性构式基本没有表达行为量的功能,但能产性强,观察《现代汉语词典》(2005:1694—1695)收录的词语:

(13) a. 在编　在聘　在建　在读　在逃　在押
　　　b. 在即
　　　c. 在握　在望

例(13)的三类词语共性有二。其一,通常出现在书面语,即其语体风格是书面性的。例如:

(14) a. 签订正式劳动用工合同的在编人员。
　　　b. 中共十七大召开在即。
　　　c. 民情在心,民意在握。

书面体相对于口语或通用体,有厚重感。并且按照Tayler(2003:207),例(14)的词语也是多少能表达认识情态的,因为语体有主观性。

其二,例(13)a的词语可以直接作定语与谓语,例如:

(15) 这个所36人在编。
(16) 在编人员是36个。

调查 CCL 语料库显示，例（13）a 的词语作定语的情况远高于作谓语的情况。这意味着它们有发展为区别词的趋势。例（13）b 与 c 的词语则通常作谓语，并且作定语时通常也得带 V 的受事，如"人员"就是"在编"的受事。

方言［在 V］词语表达的行为量很少见，观察表 6-3-9：

表 6-3-9　　　方言［在 V］词语的性质、意义及其特征

性质	词语	意义	方言
名词	在往前	以往	中原官话山东郯城、晋语丰镇
动词	在论儿	有讲究	北京官话北京
	在不的	由不得	冀鲁官话山东
	在你拣	随你挑	闽语广东潮阳
	在管佢	不管他	客家语广东梅县
副词	在过	曾经	粤语广东广州

表 6-3-9 引自许宝华、宫田一郎（1999：1775—1776）。这些词语都不表达行为量，其中的名词与副词都是表真值或命题情态义的，而"在论儿"等动词有一定认识情态义。

（三）［是 V］的形式类、情态义及其特性

［是 V］内部没有明显的形式小类，若非要作出区分，那么，它有 V 为认识情态类的动词与普通行为动词两类，数量上前者多而后者极少。并且这些词语也不能表达行为量，这方面古普方一致。此外，该构式的词语生成性差，下面是本书在方言中检索到的有限的词语，观察：

表 6-3-10　　　方言中［是 V］词语的性质、意义及其特性

性质	词语	意义	例子	方言
名词	是非	官勒索的钱财	—	北京话，冀鲁官话
形容词	是来	特别好	他写的字是来	晋语山西五寨
	是利	利所在，大开心	伊赢着是利	闽语广东揭阳
动词	是要	的确应该	尔是要认真点儿	吴语金华岩下
	是得	本来就是	这本书是得破的	吴语金华岩下

续表

性质	词语	意义	例子	方言
副词	是必	势必、一定、务必	是必常思危困	官话徐州、赣语蒲圻、粤语新会
	是必	也许	佢咁耐都唔嚟,是必乜嘢事格①	粤语广州

表6-3-10词语引自许宝华、宫田一郎（1999：4160）。它们都表达认识情态，显然是跟"是"的语义语法特性相关着的。其中"是非""是利"的词汇性强，形成机制与动因不太明了。"是来"是"是来劲儿"的缩略式，是"这天气，喝酒是来劲儿"等主宾关联句经推理而词汇化的。"是必""是要""是得"内部成分都是表认识的情态成分，它们是在高频使用中经韵律打包跨层成词的。

结　语

本节主要从方言讨论了"有、在、是"词汇性构式的量表达、情态及其特性，发现三者构式都能表达主观量与认识情态，但不平行，表现有五：构式化能力是"有＞在＞是"；构式的词例生成力是"有＞在＞是"；词例性质多样性是"在＞有＞是"；情态表达的类型多少是"有＞在＞是"；量显著性是"有＞在＞是"。三者在词汇性构式包括词汇化中产生了"新"范畴，丰富了汉语的表达。

---

① 此例的句义是"那么久都不来，也许有什么事了"。

第七章 "有、在、是"语气表达类型、意义及其特性

第一节 "有、在、是"现实语气表达、意义及其特性

一 "有、在、是"的现实语气表达、意义类型与特性

（一）"有、在、是"为谓语中心之时的语气意义及特性

这类句子的现实语气轻舒但语势高，句子都不自足，这是由其状态性及语义特征决定的。语势由强到弱总体表现为"是＞在＞有"，这是三者的基元及其特征决定的。至于三者的语气意义，基本是反映命题情态。观察：

（1）桌上有电脑。
（2）电脑在桌上。
（3）桌上是电脑。

例（1）—例（3）若作始发或发端句，处于蓄势待发之状态，总有意犹未尽不自足之感。这样的话，就需补足。补足方式有四。

一是给它们加铺垫信息句、诠释句或者对句。例如：

（1）a. 水杯别放桌上，桌上有电脑。
　　　b. 桌上有电脑，苹果的。

c. 桌上有电脑，还有一摞书。
(2) a. 别找了，电脑在桌上。
b. 电脑在桌上，修好了。
c. 电脑在桌上，录入资料在柜内。
(3) a. 你看错了，桌上是电脑。
b. 桌上是电脑，不是电视。
c. 桌上是电脑，太占地方了。

二是改变它们的功能，用作疑问句及其答句，或作陈述句的申辩句或疑问句的绝疑句等。例如：

	肯定答句	否定答句	绝疑句
(1) d. 桌上有电脑？	e. $\emptyset_1$有$\emptyset_2$。	f. $\emptyset_1$没有$\emptyset_2$呀！	g. 有。
(2) d. 电脑在桌上？	e. $\emptyset_1$在$\emptyset_2$。	f. $\emptyset_1$不在$\emptyset_2$啊！	g. 在。
(3) d. 桌上是电脑？	e. $\emptyset_1$是$\emptyset_2$。	f. $\emptyset_1$不是$\emptyset_2$吧！	g. 是。

答句 e 与申辩句 f 的"有、在、是"此时重读且语势急重，形式表现与例（1）—例（3）的显然不同。

三是给它们的肯定对象添加限定语。这是在句内实现自足的方式。观察：

(1) h. 桌上有一台刚买的苹果电脑。
(2) h. 电脑在靠门口的那个大桌上。
(3) h. 桌上是一台刚买的苹果电脑。

很明显，例（1）—例（3）的 h 比它们基式的自足性高，并且 h 的"有、在、是"韵律上也比后者轻缓。

四是通过语法化或跟其他成分的构式化而让句子自足。下面先讨论三者语法化、语气表达及句子自足的问题，至于通过构式化而让句子自足在本章第二、三节会顺及说明。

(二) "有、在、是"的语法化与语气表达

薛宏武（2006）指出三者肯定谓词 VP 时词义模糊，动词性弱，支配力下降，但肯定语气在增强。这也是把它们看作语气副词原因之一。根据前文讨论，这种情况下的"有"已语法化为主观动词。周清海（2002）有段话很得当，引用如下：

> ……只出现在 VP 前，与副词分布一样。表示曾经发生、业已完成、正在进行乃至表示肯定、强调的主观色彩和情感态度，与副词曾经、已经、正在、的确等相近。

吕叔湘（[1942] 1990：234—237）指出汉语肯定事物、事件等存在无须特别用字，除非表达某种语气。"某种语气"就指"有、在、是"的肯定或强调语气。观察表 7-1-1：

表 7-1-1　　　　闽语"有 VP"的语气及其意义

"有 VP"谓语句	语气及意义	地区	及来源
有卖去一间厝啊	是卖掉一所房子了	台湾	李英哲（2001）
伊厝有养鸡鸭	他家是养了鸡鸭的	福州	郑懿德（1985）
撮鱼栽个时候，阮有照人教个向生	挑鱼苗时候，我们是按照人家教的那样	汕头	施其生（1996）

通过表 7-1-1"有 VP"释义句的"是"可看到，"有"是表达强调语气的。古汉语"有"亦此，如比较例（4）与例（5）即可发现它羡余，作用就是强调。观察：

（4）臣之罪重，敢有不从。（《左传·襄公》）
（5）大伯不从，是以不嗣。（《左传·襄公》）

"在"肯定 VP 的强调语气与"有"平行，这已在第四章第三节等作了说明。再观察：

(6) 周大：秦二，你以为我在这儿做什么？
秦二：你在望月吧？听琴吧？（郭沫若《卓文君》）

"在望月"表达进行体同时也表达强调语气，基础是动词"在"的［定位］。正因为"在"表达强调语气，所以才可用"是"替换。古汉语的"在"亦此，例如：

(7) a. 旻天不吊，不憖遗一老。俾屏余一人以在位，茕茕余在疚。（《左传·哀公》）
b. 子羽曰："非知之实难，将在行之。"（《左传·昭公》）

例（7）的"在"定位强调"疚"与"行之"。即使在动词"是"产生之后，"在"用于表达强调语气的仍是常态。例如：

(8) a. 于叙人才不能宽，然纪人之短，虽在久远，衔之不置。（《魏略》）
b. 士卒亡军，诚在可疾，然窃闻其中时有悔者。（《魏书》）

当然古代、现代汉语还有用"有"与"在"的连用式去表达强调语气的。例如：

(9) 今我使二国暴骨，暴矣；观兵以威诸侯，兵不戢矣。暴而不戢，安能保大？犹有晋在，焉得定功？（《左传·宣公》）

"有晋在"可解读为动宾［有［晋在］］或兼语［［有晋］［晋在∅］］，∅是缺省的处所。前者的"有"是强调动词，后者的"在"在宾语难以补出情况下有向专职的强调功能发展之势，说明见下文。

动词"是"肯定VP之时强调语气更显著，认为它是语气副词也是情理之中的。例如：

(10) a. 他是在家。
　　　b. 他是看了。

例（10）的"是"表达确认，语气坚定，把它替换为"有"，肯定语气就会降低。"是"比"有、在"的肯定语气强，还表现在它和连用的语气副词或动词跨层构式化，讨论见后文。

"有、在、是"语法化为主观动词后，肯定语气增强且带有副词性，可以使所在句相对达到自足，因为这种情况下句子已经偏离陈述功能，成为答句、申辩或绝疑句之类。如例（10）是对比的排他的，功能是申辩或绝疑，它自然是自足的。"有、在"可依此类推，只不过它们的强调功能弱些罢了。总的看，语法化后的"有、在、是"语气意义明显是反映主观认识情态，而作谓语中心的则反映的是命题意义。

二　句尾"有、在、是"的肯定语气表达、意义与特性

"有、在、是"还可在句尾表达肯定语气，此时已不同程度语法化为语气助词。这在近代汉语与方言有充分体现。至于三者肯定语气强弱及成因，跟它们在 VP 之前平行，是"是＞在＞有"。

（一）语气助词及词素"有"的意义与形成

1. 句尾语气助词"有"的意义及形成

这在近代汉语有，普通话与方言却鲜见，不过普通话有个用它作词内成分的"有加"。近代汉语语尾语气助词"有"，李泰洙（2000）认为是元代受蒙语影响产生的，因为蒙语表判断时，可在句末用相当于"有"的 bɛɛn。例如：

(11) onoodǒr　dɷlaa-xã　bɛɛn
　　　今天　　　暖　　　有（道布，1983：34）

基于此，汉语才用"有"意译 bɛɛn 的，可见它兼有两种语言特点。李泰洙把语气助词"有"的形式归纳为六种，分别如例（12）—

例(17)。这六例连同例(18)引自李泰洙(2000):

一是用在"是"字判断句尾。例如:

(12) 你的师傅是什么人？　　是汉儿人有。(古本《老乞大》)

二是用在"有/没"肯定句尾。例如:

(13) 这弓杷里软，难拽，没回性有。(古本《老乞大》)

三是用于"在"字肯定句尾。例如:

(14) 井在那里有？兀那家后便是井？(古本《老乞大》)

四是用在"V 著"之后。例如:

(15) 如今那贼现在官司牢里禁著有。(古本《老乞大》)

五是用在一般陈述句之后。例如:

(16) 似这一等经纬不等，织的又松，哏(很)不好有。(古本《老乞大》)

六是用在疑问句的句尾。例如:

(17) 恁是高丽人，却怎么汉儿言语说的好有？(古本《老乞大》)

上述六例显示，"有"之前的谓语基本是状态成分的，其中前四个的"有"是强化肯定、否定或疑问语力的。李泰洙(2000)认为例(15)的"有"表持续，固然不错，但它更主要是表达肯定语气或强化持续的语力。例（17）的"有"是对"汉儿言语说的好"强化肯定，表持续是它状态性的隐性表现。观察例（18）并与例（15）作比较：

（18）在那里下？在顺城门关店街北一个车房子里下著有。

李泰洙认为例（18）的"有"表示"下"的实现，这不充分。吴福祥（2015：261—263）指出宋元的"著"（着）表状态持续、动作进行及动作/状态的实现或完成。据此看，至少"下"的"实现"主要由体标记"著"表达，而"有"却是主要表达肯定语气的，即例（18）是表达"是在顺城门关店街北一个车房子里下"。当然我们也不否认"有"表"实现"的可能，因为它的内在时间过程中有起讫点，的确能表情状"实现"。但在有专职的表完成或实现的"著"的情况下，其表完成或实现的功能是被抑制，是隐性的。基于此，它主要是表达肯定语气。

总之，句尾语助词"有"兼表体与肯定语气：体是句法语义层面的，语气是表达层面的。前者的持续与实现/完成相通，都是它内在过程的始点或终点在语境的现实化，"起讫点"体现为实现，但它一旦形成就进入持续中。基于此，可把例（18）与例（15）的"有"统一解释为表达肯定语气。

例（12）—例（18）的"有"显性功能是表达肯定语气，隐性功能是表完成或持续。它成为语气助词，与蒙语接触是外因，语义语法特性是内因。这还可从历时语料与方言得到支持。如据许宝华、宫田一郎（1999：1750—1768）及李荣（［1996］1998：28），"有"在吴语苍南、闽语厦门话及海口话都可作助词，表现为语义虚且无支配对象，仅在VP后表示动作行为的结果。观察：

（19）a. 车叫有（车叫得着）　录音机响有（响得着）（吴语苍南金乡）

b. 买有（买得着）　食有饭（吃上饭）　（厦门话）

c. 花无开有　伊坐着望书有　（海口话）

例（19）的"有"表结果或实现，跟例（18）的"有"的意义或功能平行，差异仅在厦门话的"食有"后还可带宾语。另外，从跟"在、是"的类关系去看，"有"也是可能发展为语气助词的，因为近代汉语"在、是"就发展为句尾肯定语气助词。"有"在句尾时存在义仍在，肯定已然事件就意味着"实现"，肯定没有发生的就是"没出现"，肯定持续或进行的就是"持续"。因此，当它失去支配对象之后，语法化肯定语气助词也是必然的。

语气词"有"是肯定事物或事件的存在（包括实现与非现实），是它对译蒙语 bɛɛn 的基础。它没有普遍使用或退出汉语，是在系统经济原则作用下被排挤的结果。吴福祥（2015：281—293）指出宋元汉语句尾肯定语气助词已形成完备的系统，有如下两类：

（20）a. 呢（尼聻你）　里（哩俚裡）　吗（麼）……
　　　b. 是　在

例（20）的句尾语气（助）词产生时间与使用率都早于与高于"有"。例（20）a 的功能单一，b 是多功能的。"有"的肯定语气可用 a 表达，特别是可用表持续的"里"等词语表达。当然还可以用语气强的例（20）b 兼职表达。基于此，加上它有一定的外来气息，退出汉语是必然的。

2. 普通话句尾助词"有加"的意义及形成

有人认为"有加"之"有"是附缀，作用是"增量"。但增量功能从何而来的，尚需解释。调查 CCL 语料库显示"有加"之前的成分性质开放，量特征显著，[①] 语义总体倾向积极的，但中性与消极的也是普遍的。观察：

[①] H. Clark、E. Clark（1977）认为不仅形容词有量，名词、动词也有。形容词是性状量，名词的量是维度量或性属量，动词的是时量、动量、程度、情状等。名词、动词的量是隐性的内蕴的多域的，"多域"指量随着识解域不同而有多元表现，如"研究"在深度上有深浅，范围有广狭及对象有多少等。

NP：a）青眼　优礼　隆礼　恩威
　　b）羞态　惊险
　　c）负面
AP：a）宽容　勤勉　威猛　慈悲
　　b）辛苦
　　c）羞愧　懒惰　自卑
VP：a）恩爱　呵护　青睐　崇拜
　　b）慎重　关照　提防　感慨
　　c）痛恨　愧疚　偏袒　谬赞　迫害　挑剔　打压　厌恶

上述NP、AP、VP谓语的a、b、c小类词语语义分别是积极、中性及消极的。语料调查还显示"有加"语法特征跟"苹果有售"之类的平行。例如：

（21）鲁迅对姚克也非常赏识，青眼有加。

例（21）的"青眼"既是"有加"句法主语，也是其语义宾语。并且"有加"也是词汇性[有V]构式的实例，其中"有"当然是肯定"加青眼"的主观动词。

当NP是数量或有修饰成分的名词短语之时，由于二者有述谓功能或者说可以作谓语，引发"有加"呈现出羡余或选择性。观察：

（22）a. 德国好运有加。　vs. 德国好运。
　　　b. 我已六十有加，宁愿选择和平的理性的态度。vs. 我已六十。

例（22）a 的"有加"已不是清晰的谓语中心，不过这个句子尚可解读为[好运施予了德国]。例（22）b 的"有加"完全不是谓语中心，"六十"也不是其语义宾语，"六十有加"就是"六十多"。总之，"有加"基本不影响句子真值，可重新理解为是表达"德国好运"

"我已六十"的情感或态度成分，即是指向说话人的主观成分。

当"有加"之前是谓词成分时，它不仅是表达说话人态度的羡余成分，而且再也不是句子的述谓成分。观察：

(23) a. 汕头观众热情有加。→汕头观众热情。
　　　b. 布什政府对以色列偏袒有加。→美国布什政府对以色列偏袒。

例(23)的"有加"仅附在句尾，反映说话人对"热情""偏袒"的量状况超出预期的肯定态度。由于它失去句法肯定对象，在高频使用中最终凝固虚化为一个表达增量功能的句尾语气词。至于其形成机制，一是跟"加"的语义特征有关。观察：

表7-1-2　　　　　　古汉语"加"的性质、意义

词性	意义	来源
动词	①把一物放在另一物上；又：敷在脸上或施恩或刑于某人身上	夫加之以衡轭（《庄子》） 芳泽无加（《洛神赋》） 及罪至罔加（《报任安书》）
	②增加	既富矣，又何加焉（《论语》）
	③加以，予以	犹加谴责（《仲长统昌言法诫》）
副词	④更、更加	寡人之民不加多（《孟子》）

表7-1-2是王力(1999：1076—1077)的释义。可以肯定"加"的基元就是【增益】。因此，它附着的谓语若是NP（包括数量）的话，增益的就是数量或性属量；附着的谓语是VP，增益的就是动量、时量或情状量；附着的谓语是AP（形容性成分），增益的就是性状量。

二是跟"有"的认知凸显特性也有关。它更可以使"加"的增益功能强化。观察：

(24) 晋侯见郑伯，有加礼，厚其宴好而归之。（《左传·襄公》）

"有加礼"句法语义结构是 [晋侯 [$_{VO}$有 [$_{VO}$加礼]]]。"有"羡

余,作用是凸显"加礼"的,表达的是该行为超出了说话人预期。

顺及指出"有加"的主观增量义,是[有 V]词汇性构式的共性。这方面古、普、方一致,观察表7-1-3中方言用例。

表7-1-3信息引自许宝华、宫田一郎(1999:1750—1768)。其中[有 V]的实例相对于 V 来说,都有主观增量意义或表示多量义,即使"有淡薄"也是如此,只不过是"负向"增量而已。

表7-1-3　　　　　方言中[有 V]的性质及增量义

词性	词语	意义	方言
动词	有长	有利,有余	闽语厦门、仙游、莆田等
	有好	有利有益	闽语厦门
	有变	有办法	闽语广东潮州
	有划算	合算,有利可图	赣语江西莲花,客话瑞金
	有讲张	健谈	吴语上海松江
形容词	有淡薄	数量不大程度不深	闽语厦门

"有加"可给谓语增量,句子的语气自然也会增强。由于"有加"是肯定语气助词,自然就排斥否定句及未然时制句,例如:

(25)汕头观众热情有加。→$^{??}$汕头观众热情有加？→*汕头观众也无热情有加。

总之,句尾语助词"有加"由动词语法化而来。它在表达主观增量义同时,还表达肯定语气与情感,这显然跟句尾语气助词"有"相通。

(二)语气助词"在"的意义及形成

动词"在"在句尾表达肯定语气多见于近代汉语与方言,形式多且有类同的发展结果,最终发展为语尾语气词。① 严格地说,它在普通话没有这样的用法,观察:

---

① 俞光中和[日]植田均(1999:13)、陈宝勤(2004)等认为句末助词"在"来自动词"在"。跟吕叔湘([1941]1984)的来自句尾[在里]不矛盾,二者都是它的来源。

(26) 台静农苦习倪字，而后又各体兼姿，背后ⱼ都有难以排遣的情绪在ⱼ。（黄东《台静农沉郁书乡愁》）

(27) 有我在，你别怕！

例（26）是闽语背景句，例（27）古今常用。一方面，其中"在"都是表达肯定语气的动词，因此，这两个句子结构都可解读为动宾 [ᵥₒ 有 [ₛₚNP 在]]；另一方面，即使这两个句子结构解读为连谓 [ₛₑᵥ [有 NP] [在]]，"在"仍是动词。无论哪种解读，说话人都可用"在"的持续义去提醒听话人关注自己所言并表达坚定态度的。

1. 句尾语气词"在"的形成及意义

"在"出现在句尾最初常见的形式是 [在这里/那里]，下面以 [在这里] 表述。这是它在 VP 前构式化为主观动词结构后（见第四章第三节），对称出现在句尾。① 例如：

(28) 他气还没消掉，这是什么？这在里头ⱼ还有人情债在里头ⱼ。（净空法师《债怎么还》）

按照荣晶（2008）与薛宏武（2009），例（28）的"在里头"属于句法成分右置拷贝句的次类，功能是追加肯定。汉语主谓宾定状补都可右置句尾作追加强调，因此，"在里头"拷贝到句尾对先行"在里头"追加强调也是情理中的事。当然从句法经济看，也可以直接把"在里头"置于句尾补充强调，除了强调语气减弱，真值没有变化。如例（28）可以说成 a：

(28) a. 他气还没消掉，这是什么？这还有人情债在里头。

---

① 这方面尽管没有历时事实的支持，但从推理看也是 [在这里] 先出现在 VP 前，然后才出现在句尾。这种推理即使跟历时语料不合拍，也不一定无价值。正如沈家煊（2008）所言"逻辑先后"与"历史先后"合拍当然更能显示模型理论的价值，不一致也可以，因为共时分析关心点在事实间的逻辑关系。

据蒋绍愚、曹广顺（2005：46—49）等，"这里""那里"在唐五代就形成了。吕叔湘（［1941］1984）曾指出句尾［在这里］唐宋就有，"这里"多用"里"并可缺省。由此确信，无论从分析看还是事实看，"里"是"这里、那里"缺省"这、那"的缩减式。缺省的前提是二者无所指或所指模糊而出现指示对立的消失，即不分远近。总之，［在里］是［在这里］的形义缩减，这是一次语法化。

［在里］缺省"里"就是"在"，这是第二次语法化。吕叔湘（［1941］1984）认为它的意义是"树信、申明有"。该义不仅是［在这里］的，同时也是"在"本身就有的。因为"在"是【存在】，自然有"申明有"的意义。又因为它是判断词，自然有"树信"的意义。显然作句尾语助词时，"在"跟语尾语气词"有"的意义相通成类，同样，跟"是"亦如此，这一点后文论及。再观察：

（29）所以先要读书，理会道理。盖先学得在这里，到临时应事接物，撞着便有用处。（《朱子语类》）

（30）致道云："如春是生物之时ⱼ，已包得夏长、秋成、冬藏意思在∅ⱼ。"（《朱子语类》）

例（29）的"这里"所指模糊，"在这里"是表示提示性肯定。例（30）的"在"的语义宾语是"春是生物之时"。由于它没有句法宾语，只能向表肯定语气的助词发展，具体过程如卢烈红（2005：212—217）所言，首先是出现助词与动词两似的中间类，例如：

（31）某甲未曾有语在。（《古尊宿语要》）

然后进一步语法化为肯定语气助词。例如：

（32）a. 保寿便打，却云："他后有多口阿师与你点破在。"（《古尊宿语要》）

　　b. 虽然如是，犹涉途在。（《古尊宿语要》）

当然"在"除表达显性的肯定语气,还有隐性的持续义。这跟由 VP 之前的[在这里]发展出来的"在"基本平行,讨论见第四章第三节。

[在这里]形成语气助词"在"的过程中,不仅成分在缩减,并且跟 VP 间的停顿也在缩减,如例(29)的"在这里"与"盖先学得"之间本有停顿(#),证据是现代汉语就有这样的系统表现,例如右向拷贝句、易位句、右偏置话题句等,分别如:

(28) 他气还没消掉,这是什么?
　　　这在里头还有人情债#在里头。
(33) a. 他走了#偷偷的。
　　　b.(你)干什么#你!

按照陆俭明(1980),例(33)的"偷偷的"与"他走了"之间,像"高山接平地"一样,有停顿。例(28)的"在里头"与"这在里头还有人情债"也是如此。换言之,右置句尾成分与谓语之间有停顿,二者严格地说不在同一韵调曲拱内。另外,有的[在这里]还隐含着主语,如例(29)的"在这里"语感中是有主语"道理"的,即其句法语义还有一定的独立性,至少是个准小句。当它缺省"这里"后,独立性大大减弱,只能前附"盖先学得"。这样二者之间的停顿趋于消失,相对来说就是句子韵律缩减了。这显然又是一次形式语法化。经过韵律缩减,"在"就成为紧紧黏附在 VP 之后的语气助词,显性功能表肯定语气,而在特定句法条件下可隐性的表持续。① 下面把语气词"在"的形成与表现表示为图 7-1-1。

图 7-1-1 的 $F_{i \to ii \to iii \to iv}$ 是形式语法化。M1 的虚箭头表示"处所"的意义逐步失去,iii 到 iv 实箭头表示处所义消失而变为语气词,这是意义的语法化。与之平行,M2 里 $i \to ii \to iii$ 的语法义基本不变,

---

① 俞光中(1985)等就指出[在这里]并不绝对表持续/进行。

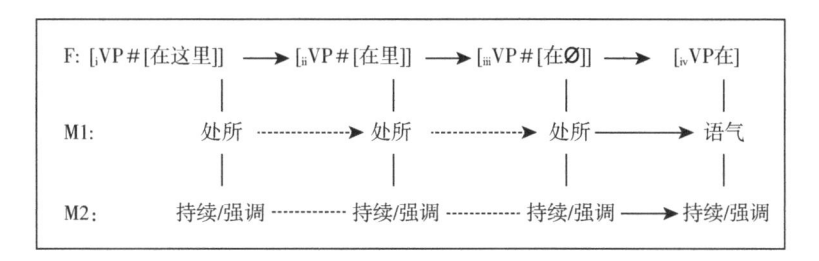

第七章 "有、在、是"语气表达类型、意义及其特性　223

```
F: [ᵢVP#[在这里]] ⟶ [ᵢᵢVP#[在里]] ⟶ [ᵢᵢᵢVP#[在∅]] ⟶ [ᵢᵥVP在]
     |              |              |              |
M1:  处所 ┈┈┈┈⟶ 处所 ┈┈┈┈⟶ 处所 ─────⟶ 语气
     |              |              |              |
M2: 持续/强调 ┈┈⟶ 持续/强调 ┈┈⟶ 持续/强调 ───⟶ 持续/强调
```

图7-1-1　句尾语气词"在"的形成与表现

都通过空间义表持续与强调，但ⅲ到ⅳ已显性成为强调语气词，持续义已调整为隐性义。

[在这里]之"在"可以语法化为语气词，"里"同样如此。吕叔湘（[1941]1984）指出语助词"在"与"裹"当以"在裹"为最完具之形式，唐人多言在，宋人多言裹，以裹概在。即无论是"以里概在"还是"以在概里"，本质就是[在里]缺省一个构件，即"在裹的舍前取后与舍后留前"。"舍后留前"形成的是语气（助）词"在"，反之是语气词"里"。就是说，语气助词[在这里]有"在"与"里"两个变体。① 下引述一例"舍前留后"形成"里"的用例，观察：

（34）枢密在上前且承当取，商量也商量得十来年裹，不要相拗官家。（《邓洵武家传》）

例（34）的语气词"里"是强调VP"商量也商量得十来年"与表达持续的。其形成跟"在"一样，有两个语法结果：一是与VP之间的停顿消失而附着在VP之上，这是形式缩减的语法化；二是引起重新分析，"里"的肯定VP功能与持续义本是来自[在里]构式义，在二者

---

① 调查显示表肯定或持续/进行的"在""在里""在这里/那里"出现时间是：前二者在唐宋，"在这里/那里"在元明。这似乎与上述分析相左，其实并非如此。即使是超大规模语料库相对于当时实际语言状况也是沧海一粟，不能凭有限语料就绝对断定[在这里]出现在"在"或"在里"后。此外，上述分析是基于构式的逻辑推理，逻辑先后而未必需要与历史先后合拍。本书为避免执着于二者，采取"变体"之说。

之间作一个减法,"里"就有了相应的功能或意义。当然这里的重新分析有语义语法基础,因为"在"与"在里"同属空间范畴。再如:

(35) 其言太紧迫,此道理平铺地放着裏,. 何必如此。(引自吴福祥,2015:287—288)

当然在"里"发展为语助词之中,方所义消失是一个重要因素。下面把它的形成过程表示为图 7-1-2。

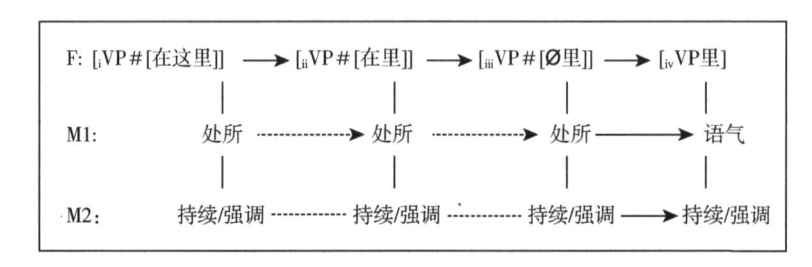

```
F:  [ᵢVP#[在这里]] ⟶ [ᵢᵢVP#[在里]] ⟶ [ᵢᵢᵢVP#[Ø里]] ⟶ [ᵢᵥVP里]
                 |                  |                  |                  |
M1:            处所 ------------⟶ 处所 ------------⟶ 处所 ⟶ 语气
                 |                  |                  |                  |
M2:          持续/强调 ------------ 持续/强调 ------------ 持续/强调 ⟶ 持续/强调
```

图 7-1-2　句尾语助词"里"的形成

[在这里]在句尾发展为肯定语气(助)词之后,又衍生出语气词"在"与"里"。由于"在"与"里"范畴相通、形成机制一致,功能或意义自然也一致。

2. 语气词"哩"及"呢"的形成

"里"成为语气词后,吕叔湘([1941]1984)指出其在北宋就写作"哩"。明清时它还发展出了夸张义,例如:

(36) 我在京里见得多哩!(明清《靖江宝卷》)

"哩"的夸张义是基于持续义的激情形成的,这是传承了[在(这/那)里]的强调、持续义。当然在夸张上,它分布的句类已拓展到形容性的感叹句中,如例(36)。应当指出"哩"的持续/进行、强调及夸张等意义至今在方言有广泛表现,除吕叔湘([1941]1984)的最足资为印证者的吴语外,再如晋语丰镇话:

(37) a. 甭看（电视）啦，孩子做作业（的）哩！
　　　b. 外头风可大哩！（外面风非常大）

例（37）的"哩"功能是表进行及提醒听话人注意。当然也有夸张义，例（37）b的夸张义无须说明，即使 a 也有夸张性的，含有"孩子做作业"是很重要的事。下面把句尾［在这里］语法化结果、功能、特征等表示为表7-1-4。

表7-1-4　句尾［在这里］语法化的结果及其形式、意义或功能特征

	I. 与VP在同一韵调内	II. 强调与体意义在句内表现			III. 语法化程度		
		显性强调	隐性表体	强调与表体均衡	高	中	低
［在这里］	－	＋	＋	＋			＋
在	＋	＋	＋	－		＋	
哩（里）	＋	＋	＋	－	＋		

［在这里］语法化程度低，动宾关系清晰且"这里"尚可替换，严格地说是一个词汇性构式。

前人研究认为"呢"是由"尔"经"聻"等演变来的，音理没错。意义方面，吕叔湘（［1941］1984）依据元明语料"哩"的功能与北京话"呢"高度平行，认为呢即哩之变形，而哩又源于在里。吕先生的观点是描写性的，因此，还有必要对"哩/呢"的夸张义形成作一说明。

音义结合看，"呢"（包括"尔、聻、你"形体）是由句尾语气词"哩"音变而来的，因为［l］与［n］均为舌尖音，前者变为后者是同部位通转；相应的，前者由舌面高元音［i］也可弱化为舌面后半高的［ɣ］。这两方面都符合音变的一般规律，因此，"呢"是"哩"的弱化音转式。吴福祥（2015：282—283）指出"呢"的意义是：ⅰ）提醒说话人注意；ⅱ）有夸张色彩；ⅲ）表示不变与持续。请观察：

(38) a. 我骗您呢，和您开玩笑呢。
　　　b. 我们穿着棉裤还冷呢。

c. 有些少年手中都拿着块白粉,挨着家在墙壁上写字呢。

例(38)a 的"呢"的显性义是 i,但也有隐性的iii,表示"在开玩笑"。例(38)b 的"呢"的显性义是ii,同样也有iii。例(38)c 的"呢"的意义是iii,但也不能说没有 i 的意义。即"呢"与"哩"意义平行。

"呢"表示 i 与 ii 的意义同时,还有iii的意义。换言之,i 与 ii 相通,相通的中间环节是iii。"呢"的进行/持续义属于视点体,它可以把例(38)的"骗您"调整到说话人的时轴 RT 上进行渐次扫描(sequential),给它灌注激情与能量。这样,"骗您"自然会被强化而产生提醒义。"冷"是静态持续的,"呢"的作用是把它调整到 RT 扫描,同样可使它与说话人产生心理接触,使"冷呢"主观化。与此同时,也会把扫描的激情、能量灌注给"冷",使之获得情感与能量。这样,"冷呢"便有了说话人的情感、认识等,这是"冷"主观化的第二方面。可见"呢"就是强化"冷"的语用成分,亦即"冷呢"夸张义形成的所在。

"呢"不仅与"哩"的意义平行,而且与体标记"着""(正)在"的意义也平行,如〔(正)在 V/A〕与〔A/V 着(点儿)〕就充分体现了进行/持续体是警示或夸张等意义的基础。比较:

(39) a. 看着!   b. 看!
(40) a. 快着点儿。 b. 快点儿!

例(39)与例(40)的 a 的祈使力都比相应的 b 强,"强"的语法基础是"着"。说明进行/持续体确实有强调的功能,只是在具体语境中的释义有所侧重罢了。

"呢"与"着"都可以表示持续/进行与强调,所以常常同现,同现的基础是二者意义相通相宜。观察:

(41) a. 她微笑着说:"我的穿着在村里仅属一般,比我讲究的多着呢。"

    b. 活鱼就是另一个价了……楼下鱼缸旁边写着呢，你自己不看清楚，活该倒霉。

  例（41）a 与 b 的"着呢"分别重在夸张与提醒，且有持续义。《现代汉语八百词》（1999：667）认为前者的"着呢"是助词，用来肯定某种性状，有夸张意味。这可以解释为它是相通相宜的两个体成分叠加的强化式，夸张性强。也正是基于此，它才发展为助词。例（41）b 的"着呢"是连用式，结构层次是［［写着］呢］，重在表持续，其中"呢"是可删去的羡余成分，①"着"是不可删的强制成分，与例（41）a 的可删"着"的情况对立。说明"着"与"呢"分工已相对明确，"着"重在显性表持续，隐性表强调。"呢"恰好相反，显性表强调，而隐性表持续。

  "呢"的强调与夸张功能都生发于持续体，二者本质相通，夸张也是强调。持续体既反映说话人观察事件的视角，也有着说话人显著的情感与认识，如表提醒、说话人态度等强调功能。"呢"不仅与"哩"的意义平行，并且它的各个意义之间的内在关系跟"哩"的各意义之间的内在关系也是平行的。这在方言里同样有体现，如王求是（2007）指出湖北孝感话的句尾语气助词"在"就是来源于近代汉语语气助词"在"，表示对动作持续状态的所持有的肯定语气，对应于普通话中陈述语气的"呢"。总之，"呢"也与"着"的意义或功能相通且平行，是由"哩"音转而来的。

  3. 谓语之前与之后的［在这里］的意义不平行及成因

  为了方便，把谓语之前与之后的［在这里］分别记作［$_f$在这里］与［$_b$在这里］。第四章第三节指出［$_f$在这里］已构式化为主观动词，显性功能是强调，隐性功能是表示进行/持续体。并且，还可缺省构件语法化为主观动词"在"与副词性的代词"这里"。主观动词"在"

---

 ① 而如"楼下鱼缸旁边写着"的可受性有点低，是音节问题而不是语义语法问题，给"写着"加个"价格"，可受性就自然提高了。

及副词性代词"这里/那里"都平行继承了［f在这里］的功能或意义，但有一定调整："在"显性表进行/持续，隐性表强调；而"这里/那里"显性表强调，隐性表进行/持续。

［b在这里］跟［f在这里］的功能或意义平行，也是显性表强调而隐性表持续/进行。但二者也有不平行性，表现有三。

一是韵律与语法特征有异。［f在这里］跟 VP 在同一句法语义及韵调结构之内；［b在这里］则依附 VP，且是有一定独立性的小句，二者严格说不在一个韵调曲拱。

二是语力与作用的对象有异。［f在这里］不及［b在这里］强调性高；对象上［f在这里］强调 VP，而［b在这里］强调的是先行句。

下面再对［b在这里］的肯定对象及特征作一补充。观察：

(42) a. 所以先要读书，理会道理。盖先学得在这里，到临时应事接物，撞着便有用处。（宋《朱子语类》）
b. 这药你也没处去寻，幸喜我还带得有在这里。（清《醒世姻缘传》）

例（42）的"学得"是"学了"，"带得有"是"带了"，这两例是"完成"情状体，语义自足。其中［b在这里］是说话人提醒或警示听话人关注自己所言。如例（42）a 是朱子告诫学生"先要学了"，肯定的是先行句；例（42）b 是强调"我还身上带着这药"。总之，［b在这里］是肯定先行句的语气成分。基于此，它不可能逆向限定 VP，也就不可能在句法上扫描 VP 并将持续能量灌注给 VP，因而，最终成为警示他人与反映言者信念的情态成分。

三是语法化结果有异。［f在这里］缺省构件语法化为主观动词"在"与副词性代词"这里"，而［b在这里］缺省构件语法化为语气助词与语气词。就"在"而言，在 VP 之前显性表持续/进行，隐性是肯定；在句尾显性功能是肯定，隐性功能是持续。这是总体情况而并不否认特定时空的变化，如据李崇兴（1996）调查，宜都话的句尾"在"表示静态持续，而在 VP 之前则表示动态持续或进行。但不管如何，这一功能还是处于"在"的表肯定与持续/进行的功能范围内的。

最后指出一点，近代汉语 [$_b$ 在这里] 及其语法化为语气助词"在"之后，① 其功能在方言同样有普遍的表现，如许宝华、宫田一郎（1999：1775—1776）与黄伯荣（1996：176—177）就指出闽语 [$_b$ 在这里] 就是语助词，如表 7-1-5 所示。

表 7-1-5　　　　　闽语 [$_b$ 在这里] 形式及其意义

	意义	例句	方言
在块/底	持续态，确信	撮人拢倚在块 人们都站着	汕头
在里	相当于"呢"：语气兼持续；表确信，真的如此	老黄在学堂在里 老黄在学堂呢	厦门

句尾语气词"在"在方言很普遍，尤其是南部方言。这方面汪国胜（1999）、罗自群（2005）、王明洲（2007）等均调查过。只不过不同方言可能发展阶段不一致，有的已发展为语气词，有的呈现出由体助词向语气词发展之势，如表 7-1-6。表中信息采集自黄伯荣（1996：176—177）。

表 7-1-6　　　　　句尾语气词"在"的方言分布及其用例

句尾语气词"在"的用例	方言
奶奶睡床上在。　你还年轻的很在。　学校还没放假在。	安徽巢县
他看书在。　他正在看着书在。	安徽合肥
那本书他看子在。　酒他们喝子在。（酒他们正在喝）	安徽霍上
门开都在。　灯都亮在。	湖北荆门
他坐到在。　坐到椅子上在。　想到四化上在。	湖北鄂南
灯还亮起 进行 在。　他们还企哒 进行 那下在吗？（他们还在那里站着吗）	湖南辰溪
阿庆去公园在？（阿庆〈可真〉去公园吗？）	闽南
伊有在无？有在。　牙齿犹痛在。　还无见过这么恶毒的人在	福建漳州
尾鱼还活在。　（那/这条鱼还活着）	广东汕头
门开倒起在。　衣裳我穿倒起在（衣裳我穿着呢）	四川成都

---

① 其中"这里"代表"那里""那儿""这儿""在此"等方所指示代词，下同。

(三) 语气助词"是"的意义
1. 古汉语与普通话句尾语气词"是"的形成及意义
普通话没有句尾语气助词"是",但作句尾语气助词的词素是有的。例如:

(43) 我现在不怎样愿意说话,你告诉他我很好就是了。(曹禺《雷雨》)

例(43)的"就是"跟真值无关。《现代汉语词典》(2005:735)指出它是句末肯定助词,作用是表达说话人对命题的主观肯定态度。至于它助词化的主要因素,是"就是"失去句法肯定对象而成为一个指向说话人的羡余的评价成分。

近代汉语"是"作语气助词或语气词的词素很常见。解植永(2010)认为它与后置系词是同步的从先秦"A_{话题1},B是也"发展而来的,机制是B是语义自足的VP/S,由于"是"(兼有代词与形容词)的复指功能消失,又由于它有"对"等意义而最终与"也"组合成一个表确认的语气助词"是也"。这通过现代汉语的用例也可以看到,观察:

(44) 我乃是邱鸣山火灵圣母是也。(《封神演义》)

例(44)的"是也"是肯定语气助词,形成机制是出现在句尾且与第一个"是"同形、义,由于"邱鸣山火灵圣母"已是第一个"是"的肯定对象,第二个"是"句法宾语悬空而只能基于基元发展为肯定语气词,因为"邱鸣山火灵圣母"作第一个"是"的题元便不能成为第二个"是"的题元。换言之,第二个"是"不能给"邱鸣山火灵圣母"赋格。同样,"方是"与"便是"等肯定语气助词也是这样形成的。

(45) a. 须是"如恶恶臭,如好好色"方是。(《朱子语类》)

b. 拴马钱与他一捧儿米便是。(元《朴通事》)

2. 方言里语气词"是"的形成及意义

方言里语气词"是"不仅很普遍而且类型多样，不仅有句尾语气词，而且还有句中的。据许宝华、宫田一郎（1999：4160）与黄伯荣（1996：519—565）等调查，它有四种用法。

一是作疑问语气词，语气比普通话"呢"、"吗"重。例如：

(46) a. 你不给你拴儿定个媳妇是？（柳青《种谷记》）（晋语陕北米脂）

b. 这个舞他跳成下啦是？（这个舞他能否跳好呢）（中原官话甘肃临夏）

c. 你还准备去是？（难道你还准备去吗）（湘语湖南长沙）

可以肯定，例（46）的"是"疑问语气词用法来自动词"是"的正反问或反问功能，如 a 的句义为：

(46) a1. [$_{S1}$你不给你拴儿定个媳妇]$_j$，[$_{S2}$是不是 $Ø_j$？] / [$_{S3}$是 $Ø_j$？]

例 a1 的 $_{S1}$ 跟它的正反问 $_{S2}$ 或反问 $_{S3}$ 之间，句义密切且相邻，取消其间停顿，$_{S2}$ 或 $_{S3}$ 便可以前附 $_{S1}$ 进行融合，$_{S2}$ 的形式长，删去"不是"即可形成 a2。① 如下：

(46) a2. 你不给你拴儿定个媳妇是 $Ø_j$？

---

① 语法化之后正反问或反问的语法意义会丢失，这是缩减。至于"不是"删去后，"是不是"反问意义是可以用"是"加上语调或反问口吻的提示去体现的。

删除 a2 的 Ø，便是例（46）a。至于$_{s3}$，取消与$_{s1}$之间停顿，便是例（46）a。总之，例（46）的"是"携带着疑问构式$_{s2}$或$_{s3}$的功能。由于附在$_{s1}$句尾，失去句法肯定对象，只能向疑问语气词发展。同理，例（46）b 与 c 的疑问语气词"是"也是这样形成的。我们作这样的推理的依据是：黄伯荣（1996：565）曾指出例（46）的句尾"是"表示"似知又不确知而发问的语气"。"知"就是"确定"，"不确知"就是"不确定"，这显然是"是"的正向与负向肯定的语义语法体现，当然也正是例（46）a 句义，特别是$_{s2}$的句义的基础。看来，"是"的所谓疑问语气词的用法还是来自的它的肯定用法。

二是作句尾肯定语气词。例如：

（47）我老孙也不知打死多少人，假似你这般到官，倒也得些状告是。（《西游记》）（江淮官话淮安）

许宝华、宫田一郎（1999：4160）认为例（47）的"是"表推测等语气。其实删去句中"假似"，没有推测义。即"是"并非表拟测语气而是肯定语气，表示对推测小句"假似倒也得些状告"的肯定。至于它的形成，同样是在句尾失去句法肯定对象而成为肯定语气助词的。

总之，"是"的疑问语气与肯定语气本质都是肯定语气词。它们是来自"是"的肯定功能，只不过例（46）的是从其正反问或征询问构式语法化形成的，而例（47）的"是"则直接从动词"是"的肯定功能而来。肖渠（1998）认为，赣语南昌话的句尾语气词"是"还可表达提醒。其实，这是肯定语气的语境释义，观察：

（48）a. 落雨让渠落啦，我们带了伞是。（下雨就让它下吧，我们带了伞）
　　　b. 话了去，你又冒去是？（说了去，你又没去？）

例（48）a 的"是"的功能是强调先行句"我们带了伞"。由于语境有提醒义，故释为"提醒"。例（48）b 的"是"其实与例（46）

a 的功能一样。

"是"的第一、二两方面的功能都是表达肯定语气。至于差异，可以归结为语境释义。它作为语气词的形成机制，基本与"在、有"平行，是在句尾失去句法肯定对象而虚化而来的。

三是作句中提顿语气词。为表述方便，下称"是$_3$"。它是句尾语气词"是"在句中的提顿用法，这方面它有独特的不同于一般语气词的功能，下文专论。

四是跟"啊""哎"合音为"吵"等语气助词（[ʂan]或[se]，亦作"煞"等），[①] 如成都话、乌鲁木齐话。它有三方面语气功能。其一是，用在祈使句尾表示吩咐、提醒或责难等。观察：

(49) a. 你老说来帮忙，你可来吵！
　　 b. 这都看不出来吵？
　　 c. 你多看几眼吵！走吵！

其二是，用在疑问句尾表示急于发问、等待回答及表白自己。观察：

(50) a. 咋个的吵？（怎么回事呢？）
　　 b. 总不能不说话吵？
　　 c. 这阵（会儿）好些了吵？

其三是，根据黄伯荣（1996：609），它还可以表达急迫、不耐烦的口气。例如：

(51) a. 他本来就不错吵。（我早有这种看法了）
　　 b. 你换件衣裳再去吵。（这一点应该注意到的）

---

① 黄伯荣（1996：609）对"吵"是"是啊""是呀"的合音持保留态度，他用"好像"表述的。本书认为它就是二者合音。

c. 吃了东西要给钱吵。(这是明摆着的道理，还要别人提醒吗？)

"吵"相对于"啊""哎"来说，语气更强。这无疑是"是"给"啊""哎"等语气增量的结果。至于它在例（49）—例（51）的释义有异，是"是"的语气增量与具体语境互动的表现，本质相通一致。

3. 句中提顿语气词"是$_3$"的形成及意义

理论上它可能有两个来源：一是句尾语气词"是"在句中作提顿之用，跟"吗、吧"等作句中提顿语气词一样；二是通过系动词"是$_2$"直接语法化而来的。这种情况的可能性不大，因为从汉语史看语气词是产生自句尾，而不可能产生在主谓之间的。这样的话，它就是句尾语气词"是"的句中提顿之用。观察：

(52) 我$_i$肚子饿扁哒，Ø$_i$回来看是，饭都冒得吃！(回来一看呀，还没有饭吃)

由例（52）释义可以发现："我回来看"与"饭都冒（冇）得吃"有潜在的动宾关系，句法语义关系紧凑。从汉语史看，"是$_2$"直接出现在动宾之间或直接标记宾语"饭都冒得吃"这种情况是没有的。就此看，"是$_3$"也不可能是来自系词。[①]

黄伯荣（1996：558）曾指出例（52）的"是"的功能是提顿，表示后面事件是出乎意料、或不愿出现而又偏偏出现的。概括地说，就是"意外"或"反预期"，如例（52）就语用预设了"应该有饭吃"但现实却没有。那么"是$_3$"的"意外"或"反预期"是怎样形成的，提顿功能和一般语气词"吧、吗"等有何不同？

根据第二章，"是$_3$"滞留了"是$_2$"的前谓语与后谓语的功能，

[①] 徐烈炯和刘丹青（2007：92）、张军（2012）及刘宗艳（2016）认为，上海话、横山话及酸汤话的句中语气词"是"来自系词。我们认为还值得解释。

自然会前附于"回来看"并使之成为有标记主位。体现在句法语义上"是₃"便可使"回来看"的语势增高,跟低语势的"饭都冒得吃"形成势差,最终强化了说话人的预期(有饭吃)与事实(没饭吃)的反差,这是它表达"意外"的来源之一。当然,"是₃"的"意外"义来源之二是吸收了例(52)的语境义"反预期"或"意外",这毋庸赘言。

张伯江、方梅(1996:28)指出句中语气词与其说是主位标记,不如说是述位标示,也就是说,句中语气词固然标示次要信息的结束,但更标示重要信息的开始。语气词就是个信号,说话人利用它引起听话人对下文(重要信息)的重视。显然,"是₃"也是如此。因为它在"我回来看"与"饭都冒得吃"之间造成了语势差,自然会在其间出现"语法"停顿,哪怕是心理上的瞬间。基于"回来看是"语义不自足及其跟"饭都冒得吃"之间的停顿,自然会提醒听话人要注意"饭都冒得吃"。

"是₃"能标记主位,自然就能标记话题。① 这在晋语横山话(张军,2012)、湘语靖州酸汤话(刘宗艳,2016)及上海话(徐烈炯、刘丹青,2007)等都有充分表现。下面我们讨论它的特征、功能及其形成。

首先"是₃"标记的话题类型相对开放。观察:

(53) a. 酒是(,)我一口不喝了。
b. 修自行车是(,)那ₜₐ会吷,就看能顾上不。(就看能不能顾上)
c. 十块钱三斤是(,)不贵。
(54) a. 这丘田是(,)我屋ₘʏ家开的荒。
b. 哈是(,)他爱得很嘛。(论玩嘛,他非常喜欢)
c. 牛犁田是(,)有得ₘₑᵢ ₙₒ耕田机犁得快。
(55) a. 我是,勿相信有搿种事体个。(我可不相信有这种事

---

① 话题与主位是两个联系又区别的范畴,主要区别在于前者是个句法语义与语篇的接口成分,后者是话语单位。

情）（徐烈炯、刘丹青，2007：89）
　　　　b. 吹牛三是，老王本事顶大。（徐烈炯、刘丹青，2007：94）
　　　　c. 衣裳忒小是，我穿勿进个。（徐烈炯、刘丹青，2007：94）

例（53）—例（55）分别是横山话、酸汤话、上海话，"是"标记的话题分别是 NP、VP、S 性质的。横山话、酸汤话"是"还可标记 PP 话题，如例（60）b 与（61）b。据徐烈炯、刘丹青（2007：89），上海话不能。

"是₃"标记话题都有关涉/论元性的及框架设置性（frame-setting）的。并且多个话题同现时同样可以标记主/次话题（major/secondary）。观察：

（56）a. 烈性酒（,）我是（,）从来不喝。
　　　b. 我（,）烈性酒是（,）从来不喝。
　　　c. 烈性酒叻（,）我是（,）从来不喝。
　　　d. 我动儿_话题标记_（,）烈性酒是（,）从来不喝。（横山话）
（57）a. 米糖是，他总吃嘎_(完成体标记)_啦。（米糖嘛，他吃光了）
　　　b. 我，打牌是，笨得很。（我呀，论打牌嘛，笨着呢）
（酸汤话）

例（56）、例（57）都是论元性的双话题句，但标记模式有异：横山话用"是₃"标记次话题，且次话题后还可有停顿；主话题则是用停顿标记，如例（56）a、b，或用"叻""动儿"等语气词标记，如例（56）c、d。酸汤话的主次话题可择一用"是₃"，如例（57），也可都用"是₃"。例如：

（58）咯个高高树是（,）我是当爬不上嘞。（那棵很高的树嘛，我呀，还真爬不上去呢）

例（58）这类标记模式是横山话与上海话所无的。当然上海话标记主次话题的模式与横山话、酸汤话也有异。主话题用"是₃"。次话题可选择不标记，如例（59）a 的"我"；或用其他语气词，如例（59）b 的"也"。观察：

(59) a. 辫桩事体是，我一眼印象也呒没哉。（这件事，我可一点印象都没有了）
　　　b. 老张是，个能介事体也，做勿落主。（老张连这样的事情都做不了主）（徐烈炯、刘丹青，2007：90）

再观察是₃标记的框架设置性话题。观察：

(60) a. 人家小王是（,）老子的可多挣下钱了。（人家小王，他爸爸挣了许多钱）
　　　b. 在门外_{在外地}是（,）可费钱叻。（横山话）
(61) a. 明朝是（,）我冇得空。（明天呀，我没空）
　　　b. 在屋背后是（,）蛮阴。（在房子后面，很阴暗）（酸汤话）

考察徐烈炯、刘丹青（2007）的上海话用例，未发现例（60）、例（61）这类话题，即横山话、酸汤话的这类话题的标记。上海话是用"末""倒"等标记，如例（71）。框架设置性话题句还有个特殊类，一般称作拷贝式话题句或同一性话题。① 这在横山话、酸汤话及上海话是普遍的，分别如例（62）、例（63）、例（64）：

(62) a. 红是（,）红的好看。
　　　b. 人是（,）有两个人就够了，就是要多带些工具。
　　　c. 我们（,）明儿上_{明天}是（,）明儿上走也，多会儿_{什么时候}能到还不晓得_{知道}。

---

① 按照徐烈炯、刘丹青（2007：333），该话题是空义的。"空义"其实就是指没提供新信息。

d. 两遍是（,）也看哩两遍，就是一点点都没记住。

e. 电影儿（,）好看是（,）好看，就足没看全完整。

f. 这道题（,）难是（,）不难。

g. 我是我（,）什么也没看见。

(63) a. 吃是，吃嘎，还冇饱。（虽然吃过了，但还没吃饱）

b. 这个崽，搞_顽皮_是搞，也蛮懂事。（这孩子，虽然顽皮，还是很懂事的）

c. 暖和是，是_焦点标记_暖和咖，也要多穿件。（虽然的确是暖和了，还是要多穿件衣服）

(64) a. 聪明是小王拉儿子蛮聪明个。（要说聪明，小王的儿子是聪明的）（徐烈炯、刘丹青，2007：131）

b. 我讨一只来吃吃，一吃，鲜是鲜来。（我要了一只来吃吃，一吃可真鲜）（徐烈炯、刘丹青，2007：132）

c. 听见辫桩事体，我个心跳是跳得来。（听了这桩事，我的心跳得可厉害啦）（徐烈炯、刘丹青，2007：132）

综合徐烈炯和刘丹青（2007）、张军（2012）及刘宗艳（2016）等，可发现"是$_3$"标记话题有两点共性。

一是话题有对比性。按照徐烈炯、刘丹青（2007：196—201），"是$_3$"标记的话题在表达对比时，最常见的是跟"末"标记的话题在话语中构成 [T_1是，C_1；T_2末，C_2；……] 构式，这时 T_1 与 T_2 对立特别明显。这显然跟"是$_3$"与"末"是两个不同标记有关。当然更与选择标记"是$_3$"相关，说明见对例（70）的分析例如：

(65) 侬上班介远，买部小汽车$_i$开开算勒。

小汽车是$_i$，买勿起，摩托车末$_j$，还可以考虑考虑。

即"是$_3$"对比的成分倾向在后，而"末"对比的成分在前。观察：

(66) 地上是（,）拾掇净了_收拾干净了_，桌子还要再擦擦。（横

山话）

(67) 酒是（,）他爱吃，烟是（,）冇爱的个。（论酒，他喜欢；论烟，他却不喜欢）（酸汤话）

例（66）的"是"标记的话题"地上"与无标的"桌子"对比，是凸显的。例（67）用"是"同时标记话题"酒"与"烟"，按照刘宗艳（2016）也有对比性，但在本书看来这两个话题的对比性及凸显度都不及横山话与上海话，而只是两个并列话题。

二是承上启下的语篇功能。观察：

(68) A. 这个茶咋个怎样？
　　　B. 这个茶是（,）不是好茶，就是价钱还便宜着叻。（横山话）
(69) A. 你吃得饭冇有？
　　　B. 饭是（,）我吃得去三碗。（酸汤话）

例（68）、例（69）显示"是$_3$"标记的话题是旧信息（accessible/old/given）。这在上海话（徐烈炯、刘丹青，2007：193）及湘语邵东话（林素娥，2006）中有同样的表现。例如：

(70) A. 侬东洋话$_i$会讲否？
　　　B. 东洋话是$_i$，勿晓得，大英话$_j$会话。（徐烈炯、刘丹青，2007：193）

例（70）的 B 的话题"东洋话"在 A 已出现，用"是"标记是有意凸显。B 的第二句话题"大英话"是新引进的，未用"是"；并且是在"东洋话"之后出现的。总之，从话题分布看例（68）的话题标记与由旧到新的信息分布模式合拍。

徐烈炯、刘丹青（2007：196—201）也曾指出例（65）的"是"与"末"不可换位。这其实是跟"是$_3$"的标记话题功能抵牾，"小汽车"是旧信息,作话题被标记最相宜的选择当然是"是₃",因为它滞留了"是₂"忆指或承指功能而有后拉效应。至于上海话标记新话题或转移话题,是用"末"或"倒"等,前者如例(65),后者如:

(71) 昨日夜里向倒,阿拉屋里向,蛮暖热个嘞。(就昨天晚上而言,我们家挺暖和)(上海话,徐烈炯、刘丹青,2007:92)

同样,横山话引入新话题或转换话题一定用"叻"而不用"是₃",酸汤话则用"呗"。分别如例(72)、例(73):

(72) A. 我们班王凯叻(,)可能行叻,回回竞赛得奖叻。(我们班的王凯,可厉害了,每次竞赛都得奖)
　　　B. 王凯是谁?我咋认不得不认识。
(73) 牛呗(,)吃秧;猪呗(,)冇关;鸡呗(,)进园……冇成个下数。
　　　(牛么,吃禾苗;猪么,没关起来;鸡么,进菜园……不成个体统)

"是₃"标记旧的或已激活的话题,这样的话题句自然有承前衔接或话语组织功能。这种承前功能,张军(2012)认为是"可能是对别人话语否定性回答、转折或纠正反驳"。其实不止于此,具体表现在如下三方面。

ⅰ)肯定回答与否定回答并存,分别如例(74)、例(68):

(74) A. 这个人若样个?
　　　B. 这个人是(,)好得很。(酸汤话)

ⅱ)转折或纠正反驳的,例如:

(75) A. 你得见我的书冇有?

B. 我得是（,）得见下的，这下又寻不倒嘎。（酸汤话）
(76) A. 听说小张正写小说着叻。
B. 小说是（,）那_他写不了_{不会写}。（横山话）

ⅲ）综合使用 ⅰ 与 ⅱ，如先肯定后否定或转折等，如例（75）、例（77）；或者是先否定后补充等，如例（70）。

(77) A. 你看人家那媳妇长得可俊_{很漂亮}叻。
B. 俊是（,）俊着叻，就是不怎_{不太}孝顺。（横山话）

再看"是₃"标记的话题句的启下功能。这体现在跟后续句是对立或让转关系之上，上海话、横山话与酸汤话都有表现，体现在以下三个方面。

ⅰ）与后续句语义对立。这在语用上就是转折，如例（63）、例（68）、例（70）。即使没有后续句，也蕴含（implying）着转折意味，如例（62）a 就蕴含着"绿的合身"等。顺及指出，刘宗艳（2016）认为酸汤话"是₃"同时标记先行话题句与后续话题句形成的是对举性并列句，这是着眼于语义关系方面的。观察：

(78) 他吃是（,）吃得多，做是（,）冇做。（论吃，他吃得多；论做事，做却不做）

刘宗艳（2016）认为例（78）的表达重心是后续句，先行句是衬托。二者语用上是转折，普通话释义用"却"就是证明。① 当然"是₃"标记的话题句有时没有启下句，但却同样蕴含着"让转"意味，如例（62）a，这说明"是₃"传承了"是₂"的［排他］，因为［排他］是让转意义产生的基础。

ⅱ）与后续句有让步关系。如例（77）就是先肯定"人家媳妇漂

---

① 并列与转折的关系说明见邢福义（2001：39）。

亮",然后进行转折等。张军（2012）把 i 与 ii 概括为欲擒故纵、先正后反表达。但是上海话这类话题句,徐烈炯、刘丹青（2007）认为让步色彩不明显。这可能跟它的语法化程度高有关。

iii）与后续句形成假设关系。这见于上海话,例如:

(79) A. 听说小张辣辣写小说。（听说小张在写小说）
B. 伊会得写小说是,我好做大文豪勒。（假如他会写小说,那我都可以做大文豪了）（徐烈炯、刘丹青,2007:90、212）

(80) 伊勿答应是,阿拉桩事体勿成功个。（他不答应的话,咱们的事儿就办不成）（徐烈炯、刘丹青,2007:212）

讨论显示不同方言中的"是$_3$"共性是:ⅰ）出现在陈述句;ⅱ）把旧的或激活的句子成分标记为话题,使话题获得［突出］与［对比］;① ⅲ）承启的话语/语篇功能显著。三者之中,ⅱ是根本。那么,话题被"是$_3$"标记后为何就能获得了［突出］与［对比］? 徐烈炯、刘丹青（2007:92）认为提顿词不仅仅是停顿代替物,还有强化停顿的语法作用并成为积极性的语法标记。这是从提顿词或句中语气词一般功能而言的,并没有说明"是$_3$"跟"末、也、倒"等相异之处。

我们认为"是$_3$"标记话题有作用或功能ⅱ,是滞留了"是$_1$"与"是$_2$"语义语法特征而出现的回头看效应。观察:

(81) a. 尔贡包茅不入,王祭不共,无以缩酒$_i$,寡人是$_i$征 t_i。昭王南征而不复$_j$,寡人是$_j$问 t_j。（《左传·僖公》）
b. 晋国之命$_i$,未是$_i$有 t_i也。（《左传·襄公》）
c. 醉而不出$_i$,是$_i$谓伐德。（《诗·小雅·宾之初筵》）

例(81) a 的"是$_1$"是所谓无条件的移位的标记主要原因,只能是

---

① 描述焦点特征的"突出"（prominent）是句法韵律等方面的,而如本书第二章第一节等的"凸显"（salience）是认知心理上的。

它紧邻回指先行小句信息,实现语篇的自然衔接或连贯。同样,例(81)b 的"是₁"前移还是为了凸显并回指先行成分"晋国之命";(81)c 的"是₁"处于句首,紧邻先行的"醉而不出"也是回指凸显该信息。

上海话、横山话或酸汤话的其他提顿语气词也可以标记话题,但仅靠语气,"是₃"却不同,它滞留有"是₂"甚至"是₁"的语义语法特征,可以以此去提顿,理据有三。

第一,"是₃"标记的话题是旧信息。这跟"是₂"及其前身"是₁"的功能特性一致。更重要的是,它标记的话题有[对比],[对比]是"是₂"的[排他]反映,只不过"是₃"的位置与"是₂"是镜像关系。如例(77)的"是₃"肯定"俊"必然排斥认知域中其他方面,如后续句"孝顺"就是被排斥的具体对象。总之,"是₃"滞留了"是₁"与"是₂"的语义语法特征。基于此,它标记的对象才会有张军(2012)描述的"隐含一种否定、排他义"。刘宗艳(2016)指出例(78)的两个话题对比性弱,显然是被"是₃"平行标记造成的。至于上海话"是₃"标记的话题[对比]弱,是尚需深入调研的。

第二,如刘宗艳(2016)所指出的那样,例(78)的"是₃"虽可用"嘛、呗"等替换,但替换后[对比]减弱。所以如此,是它滞留有[排他]或[示别]等,而"嘛、呗"等仅是靠语气提示的。

第三,"是₃"标记的话题有[回指][突出],因此,它才承上而没有重复感。同样"是₃"基于[突出]与[对比],再加上后面有提顿而导致了句子的语势高。语势高自然需要补足,从而才具有了启下功能。也正基于此,"是₃"标记的话题句启下时才与后续句有对立、让转、假设等连贯义。

若再把"是₃"标记的拷贝话题句,与普通话"是"为谓词的拷贝话题句(饱是饱,就是没有尽兴)联系起来,可清楚地看到普通话"是₂"在方言里已发展为前附性的标记话题或主位的提顿语气词,形式是[T是, C/R];而普通话"是₂"则词汇化为肯定述题或述位的动词,形式是[T, 是 C/R]。① 根据薛宏武(2009),"是₂"拷贝话

---

① 这里 T 兼表话题与主位。而 C 与 R 分别表示评说(Comment)与述位(Rheme)。

题句承上启下语篇功能也基本与这三个方言平行，不平行的仅在普通话的"是₂"是动词且倾向后附 C/R。

当然上海话、横山话或酸汤话"是₃"与湘语衡阳话的"是₃"也有共性，如例（52）的"是₃"表示反预期的"出乎意料"就是语用的对立、转折，只不过它是在句内的，不明显罢了。而上述三个方言的"是₃"着重体现在句子之间。另外，也表现在"是₃"在例（52）标记的是主位，而上海话、横山话或酸汤话的"是₃"标记的是话题。

张军（2012）推测"是₂"是同时朝着发展为提顿词与焦点标记两个方向演变的，基于本书看是成立的。只不过，本书不认为"是₂"是专职的焦点标记成分，并且"是₃"不是直接来自"是₂"而是来自句尾语气助词。

结　语

语气是句子的高阶谓词，有现实与非现实两方面。考察"有、在、是"表达现实肯定语气的形式、意义及性质等方面的共性与个性，发现三者及其构式在 VP 之前及在句尾，都可表达肯定语气。VP 之前是主观动词，句尾为语气（助）词。主观动词与语气词共性是表肯定语气的同时，还有持续/进行义。三者差异有二：一是语气词"是"还发展出句中提顿语气词，"有、在"无此功能；二是"在"有表达肯定语气的构式［在这里］，它在 VP 前与句尾又分别语法化为主观动词"在"、副词性代词"这里"与语气（助）词"在""哩"。这是"有、是"没有的功能。"有、在、是"表达现实语气的平行与不平行表现，是其基元、语义语法特征与语境互动造成的。

第二节　"有、在、是"非现实语气表达、意义及其特性

一　"有"的非现实语气表达、意义及特性

"有"是肯定事物或事件的存在，事物或事件"存在"是感知及

表达的前提。当该前提是非现实之时，基于其语义虚及句义作用，可用构式去表达假设性"条件"。

先看古代汉语。观察表7-2-1：

表7-2-1　　　　　先秦汉语"有"表达假设条件

	Ⅰ."有"肯定式表假设	Ⅱ.零标记肯定式表假设
a	君子以见善则迁，有过则改。(《周易》)	君子以见善则迁，Ø过则改。
b	不有废也，君何以兴！(《左传·僖公》)	不Ø废也，君何以兴！
c	有言逆于汝心，必求诸道。(《今文尚书》)	Ø言逆于汝心，必求诸道。

表7-2-1的Ⅰ与Ⅱ之间是变换关系，Ⅱa没有"有"，小句"过"是假设条件句；Ⅰa用了"有"，小句"过"还是假设条件句，但语气强、语势高。Ⅰb的"不有废"是否定性虚说，虚拟语气比Ⅱb的"不废"强烈。马建忠（[1898] 1983：179—181）也认为Ⅰb相当于"如果没有/不存在"，即表假设。Ⅰc与Ⅱc的虚拟语气关系与Ⅰa、b与Ⅱa、b的平行。

表7-2-1的"有"是羡余的。当"有"是必有成分之时，仍可表假设性条件，如例（1）的"有"就有"如果有或出现"之意。观察：

（1）且夫秦地被山带河，四塞以为固，卒然有急，百万之众可具。（刘向《新序》）

古汉语还有一个表假设的高频构式 [（今）有 X（于此）]，也可以说明"有"已具有表达假设义的功能。观察：

（2）今有一人，入人园圃，窃其桃李，众闻则非之。(《墨子》)
（3）今有人于此，少见黑曰黑，多见黑曰白，则以此不人不知白黑之辩矣。(《墨子》)

近代汉语"有"还能表达必要条件，此时它常常与排他性副词连用。例如：

(4) 老魔道："兄弟们仔细，我这洞里，递年家没个苍蝇，但是有苍蝇进来，就是孙行者。"(《西游记》)

"但是有"就是"只要（是）存在"，是条件意义。"但是"是强化条件唯一性或增强条件分句语气的副词，删去它，"有"仍是表条件的。此外，"有"还与"是"间隔连用表条件。例如：

(5) 只是他有子孙在，便是不可谓之无。(《朱子语类》)

现代汉语"有"表条件更常见或普遍，方式之一是跟排他性副词"唯、只"等高频连用。它们之间已构式化为功能性的词语。例如：

(6) 只有加强党的政治思想工作……才能逐步解决。(国家语委语料库在线)

(7) 唯有加把劲，方可到山顶。(国家语委语料库在线)

例（6）的"只"与"有"搭配稳定与使用频繁，已是连接性的动词语。类似的，还有如例（6）的"唯有"（亦作"惟、维"）。考察CCL语料库显示"唯有"没发展为连接性的词语，可能之一与"惟"重在表达强调语气有关，如王力（1999：466—467）指出它是在句首或句中帮助表达判断语气的；可能之二与它的使用率低有关，因为它是古语词。

现代汉语中与"只有""唯有"呼应的连词语多用"才、就、方"等。例如：

(8) 眼下只有加倍努力搞好生产，挣了钱，才能办其他事情。(www.cncorpus.org)

"有"表条件时还可以带"了"。一方面，"了"可软化条件句的

语力,① 使分句的语气趋于和缓;另一方面,还可表达"出现"或"具备了"等动态存在义。例如:

(9) 有了依靠教育发展经济的战略眼光,才会有加大教育投入、多办实事的自觉性。

先秦"有"已发展出表假设性条件的连接功能,且一直沿用至今。形成机制是它的语义虚,吸收虚拟语境义完成的,它仍是动词,这种意义本质上是构式义。必须指出的是,上述讨论的"有"字本身语势都高,有程度不同的不自足性,但语法化及构式化都可以使所在句语势趋于平缓或自足,前者如例(2)、例(3)的"有"已经语法化了,是个句法与语篇的接口虚动词,具体说明见本章第一节;后者如例(6)的"有",由于跟"只"构式化为词汇性的连词语,它所在小句的语势自然降低,自足性当然增强。

二 "是"的非现实语气表达、意义及特性
(一) 表假设条件
其具体有如下四类意义。
一是周遍性条件。表达形式是构式[是p就q]。观察:

(10) 是男子汉,就必须像藏獒一样勇敢无畏钻进草原凶险的黑夜。(杨志军《藏獒》)
(11) 我是想到就做,不让事情耽搁下去的。(BCC语料库)

若例(10)与例(11)没有"是",[p,就q]仍可以表达条件。比较二者及其变换式:

(10) a. Ø 男子汉,就必须像藏獒一样勇敢无畏钻进草原凶险

---

① "了"的语用功能是软化语力,与"着"对立,见薛宏武(2012b)。

的黑夜。

  (11) a. 我 Ø 想到就做，不让事情耽搁下去的。

 例 (10) a 是假设条件句，只不过"男子汉"是名词性分句。可见"是"是强化 p 与 q 之间假设性关系的，这显然是其靠高语势及[周遍]特征的体现。

 Heine 和 Kuteva（[2002] 2007：94—95）调查显示，判断词（系词）要么单独作表示假设条件的连词，要么用作这类连词的一个语素。比如，日语判断词的 nara 和 Chikasaw 语的判断词（h）oo 就单独发展为假设连词。Swahili 语假设连词 i-ki-wa 和俄语假设连词 esli 分别含有一个判断词语素 ki 和 li，二者功能相当于汉语"要是"。总之，"是"具有表达假设意义的功能，只不过独自表假设时是判断动词。

 "是"还跟统括副词同现表达周遍条件，形式是 [凡是 p 都 q]。"凡是"有词汇化迹象，它表达"周遍"条件跟"是"表达周遍条件是分析式与综合式的关系，比较例 (10)、例 (11) 与例 (12)、例 (13)。

  (12) 凡是一桩事，总要由浅入深，谁也不能生来就会呀。（张恨水《金粉世家》）
  (13) 凡是一个诱拐者必须干的，他都干了。（BCC 语料库）

 "凡""是"都有[周遍]之义，二者连用且是限定与被限定的关系，在韵律打包及高频使用中自然会词汇化的。另外，二者加合会造成例 (12)、例 (13) 语势强于高于例 (10)、例 (11)。这样"凡是"就表现为说话人的参照时间 RT 上的"唯一"，即"立界"功能凸显。其中例 (12) 的后续句是将然的，它自然表达的就是假设性条件；例 (13) 后续句是过去的，跟 RT 上表达的现实事态之间是"过去—现在"的假设关系。

 东北官话、晋语及江淮扬州话还可将"凡是"说成"是凡"。例如：

（14）是凡老朋友来，他都热情招待。（东北官话，许宝华、宫田一郎，1999：4160）

二是唯一性条件。其实"唯一"还是"周遍"，二者差异仅在于对"是"肯定的事物、行为的观察视角有异：前者着眼于外向的立界/排他，后者着眼肯定对象的内涵属性或外延量。同样，"是"表达唯一条件也有分析式与综合式两种，分别如：

（15）是诬告（,）就要判罪。（蒙田《蒙田随笔全集》）
（16）只要是真话（,）就行。（张炜《你在高原》）

例（15）是唯一条件的分析式，例（16）就是它的综合式。综合式有时为了增强唯一性的语气，还可以再加排他性副词，例如：

（17）但凡是垃圾，不都是靠着客户或者受众的二和傻来挣钱的吗？（张鸣《弟子规的傻众基础》）

"但凡是"是"凡是"前加"但"形成的，语势自然比"凡是"强。

三是假设性条件。例（10）、例（11）的"是"也可解读为表假设的，如"是人"就有"如果是人"的意义。它的否定式也可以表达假设，如"不是你提醒，我差点忘了"之类。当然"是"单独表假设，往往不及它表条件之时明显或解读频率高，因此常附在假设连词后。例如：

（18）假如是横的，将它截断。（BCC语料库）

"是横的"可以解读为唯一条件，也可以是假设性条件，放在"假如"后，只能表示假设条件。总之，"是"表周遍、唯一条件时语势强，是强式条件。它还有弱式，例如：

(19) 人们对赛马骑师的面扎,是过目就忘的。(BCC 语料库)

"是过目就忘"是弱式条件句,这与该小句在句尾有关。当然,也跟它还可以解读为"过目就忘"是内嵌于"是……的"的单句有关,因为歧义通常会削弱句子的语气。

四是表无条件的条件(unlimited condition)。这也有分析与综合两式,并且二者也是强式与弱势的关系。观察表7-2-2:

表7-2-2　　　　"是"表达无条件的条件句的形式

分析式	[是p] [是q]	a. 头发是多是少,已经没有意义了。 b. 是去是留,你可以自由地选择了。
综合式	[X是p] [(还)是q]	c. 不论是做问答题,还是写短文,都是申请者的一家之言。 d. 无论是真是假,都是极端重要性的。 e. 不管是吃饭还是睡觉,都要马上告诉他。

表7-2-2的分析式孤立看,显性表达的是选择义,如表7-2-2的 a 的"是多是少",这可通过如 c 那样加个"还"得到显示。之所以如此,是"是多"与"是少"为矛盾关系,二者并置为一体,只能是选择关系,否则不成结构。基于[[是p]与[是q]]是说话人在RT上的虚说,再加上后续句的提示,[[是p]与[是q]]当然能表达排除正反两方面的周遍义。这种意义经推理就是假设条件。即表7-2-2的 a 是表达"无条件"的条件句。当然[[是p][是q]]的"是"语义相对于例(10)的,语义还是实在的"是$_2$"。

表7-2-2的综合式由于有"不管"或"无论"同现,连接 p、q 的"是"可表达的选择关系被抑制。至于"是"跟"不论"以及跟例(16)的"只要"等构式化为词汇性的构式,构式动因与假设条件连词"凡是"的形成动因是一样的。而它们构式基础是连词与"是"的语义相宜,如"只要""不论"等本是反映说话人态度或信念的,"是"为主观认定成分,完全可强化"只要"及"不论"的"撇开 p 或 q"等的意义,增强排斥语气,这就是"是"在这类连词语中的作用。换言之,"只要""不论"与相应的"只要是""不论是"都是假设性

条件范畴的表达式,"是"是把该范畴次范畴化为真值式与语用式的成分。

(二) 表达转折

"是"的非现实肯定还可以表达转折（transitions）。方式首先是用 [X 是 X] 表达,这是容让性的转折。观察:

(21) 亮亮好是好,但不一定以后就还是光子的老婆。(贾平凹《人极》)

(22) 恨虽然是恨,但毕竟也并无那捉一匹来大家把它煮吃的心思。(沈从文《在私塾》)

(23) 伙计借了一遍,空着手回来说:"有倒是有,一刻儿可又找不着。"(张恨水《春明外史》)

这三例"是"的转折表达也有分析式与综合式之别,分别如例(21)与例(22)、例(23)。综合式的语气强,"是"可以删除;分析式的"是"可用"虽然"等让转（concessive）连词语替换。

[X 是 X] 表容让,徐烈炯、刘丹青（2007:345）认为跟它的肯定有关:如果说话人使用让步从句,则表明他对某事持肯定立场,肯定对自己不利的事实 A,但真正要强调的是 B。这是着眼于两个分句之间的关系,有些概括过度,如例(21)的第一分句很难说是对说话人不利的。陆俭明（2016）认为是述题 X 没新信息,相对于话题 X 是"原地踏步",原地踏步自然是容让。这可取,但同样是宏观的外部解释。薛宏武、胡惮（2009）则归结为"是"的 [排他] 与 [立界/示别] 的下抑语势,如例(21)的第一句表示"仅是亮亮好而已,其他方面被排除"。这意味着"是"本身就有表容让的潜在基础,若有后续句,后续句就是被排除的对象;若没有,它也内蕴这个被排除的方面。一言以蔽之,下抑肯定就是容让,排除的就是转折。

其次是与转折连词或排他副词构式化为转折表达式。构式化的基础是语义相通相宜。转折连词反映的逻辑或事理关系是 [p, ¬p]。

即先肯定一个事件或事态 p，后提出一个与之相反、相对或是预期之外的┐p。p 与"是"的［主观认同］相宜。

就能够跟"是"构式化的转折词语来看，其是开放的，例如"（然）而、但、虽然、不过"等，观察：

(24) 事实如果已经触犯刑律，必须依法惩处，但是主要还是得依靠思想教育。

(25) 该地区虽然是受旱，花生总产量仍将超过去年。

排他性的副词"但"表唯一，与"是"的［周遍］一致。二者语义相宜，自然可在双音化驱动下构式化为词语，例如：

(26) 房子依旧，只是换了主人。

"只是、就是、仅是"等是弱转或轻转，"是"基本是强制的，无之，仅凭排他性范围副词的低语势是无法表达转折义的，因为难与后续句形成显著的语义、语气势差。

不管如何，"是"有潜在的表转折的语义基础［示别］［立界］［排他］。跟排他的副词构式化之后，基于强语势与吸收语境义，发展出转折义或转折性连接功能实属自然。它跟转折连词语构式化后，作用不仅可强化转折关系，而且其本身表转折的潜势也现实化。张谊生 (2003)、石毓智 (2005) 及董秀芳 (2005) 认为构式化的"是"语义语法消失，其看法不充分。因为实体成分高频使用中会出现语义磨损，"是"也会这样。但我们认为它弱化的是句法语义功能，肯定语气并没弱化，形式依据有二。

ⅰ) 从句法语义真值上看"是"可删去，如例 (25) 可说成"虽然受旱，……"，但让转语气减弱，说明"是"能增强让转语气。ⅱ) 石毓智 (2005) 发现［adv + 是］句法位置灵活，可以出现在小句前，也可以出现在小句的主谓间，而相应的［adv］则只能出现在主谓之间。观察：

(27) a. 房间不大，倒是陈设挺讲究。
　　 b. 房间不大，陈设倒是挺讲究。
　　 c. 房间不大，陈设倒挺讲究。
　　 d. *房间不大，倒陈设挺讲究。
(28) a. 你要是瞅谁不顺眼，就给他穿小鞋。
　　 b. 要是你瞅谁不顺眼，我就给他穿小鞋。
　　 c. 你要瞅谁不顺眼，就给他穿小鞋。
　　 d. *要你瞅谁不顺眼，就给他穿小鞋。

同为连接性的［adv＋是］与［adv］之所以会出现上述的对立，归根到底在于"是"的语义语法功能。因为它本质是一个提升动词，如例(27) a、b 的深层结构如下：

Ⅰ (a、b).[_{CP}—[_{TP}—[_{VP}—[_V—[_{VP'}—[_{VP}[_V是][_{CP'}—[_{TP}—[_{VP}—[_V—[_{VP}[_{NP}陈设][_{VP'}—[_{VP}挺[_V讲究]]]]]]]]]]]]

"倒"是语气副词，表示反预期或反事实。它可以嫁接到Ⅰ(a、b)的 CP 之内的 VP' 节点之上与"是"合并为"倒是"。这样，CP' 之内"陈设"不移到 CP 的 TP 上的 spec 强调之时，生成的就是例(27) a；当"陈设"(提升)移到 CP 内的 TP 之上的 spec 强调时，生成的是例(27) b。简要过程如下：

(27) a. [_{CP}—[_{TP}—[_{VP}—[_V—[_{VP'}倒[_{VP}[_V是][_{CP'}—[_{TP}陈设_j[_{VP}—[_V—[_{VP}[_{NP}t_j][_{VP'}—[_{VP}挺[_V讲究]]]]]]]]]]]]

(27) b. [_{CP}—[_{TP}陈设_j[_{VP}—[_V—[_{VP'}倒[_{VP}[_V是][_{CP'}—[_{TP}—[_{VP}—[_V—[_{VP}[_{NP}t_j][_{VP'}—[_{VP}挺[_V讲究]]]]]]]]]]]]

至于Ⅰ(a、b)的"陈设"移位是选择性的，跟汉语对形态没有强制要求有关。这样，TP(IP)对指示语(spec)也没有强制性。因此，Ⅰ（a、b）可以直接投射为例（27）a，也可以将 CP'的"陈设"移位提升到 TP 的 spec 上面，使 TP 得到最大投射或解释，结果就是例（27）b。再观察例（27）c、d 的 D 结构：

Ⅱ（c、d）.[$_{CP}$——[$_{TP}$——[$_{VP}$——[$_V$——[$_{VP}$[$_{NP}$陈设][$_{VP'}$——[$_{VP}$倒[$_V$讲究]]]]]]]]

"倒"嫁接到Ⅱ（c、d）时，附着节点只能在 VP'。尽管其意义也是Ⅱ（c、d）的 CP 的内容构成之一，但 CP 却没有供它附着的语法实体，因此只能生成例（27）c 而不能生成例（27）d，基本过程如下：

(27) c.[$_{CP}$——[$_{TP}$——[$_{VP}$——[$_V$——[$_{VP}$[$_{NP}$陈设][$_{VP'}$——[$_{VP}$倒[$_V$讲究]]]]]]]]

(27) d.*[$_{CP}$倒[$_{TP}$——[$_{VP}$——[$_V$——[$_{VP}$[$_{NP}$陈设][$_{VP'}$——[$_{VP}$[$_V$讲究]]]]]]]]

例（28）的情况也可以作如上解释，只不过"要"是个情态动词而已。

而［conj+是］与［conj］的句位分布没有对立，这是由连词的特性决定的。观察：

(25) a. 该地区虽然是受旱，花生总产量仍将超过去年。
虽然是该地区受旱，花生总产量仍将超过去年。
该地区虽然受旱，花生总产量仍将超过去年。
虽然该地区受旱，花生总产量仍将超过去年。

但［conj+是］的让转语气比［conj］强。说明"是"的语气表达作用是没有消失的。

总之，"是"与副词/连词的语义语法特征相宜，才构式化为［adv/

conj+是］。它是构式的表达中心，当然对于［adv+是］来说它还是语法中心。即至少从语气表达看"是"的语法作用没有消失。基于此以及句法语义功能弱化的特征，"是"可视为表达词缀或附缀。

语气表达功能，也是语法实体的意义或功能的重要构成成分，不可忽视。再如：

(29) 龙青萍是自杀，不是他杀。(莫言《丰乳肥臀》)

按照黄伯荣、廖序东（2017：129），例（29）是并列复句。这当然是从真值考虑的，因为"自杀"与"他杀"都是"杀"，不过是同一行为的正反两面。但从表达看未尝不可视为转折，"是自杀"就意味着"不是他杀"。看来"不是他杀"羡余，它是表达重点。邢福义（2001：39）认为分句有时彼此并列，有时存在转折，转折与并列非截然对立而是相关的。我们认为相关之处就在于语义（语里）与语用（语值）层面的密不可分。例（29）的并列与转折层面不同：并列是语义层面，转折是语用的。正因为它是转折的，例（29）才具有添加"而/但/然而"等的基础。

方言"是"作非现实肯定之时，有一些个性化的连接功能，如句位分布、性质或意义等，值得关注。例如，中原官话的甘肃临夏话，观察：

(30) a. 你走是，我们想呢。(你如果走了，我们就要想你了)
b. 打死是，我情愿。(假若打死了我，我也甘心情愿)

据黄伯荣（1996：519—524），例（30）的"是"是句尾连接助词，与普通话"的话"相当。许宝华、宫田一郎（1999：4160）就指出湘语长沙话的"是"也有这样的用法，观察：

(31) 不是搭帮他是，我命都冇得哒。(如果不是他帮助，我命都没有了)

例（31）的句法语义结构是 [[₅不是搭帮他ⱼ] 是 Øⱼ]，"是"的语义管控对象为 S。因为"不是"本身就能表达假设关系，这样"是"失去句法肯定对象后，语义虚，只能作强化假设句 S 的成分。另外，它本身有表假设的潜在功能，吸收假设关系句义，经重新理解便成为表假设的语尾助词。

显然，作为句尾假设语助词的"是"形成机制跟本章第一节的句尾语气词"在、有"的形成机制平行。并且，其功能类型还是属于追加肯定，是右置拷贝句的一个次类。

值得指出的是，例（30）的"是"本质上跟本章第一节的"是₃"相通。一方面"是₃"标记话题/主位时，就是前附的；另一方面假设分句完全可语法化为话题的。① 比如，例（30）与例（31）中"是"标记的分句，也是可以看作话题的。

"是"表让步语气。如吴语浙江金华岩下话的句尾语气助词"是"，观察：

(32) 我弗去是。（我不去就是了）（许宝华、宫田一郎，1999：4160）

(33) 算数是。（算了）（许宝华、宫田一郎，1999：4160）

当然方言的"是"也可以与其他连词构式化为表示容让、假设及转折意义的词语。观察：

(34) 是则是海藏龙宫曾共逐，世不曾似水如鱼，谩踌躇。（元尚仲贤《柳毅传书》）

(35) 是呾在里方面住唔对。（但在理方面就不对）（闽语揭阳潮州）

(36) 伊是话今朝勿去，明朝去好哉。（他如果今天不去，那么就明天去好吧）（吴语绍兴）

---

① 相关研究可参见 Haiman（1978：564—589）与王春辉（2012）等。

例（34）的"是则"跟"虽则"相当，表让转。例（35）的"是咀"表转折，与"但是"相当。这两例的"是"也是表达词缀。例（36）的"是话"表假设，与普通话"的话"相当，"是"为词内成分。①

顺及指出"是"还可表原因（"目的"也是原因），这是"有"所无的功能。"是"表达原因属于现实肯定，但为了周延说明问题，在这里简单说明一下。观察：

（37）好好的一次郊游搞成这样，都是你。
（38）字写成这样，是因为钢笔不好使。
（39）这个会不一定是为了走走形式，是要真正解决问题。

《现代汉语八百词》（1999：499）认为这三例都表因，其中例（37）与例（38）、例（39）是分析式与综合式之异。分析与综合的表达效果同样是前者语势弱而后者语势强。表因的"是"是动词，是性属判断在语境中的表现，跟表条件、假设、容让等一样，在古、普都没有发展为连词。

三 "在"非现实语气表达、意义与特性

（一）表条件

非现实句中的"在"表达容让与条件之时，已发展为连词，这在方言中有所表现。韩启振（2016）指出它作无条件连词之时有单用式以及复合式，如"在乎""出在""由在""随在""介在""据在"等。

表7-2-3中的连词"在"兼表有条件或无条件关系义及容让义，二者难说有频率的高下之分。如 a 既表示"不管他来不来，我明天都得走"（无条件），也表示"任凭他来不来，我明天都得走"（容让）。相对来说，Ⅱ的［X 在］的容让义显著，这不仅表现在可以通过 d 与 e 把［X 在］释为"任凭"等，还表现在它们后面的小句都是表示

---

① 语气助词"的"与"是"意义相通，都表达确认，因此，"的话"与"是话"语义语法功能相当。

周遍义或句子有周遍义的"什么""怎仔""啥子""么哩"等成分同现。对此，韩启振（2016）解释为［X 在］表达纵予（容让）和无条件是相通的——条件的有无对结果没有影响，二者的不同仅在于"纵予"是列举出了一个条件，① 而无条件句举出的是周遍条件。

表 7-2-3　　　"在"为连词或其词内成分的方言分布

I 在	a. 在伊有来无来，我明旦都着行。	闽语福州
	b. 在_{不管}尔有几困难，都要送细人_{孩子}去读书。	赣语铅山
II ［X 在］	c. 在乎_{不管}你什么戏，我统要看。	吴语苍南
	d. 出在汝要文要武，我拢不惊。（任凭你要文要武，我都不怕）	闽南漳州
	e. 据在伊怎仔说，我夭是不相信。（任他怎么样说，我还是不相信）	闽语永春
	f. 随在啥子困难，我们都不怕。	西南成都
	g. 我一点都不饿，随么哩东西都不想吃。	赣语岳阳

不管"在"以何形式表达条件关系，也不论无条件义显著还是容让义显著，这两种情况都难分高下，它的主观性强。如韩启振（2016）指出偏句是想象、虚拟条件，主句常用情态词"要""着""会"和"不"等表达将来、假设、意愿等非现实事件，整个句子让步意味比较重。至于"在"表达无条件意义时总有容让义，这是二者之间有内在的衍生关系，韩启振（2016）刻画为"任凭义动词→纵予连词→无条件连词"演变路径。"任凭义"由动词"在"的"取决于"等义派生而来，"取决于"的"在"古今都普遍，例如：

（40）其尔万方有罪，在予一人。（《尚书·尧曰》）
（41）相声创作无论成功与否，主要责任都在我们自己，不能推给外界。（梁左《笑忘书》）

共时看"在"表达条件的两种形式，它们也可以视作分析式与综合式的关系。并且，从非现实语气的强弱看，是综合式强于分析式，因为综合式是近义或同义语素的叠加。因为据韩启振（2016），"由、

---

① 其实"容让/纵予"的语法条件项不止是一个，也可以是两个或几个等非周延项。

据、随"等都可表达"依凭"义。"由、随"表依凭无须多言,"据"表依凭的如:

(42) 出令不信,刑政放纷,动不顺时,民无据依,不知所力,各有离心。(《国语·周语下》)

(43) 据你讲。(随你说去)(周长楫,1998:21)

例(42)、例(43)均引自韩启振(2016)。再看"出":

(44) 秦王为人,蜂准,长目,挚鸟膺,豺声,少恩而虎狼心,居约易出人下,得志亦轻食人。(《史记·秦始皇本纪》)

韩启振(2016)认为例(44)的"出"是"居于、处在"义。这显然与"在"的定位定向语义成分相通,例如:

(45) 谋事在人,成事在天。

"在人"是把"谋事"定位在"人"上,也可解读为"谋事"是"出自或源自人"。看来,"出"与"在"的语义相通相宜。基于此,二者及其组合式自然可衍生出"任凭"的意义。至于"在乎"在定位义上发展出任凭义,更在情理,因为它仅是"在于"的变体。① 当它后面的 NP 有强施事性时,便可在"源自"等义上解读为"任凭"或"由让",如把例(40)的"在"替换为"在乎"即可看到,"都在我们自己"就是"都由/依凭我们"。

观察表 7-2-3 等还可以发现,"在"可强化非现实句的语气:如表 7-2-3 中 a 的"在"羡余,无之,第一个小句还是表虚拟的条件;有之,虚拟条件的意义更加显著。反过来,"在"用于增强虚拟

---

① 韩启振(2016)把"在乎"视作"在"的独用式,实则是复合式,因此我们把它放在 Ⅱ 中。

性的肯定语力而使之语义虚化而语法化为连词,进而使句子也趋于自足。同样,例(45)也可以做类似的分析。

(二) 表因果

"在"表因果是现实句中的表现。也就是说,因果意义跟"在"的非现实语气等关涉甚微。我们把这一部分放在这里讨论,是为了行文方便与研究集中之需。"在"表因果早有刻画,如权正容(1995)与邓永红(1999)指出它可用[在X下]表原因。例如:

(46) 张本善在那个女司机唆使下,借了一辆卡车,把家里有用东西……一扫而光。(阿城《爱情简史》)

"在那个女司机唆使下"表示由于"那个女司机唆使",才出现了后续成分表示的"结果"。这个"在"是动词,当然也可以看作通常所说的介词。值得指出的是,例(46)的"在"的因果表达是在单句框架之内,与例(37)—例(39)的"是"表因果的复句框架不同。

按照屈哨兵(2006),例(46)还表达隐性的"被动",因为"女司机"是"唆使"的施事而"张本善"是受事。其实[在X下]表达因果,还是"在"定位于"X下"产生的,受事"张本善"处于"那个女司机"之下,具有"覆盖"或"蒙受"意义。从听话人的视角推理,就是"张本善"处于被动位置。再看古汉语:

(47) 郤克伤于矢。(《左传·鞌之战》)

"于"的功能是把"伤"定位在"矢"上。"郤克"是受事,"矢"是致事。从解读看,与"张本善在女司机唆使下"一样,是[受事-V-致使]句法语义框架。直观看"矢"尽管是无生命的或无施事性,但并不妨碍从事件转喻的角度分析为有生命度的与施事性的成分。正基于此,古汉语才把"于"分析为引进施事的标记。当然"于"引进的NP是通常[有生]的,作被动或施事标记就更明显了,如例(48)的"虎"。

(48)昔者吾舅死于虎，吾夫又死焉，今吾子又死焉。(《礼记·孔子过泰山侧》)

例(47)、例(48)的"于"都可作引进施事或作被动标记，那么与之同属于定位肯定的"在"，处于［受事－V－致使］句法语义框架内，也是可发展为被动标记或表被动意义的功能成分，只不过，它的语义与性质比"于"实在而已。

"在"与"于"属于处所范畴的表达式。二者在［受事－V－致使］中是可以同时发展出表因果与被动的功能的，据 Heine 和 Kuteva（［2002］2007：199—200），这是有普遍性的。先观察处所范畴发展为被动句的施事标记，如阿尔巴尼亚语（Albanian）的 prej（相当于英语 at）本是前置处所介词，发展为前置施事标记，相当于 by。例如：

(49) shkruar prej meje
　　　PARTCP：write by 1：SG：ABL
　　　(written by me：被我写)

卢巴语（Luba）的 kù-dì ［there (where) is］发展为被动句的施事标记，例如：

(50) bà-sùm- ìne mu-âna kù-dì nyòka
　　　They -bite- PREF C1-child there：where-is snake
　　　(the child has been bitten by a snake：这孩子被蛇咬了)

再看处所标记发展为原因标记。伊蒙达语（Imonda）的处所标记 ia 就发展为原因标记，例如：

(51) Bob- na-ia adeia së-e-fe-i-me
　　　Bob-POSS-because work NEG DU-do-PAST-NEG

(we did not do any work because of Bob：由于鲍勃之因，我们没有做任何工作)

阿尔巴尼亚语（Albanian）处所前置词 prej（相当于英语 at）发展为前置原因（reason）标记，例如：

(52) dridhet prej së ftohti
Shiver. 3：SG：PRES from ART cold
(he shivers from cold：由于寒冷，他瑟瑟发抖)

"在"基于其【存在】及［定位/定向］，不仅发展为表示无条件的条件的标记，同时还发展出因果标记及作被动句的施事标记，这是多向语法化。

结　语

非现实句中"有、是、在"可以平行地表达条件义，但类别有异，分别是表达必要、充分及无条件的。"有、是"表达条件的语义基础分别是［-确定］与［确定］。"在"表达容让或无条件意义，由［定位］衍生而来。三者差异的另一表现是性质："有"是动词；"是"除动词外，还发展出句尾、句中语气（助）词；"在"则衍生出被动/施事标记的介词以及连词。研究发现，三者可强化非现实句的语气，基于此，它们语法化而使句子趋于自足。

第三节　"有、在、是"语气表达、构式化及特性

一　"有、在、是"的语气表达、主谓构式化及特性

三者在主谓构式化上不平行，"有"没有这方面的直接功能，"是、在"有，但构式的词汇性程度不同。

（一）"有、在、是"的肯定语气及其主谓构式化、特性

Givón（1984：72）指出主谓难以构式化是跨语言的普遍现象。汉语的主谓关系松散，构式化为词汇性成分更难。

"有的是""问题是""问题在（于）"是目前关注较多的三个主谓词。它们词汇化的原因，认为主要是韵律打包、认知推理等外部因素。就个例研究来说，其研究很充分，但有三个相关的根本问题需讨论。一是把三者形式为词归因于韵律打包，这对偏正、动宾或述补成词来说自然，因为它们句法语义与韵律对应，且在同一句法语义层次，尤其是它们结合紧密，没有停顿或明显的停顿阻隔。然而，主谓之间有停顿、跨层且结构松散，如何突破停顿阻隔是一个关键问题，因为仅靠人为的停顿挤压不可能形成结合紧密的主谓词。二是有人意识到"问题在（于）"是"问题是"变体，但没有解释它没有构式化的理据。三是这三个词语与"地震"等主谓词的构式相比，构式化的个性是什么？

下文从"有、在、是"语气和语义语法特征及其互动出发，讨论三者是如何突破主谓跨层及其之间的停顿的阻隔而构式化为词汇的。

1. "有的是"的词汇化

（1）我爸爸是弄古典的学者，家里有的是这种书。（王小波《怀疑三部曲》）

语感上，例（1）是例（1）a 的主谓之间停顿（书面表现为逗号）消失而融合形成的。观察：

（1）a. 我爸爸是弄古典$_j$的学者，家里有的 Ø$_j$，是这种书$_j$。

我们认为"家里有的"（S）与"是这种书"（P）之间的停顿的消失是内外两个因素的叠加：一是说话人可对 S 与 P 之间的停顿进行挤压，这是外因；二是"家里有的"与"是这种书"之间停顿小或者说二者之间语义语法结合紧密，这是内因。前者无须说明，后者具体包括两个因素。

首先,"家里有的"是语势高的状态成分,语义语法不自足,急需成分补足。比较:

(2) a. 吃的　b. 红的　c. 有的

例(2)的 a、b 转指 NP 之后语义自足,能自由作主宾语或独用。例(2)c 转指 NP 后,除作"分称"或"偏称"的代词之外,总是不自足的,尤其是作主宾语的时候。观察并比较:

(2) a1. 吃的没了　a2. 买些吃的
　　b1. 红的喜欢　b2. 喜欢红的
　　c1. *有的花了　c2. *花了有的

其中例(2)c1 与 c2 不可受,跟"有的"不自足有关。这样看来,例(1)a 的"有的"必定会吸引补足成分"是这种书"去诠释,从而能顺势轻易的吞掉其间的停顿。特别是说话人给"有的"指派重音之后,① 语势会更高,对"是这种书"吸引力更强。总之,例(1)a 的主谓关系客观上比一般的主谓句紧密,把它跟例(3)比较一下就会看到。观察:

(3) 他##浪费时间。

通常情况下,例(3)的主谓之间停顿,要比例(1)c 的要长一些,因此用了两个#符号。

再加上 S 与 P 句法语义密切相关,② 说话人不需多大主观努力就

---

① 这样"有"凸显对象的功能才能增强,使"有的"不定大量显著化,为"有的是"多量义表达提供了形式及心理依据(心理焦点)。最终使"有的"与"是"的句法重音模式由【轻-重】改变为词模式【重-轻】。

② Givón(1990:826,834—835)指出两个事件或状态的语义或语用关系越密切,编码时就越易融合。例(1)a 的 S 与 P 在表达经济驱动下完全可能融合。

可顺势轻易把二者之间的停顿挤压掉——形象说应是"吞掉",从而让二者融合为一体。

其次,例(1)a 的 S 与 P 能顺势轻易吞掉其间停顿而融合,跟"是"的语义语法特性也密切相关。依据第三章第二节,"是"滞留有"是$_{21}$"的特征,因此,韵律、语义语法有前附主语的特性。

基于上述两方面,例(1)a 就可以融合为如下的句子:

(1) b. 家里有的是这种书。

值得注意的是,之前的研究把例(1)b 等于例(1),即认为"有的"与"是这种书"之间停顿消失就意味着"有的是"的形成。这把复杂问题简单化了,因为无视"这种书"与"是"仍在同一句法语义层次的事实。

最后,我们认为"有的是"形成必得有个形式标记,即"是"语义语法及韵律得甩开"这种书"而跟"有的"形成组块。这是至关重要的一环。那么又是如何促成的?在本书看来,只能归结于"有"与"是"的类关系。Givón(1990:970)指出功能、概念或认知越接近的成分,越易被置于同一编码层,此即邻接象似原则。"有""是"语义关系密切,性质关系也比跟"这本书"接近,因此,"有的"在跟"这种书"争夺"是"中必会占优势。这样"是"才能在句法语义、韵律上把宾语"这种书"甩开而跟"有的"形成"有的是"。

总之,"有的"与"是"能突破停顿及句法语义层次阻隔,是基于"有""是"为类、语义语法特性及其互动,仅靠紧邻与人为打包是不可的。这里有个反证,例(1)a 表达逻辑等同之时,"有的"与"是"停顿大,韵律是无法打包为词的,因为说话人没有给"有的"指派重音,语势低,是无法吸引"是这种书"向它靠拢并结合为词的。可见"有的是"成词中"有的"语势与"是"的特性及其二者互动等相当重要。一言以蔽之,韵律压倒句法语义有条件,至少在"有的是"上如此。

顺及指出,根据"有""是"的语义语法特征还可以经济充分地解释"有的是"多量义的成因。"有"肯定认知属性显著的存在物，"这种书"被肯定后是不定大量。赵元任（1979：321）提出"有的是"的大量义由"有"表达，是客观的。但"是"的作用也不可低估，它可用［排他］［周遍］强化"有"的不定大量义。即"家里这种书多"且"家里都是这种书而没有别的"，这两方面加合就是"这种书多得是"。总之，通过"有"与"是"的语义语法特征及其之间互动完全可以经济充分解释"有的是"的形成，而没把推理、韵律打包等外因视为主导，是本末倒置。

2. "问题是"的形成

李宗江（2008）认为它已词汇化为负面话语标记，一是因为它是韵律词且凝固不能扩展，"是"轻读；二是"问题"的词义虚化；三是整个结构义有转折连词特征，是不可推导、规约的。这三方面都值得思考。

首先，"问题是"词汇化有形义两方面。李宗江（2008）认为它形式成词仅是线性韵律打包，而割舍了句法语义及层次等的内在基础，把问题简单化机械化了。其次，李宗江（2008）认为它凝固不能扩展是客观的，但没有说明为什么它凝固得比一般的主谓词如"地震"牢固。最后，认为"问题"语义虚，"问题是"转折义不能通过"问题"与"是"的组合推导出来，也不符合事实。

有学者已指出"问题是"的消极评价功能来自"问题"，是客观的，因为它本身就有消极性，观察《现代汉语词典》（2005：1431）解释：

①要求回答或解释的题目。如：考试一共有五个问题。
②必须要研究讨论加以解决的矛盾、疑难。如：思想问题。
③关键，重要之点。如：重要的问题在于善于学习。
④事故或麻烦。如：车床又出问题了。

其中①②③是中性的，④是消极的。由此可见，"问题"已发展出一个认知平均值低的评价义，并且在此意义上它是"唯定"的，即有发展为区别词之势。观察：

（4）问题—奶粉/猪肉/清单/餐厅/学生/孩子/车辆/国家……

"问题奶粉"指奶粉质量低于标准，是负面的。既然"问题"是负面的，"问题是"自然有负面义。观察：

（5）S₁瓶瓶回家打算再一次成了泡影。S₂离开了我们家，离开了坛城。S₃这个结局是命定的，是迟早要发生的。S₄问题ⱼ是[ₛ瓶瓶不告而辞，走得不知去向ⱼ]！S₅这显然不是一个很正常的结局ⱼ。（BCC语料库）

例（5）的"问题"语义是③④，是生发自S_{1-2-3}，如S_4就有[S_{1-2-3}的关键点是S]的意味。正因为如此"问题"才能替换S_{1-2-3}而衔接语篇，并对S_{1-2-3}评价。另外，"是"还可通过"等同"关系义把S的消极义赋予"问题"，使它的负面评价功能显著化。此外，"问题是"之前的S_{1-2-3}是叙事者预期内的，后面的S是反预期的，"预期—反预期"的语境本就有转折意味，处在其间的"问题是"具备了表达转折的基础。

"是"肯定S语法效应：一是其[主观认定]表达上就是"蓄势"或"容认"；二是[立界]或[区别]表达的是"仅此而已""不是其他"等抑制义，表达上就是内敛性的"转折"。二者叠加，"是"自然会有表容让转折的功能，这方面王力（1980：353）早有发现。看来"是"是"问题是"表达转折的内因。由此可见，"问题是"消极转折义完全可通过构成成分推导出来。

例（5）的S_4的潜语义结构是[瓶瓶ⱼ不告而辞是问题，Øⱼ走得不知去向是问题]。二者融合即：

（5）a. 瓶瓶不告而辞，走得不知去向 ᵥₚ是问题 ₙₚ。

从语篇功能看，例（5）a 的主宾倒装为例（5）b 的句子 S₄ 才能在语篇中自然地衔接连贯。①

(5) b. 问题_NP 是瓶瓶不告而辞，走得不知去向_VP。

值得注意的是，例（5）b 还不是例（5）的 S₄，因为"问题"与"是"是跨层次的且有停顿的主谓。当二者基于上述的语义语法、韵律等作用下词汇化之后，才是例（5）的 S₄。这里不得不指出的是，如例（5）b 进入例（5）中，在语篇衔接与连贯上有些突兀或不够自然，即自足方面不充分。究其因在于"问题"缺乏一个引导成分。把例（5）与例（5）c 作一比较，观察：

(5) c. 瓶瓶回家打算再一次成了泡影。离开了我们家，离开了坛城。这个结局是命定的，是迟早要发生的。有个问题，是瓶瓶不告而辞，走得不知去向！这显然不是一个很正常的结局。

由于例（5）c 的"问题"是用"有"引入的，又是后续句"是瓶瓶不告而辞"的话题，它的信息分布是由新到旧推进，自然不会突兀。因此例（5）c 比例（5）的语势平稳。换言之，例（5）是由例（5）c 融合而来的，即前者的"问题"是旧信息也是新信息，信息地位是次重的。② 次重的信息当然带有重音。由此可知，例（5）直接把"问题"引入语篇，就是为了蓄势形成高语势。

例（5）的"问题"是带重音、语势高的话题，属于心理焦点。自然有吸纳后续句的语义语法功能，加上"是"滞留有"是₂₁"的特征而潜在的具有前附"问题"的倾向，基于此，说话人才能顺势轻易

---

① 从形式学派看也可以视为"问题"的话题化或提升。
② Chafe（1994：90—93）把信息分为重要、次重及微重三种。重要指 NP 是新引进的且是交际目的；次重指 NP 是已知的或可及的，作用是交际起点或引出评说而不是交际目的；微重指主语位置上的不定指 NP 在语篇偶现后就很快消失，而非叙事的主要情节。

把二者打包融合为词。与此同时，"是"基于其提顿功能自然能甩开后续的宾语。可见"问题是"词汇化中，"是"的语义语法特征及其跟"问题"的语义语法互动是基础与关键。

至此，我们回答了"问题是"凝固或结合紧密的所在："是"滞留了"是$_{21}$"的前谓语特征，"问题是"是同位性主谓，说明见第三章第二节。这就是它比一般主谓词（地震）结合紧密的原因。并且，由于"是"有提顿功能，所以能把原有的动宾关系解构、甩开原来的宾语。

总之，"问题是"跟"有的是"形成机制一样，是"是"语义语法特征跟"问题"与"有的"等互动的结果。所谓线性紧邻以及人为的韵律打包仅是它们形成的外因，或者说它们仅是基于其间紧密的语义语法关系而顺势而为。韵律可以把"是"与"问题"与"有的"打包为形式词，但形式成词一定是语义语法成词的反映或体现，或者说语义语法为词是形式为词的决定因素。所谓韵律压倒句法语义是有条件的，至少在本书的对象是不充分、不客观的。下文考察的"在"的词汇化就是进一步的证明。

（二）"在"的肯定语气及其主谓构式化

有人意识到"问题在于"是"问题是"的变体，是可信的，因为"是""在"为类。与"问题在于"同属主谓词语的还有"意在""旨在""志在"等。其中"问题在于"是一个小类，而"意在"等又是一小类。

1. "问题在于"类词语形成及其特征

现有研究发现"问题在于"有两个特征。一是可扩展，说明它结构松，不是词汇词而是语法词。原因是"在于"没有"是"那样的前谓语特征。观察例（6）及其变换式 a、b：

（6）林语堂的文学主张作为一种流派的见解自有其存在的价值，问题在于它的排他性。

　　a. ……问题#在于它的排他性。

　　b. ……问题其实/看来/就……在于它的排他性。

二是孙慧妍（2006）发现它比"问题是"的转折性强。这可以解释为"在"的［排他］［定位］加上"于"的［定位/定向］之后，下抑语气强烈，基于此，转折性自然会增强。删去"于"语气便会变得比"问题是"的弱。观察：

（7）四十开始生活，不算晚，问题在"生活"二字如何诠释。（梁实秋《雅舍菁华》） vs. 四十开始生活，不算晚，问题是"生活"二字如何诠释。

例（7）的"问题在"转折性没有"问题在于"显著，当然也没有"问题是"的强。

"问题在"与"问题在于"的扩展关系在表达上就是弱式与强式的关系。强式跟"问题是"一样，常常是跟重转连词"但是""然而"等同现。观察：

（8）历史系在条件具备情况办一些诸如旅游文化这样的新专业，既为社会培养急需人才，也为学科建设积累资金，无疑是合理的。此其二……但问题在于，$_s$要明确这些毕竟只是历史学科的外延，而非其主干。

（9）更让王文洪和鸿昌公司心跳的是，虽然他们已先后向贤成投入了1.45余亿港币，但泰方压根就没按合同践约向深圳市政府申报港方加入贤成大厦股权的手续。但问题是，用大厦抵押贷来的数千百万元人民币，没有一笔汇入贤成公司账号，况且去向不明。问题是$_s$他们并不是施主，更不是冤大头，也不是发放贷款的银行。

如例（8）所示，"在于"语义实，对宾语 S 支配性强。基于此，"在于"跟 S 之间的停顿不及"问题是"跟 S 的长，比较例（8）与例（9）即可以感受到这一点。换言之，"问题"与"在于"的结合相对松。形义结合看，"问题在（于）"的词汇性低，但基于发展出消极转折义,可看作语法词。它没有词汇化,除跟"在(于)"语义实、对宾语支配力强而甩不开宾语之外,更主要的是,它没有"是"的前谓语特征及提顿功能。要与"问题"打包成为一个形式上的词,只能靠说话人去调节语气、停顿等。这样形成的"问题在(于)"的主谓关系必然松散且可以扩展,而不会如"问题是"那样凝固。

至于"问题在(于)"消极转折功能形成,基本跟"问题是"平行,只是在转折义形成中吸收"预期—反预期"语境义是一个极重要的环节。可见,用"问题"与"在(于)"的语义语法及互动,加上语境,也可解释二者没有词汇化及消极评价、转折功能的成因。

2. "意在"类词语的形成及其特征

"意在"类词语的形成基本平行,差异仅是词语的出现、成词早晚及使用率。下面以"意在"为例讨论形成,其余类推。观察:

(10) 该服务$_i$面向中国用户免费推出,∅$_i$意在与百度搜索竞争。

(11) zm$_i$君便发表了我在讲堂上说的话,∅$_i$大约意在申明我的意思,给我解围。(鲁迅《华盖集后记》)

首先,"意在"成词跟"意"语义语法特性有关。"意"是二价名词,语义结构为{想法、愿望:〈某人/事物(S)在某事物、某行为等方面(X)〉},如在例(10)中,X句法投射为"与百度搜索竞争",S投射为"该服务"。语料显示"意"与先行S之间通常是有间隔成分的(包括停顿),如例(10)的"面向中国用户免费推出"与例(11)的"大约"等。即使紧邻,其间也跨着层次,例如:

(12) 鸳鸯蝴蝶派的小说#意在供人们茶余酒后消遣,不严肃。(朱自清《标准与尺度》)

(13) 你以为我#意在使人惊奇么?(BCC语料库)

有时"意"与先行的S紧邻,是定中,无停顿与跨层。这是仿古用法,分别如例(14)、例(15):

(14) 建虏如今更举倾国之师，专攻松、锦，其意#在夺取山海关。(刘思奋《白门柳》)

(15) 我的意#在猛烈抨击我们酒国那些满腹板油的贪官污吏。(莫言《酒国》)

我们说例（14）、例（15）是仿古，因为古、近汉语都有大量的与之平行的事实。观察：

(16) 季子不能讨贼ⱼ，是其ⱼ意#在于立僖公也。(《朱子语类》)

(17) 伯牙ⱼ不答。又凝神一会，将琴再鼓，其ⱼ意#在于流水。(《警世通言》)

当然例（14）、例（15）的"在意"与例（12）、例（13）的有异，说明见下文。总之，光杆"意"处在句首并跟先行S相隔，特别如例（10）、例（11）的远距相隔，孤立看"意"所在句有点不自足。若说话人再给它指派一个重音，语势会增强，这自然会对"在"形成一定的吸引力。

其次，"意在"形成与"在"的语义语法有关。"在"相对于动作或行为动词，语义轻或虚。基于"意"的语势对"在"有吸引力，说话人压缩其间的停顿，可形成韵律词"意在"。当然"意在"成为韵律词的同时，意义也有一定的变化。如比较例（12）、例（14）可发现两点。

第一，例（12）是表达"新鸳鸯蝴蝶小说"的想法或意愿指向，例（14）重在表示说话人将"建房举倾国之师专攻松、锦"的行为定位在"夺取山海关"。

第二，因为"在"有［排他］，"意在"多少也有点蓄势转折意味，如例（10）的"意在"小句是表示"目的是与百度搜索竞争"而非其他，这跟先行句之间是有深究性的转折的意味。基于此，它才常与转折词语同现。观察：

(18) a. 我与汉卿结发夫妻，多年来情深意重。我自知伴狱是人间苦事，但意在分忧，无论付出多么大的代价，我也要去陪他！（BCC 语料库）

b. 该剧一改新派剧以往的以爱情、家庭为主的取材风格，而意在揭露社会黑暗、社会暴力。（BCC 语料库）

综合上述两方面可发现，例（10）等的"在意"已发展出新义，加上二者已具备成词的韵律基础，因此在高频使用中最终成词，如它在 BCC 语料库用例就达 16000 例之多。

"意在"形成中，"意"与"在"的语义语法及互动是基础，韵律打包是成词的动因。再观察一个反例：

(19) 苹果是落叶乔木……干呈灰褐色。（百度百科）

"干"是一价实体名词，与大主语"苹果"远距相隔，也有一定语势，但没有跟"呈"成词。原因是除二者是低频组合外，也跟"呈"是实义动词有关。因此，即使韵律可将二者打包为一体，也难以成词。

"意在"是语法词。"意"可用"旨"、"志"甚或"目的"等替换而意义基本保持不变。总之，用"在"的语义语法特征及其跟"意"的语义语法特征互动，同样可把它成词作出说明。当然它们与"问题是""问题在（于）"等的成词差异，在于韵律打包与频率等已成为一个主要因素，至少在形式成词方面如此。

（三）"是""在"的主谓构式化类型及特征

二者构式化为主谓词语有［S 是］与［S 在］两类图式（schema）。前者是词汇词，下称 Lw。其构成成分语义语法特征及互动在其成词中作用突出，如"有的是""问题是"。后者是语法词，下称 Gw，如"旨在""意在"，它们成词的因素平行。处在 Lw 与 Gw 之间的是"问题在（于）"词。

Lw 与 Gw 的成词因素有异：Lw 成词中"是"的语气、其他词内成分的语义语法特征及其之间互动等绝对是主导因素，而推理、韵律打包仅是外因。Gw 成词中"在"的语气、词内成分的语义语法特征等内因重要，但韵律打包、频率等外因同样是不可忽视的。

普通动词 V 也能构式为主谓词，如"头痛""地震"等，但都是语法词，为了与 Gw 区别，下称 Gv。它们成词是事件转喻，性质与单位通常都由动词短语变为名动词。在 Gv 形成中，韵律打包与高频使用是主导因素，词语内部关系极松散，性质与单位不稳定。观察：

(20) a. 地震了。
　　 b. 地在震。

在 Gv 形成中，词内成分语义语法特性作用甚微，这与 Lw、Gw 成词不同。基于此，可发现这两大类词语的凝固性也呈现出相应的不同，Lw 与 Gw 结合紧密而 Gv 松散。这两大类的三个次类的词汇性呈现出"Lw > Gw > Gv"状况。该连续体的词汇性从左到右减弱而语法性提高。相应的，肯定语气、语义语法因素在成词中的作用也是由左到右减弱，而韵律、频率等外在作用在增强。下面把上述基本内容总结为表 7-3-1。表中的"空白"表示有相应的特征或因素，但非根本。

表 7-3-1 "是""在"及相关的主谓构词的因素、词语类型、特征

	词例	成词核心因素				词语类型		成分紧密度	
		词内成分语义语法特征	隐喻	韵律	频率	词汇词	语法词	松	紧
Lw	有的是	+				+	−	−	+
Gw	意在	+				−	+	+	+
Gv	地震		+	+	+	−	+	+	−

二 "有、在、是"的肯定语气及其动宾构式化、特性

三者的肯定语气在其动宾构式化之时都有着重要作用。这在第四章第二节等已有叙述。其宾语的类型如表 7-3-2。

表7-3-2　　　　　　"有、在、是"动宾构式化的对象

	名词	量成分	代词	形容词	动词
有	+	+			+
在	+	+		+	+
是	+		+		+

表7-3-2的"空白"表示没有相应构式化能力或构式化能力弱，量成分包括数量与性状量。"有、在、是"跟名词、动词构式化原因很多，其中一个重要因素与它们的状态性蓄势而具有的强语气有关。例如：

(21) a. 老张有水平。
　　 b. 吸烟有害健康。
　　 c. 他有点冷。

作陈述句，例(21)都不自足：例(21)a的"有"肯定了"水平"，但没有诠释"水平"怎么样，句子语势高，再加上"老张"和"水平"是无标关联，交际中信息没有足量。当"有水平"构式化为表示"水平高"的词语后，句子由陈述变为评价水平的高低，达到了自足。同样例(21)b的"有"肯定了"害健康"，但没诠释"害"的程度或方式等，也不自足。要自足就得降低语势，可选择方式之一是降低"有"的肯定性。基于"有"与"害"紧邻，韵律为词，最后构式化为语法词。这种情况下"有"一方面是词内成分，句子语势自然减弱而趋于自足；另一方面"有害"成词后，二者原有的动词性都减弱而名词性增强了，[①] 这显然有助于句子的自足。例(21)c也是如此，"有冷"是无界的不自足的状态肯定式，语气强，"有"带上有界成分"点"且词汇化后，句子有界化，肯定语气减弱，趋于自足。

"在、是"比"有"的肯定语气强，因此，二者所在的句子更不自足。例如：

---

① 沈家煊（2013）指出双音化是汉语准形态手段，功能是增强名性、减弱动性。

(22) a. 这话在理。
b. 罪犯在逃。
c. 话在稳。（厦门话，许宝华、宫田一郎，1999：1776）

例（22）是不完整体，句义不自足。但如"在理"构式化为词语之后，即其为词，"在"是词内成分，句子由叙述变为评述，肯定语气减弱，便实现了自足。例（22）b 的"在逃"构式化词语后，动态性减弱，名词性增强，肯定语气减弱，句子也趋于自足。例（22）c 的"在稳"构式为词后（表示可靠或成功的把握），也是自足的评论句。

"是"字叙述句语气最强，句子更不自足。当它跟肯定对象构式化后，句子也可趋于自足，如"这话是理"的"是理"构式化为评价词语后，自然比作叙述句自足。同样，"是"肯定疑问代词句，疑问句的语气更重，词汇化自然也可以降低疑问语气，下面从黄伯荣（1996：519）引用两例，观察：

(23) 或本册着找是谁借则借有里？（那本书得找谁借，才能借到呢）
(24) 外面在拍门兀（是）是谁啊？（外面敲门的是谁啊）

例（23）的"是谁"词汇化后，"是"为表达词缀，显然降低了句子疑问语气。正因为"是谁"词汇化降低了句子语气，所以为了强化疑问语气，还需要再用"是"去再肯定，如例（24）。

"是"肯定 VP 的句子同样语气重，作叙述句也不自足。这种情况下构式化为词语也是自足的途径之一，这方面方言有较充分的表现。如观察本书第六章第三节表 6-3-10，可发现仅从字面上"他写的字是来"有排他性，语气强，句子不自足。但"是来（劲）"成词之后，句子的排他性消失，语气自然减弱，句子自足。至于"是"成为"是要"及"是必"等词内成分后，由于不是句子或句法成分，也可弱化其肯定语气的，使句子趋于自足。

总之,"有、在、是"表达的语气强,它们的动宾式构式化为词语不仅可以使句子趋于自足,而且同时形成了大量词语。这些词语是跨类的,有名词、形容词、动词、副词、代词、(语气)助词、词缀等,如表7-3-3所示。

表7-3-3　"有、在、是"构式化为词语的对象类

	名词	形容词	动词	代词	副词	助词	词缀
有	+	+	+	+	+	+	+
在	+	+	+	+	+	+	+
是	+	+	+	+	+	+	+

表7-3-3的词缀是"有、在、是"构式化为词语之后重新分析而来的,包括词缀、表达词缀或附缀等。先看"有"字词语:

(25) 有周(名)　有情(形)　有请(动)　有些(代)
有些(副)　有加(助)

表7-3-3的"在"动宾构式化在闽语有系统表现,下面从许宝华、宫田一郎(1999:1775—1776)选取一些词例,观察表7-3-4:

表7-3-4　　闽语"在"动宾构式化的系统表现

词性	词语	意义	方言
名词	在头	头里	福建厦门
形容词	在稳	稳当、可靠	福建厦门
代词	在处	那里	海南琼山
动词	在伊	由他	福建福州
副词	在本	本来,从来	福建厦门
助词	在里	呢(语气兼持续)	福建厦门

"是"字动宾词语已在上文列举了形容词、动词、副词的(第六章第三节表6-3-10)。再看名词、助词词例。例如:

(26) 是处(江淮鄂城)　是谁(谁)(闽语福建)　便是

（句尾语气助词）（普通话）

"有、在、是"是语气强的状态动词，所在句语势高，蓄势待发，不自足，通过构式化为词语是句子趋于自足的途径之一。与此同时，构式化不仅可产生一大批相关的词语，而且三者作为词内成分由于虚化，还会经重新分析为词缀等"新范畴"。这是它们构式化的两个语法效应。

三 "有、在、是"的肯定语气与状中构式化、特性

三者作叙述句谓词时，状位还会出现一些副词、形容词等。这会增强它们的肯定语气，使句子更不自足。为实现句子自足，构式化是一个最优化选择。因为构式化还可形成一些词语，丰富表达。当然三者构式化能力不同，表现为"是＞有＞在"。"在"基本没有构式化能力，常见的就是可作主谓与状中解读的"实在"。"有"也很弱。观察：

(27) 只是　总是　准是　真是　别是　硬是　仍是　光是　老是　愣是　倒是
(28) 只/唯有　真有你（的）

"是"与副词、形容词构式化为词语已有诸多描写。它们的构式化是跨层连用，例如：

(29) 他们只是看看，结果一看就赖上不走了。
(30) 他们是看看。

例(29)的"只是看看"原本结构层次是 i) [_AC 只 [_VO 是看看]]，由于"只""是"都是排他的，语义相宜且是限定关系，线性紧邻，具备了构式化基础。构式化后结构层次是 ii) [_AC [只是] [看看]]。构式化前的 i 语气重，表唯一性判断，"只"限定"是看看"；

构式化后 ii 的"只"是限定"是",凸显"是"的排他性,"只是"表"仅是看看而已"认识情态。这一意义变化就是构式化的前景义。总之,"只是"构式化之前是表达命题义的跨层结构,句子有点不自足,构式化后表达认识情态语气,句子趋于自足。比较例(29)与例(30),即可看到后者不及前者自足。

例(27)的"只"与"是"的语义语法特征都是[排他],"只"的[排他]对"是"来说羡余。理论上看二者加合后肯定会语气倍增,但事实上没有达到"倍"增。这印证了Givón(1979:346)所言"重现最终会失去感知凸显性,若产生一个新的令人吃惊的经验义,那是有高度凸显性的"。"只是"作为排他肯定的组合,它的下抑语气或转折意义就是该词语的新意义,这也是高度凸显二者排他的方式。总之,基于二者形式为词且又有新意义,它们已经词汇化了。

顺及指出,当"是"肯定的小句作推测、言说动词宾语时,也可跟它跨层构式化的,如"怕是、算是、听说/据说是、应是、有道是"等。董秀芳(2005:173)认为这类词语是副词,例如:

(31) a. 他说是看看。
　　 b. ?他是看看。

孤立地看,例(31)b相对于a不自足。不自足,跟"是"肯定有关。"是"在例(31)a中由于成为"说是"的词内成分,句子肯定语力减弱,句子趋于平稳自足。总之,"说是"的"是"不承担词义或真值的羡余成分,加上这类词语使用率高,能产性强,"是"最后语法化为词缀。需要注意的是,"是"是词缀而不是表达词缀,因为"说"表达动作真值,而"说是"表认识副词,它们是两类词。

再看例(28),"只有"与"唯有"适用语体有异,其他相同,它们是跨层构式化为词语的。它们构式化为词语之后表唯一性条件,句子的虚拟语气减弱。例如:

(32) 只有他去,才可以早早结束谈判。

四 "有、在、是"肯定语气、与连接成分的构式化及其特性

"是"本身就有较强的连接功能，本章第二节等已有讨论，跟连接成分构式化后仍然如此。这方面是"有、在"难以企及的，这无须讨论。下面对"是"构式化及其特性等讨论，并关涉"有、在"。"是"构式化后基本是表达词缀，可给连接词语添加情感义或增强连接成分的意义。观察表7-3-5：

表7-3-5　　　　"是"与连接成分构式化类型及其特性

连接性词语		独用	合用
	名词		一边/面 p 一边/面 q；一方面 p（另）一方面 q；一会儿 p 一会儿 q……
			首先 p 其次 p；（第）一 p（第）二 q；一来/则 p 二来/则 q……
	副词	又　还　似乎　甚至　尤其……	又 p 又 q；有时 p 有时 q……
	连词	或者　因为　则　但　虽……	不管/哪怕/即使 p 都/也 q；虽然 p 但 q……
	动词	总之　特别……	

表7-3-5说明：ⅰ）与"是"构式化的连接成分数量封闭，由于表格容量有限，仅列举了几个；ⅱ）"其次"是指示词或代词，它们与数词"一"等相同，都跟名词关联，故放在一起；ⅲ）动词包含形容词，如"特别"之类；ⅳ）表7-3-5部分词语与"是"构式化为语法词而非词汇词。下面分类进行说明。

（一）与NP合用连接式的构式化及其特性

（33）母亲和舅舅，一会儿是和风细雨，一会儿是疾风暴雨；一会儿讲亲情，一会儿讲道理；一会儿说过去，一会儿谈希望。

（34）一边是产品涨库停产，一边是油品缺乏打告急电，究竟油是缺还是余，搞不明白。

（35）一方面是万丈高楼平地起，另一方面是急等住房的人年复一年地干着急。

这三例的"是"重读、语气强，与合用连词语同现是为了表达情感，表现为它还可出现在 NP 连词语之前而保持句义不变。如例（33）的第一、二小句可变换为：

（33）a.ᵗ母亲和舅舅，是一会儿和风细雨，一会儿疾风暴雨。

即"是"管控的是［一会儿 p 一会儿 q］。可见"是"是指向说话人的主观成分。当然，它还起着事态化事件 p、q 的作用，观察例（33）的第三、四小句的变换式：

（33）b. 一会儿讲了亲情，一会儿讲了道理。
　　　c.＊一会儿是讲了讲亲情，一会儿是讲了道理。

也就是说，［一会儿，一会儿］可容纳事件 p、q，如例（33）b；而 p、q 在［一会儿是，一会儿是］被事态化了，表现为即使 p、q 之内有"了"，也可删去，如例（36）的"了"就可以删去。观察：

（36）一会儿是蜘蛛网挂住了她的帽子，一会儿是树枝打了她的脸。（BCC 语料库）
　　　→a. 一会儿是蜘蛛网挂她的帽子，一会儿是树枝打她的脸。

再看例（33）b 的意义。它表示的是短暂时间内 p、q 交替率高，相对而言例（33）的交替率更高，显然这是"是"的主观增量功能的体现。比较例（33）及其 b 还可看到：前者有显著的被感染（deeply affected）的情绪义，说话人被"母亲和舅舅"大量频繁的交替言行感染。

闫梦月（2015）指出［一会儿是 p，一会儿是 q］是联想呈现式，p、q 是说话人从其聚合中呈现出来的有限成员。它们是句义解读的触发点，以之可激活并联想到其他成员，如例（33）的"母亲"与"舅舅"所谈的情况不仅仅是"和风细雨""亲情"等六方面，其他的潜存在说话人心里没有呈现。它们只在句义解读时才会被激活并浮现出来。基于此，该构式才有多量义。当然这类构式呈现的成员有时是说话人心理上的全部成员，但"是"还是增量，如例（34）是说"油"的问题多。

联想呈现句有跨语言普遍性。观察 Koasati 语（a Muskogean of Louisiana 马斯科吉）的合用后缀-ó: t 构式：

（37）Akkámmi-t　 ow-i: sá-hci　 hahci-f-*ó: t*　 oktaspi-f-*ó: t*　 kámmi-fa.

be. so-CONN　　LOC-dwell. PL-PROG　　river-in-REP　　swamp-in-REP　be. so-in.

so they live in rivers and in swaps and in suchlike places. （他们就生活照河流沼泽之类的地方）

例（37）转引自 Haspelmath（2007）。CONN 是 connector（连接成分），LOC 是 locative（处所），REP 是 representative（呈现）。会发现受联肢 hahci-f（在河里）与 oktaspi-f（在沼泽里）是用附缀 ó: t 的合用式连接起来的。例（37）除联言肢 ó: t 后附于受联肢之外，其他方面跟"一会儿"合用式是平行的，表现在两个方面：

一是 ó: t 合用式连接的是 NP，合用"一会儿是"也可以连接 NP，如例（33）；二是合用 ó: t 特征也是联想呈现。Kimball（1991）指出尽管 ó: t 有时可单独用在名词后，但该名词已被意向化为一个潜在名词集合中的一个呈现成分。例如：

（38）asá: l-ó: t　　talibo: li-t　　sco: pa-t.

basket-REP　　make-CONN　　sell-CONN.

she made and sold things **like baskets**.

asá: l-ó: t 表示"篮、筐、篓"等。据此看，合用 ó: t 表达类型及特征是呈现性的。Haspelmath（2007）也持同样看法，指出它的功能是呈现潜在大类的若干实例。Corbett 和 Mithun（1996：1—17）与 Corbett（2000）进一步指出 6: t 的呈现性是源自它是个联想性的复数标记。这说明呈现表达与联想解读是密切相关的一体两面关系。

值得指出的是，表7-3-5的"首先"类词语的合用式被"是"肯定后，感染义是强调受联肢。例如：

（39）这次会谈之所以能取得多方面成果，首先是商谈题目是两岸同胞共同关心的问题；其次是在大原则确定后，要充分授权给会谈者；三是在目前情况下，回避政治敏感问题；四是在会谈中尽量考虑对方的实际情况。

总之，"是"与表7-3-5的 NP 连接成分构式化为语法性构式，作用是显示说话人情感或态度。这有来自"有"的类支持，观察比较例（35）及其变换式：

（35）a. 一方面（有）万丈高楼平地起，另一方面（有）急等住房的人年复一年地干着急。

例（35）a 没有例（35）的语气强，也没有增量功能及被感染的表情作用，因为"有"的作用是列举。

（二）与连接性副词语 adv 构式化及其特性

连接性的 adv 也有独用与合用两类。先看"是"与独用副词构式化的情况。观察表7-3-6：

表7-3-6　"是"与连接性 adv 构式化为词汇性构式及实例

	Ⅰ. adv 是	Ⅱ. adv
a	就是我们纵有福气，也要加以爱惜	*就我们纵有福气，也要加以爱惜
b	红烧鸡里酱油还是公主娘御手亲自下的	*红烧鸡里酱油还公主娘御手亲自下的
c	他们未必信基督，只是入乡随俗	?他们未必信基督，只入乡随俗

比较表 7-3-6 的 Ⅰ 与 Ⅱ，可发现 Ⅰ 的"是"不可删。它跟 adv 不仅是个韵律词，并且已有新意义或功能，是词汇性构式〔adv 是〕的实例。如 Ⅰa 的"就是"表容让，Ⅰc 的"只是"也有转折意味。即"就是、还是、只是"已是词语。

"是"跟合用 adv 构式化的情况与上文〔一会儿是 p，一会儿是 q〕构式化机制相同，只是意义有异。例如：

（41）他们又是冷箭，又是暗器，拼命从后面追赶。（欧阳予倩《渔夫恨》）
（42）万小景有次去找李宝丽，看到一个乡下客户对她又是骂又是吼。（方方《万箭穿心》）

例（41）、例（42）的〔又是 p，又是 q〕已构式化，表示 p、q 之多，前者表示追击者发出的武器的类及数量多，后者表客户对"她"的恶毒言行多。

闫梦月（2015）指出"又是"已构式化为词但词汇性低：表现之一为"是"可用"有"替换；表现之二是不同性质的 p、q 已中和。中和指谓词性 p、q 有指称性，而名词性 p、q 呈现出一定谓词性。观察：

（41）a. 他们又有冷箭，又有暗器，拼命从后面追赶。
（42）a. 万小景……看到一个乡下客户对她又有骂又有吼。

例（41）与例（42）及其 a 真值等同，"冷箭""暗器"有陈述性，与"有冷箭""有暗器"相当；"吼""骂"也指"骂""吼"行为本身。体词与谓词在"又是"的合用式中和，在受联肢是异类成分时表现更充分，观察例（43）：

（43）说不出的又是丧气，又是恼怒，又是悲哀的神色，连连地摇头。（老舍《北京人》）

并且，例（43）这种情况也有跨语言的普遍性，观察日语：

（44）John **yara** Mary （**yara**） ga yattekita
John REP MARY REP NOM come（John and mary (**among others**) come）．
（又是约翰，又是玛丽，都来了）

Kuno（1973：121）指出例（44）的 yara 合用式使用前提是：当且仅当说话人被列举的行为、性状或事物等激怒或感染。需要指出"激怒"不能完全涵盖合用式的意义，倒是"感染"得恰且涵括性强。

再如"有时"的合用式与"是"的构式化。它与"一会儿是"合用式相通，都指 p、q 在某时段交替出现率。不同在于"有时是"表示 p 与 q 交替率低，可概括为"不定"。观察：

（45）有时是一个个方格儿，有时是一个个钩子……这种铁道不用说工程大极了，有些简直是笔陡笔陡的。（朱自清《欧游杂记》）
（46）我们的心在跳着，有时是那样平静，有时是这样激烈！（路遥《你怎么也想不到》）
（47）有时是骑马赶来把他追了回去，有时是赶到前面挡住他的去路，有时又是骑马同行看管着他。（BCC 语料库）

这三例意义仍是"被影响"，语境有提示：例（45）是被铁路建设工程震撼，例（46）是被沉默静止影响，例（47）是被受阻拦激怒。总之，"是"是指向说话人的主观成分，肯定［有时 p，有时 q］并与之构式化。构式化动因是主观化与高频。

（三）"是"与连词语构式化及其特性

这也有独用与合用两种构式化，它们极普遍。先看它跟独用连词的构式化。需要提前指出的是，"独用"连词语是相对的，因为有些连词语也常常以合用式出现，如"或者、则、但"等。观察：

(48) 他只有二十多岁，像一个研究生，或者是高年级同学。（王小波《东宫·西宫》）

(49) 他还是围着无双腻歪，向她提出各种建议，或者是给她打气。（王小波《怀疑三部曲》）

例(48)、例(49)的"是"羡余，功能是以［主观认定］降低"或者"的或然性。这种情况"或者是"是韵律组块，语义密切相关，高频使用中已构式化。只不过跟"则是、但是"相比，语法性较高，可视作短语词。观察：

(50) 刘蓉蓉乐得抱着母亲亲了又亲，姑妈则是黑着脸冷冷地看着她们。（颜歌《悲剧剧场》）

(51) 全家人都已疲惫不堪。但是，韩子奇心里牵挂着女儿。（霍达《穆斯林的葬礼》）

例(50)、例(51)去掉"是"仍是转折句，"是"是强化转折语气的肯定成分。至于"则是"或"但是"的构式化基础，是基于"是"的语势强等，同时也跟"但、则"语义相宜有关。

与"是"构式化的合用连词语有三类，一是表假设、让转，如"即使、哪怕"等；二是表条件，如"只要、不论"等；三是表因果，如"因为、为了"等。它们与"是"构式化动因是频率，机制是语义相宜，因为"是"本身就能表容让、条件或原因等。观察表7-3-7：

表7-3-7　　　"是"与连词语构式化类型、实例

		I	II
虚拟	让转	即便是高才，也无用武之地。	即便∅高才，也无用武之地。
		虽然是挪用，但也应定贪污罪。	虽然∅挪用的，但也应定贪污罪。
		哪怕是破破烂烂的，我也乐意。	哪怕∅破破烂烂的，我也乐意。
	条件	只要是弃国民党，都是同志。	只要∅弃国民党，都是同志。
		不管是搞什么经营，都须尊重农民。	不管∅搞什么经营，都须尊重农民。
		不论是进攻还是防守，都得拼力。	不论∅进攻还是防守，都得拼力。

续表

		Ⅰ	Ⅱ
现实	原因	既然<u>是</u>上街，就多买一些回来吧。	既然 Ø 上街，就多买一些回来吧。
		字写成这样，因为<u>是</u>钢笔不好使。	字写成这样，因为 Ø 钢笔不好使。

比较表 7-3-7 的Ⅰ与Ⅱ可以发现，构式化之后，"是"是强化连词语的连接关系或意义的语用成分，是表达词缀。相对于"肯定"句子（即没有构式化前），它们构式化都使句子语势趋于降低，从而使句子自足。

（四）与连接性动词构式化及其特性

跟"是"构式化的连接性动词语不仅数量有限，而且基本是独用的。例如：

（52）西部地区经济社会发展水平，<u>特别是</u>偏远地区，还比较落后。

（53）市场占有率减少几个百分点并不重要，<u>特别是</u>利润仍在令人满意的水平。

"特别是"词汇化后，所在小句语力降低了，因为"是"不再是句子成分而是词内成分，这样句子的肯定语力自然降低。

结　语

"有、在、是"跟连接成分构式化后，降低了它们作句子成分时的肯定语气或语势，使句子趋于自足或平稳，同时也强化了连接词语的意义、语气甚至产生新义等。此外，还给汉语增添"新"的词语，从而跟原有词语把同一范畴次范畴化，形成表达上的强弱式。在此过程中，三者或者作词内词根、或者演变为词缀/表达词缀。不论三者表达何种语气、构式化何种词语，其语义语法特征在构式化中都是重要的因素。

第八章 "有、在、是"信息功能、话语功能及其特性

第一节 "有、在、是"话题表达、意义及其特性

一 "有"的话题表达及其特性

话题表达属于语法单位的信息功能。本书的信息指表达事件、状态或行为（event, state or act）等的概念，下概称事件。信息结构指事件的 VP 与参与者 NP，在语篇结构化信息形成的句子、语篇或话语（sentence, text or dialogue）。从静态分析上，它可刻画为由 VP 与 NP 构成的事件句的基本句法语义层面。信息功能指信息结构中 NP 与 VP 的语用功能，NP 主要涉及指称、信息状况及句位表达等，本章主要关注话题、焦点表达。

"有、在、是"都有话题表达功能，但方式、层级及类型有异。讨论前交代以下四点。一是 NP 信息状况有重要、次重及略重，所指见第七章第三节说明。二是信息表达，指 NP 与 VP 在句法的编码，前者指 NP 作话题还是非话题，作话题又如何在句位表达等。三是本章话题是广义的，包括主位上 NP 及非 NP，还包括其他句位上的 NP 成分及非 NP 成分，例如：

  i. 公社里有个电影队$_j$，电影队$_j$有两个放映员$_k$，一个$_{k1}$叫张杰出，一个$_{k2}$叫曹如意，两个人$_k$都是二十三四岁。（李亚《电影》）

ii. 从前有一个小姑娘ᵢ，继母很不喜欢她ᵢ，每天让她ᵢ做很多家务，弄得Ø ᵢ满身灰尘，继母的两个女儿叫她ᵢ"灰姑娘"。(《365夜好故事》)

iii. 小女孩一偏头说："我同'丹麦王子'说定了……免得他以为我在同你谈恋爱。"听到这话，万方和陈凯都吃了一惊。这时，一个女人ᵢ窜了过来，Ø ᵢ一边叫着"伊丽莎白"，Ø ᵢ一边将小女孩从他们身边扯走。(刘醒龙《音乐小屋》)

例i的第一小句引出的话题"电影队"在第二句表达为主语；第二小句引出的话题"两个放映员"在第三、四、五小句也是主语。例ii的第一小句的"小姑娘"在第二、五小句表达为宾语，在第三小句是共用成分，在第四小句是补语的主语。例iii的第一个小句的无定话题"一个女人"在后续句都表达为主语。可见从表达看，话题不一定在句首，也不一定是有定的。跨语言看话题不在句首也是普遍的。下面从 Schachter 和 Shopen（2007）引用两例他加禄语（Tagalog），观察：

iv. Malapit　　sa　　babae　　ang　　bata.
　　 Near　　OBLIQ　woman　　TOP　　child①
　　 The child is near the woman.
v. Malapit　　kay　　Maria　　si　　Juan.
　　 near　　OBLIQ　Maria　　Top　　Juan
　　 Juan is near　maria.

例iv与例v的话题 babae 与 Maria 都不在句首。
四是为讨论的深入、集中与典型，NP 基本限定为［指人］。分析时把［有/在/是 NP］置于相对自足的叙事、说明、描写与抒情等语篇内。

---

① OBLIQ（旁格）是屈折语中无标记格（主格）之外的其他格形式的统称，见克里斯特尔（2002：247）。

(一) 语篇风格与"有"的话题表达及其特性

1. 叙事语篇中"有"的话题表达及其特性

为事件引入参与者 NP, NP 可表达为后续句的话题 (eNP), 即 NP 是 eNP 的生发源。在此意义上 NP 是潜在话题, eNP 是对 NP 的语篇表达。eNP 有双重性, 这是指 NP 首次引入语篇时, 受话人有把它预期为 eNP 的心理活动, NP 的信息重要, 是预期话题。另外, eNP 也确实在语篇现实化为话题, 是现实话题。即 [有 NP] 有组织语篇的领接功能, 具体表现为如下一个话题链:

〖Tfl〗: 有 NP, eNP1……eNP2……eNP3……eNPn。(n≥1)①

〖Tfl〗的省略号代表 eNP 的谓语。〖Tfl〗是从句子焦点生发出的话题链, 焦点指 NP 在 [(NL/NT) 有 NP] 的信息地位。其有两点。一是〖Tfl〗组织语篇并非一定是连续的, 在 eNP 句之间可出现其他相关的事件句。例如:

(1) 有个赴欧洲团$_j$, 飞机一落地, 全团人$_j$都跑了, Ø$_j$转眼就被事先联系好的人接走, Ø$_j$踪影不见。(徐坤《销签》)

小句"飞机一落地"是穿插在"赴欧洲团"话题句中。

二是 eNP 与 NP 指称不对称, NP 无定而 eNP 有定, 如"赴欧洲团"无定而"全团的人"与 Ø 有定。

就 eNP 从 NP 的生发方式看有三类。

一是拷贝。指 eNP 直接拷贝 NP 的中心语。这类 eNP 话题相对不多, 如例 (2) 的第二小句的话题就是拷贝自"一群呆立的白马镇人"的中心。

(2) 风景外, 有一群呆立的白马镇人, 呆立的白马镇人只呆

---

① 屈承熹 (2006: 203) 等注意到"有"字句有启后性。至于为何这样, 没做解释。

呆地想弄清一团疑问：仇家抢了他全部家当，唐桂生又为啥还来到此处烧香烧纸呢？（王熙章《川江旧事》）

二是缺省。eNP 是 NP 的缺省式。这种话题最普遍自然，可视作例（2）的零形变体，如例（3）中紧邻"懒汉"之后的 Ø，观察：

（3）有一个懒汉$_j$，Ø$_j$已经懒得远近闻名了，但他$_j$总觉得自己懒得不到家，Ø$_j$还想找个师傅深造一下。（《笑话连篇》）

三是替代。有两种方式。
ⅰ）eNP 为代词，如例（3）的"他"。紧邻 NP 的代词性 eNP 在语料中没见到，语感似乎有。观察：

（3）a. 有一个懒汉，他已经懒得远近闻名了；但他总觉得自己懒得不到家，还想找个师傅深造一下。

但是"他"紧邻"懒汉"啰唆，有违可及性经济原则。
ⅱ）eNP 是从 NP 辗转生发来的代词，如例（4）的"他们"是"重要画展"的组织者/举办者。观察：

（4）大约两周后，费舍尔突然告诉鲁昌南，柏林有个重要画展$_j$，他们$_j$看了鲁昌南的《乡愿》的几张照片，有意请他参与展出。（方方《刀锋上的蚂蚁》）

例（1）—例（4）显示："有"引入的普通 eNP 是无定的，表现在它常常跟表不定的"（一）个"等词语共现，这是由"有"的［－确定］决定的，但似有例外，例如：

（5）有那一干闲人，懒得翻书，先跟你的书名纠缠一番，你公然以"幽默"打头，将来就要架得住闲言碎语。（王朔《随笔集》）

例（5）的先行句没出现"一千人"的相关信息，"那"是后指的。即使如此，从听话人识解看，"那一千闲人"还是无定的。按照 Lyons（1977：667），"那"是情感指示语，作用是强调"一千人"并引起听话人关注。推理下去例（5）是 Adamson（1995）所谓的情感叙事句。①

当然"有"也可给语篇引入专名话题，但得借助"（一）个"。并且专名同样可组织语篇，指称信息也是重要的，例如：

（6）中国有个毛泽东ⱼ，Øⱼ领导了中国的土地革命。

"有"用"一个"引入"毛泽东"的目的是使它不定化。但引入专名似乎也有不用不定的标记成分的。例如：

（7）陪同温家宝总理出访的有外交部长杨洁篪，商务部长陈德铭……（www.sina.com）

（8）我写，我写小说！我上比巴金，下比柳青，超过托尔斯泰，不让巴尔扎克，外国有马雅可夫斯基，中国有马三立！（梁左《笑忘书》）

其实例（7）、例（8）的专名还是不定的，这是由"有"的图式［容器-容纳物］或［整体-构成物］表达的隐性不定式决定的，"容纳物/构成物"相对于"容器/整体"就是不定的部分量，只不过没有显性形式，因此例（7）、例（8）与例（6）相通。正因为如此，才可以在"外交部长杨洁篪""马雅可夫斯基"等前面加上"（一）个"的。

根据 Lyons（1977）与 Adamson（1995），"毛泽东"加"个"也可能是为了引起听话人的关注有意加的。根据关联推理，既然"个"不是"毛泽东"的真值需要，只能是说话人有意加的，所以例（6）

---

① Adamson（1995）主要从时制范畴出发讨论情感叙事。

是表达"有毛泽东这么一个人"或"有个叫毛泽东的人"等。事实上确实有这样的表达式,例如:

(9) 汉朝有个叫司马迁的,被皇帝骗了,没急着死,写了一本《史记》。(王朔《随笔集》)

可见"一个"不仅可把专名不定指化,还可使之信息增量而被强调,即它也有表达说话人情感的一面,是主观标记。同理,"有"引入专用短语时的功能还是这样。例如:

(10) 有个"距离说",距离产生美,一切的关系要想升华成审美关系,都必须隔上必要的距离。(阿袁《守身如玉》)

"距离说"是[－指人][－生命],所以例(10)不及例(6)的情感强。

叙事语篇风格是自由间接的(Free Indirect Style,FIS),特征是说话人总是要有意无意地在其中留下自我情感或态度的,为此,总在用有限手段去创新语句表达,例(5)的"那"与例(6)的"一个"便是这样的选择,因此它们是情感指示语。考察显示,情感指示语在近代很普遍。观察下两句的加点部分:

(11) 当时却有个公孙楚ᵢ聘他为妇……那公孙楚ᵢ有个从兄。(明《初刻拍案惊奇》)

(12) 你道他因甚的笑将起来?原来他被这位新娘磨得没法儿了。(清《儿女英雄传》)

例(11)的第二个"公孙楚"与例(12)的"新娘"是旧信息,它们用"那""这位"就是为引起听话人注意的。看来根据有无情感指示成分,FIS可分为客观与主观两次类,前者如例(1)等,后者如例(5)等。

"有"引入 NP 还可以是连带其陈述成分 VP 的［有 NPVP］，NP 指称信息仍是重要的。由于研究需要，这里对［有 NPVP］作一简要说明。观察：

(13) a. 村里有个姑娘叫小芳（《小芳》歌词）⇌b. 村里有个姑娘$_j$，Ø$_j$叫小芳。

格指派原则认为，一个必有的 NP 论元能并且只能从一个动词获得一个题元角色。例（13）的"姑娘"兼作"有"的主事与"叫"的当事，有违格指派原则。萧国政（2006）把"兼语"称为"共用成分"的例表现即在于此。

"有个姑娘"与"姑娘叫小芳"语义密切，根据 Givón（1990：826，834—835），它们容易融合，主要操作过程与手段为：

ⅰ）取消 b 内停顿，提升"Ø$_j$叫小芳"；ⅱ）Ø 是"姑娘"，与先行"姑娘"同形，共用"姑娘"即是 a。

对于例（13）a 这类现象，吕叔湘（［1942］1990：100）也曾刻画过，引述如下：

ⅰ）［有个乡下人进城逛庙会］可以说是ⅱ）［有这么一个乡下人，他进城逛庙会］的紧缩形式。所以从形式方面讲，可以说是一个有无句之后融接一个叙事句。

吕先生的"紧缩"与"融接"就是指跨句语法化。只不过这种语法化的程度低，是单复句之间的连续环节或中间类。

再看例（13）b：两个"姑娘"的指称信息不对称，第一个是无定新信息，第二个是有定旧信息。即它是有定与无定的共用体，但由于其形式是无定的，指称信息可视为准重要。共用的 NP 是准重要的信息，所以才可形成〖Tfl〗话题链，才有一定领接功能。例如：

（14）这时有人ⱼ进了教室，Øⱼ是个女生，Øⱼ说，大侄子，又在欺负小孩了？（余一鸣《愤怒的小鸟》）

共用的 NP 还可以转移话题。例如：

（15）鲁昌南豪迈地一挥手，指着他一尘不染的家ⱼ说，这样的程度，Øⱼ还需要你来打扫吗？Øⱼ每天有工人都来做。（方方《刀锋上的蚂蚁》）

例（15）的"工人"是新的次话题，相对于先行句的次话题"你"，是转移了的，因此"工人"是对比话题。按照例（13）的分析，"工人"是隐性的〖Tfl〗，也有组织语篇功能。

［有 NPVP］在新闻报道中已有构式化倾向，动因是高频使用与搭配，如"有专家指出""有报道/消息称"等。"有"是引入事件参与者，表事件来源、据实性等。句法上传统称为独立语。例如：

（16）有分析称中共高层干部都有着充足的地方管理经验，从政经历丰富。（www.sina.com）

但例（16）的"分析"没有严格的〖Tfl〗功能，话题链延伸力弱，仅是引发评说的起点，是次重信息。鉴于共用结构复杂，再从形义作一说明。

首先，NP 形义都是新的，信息重要。如例（17）的"伯母"被表达为次话题，它有一定的 eNP 语篇组织功能。观察：

（17）为什么不回老家？有伯母ⱼ在身边照顾。
　　　怕她ⱼ看着我落拓心里难受，在北京调整调整再说。（唐韧《莫比乌斯圈》）

其次，［NPVP］是旧信息，说话人从中生发并赋予新的语形，之

后再通过"有"引入。例如:

(18) 郑总$_g$说:姐夫$_j$,今天忘了给圣木$_j$买牛排$_k$了。……老金$_i$说,这小子$_j$有姨夫$_k$疼$_k$他$_j$,Ø$_{g+j}$是他的福分。(余一鸣《愤怒的小鸟》)

例(18)的"姨夫疼他"是从先行句 g + k + j 生发来的,基本是旧信息,[①] 但其语形新且用"有"再次引入,加上又是后续句的评说起点,它是次重信息。

最后,[NPVP]是旧信息,用"有"再度引入语篇,做评说起点。例如:

(19) 甲. 孩子$_j$呢?
　　　乙. 我妈$_i$来了,Ø$_i$给看着呢。
　　　甲. Ø$_j$有姥姥看着,放心……(笔者妻子与同事对话)

从例(19)乙看,"姥姥看着"是旧信息。甲用"有"再次引入后,处在宾位而信息得到增量,并且还是"放心"的评说起点,有新信息的特征。

再看例(19)的"有"字句的信息成分,可发现它们都羡余,由强到弱体现为"有 > 看着 > 姥姥"。另外,该句子本身也是羡余的,这可用删除方式说明,例如:

(19) a. 姥姥看着,放心。
　　　b. 有姥姥看,放心。
　　　c. 有姥姥,放心。
　　　d. *有看(着),放心。
　　　e. Ø$_i$,放心。

---

① 毕竟"疼"不等同于"买牛排",但二者在例(18)可看作情景上的上下位关系。

例（19）a 说明"有"羡余，无之，仅降低"姥姥看着"的重要性。b 删去"着"，"有姥姥看"是情状持续体，不再是经验持续体。c 删去"看着"后，句子仍自然，可见"姥姥"是信息的核心。d 则进一步说明"姥姥"是信息核心，不能删除。e 说明"有"是评估"姥姥看着"，并且"姥姥看着"已与名词成分相当，这可用"回声问"测试。例如：

（19）甲$_f$. 有什么？　甲$_g$. 姥姥看着。

即例（19）的"有姥姥看着"不是严格存在句而是认证句。这在一定程度上说明"有"的核心功能就是给语篇引入一个潜在的实体话题，VP 仅是补足成分。

总之，"有"引入的 NP 可以形成组织语篇的〖Tfl〗链，当然例（16）的〖Tfl〗有所萎缩。Andrews（2007）指出 NP 若为主、宾语或语义角色为施事、受事或旁格等，其语用功能是内在的核心的（包括作介词宾语或受事以及受谓词约束）；反之，则是外在的。"有"引入的 NP 是系事宾语，是核心的语用功能，它的 eNP 也是如此，如例（14）的"人"被表达为后续句话题后，分别是谓语"是"与"说"的主事、施事主语。顺及指出，学界认为存在句的指人宾语无施事性，这是静态观察，从语篇看它是有施事功能的，如例（14）的"人"在后续句是有施事性的。

2. 说明语篇中"有"的话题表达及其特性

这种情况"有"引入的 NP 是新信息，NP 功能是插说而没有〖Tfl〗功能，指称信息是略重。例如：

（20）松鼠$_i$喜欢在树枝上跳来跳去，Ø$_i$十分机灵，Ø$_i$只要有人触动一下树干，它们$_i$就躲在树枝底下。（《小学语文》，人民教育出版社二年级上册）

例（20）的"人"插在"松鼠"形成的话题链中，据例（13）

分析，它有一定话题功能。其中的"有"羡余，它可使类指的"人"被凸显，因为风或其他动物吹动或触动树之时，"松鼠"不会躲藏的，而"人"则不然。可见，例（19）、例（20）的［有 N］是平行的话题结构。

3. 描写语篇中"有"的话题表达及其特性

这种语境中［有 NP（VP）］是呈现场景的。这类句子是全焦句，eNP 虽基本没有〖Tfl〗的语篇功能，但可为后续句生发出环境成分。例如：

（21）天气很好，不时地有骑着赛车的男孩子$_j$嗖地一下从他们肩旁飘过$_j$。这$_{(i+j)}$时候他和莉扎就会相视一笑。当年他就是像Ø$_i$这样$_j$骑车的时候，不小心撞着了莉扎，然后就爱上了她。（方方《刀锋上的蚂蚁》）

例（21）的下标 i+j 所指是第二句的时间成分，也是第三句时间成分的限定语，它们是后续句的状性成分，是自由的。表达上它有一定的语篇组织功能，但不是 eNP 而是作为叙事起点。即相对于例（1）这样句子里的 NP，i+j 对谓语"相视一笑""撞上""爱上"来说，是外在的间接的。

4. 抒情语篇"有"的话题表达及其特性

它重在反映说话人看法或情感等，引入的 NP 无〖Tfl〗功能。观察：

（22）形色匆匆人群中，有谁会在意一个看起来无所事事，却须臾不可少的守桥保安？（僾含《守桥人》）

例（22）的"有"是增强反问语气的主观动词，它羡余，完全可删去。这显然跟上述三种情况有所差异。

（二）"有"的核心信息功能及其特性

1. "有"信息功能的特性

"有"的核心信息功能是给 FIS 引入一个 NP 并以之组织语篇，NP

及 eNP 是内在的核心信息。它是句法语义与语篇的界面成分。至于在其他语篇引入的 NP 或其 eNP 的语篇功能是微弱的，如例（20）；或是间接外在的，如例（21）；或者没有，如例（22）。即"有"的信息功能典型地体现在叙事语篇，基于此，本书才称之为"核心信息功能"。这是基于 NP 的［指人］的结论，那么引入［－指人］怎样？观察：

（23）庙东头有一棵树$_j$，Ø$_j$很粗很高，Ø$_j$十个高腿长胳膊的年轻猴可着吃奶的力气都搂不过来（徐坤《销签》）

（24）一个夏天中午，天气非常热，几个行人匆匆赶路，烈日把他们折磨得无精打采。前面有一棵梧桐树$_j$，几个行人连忙走过去在树下$_j$休息。（徐坤《销签》）

例（23）体现了"有"的核心信息功能。例（24）的"有"引入的"梧桐树"在后续句是状性话题"树下"，尽管形成了话题链，但不是严格的〖Tfl〗而是"休息"的环境成分。说明"有"给 FIS 引入［－指人］NP 的信息功能不匀质，这就是前文将 NP 限定为［指人］之因。问题是行为或动作动词也有核心信息功能。例如：

（25）小瑞抱回一只兔子$_j$，Ø$_j$小小的，Ø$_j$只有一捧大。（刘庆邦《少年的月夜》）

例（25）的"兔子"也可以表达为 Ø 话题，也有〖Tfl〗功能。但"抱"有三个特征。

首先，是语义实且可带"了/过/着"成分。例如：

（25）a. 小瑞抱回了一只兔子。
b. 小瑞抱回过一只兔子。
c. 小瑞抱着一只兔子。

把例（25）的 a、b、c 放回到例（25），组织语篇没有问题，即

"抱"的句法与语篇功能对称。

其次，它还可以受状性成分修饰，例如：

(25) d. 兴高采烈地抱回了一只兔子。

把它放回到例（25）还是自然的。

再次，"抱"是强制的，无之，或不成句；或者成句，但是真值已变。例如：

(25) e. *小瑞一只兔子。

例（25）e可以解读为定中式的领属，是不成句的；也可以解读为主谓句，但真值已变。"有"可带"了"甚或"着"，如"有了/过/着意义"。但在给 FIS 引入 NP 时却没有这样的时体特征，不仅语料中没这样的句子，语感也提取不出。如把例（3）说成"有了/着/过一个懒汉，已经懒得远近闻名了"，是不可受的。它也不带修饰语，说明在 FIS 去动词化程度高，作用就是给 FIS 引入 NP。

2. "有"的隐现及其信息功能特性

上文讨论显示"有"存在程度不同的羡余。抒情语篇绝对羡余，如例（22）。说明与描写语篇也羡余，如例（20）、例（21）中的"有"就可删除变为例（20）a、例（21）b。观察：

(20) a. 松鼠喜欢在树枝上跳来跳去，十分机灵，只要人触动一下树干，它们就躲在树枝底下。

(21) b. 天气很好，骑着赛车的男孩子不时地嗖地一下从他们肩旁飘过。

总的来看，FIS 的"有"基本羡余，如例（3）的"一个懒汉"完全可用无定形式出现在语篇中。本书做了一个简单抽样调查：《笑话连篇·中国笑话》中 158 个故事开头就有 133 个无定 NP（含共用）句，用"有"引入的 NP 话题句 69 例；无定话题句 64 例。那么，FIS 语篇的无定 NP 引入语篇时选不选择"有"，有什么制约机制与效应？

Payne（1999：139）指出影响语句在线生产的因素有三：听话人的完成、综合认知因素以及言听双方的共同加工。概括地说，听话人及其认知在句子识解上占绝对地位。Arie（1995）认为自然语言一般表达都有指向解释者（听话人/读者）的功能。事实上语言不同，听话人地位有异，Huang（1984：531—574）认为语言有冷与热之分：热语言如英语，很少依赖听话人参与；冷语言如汉语，句子理解极需听话人求助语境、世界知识等认知经验。再看 FIS 中"有"的隐现及效应。例如：

（26）一个人在大雨中慢慢走着。别人问他："还不快走，不怕雨淋吗？"他慢慢地说："急什么，前面也在下雨。"（《笑话连篇》）

可以发现"一个人"的指称信息微重，才直接作了无定话题。这种语用安排在说话人看来，听话人是完全可以通过关联推理识解的，因为例（26）作为 FIS 句子，听话人是关注它的情节进展与结果，至于"人"的指称信息——何时、何地、何名等一般不计较，如手机段子就常以无定形式引入话题。若真把"一个人"的指称信息叙述或虚构出来，对听话人意义也不大。即 FIS 的特征、言听双方默契、关联推理、听话人的参与以及跟认知经验等互动，才隐去"有"的，才形成了可受的无定话题句。再如：

（27）春节前后，老头吃了一把安眠药。一个来送元宵的大妈$_j$敲门没人应，Ø$_j$把一楼人都闹了起来，砸了几道门进去，把老头送医院叫醒了。（王朔《随笔集》）

例（27）语篇标题是《有个老头九十多》。叙事重点是"老头"，"一个来送元宵的大妈"是情节发展中的穿针引线者。Prince（1986：

208—222) 认为话语似这样形成的,说话人总是可能和听话人的信念一致,什么是他/她们应该知道的,什么是被期望知道的,从而将信息结构化的。这是主观化表现。主观化是个语用与语义过程,Traugott(1995) 认为它的特征是意义（识解）变得基于说话人的信念是什么或态度指向什么。结合听话人的关联推理等看,例（26）与例（27）隐去"有"确实是主观化手段。

值得指出的是,无定 NP 主语/话题句的信息微重,但不等于它没有语篇组织功能。例如：

(28) 一个举子$_j$应试作诗,Ø$_j$为了押韵,Ø$_j$写下了这样的蹩脚诗句……（《笑话连篇》）

例（28）的第二、三小句的话题 Ø 是从无定"一个举子"发展来的。即这个句子的组织基本还是与〖TfI〗链平行的,当然由于话题的引入是用零形式,所以还是有异的。可表示为：

〖TinI〗INT……eIN1……eIN2……eIN3……eINn（n≥1）

〖TinI〗是无定 NP 话题链,省略号表示话题的评说成分。当然 eINn 话题句之间也可插入其他事件句,如例（26）的"别人问他"是插在第一、三句之间的。

再看"有"出现动因及效应,包括两方面。第一,是形成语篇的焦点域或注意力集中的范围。观察：

(29) 有个财主$_j$,Ø$_j$盖了一座房子,他$_j$让仆人去请几个人前来道贺,Ø$_j$讨几句吉利话。（《笑话连篇》）

Kim、Lee 和 Gernsbacher（2004：476—477）指出首次提及且是引起注意的重要信息,是可以作基石而得到融合或投射的。就本书讨论的主题而言,融合是说"有个财主"可与后续句语法化为成分共用句；投射指"财主"是潜在的实体话题,可作后续句的话题之源。根据 Grice（[1975] 1985：41—58）,例（29）的"有个财主"是能引起听话人注意的焦点与语篇基石,与其位置及"有"对"财主"标记有关。它作始发句,语势高,听话人有补足的心理预期,它的三个后续句就是补足性的;没有后续句,它是不自足的。即"有个财主"既是例(29)的母句,也是其焦点域。这里的"补足"着眼点是语义关系,而前文把例(13)处理为并列关系是兼顾句法分析的,二者不矛盾。

第二,是其【存在】可向听话人传递"财主"是真实"存在"的信息,以此凸显叙事的据实性——哪怕是虚构的,形式标志是它可跟"据说"类词语共现。例如:

(30)据说早年有个算命先生,看了这村子的风水,说此地必出一大将,说得极准。(何申《老赫的乡村》)

至少在本书语料范围内没发现无定 NP 话题的前面出现"据说"等,如例(28)加上"据说"之后可受性低,是不及原式自然常见的。观察:

(28) a. ?据说一个举子应试作诗,为了押韵,写下了这样的蹩脚诗句。

例(30)与例(28)a 的差异说明,FIS 内部有自由与规范(free and normal)两类叙事语篇,前者不选择"有",后者选择"有"。相应的,这两类句子是自由叙事句与规范叙事句。共时分析上,例(28)的"一个举子"可看作"有一个举子"在 FIS 的变体,变体动因是说话人认为"一个举子"不重要且听话人不计较其指称状况。主观化是创建文本或指示信念的表达策略。无定 NP 话题句,破坏了汉语句子主语/话题的有定规律,但形成了一种自由叙事方式,建立了一种主观化的 FIS 语篇。总之,汉语有定与无定话题句在 FIS 中风格互补。Shir(2007:57)指出,无论语法实体在哪个层级进行"选择"操作都有个前提,当且仅当有相应的语法影响或结果。"有"在 FIS 的选择分布可形成表达风格的差异,就是这方面的语法效应。

无定话题/主语句特征。无定 NP 句离开 FIS，可受性就有问题。如"?一个举子应试作诗"作孤立句，不仅语义不自足而且也不成形不成活。要成形成活，可选择方式之一是加个"有"。Randy（[1990]2004）所谓"有"是避免无定名词成为主语的句法手段，有道理。但其还是着眼在句法的，因为对于 FIS 来说这不是硬规则。分析显示无定 NP 话题/主语句是典型的在线语篇句，决定它成形成活的是综合的语篇因素。范继淹（1985）最早将无定话题/主语句上升到"类"并做了精细刻画，之后不管解释其形成还是探索其生成机制，总是难做到理论一致与事实周延。究其原因，是忽视它是语用句。

"有"的信息功能特性。Shir（2007：194—197）认为轻动词语义虚（little），有状态、方式或方所等三类抽象义，一个轻动词至多有其中两项。轻动词不能被修饰，且意义必须在投射后才能得到解释，"状态"投射为前景或后景，它的"体"可解读为终结或非终结。例（30）的"有"语义虚，意义是"方所/时间"与"状态"，前者句法投射为时间主语"早年"，后者为"一个算命先生"及对其补足的三个事件。这两类补语都是抽象的状态义，"一个算命先生"是后景，三个补足句是前景。"有"是轻动词。按照 Shir（2004：194—197），轻动词结构是语篇的体焦点（aspectual）——指示聚焦的事件结构，即前文所谓的焦点域。那么，"有"的轻动词特性或作为体焦点的语义语法基础是怎样的？

"有"是肯定事物、事件的"存在"，事物、事件的量则不一定在肯定范围内。把例（29）的"有"字句提取出来并添加处所主语后观察：

(29) a. 村子里有财主。

例（29）a 作"村子里有什么"的答句，或"村子里没有财主"的反驳句，或作列举子句，如"有财主，有贫农"等断言句，是自足的。但作 FIS 的始发句却不自足，必得补足，方式之一是给有的肯定对象添加修饰成分，并且修饰成分越多越自足。例如：

（29）b. 村子里有一个贪婪的财主。

例（29）b 的"一个"可使"财主"有界，有界则意味着它有二重信息［村子里有财主，财主是（一）个］，因而它自足。同样，"贪婪"也可以使之有界而趋于自足。至于"一个"与"贪婪"递加修饰"财主"之后，句子是三重信息，更加自足。这方面"有"字句跟一般动词句一样，如"他吃苹果"与"他吃了一个苹果"就是自足与不自足的对立。但例（29）不仅无须"了"，并且有数量成分时还可删去"有"，用停顿提示主谓关系可保持其真值不变。例如：

（29）c. 村子里，一个财主。

但"他吃了一个苹果"不可删去"吃了"。

例（29）a 实现自足还可以在句外进行，如第二、三、四小句就以事件补足了焦点"财主"的语义需求。并且补足句越多，"有"字句的自足性就越趋充分。比较例（29）及其 d 即可看到：

（29）d. 有个财主$_j$，盖了一座房子，他$_j$让仆人去请几个人前来道贺。

相比于例（29），总觉得例（29）d 尚不完整，即不自足。可见，语篇 FIS 的"有"字句或"有 NP"就是焦点域，语篇就是由之生发而来，具体地说就是由不自足而自足的方式。这方面它跟其句内外的修饰语、补足语数量是成正比的。而这种特征归根到底是由"有"语义虚与状态肯定特性决定的。语义虚就需补足，肯定则语势高，语势高则需修饰或补足成分将其顺平。此外，还发现除了数量外，NP 的其他修饰语通常就是后续句义的中心。例如：

（30）有个贪得无厌的人，临死时躺在炕上翻来覆去……儿子贴近他耳边问："你还有什么遗嘱？"……"$_{S1}$上一回到你干姥姥家喝酒，盘子最后那块肉我没捞着！""爹，你为什么不抢着夹过来？""s2筷子上正夹着一块呐。""那怎么不赶快往嘴里送？""s3嘴里也有一块。""那怎么不快点儿吞下去？""s4喉咙里还卡着一块呢！"（《笑话连篇》）

Longacre（2007）提出了认证句（identification），核心特征是在句首，引入语篇的事件参与者 NP，其语义能延伸到几个句子或段落；功能上报道一个关涉参与者 NP 的事件，然后在后面的句子或段落中加以认证。例（30）的"有"引入的"贪得无厌的人"一直从s1延伸到s4，并且s1到s4就是诠释"贪得无厌的人"的，它是认证句。但例（30）与例（29）的"有NP"的核心信息功能略有差异：后者的认证外延大，如理论上可以对"财主"从不同性属作无限的延伸；例（30）只就性属域"贪得无厌"的表现作外延延伸。

"存在"动词是轻动词、句法—语篇界面及 FIS 语篇的焦点域，是普遍的。Dryer（2007）曾指出存在句的语篇功能就是给一个事件引入新参与者 NP，并且 NP 可形成〖Tfl〗组织语篇。观察下面印度尼西亚 Kalimantan 语例（31）与对应的英语例（32）：

(31) Naqan erang kaulan mawey mawiney hang tumpuk yerruq
be. at/exist one CLSFER woman beautiful at village the

(32) There was a beautiful woman at the village…（从前在一个村子里有个漂亮的女人）

例（31）与例（32）引自 Dryer（2007），CLSFER 是标示 mawiney 的类别符。这两例都是从语篇提取出来的句子。它们与汉语的不同仅在"存在"义分别是用 naqan、there was（be）去体现的，而汉语用的是"有"，形式虽异但本质相同。

"有"核心信息功能是给 FIS 引入话题 NP，NP 可形成组织语篇的〖Tfl〗。它是句法语义与语篇界面上的轻动词，[有NP] 是 FIS 的焦点域，语用信息是认证的。本书还发现：一是存在句 NP 有潜在的施事性；二是现代汉语无定 NP 话题/主语句，是高度主观化的在线句，共时看是［有 NP］在 FIS 中的变体；三是［±无定］的 NP 话题/主语句，反过来可给 FIS 贡献四方面不同的意义或功能，它们是［±规范］、［±据实］、［±重要 NP］及〖±Tfl〗。"有"在说明、描写语篇中的功能体现在句法上，在抒情语篇体现在情感上。这两种情况的"有"虽有一定语篇功能，但不是〖Tfl〗，是它的次要信息功能。最后从"有"的核心信息功能看，"有"与英语 have（拥有）的共性远没有跟（there）be 的大。

二 "在"的话题表达及其特性

基于"在"的动词与介词的性质相连续，下文讨论一般不做区分。

（一）为语篇引入话题

跟"有"不同，"在"为语篇引入方所 NL 话题或次话题是没有语体差异的。孤立的"在"字叙事句与"有"或"是"字句一样，是不自足的，如"老张在家"。这样它在语篇作始发句时，也是有赖于后续句在线补足的。

值得指出的是，"在"字句自足方式通常只有句外，没有"有、是"的句内自足选择。当然它给语篇引进的方所不仅可以是焦点宾语，也可以是后续句的预期话题。就此看，其语篇功能跟"有"平行。观察：

(33) 隐藏在这里$_j$，Ø$_j$倒是相当可靠，Ø$_j$安全。（彭慧《不尽长江滚滚来》）

(34) 孙先生$_j$在晚年$_i$，Ø$_j$Ø$_i$一直苦恋着他的书籍，Ø$_j$Ø$_i$一直面壁哀叹，Ø$_j$Ø$_i$直到 1987 年临终前一刻，他还在自己手掌心上写着一个书字。（刘再复《总是压在我心头的三位学者》）

例（33）的"这里"是后续句的主或次话题（另一话题没出现，是"隐藏"的施事主语），后续句是围绕着它组织为语篇的。即"在"也有句法语义及语篇组织的双重功能，是二者之间的界面成分。同样，例（34）的"在"也可做这样的分析，只是它以"晚年""孙先生"及其缺省式形成的两个并行的话题链组织语篇。

尽管"在"有语篇功能，但如例（33）、例（34）所示，它引入的"这里""晚年"仅是叙事的环境成分而非目的，是次重信息。此外，它引入的 NL 还有微重信息的。观察：

(35) 荣俊$_i$在后边，Ø$_i$紧张了起来，Ø$_i$想问问组长是不是立刻埋雷，Ø$_i$可是他们已经走到中队部的门口了。（俞林《人民在战斗》）

例（35）的"后边"用"在"引进后并未在语篇再现，是微重信息。当然 NL 信息也有重要的，如例（33）的"这里"，但这种情况不占优势。

总之，"在"信息功能与"有"存在着一定的对立，比较例（3）与例（33）等即可看到。

"是"也是一个句法与语篇的界面成分。观察：

(36) 这是山里一个村子$_i$，Ø$_i$背靠着北山根，Ø$_i$南面对着沙河，Ø$_i$足有二百多户人家。（俞林《人民在战斗》）

例（36）的"村子"是宾语焦点，更是三个后续句的话题，整个语篇就以"村子"形成的话题链组织的，它的信息重要。总之，"是"的语篇功能、NP 信息地位跟"有"平行。基于上述讨论，可以发现"在、是、有"在虚化程度、信息地位、语篇功能等方面呈现出"是＞有＞在"序列。"＞"表高于或强于。至于"是"的这三方面表现见下文讨论。

（二）标记话题

"在"话题表达功能、话题地位不及"有"，但它能标记话题，这是"有"所无的。"在"标记话题的语义语法基础是定位肯定，包括涉向、归因两类。观察：

(37) 有很多大学ᵢ因为地域、名字、历史等原因，虽然在学校ᵢ实力不俗，但在省外乃至全国却知者寥寥，可谓是受尽了"委屈"。而这些"受委屈"大学ᵢ由于知名度不高，常常报考分数上也相比同等条件的院校偏低，若是考生慧眼，或许就能捡到宝呢。（blog. sina. com）

(38) 1965年之前，那时候虽然也有家庭成分上的考虑，但并不是很严重……但是，在史无前例的无产阶级文化大革命期间，情况变化了，一个人家庭出身几乎是一个青年人革不革命的分水岭、试金石。（徐烈炯、刘丹青，2007）

徐烈炯、刘丹青（2007：24—26）认为话题特征是：ⅰ）处在句首，ⅱ）前置在述题之前，ⅲ）可省略，ⅳ）可复指，ⅴ）可停顿，ⅵ）可带标记，ⅶ）不是句子自然重音所在之处，ⅷ）可为若干句子甚至整个段落共用。例（37）的"大学（学校）"除有ⅰ、ⅱ、ⅲ、ⅳ、ⅶ特征之外，后面还可加"吧、吗"等句中语气词。句中语气词不仅是显示话题跟主语不同的一个形式特征，还有在主次或新旧信息之间作停顿的作用，即"学校"还有ⅴ与ⅷ的特征，当然ⅴ对"学校"作话题来说不是充分条件。总之，"大学（学校）"是话题。

观察例（37），可看到它是用话题链"大学"组织起来的，第一个"大学"是潜在的与预期的话题，第三个是现实话题，居于其间的"学校"（即"大学"）当然也是话题。再看其中的"在"，它羡余且【处在】虚，可释为定向义显著的"对于"，当然也可用"是"替换或把它删除，显然是话题"学校"的标记。"在"作话题标记还有两个依据：一是它可把主谓结构［学校［实力不俗］］复杂化为［［在学校］［实力不俗］］；二是还能额外地强调主话题"学校"。即从功能看，它至少是话题"学校"的准标记。陈昌来（2002：227—230）认为"在"可标记话题，是客观的。

按照上述分析，例（38）的"史无前例……期间"也是主话题，标记是"在"。由于"在"是［定位］［排他］，"史无前例……期间"自然是话题焦点。这在语境中也有充分体现，即"1965年之前"是它的对举话题。另外,"史无前例……期间"后面有停顿且有"那时候"复指,也一定程度说明它是话题。总之,"在"是标记主话题"史无前例……期间"的,只不过语义有些实。正因为如此,它还有强调该时间短语的作用,从而跟"1965年之前"形成对比,并与重转连词"但是"相协调。

尽管"在史无前例……期间"是后续句状语,但仍是话题。话题是语用层面的,状语是句法层面的,同一成分隶属不同层面是常态。"史无前例……期间"对听话人来说是背景知识或跟说话人共享的信息,它在句首且跟二后续小句共用,无疑是话题。按照徐烈炯、刘丹青(2007:60),汉语句首的时地名词"以不加介词为常",例(38)用"在"自然是为了跟话题"1965年"对比,从而额外强调"史无前例……期间"。即"在"是话题"史无前例……期间"的标记,是可成立的。同理,例(37)的"在学校"也可作此分析。

"在"标记的话题是基于[定位],话题有非焦点的与焦点的两类,分别如例(37)与例(38)。前者是基于[定位]的[定向]形成的,后者与语境对比有关。"在"还语法化出"归因"意义,它的话题标记功能有限,仅体现在插入语或作句外成分的[在NPVP]之中。例如:

(39)在我看来,陈慧忠先生是一个特别优秀的律师。(《律师与我们的社会》)

"在我看来"可在句首、句中或句尾,是插入语。"我"符合话题 i 到viii的特征,因而"在"是标记话题"我"的。这方面陈昌来(2002:195)也曾指出过。董秀芳(2012)认为"在"标记话题仅保留在例(39)显然观察不充分,其实例(37)、例(38)的"在"也有此功能。

看来"在"标记话题有"定位"与"归因"两个语义基础,下面分别称作"在$_1$"与"在$_2$"。从二者的内在关系看,把例(39)的"在"的话题标记功能视作"在$_1$"也可以,但本书宁愿视之为"在$_2$"

的功能。理据之一是例（39）的"在"显性义是"在$_2$"；理据之二是它跟例（40）的"在$_2$"类同性强。观察：

（40）杨晦教授两个月过去了，还未讲到孔夫子，在学校抗议下，不得不草草停课。（刘再复《总是压在我心头的三位学者》）

总之，"在$_1$"与"在$_2$"是"在"的归因表达中两个对立统一的子类，对立指"在$_1$"的主动义显著；而"在$_2$"的被动或受控义显著，如"不得不草草停课"是受控于"学校抗议"的。

（三）标记话题、语篇关系特征及成因

"语篇关系"指"在"标记的话题句跟相关句子的关系。这方面它跟"是"平行，都有串行式或延伸式，如例（36）、例（37）。但"在"标记的话题还有两个个性。

首先，"在"标记的话题跟其他话题是正反或类同关系。例如：

（41）五伦之中，父子、兄弟都是天生的，夫妇、姑媳、君臣、朋友都是后来人合的。合的易离，但君臣不合，可以隐在林下；朋友不合，可以缄口自全；只有姑媳、夫妻如何离得？……到了姑媳，须不是自己肚里生的……反道他不行劝谏；儿子自不做家，反倒他不肯帮扶；还有妯娌相形，嫌贫重富；姑叔憎恶，护亲远疏；婢妾挑逗，偏听信谗；起初不过纤毫的孔隙，到后有了成心，任你百般承顺，只是不中意，以大凌小，这便是媳妇的苦了。在那媳妇也有不好的，或是倚父兄的势，作丈夫的难。……（《三刻拍案惊奇》）

"五伦"是例（41）的总话题，"姑媳"是分话题。在由话题"姑媳"形成的局域语篇中，无标话题"媳妇"句是正面说明其难境。而"在"标记的话题"媳妇"句则从反面阐释不德，是语篇的重心，表现在后续的句子都是围绕它展开的。

其次，"在"标记的话题句与其他话题句是对举的。例如：

(42) 夜深了，Ø 往日，这正是人们好梦正酣时候，而在现在，这儿示威群众的精神却越来越充沛。(彭慧《不尽长江滚滚来》)

"往日"之前缺省"在"显然是为了跟"现在"对比，从而在两个话题句之间形成前轻后重的对举或对立关系。

当然"在"字话题句也有话题转移功能，这方面与"有"引入的话题句平行。而这又是二者基元相近在语篇的表现。例如：

(43) 如今人最易动心的无如财，只因人有了两分村钱，便可高堂大厦，美食鲜衣，使奴唤婢，轻车骏马。有官的与世家不必言了，在那一介小人，也妆起憨来。又有这些趋附小人，见他有钱……（《三刻拍案惊奇》）

例（43）的"在"标记的话题"那一介小人"，相对于"有官的与世家"是转移了的。同理，通过例（42）、例（43）还可看到"在"标记的话题，都有对比意味，都可用"就……（而言/来说）"替换。例如：

(42) a. ?Ø 往日，这正是人们好梦正酣时候，而就现在（而言），这儿示威群众的精神却越来越充沛。

(43) a. 有官的与世家不必言了，就那一介小人（而言），也妆起憨来。

当然替换前后语体显得不协调。即"在"标记的话题句倾向口语，"就"标记的话题句倾向书面语。《现代汉语八百词》（1999：316—318）认为"就"的作用是"表示从某方面论述，多与其他人相比较"。观察：

(44) a. 这部作品就语言看来，不像宋朝的→就语言看来，这部作品，不像宋朝的。

b. 就我们来讲，抗旱是分内的事情，没想到同学们也一大早就赶来帮忙了。→抗旱就我们来讲是分内的事情，没想到同学们也一大早就赶来帮忙了。

例（44）的"就……看来/来讲"标记的是次话题"语言"与主话题"我们"。动词"就"本表示"走近、趋向、走向"等趋向义（王力，1999：140），它［定向］鲜明，原型宾语也是方所，如"各就各位"。即使如"金就砺则利"（荀子《劝学》）的"砺"也可以隐喻方所的。［定向］是［定位］的应有之义，定位必涉及定向。这样看来，"就"的语义特征与"在"相同，只不过"在"的［定向］没有"就"的显著。再看《现代汉语八百词》（1999：316—318）对副词"就"的刻画，认为它是"加强肯定"，形式是"就+是/在"。例如：

（45）a. 这儿就是我们学校 →*这儿就我们学校。
b. 他家就在这条胡同 →?他家就这条胡同。

例（45）a 的变换式不可受而 b 有可受性，在于副词"就"从动词"就"语法化而来，携带了［定位/定向］，因此，b 可把具有［定位/定向］的"在"删去。例（45）a 不能删"是"，因为"就"的［定位/定向］没有"是"的句法肯定功能。总之"就"标记话题的语义基础是［定位/定向］，跟"在"相通。这是"在"作话题标记的旁证。"就"标记的话题有对比性，是基于［定位/定向］的"排他"性。同样，"在"标记的话题有对比意味，也是基于［排他］，如例（37）、例（38）、例（42）、例（43），只是"在"的［排他］没有"就"的显著。

三 "是"的话题功能与特性
（一）引入话题

"是"给语篇引入的话题 X 也是一个预期的潜在的话题，并且 X 在后续句也可以现实化。即跟"有、在"一样，"是"也可用 X 形成的话题链组织语篇。表示如下：

〖Tf1〗：是 X，X1，X2，X3，…，Xn。（n≥1）

这一点已在例（36）说明。再观察：

(46) 我住的地方就是一个大杂院ⱼ。你是南方人，大概不明白什么叫大杂院。这ⱼ就是说一家院子里，Øⱼ住上十几家人家，Øⱼ做什么的都有。（张恨水《啼笑因缘》）

(47) 周萍：我认为你用的这些字眼，简直可怕。这种字句不是在父亲ⱼ这样——这样体面的家庭里ₖ说的。

周繁漪：（气极）父亲ⱼ，父亲ⱼ，你撇开你的父亲ⱼ吧！体面ⱼ？你也说体面ⱼ？（冷笑）我在这样体面家庭已经十八年啦。周家家庭体面ₖ所出的罪恶，我听过，我见过，我做过……你们的祖父，叔祖，同你们的好父亲，偷偷做出许多可怕的事情，祸移在人身上，外面还是一副道德面孔，慈善家，社会上的好人物ₖ。（曹禺《雷雨》）

(48) 我的志向就是一心一意要学先生ⱼ，先生的学问文章ₖ我要学，先生的为人处世ₗ我也要学；不过先生的风度太高ₘ，我总是学不象呢。（郭沫若《屈原》）

例（46）的"是"引入的"大杂院"是后续句的话题，其形式变体是"这"与Ø。例（47）的"是"引入的"在父亲这样体面的家庭里"是后续句总话题，后续句的话题"父亲""体面""家庭"是分话题。例（48）的"是"引入的VP话题是"一心一意学先生"，后续句话题"先生的学问文章""先生的为人处世""先生的风度"都是从中生发来的。

（二）"是"的特性

"是"为语篇引入的 X 既是发端句的焦点，也是后续句的话题。由此可见，它也是句法与篇章的接口成分。另外，它跟"有"一样语义虚，信息功能特征有三。

首先，〖Tf1〗链的延伸力弱，语料显示 n=3 已少见，如例（48），显然不及"有、在"强。其次,话题 X 的性质与"有、在"的有异。"有"引入的是 NP,"在"为 NL,而"是"引入的 X 则相对开放,可以是 NP,如例(46);也可以是 VP,如例(47)、例(48)。最后,"是"字话题的述题重在评说、揭示或阐释性属。观察:

(49)丁同莲的婆婆是个六十多岁的家庭妇女$_j$,Ø$_j$患有多种疾病,Ø$_j$常年卧床不起。(国家语委语料库在线)

(50)一到夏季,讨厌的痱子热疖头,使人又疼又痒,伤透脑筋,特别是婴幼儿$_j$,Ø$_j$不会讲只会抓,Ø$_j$白天吃不好,Ø$_j$夜里睡不宁。(国家语委语料库在线)

(51)它是有限的$_j$,Ø$_j$表现在它没有也不可能解决无限发展着的客观世界的一切问题,Ø$_j$它必然要用新的经验和知识来丰富自己,Ø$_j$它的某些原理和结论,也必然要随历史条件变化而被新原理和结论代替。(国家语委语料库在线)

总之,"是"的语篇功能较"有、在"弱,在叙事体中更弱,论证或说明语体比较明显,如例(47)、例(48)。

(三)"是"标记话题及其特性

"是"可以标记句首话题,此时的话题是焦点话题。这类话题有[对比],观察:

(52)是她在每次训练后爱动脑筋。(国家语委语料库在线)

例(52)"她"的[对比]来自"是"的[排他]。与徐烈炯、刘丹青(2007:84)不同,我们认为"她"这类话题焦点还有[突出]。正如徐杰、李英哲(1993)所说,焦点是说话人认为某个信息成分重要,并用语法手段强调的成分。"她"就是如此,孤立地看,它是旧信息,是[-突出]的;但被"是"肯定后,自然就有强调性,表示说话人认为"是她而非其他人"等意义。被强调自然是突出的,至少在心理上如此。换言之,徐烈炯、刘丹青(2007:84)的

[-突出]是从真值考虑的，或者是指无标记情况。

例（52）的"她"是[突出]的，还有来自语篇与句法连续的支持。话题本是一个章法成分，即使它在汉语已语法化为句子的语法成分（徐烈炯、刘丹青，2007：240），其篇章属性仍在，体现在它后面可以有停顿或出现句中语气词，例如：

(52) a. 她呀/吧/吗/呢，在每次训练后爱动脑筋。

例（52）a 的"她呀/吧/吗/呢"不仅可解读为话题，也可以解读为一个小句。沈家煊（1989）指出句子"话题—说明"划分是对篇章作局部静态分析的结果，任何话题都是说明，任何说明都是实际或潜在的话题。如"名词短语+呢？"疑问句可以变成句子话题，只要疑问助词"呢"变为停顿助词（语调没有明显差别）。观察：

(53) a. { 问：老李呢？   b. 老李呢，在里面开会。
         答：在里面开会。

就是说把例（53）a 的"问—答"改成独白句 b 之后，[①] 问句"老李呢"就是 b 的话题。据此逆向推理，例（52）及其 a 就是由例（52）b 形成的，观察：

(52) b. { 问：（是）谁（呢）？在每次训练后爱动脑筋。
         答：（是）她。

既然例（52）的话题"她"（不管用没用"是"肯定）来自篇章/对话的先行问句/句子，如例（52）b 所示是对"谁"的回答，

[①] 操作依据见萧国政（1991）、Hopper 和 Traugott（[1993] 2004：201—202）及 Shir（2007：1）等。顺及指出，对话改独白操作也是语法化。

是［突出］的，因为"她"是自然焦点，自然焦点是默认的［突出］。当例（52）b语法化为例（52）之后，虽然"（是）她"不是句子新信息，但还是有一定的新信息特征在滞留着。特别是如前文所说，说话人还可用重读或"是"予以强调，"是她"有［突出］也不奇怪。

需要注意的是，例（52）的"是她"有［突出］［对比］。这岂不意味着话题焦点与自然焦点的特征就等同了，或者说二者就没有对立性了？因为对比焦点也是［突出］［对比］，我们认为不会，话题还不是典型句子成分，是个语篇与句法之间的中间成分。作为焦点话题，或多或少带有［突出］也自然的。

"是"标记句首话题还有个重要特征——句子常有歧义。如例（52）可解读为无主句［$_{VO}$是［她在每次训练后爱动脑筋］］，[①] 也可以解读为主谓句［$_{SP}$［是她］在每次训练后爱动脑筋］。当然二者的解读频率不同，无主句低于主谓句。这跟"是"的基元功能是肯定事物有关。即它及物性低，容易管控NP而管控VP不易。也正是由于前者解读率高，它才在近代汉语、方言跟句首代词构式化了，这方面实例见本书第六章第一节。

结　语

"有、在、是"都可为语篇引入话题，都可形成话题链组织语篇，但链的延伸或语篇组织能力有异，表现为"有＞在＞是"。为语篇引入的话题的性质类有异，是"是＞有＞在"。话题的信息地位不同，"有、是"引入的话题是重要的内在的核心的，"在"是外在的，总体表现为"有＞是＞在"。三者的语体也有异，"有"倾向叙事的，"是、在"没有这种倾向。三者动词性虚实不同，由虚到实是"有＞是＞在"。在话题标记上，"有"无此功能，"在、是"则有。

[①] 这种解读吕叔湘（［1979］1984：53）曾指出"'是谁告诉你的'也是无主句，它本来是个主谓句，让'是'字在头里一站，把后边的全打成谓语了"。

第二节 "有、在、是"焦点表达、焦点结构及其特性

一 "有、在、是"标记论元焦点及其结构特性

信息结构的核心是焦点结构，有论元、句子及谓语三类（Lambrecht，1994：224，296）。前两类是有标记的，后一类是无标记的。"有、在、是"标记论元焦点不平行，"有"没这一功能，这是由其［-确定］或［-排他］决定的，而"在、是"可标记论元焦点。

（一）"有"在论元焦点结构的作用与特性

"有"没有标记焦点的语义语法基础，但是能凸显焦点：一是如在"小张有水平"中，能凸显"水平"的认知属性量而与之构式化，说明见薛宏武（2006）、薛宏武等（2011b）、杨玉玲（2007）等；二是在狭义量肯定中，如"走了有5公里"等中，使"5公里"成为主观大量，这方面薛宏武（2006）、薛宏武等（2011a，2011b）等已有所论。

当然，特殊情形下"有"也貌似能标记论元焦点的。例如：

(1) 鲁昌南指着他一尘不染的家说，这样的程度，还需要你来打扫吗？有工人来做。

(2) 松鼠十分机灵，只要有人触动一下树干，它们就躲在树枝底下。

这两例的"工人"与"人"是"有"的论元，有［突出］［对比］，是话题焦点。［突出］是"有"肯定的结果，［对比］是语境带来的。"工人"的［对比］是跟先行句的"你"对比获得的。"人"的［对比］则是跟认知情境中的事物对比形成的，因为生活常识是风或其他动物引发的"树动"，松鼠不会躲起来。当然"人"的［对比］获得，还跟"只要"的限定有关。若删去"有"及"只要"，"工人"与"人"的［突出］消失。当然把例(1)、例(2)的"有"字句分离出来，并把"只要"等排他成分去掉［对比］也会消失。观察：

（1）a. 有工人来做。
（2）a. 有人触动了树干。

例（1）a与例（2）a的"工人"与"人"没有［对比］，但有［突出］，这跟"有"的肯定有关。它没有［排他］，自然就没有标记论元焦点的功能，却有凸显肯定对象的作用。它就是一个肯定所指的存在动词。

（二）"在、是"标记论元焦点、信息结构与特性

"在""是"都有［排他］，但典型性及语义的虚实不同，因此标记的论元焦点的典型性也有异。其中，"是"的语义虚且［排他］典型，"在"语义实但［排他］不典型。"是"标记的论元焦点在句位上有主语、宾语、状语或定语等。标记话题已在本章第一节讨论，其中包含"主语"下面讨论标记宾语、状语及定语。观察：

（3）我说的是杨苹，你问的大概是杨玲了。（俞林《人民在战斗》）

例（3）的"杨苹"是"说"的域内论元，句法直接投射是"我说杨苹"。"杨苹"在宾位，是自然焦点，是［突出］［－对比］。为使"杨苹"作对比焦点，必须加"是"，方式有三种。一是直接放在"杨苹"之前说成"我说［是杨苹］"，但它不合句法规则（ill-formed）。二是采取宽域标记的方式说成：①

（3）a. 我是说杨苹，你问的大概是杨玲了。

例（3）a的"杨苹"由于有后续句的提示，它就是一个明确的有标的对比焦点，尽管"是"以宽域的方式标记焦点"杨苹"的，或

---

① 按照Lambrecht（1994：223—296），焦点有宽、窄（broad and narrow），宽焦点结构是谓语焦点或句子焦点。

者说是间接标记的。

把"我是说杨苹"提取出来孤立地看，是有歧义。观察：

(3) a1. 我是说杨苹，(不是骂)。
　　a2. 我是说杨苹，(不是杨玲)。

总之，至少静态孤立地看，宽域焦点结构"我是说杨苹"不理想，因为它要表达明确唯一的焦点，需要借助语境。我们的观点与主流看法也有出入，如方梅（1995）、石毓智和徐杰（2001）等认为"是"能够明确地标记对比焦点，观察：

(4) a. 是我们明天在录音棚用新设备给那片子录主题歌。（回答"哪些人"）
　　b. 我们是明天在录音棚用新设备给那片子录主题歌。（回答"哪天"）
　　c. 我们明天是在录音棚用新设备给那片子录主题歌。（回答"哪个地方"）
　　d. 我们明天在录音棚是用新设备给那片子录主题歌。（回答"用哪种工具"）
　　e. 我们明天在录音棚用新设备是给那片子录主题歌。（回答"给哪个片子"）

例（4）连同括号之内的说明文字均引自方梅（1995）。这一组例子本身就构成了一个系统对比的语境，特别是还有"答句"提示的预设性疑问焦点，因此，尽管"是"是宽域焦点标记形式，但相对来说焦点还是明确的。但这种标记方式的明确性极有限，表现之一"是"并不能作如下标记，观察：

(4) f. *我们明天在录音棚用新设备给那片子是录主题歌。（回答"做什么"）

g.*我们明天在录音棚用新设备给那片子录是主题歌。（回答"录什么"）

黄正德（1988：43—64）、周国正（2008）、沈家煊（2010，2012）等认为"是"并非标记，而是一个助动词或动词。徐杰、李英哲（1993）认为"是"是动词跟以动词身份作焦点标记不矛盾。句子中嵌入"是"是为了表示焦点，只不过碰巧是个动词，因此标记焦点时还要遵循动词的规则。不管如何，这两种看法都说明"是"并非专职焦点"标记"，至多是个"准"标记。

Givón（1979：74）基于"标记"有争议不能无条件应用的慎重原则，提出了两条确定标准：ⅰ）最简单清晰的标记是形态语素；ⅱ）标记可使中性模式与含额外语素的复杂标记形成对照。额外语素不仅服务标记功能，而且能够区别它与中性模式。汉语没有印欧语形态语素，标准ⅰ不完全适合汉语，就"是"而言却是个语义虚的功能动词，作准标记没问题。从ⅱ看，它不仅可改变例（3）的"杨苹"焦点类型，还可把中性叙述句"我说杨苹"变为复杂主观句"我说的是杨苹"。就此看，"是"能焦点标记。但它又不能像典型标记，主要表现在受句位限制而不能开放地附在标记对象上。典型标记恰恰与之不同，观察藏缅语的夏尔巴语（Sherpa，语序是SOV）：

(5) a. tii   mi-ti-ki   cenyi caax-suŋ.   （中性句）
       DEF   man-DEF-ERG   cup   break-ASP
       (The man broke the cup. 那个人打碎了杯子)

   b. tii   mi-ti-ki   **kyé**   cenyi   caax-suŋ.
   （主语/话题焦点句）
       DEFman-DEF-ERG   **FOC**   cup   break-ASP
       (It is the man who broke the cup. 是那个人打碎了杯子)

   c. tii   mi-ti-ki   tii   cenyi   **kyé** caax-suŋ.
   （宾语焦点句）

DEF　man-DEF-ERG DEF　cup　**FOC**　break-ASP
(It is the cup that the man broke. 那个人打碎的是杯子)

例（5）引自 Givón（1979：78）。焦点标记 kyé 明确附在主语 mi（man：人）与宾语 cenyi（cup：茶杯）之后没有受句位限制。

"是"是准焦点标记，标记方式是宽式的，所标记的焦点不是单一明确的。这里要排除一种情况，例如：

（6）他是个君子。

例（6）的焦点之所以是明确单一的"君子"，是因为"是"的核心功能是句法肯定，标记宾语焦点"君子"是伴随性的。这方面在例（7）还会讨论。

总之，例（3）a 的焦点结构不理想，因为"是"与"杨苹"不邻接，不是一个连接好的完型。因为焦点在心理上就是完型里的图形（figure），图形的原型特征是封闭、轮廓明确（徐春山，2010）。"是"与"杨苹"不紧邻就是作为图形没有封闭，轮廓不清。由此可见，用"是"的宽式标记焦点并不能取得明确单一的效果，与音调/重音标记相比，[突出]或[对比]效果是打了折扣的，是一个次要的标记方式。换言之，"是"标记的焦点尽管是强式的，但效果不理想，不是真正的第一位的焦点标记。汉语里第一位的真正标记就是重音或语序。

既要让例（3）a 的"杨苹"作对比焦点，又要保持它是"说"的论元，只能对"我说杨苹"进行句法重组，这就是第三种标记方式"分裂"：用"的"把"杨苹"提取出来，让"我说的"降级作主语，"是杨苹"作谓语。经过这样操作，"杨苹"就是一个完型的对比焦点："我说的"与"杨苹"都是明确封闭的单位（语义自足），并且"杨苹"与"是"是紧邻的连接好状态。心理上"是杨苹"隐喻的心理图形比背景"我说的"的面积小，图形与背景对立显著。形成了以

"杨苹"为图形与以"我说的"为背景的理想的认知句法完型。可见，例（3）的分裂句是为表达对比焦点进行了复杂的句法心理操作，牺牲了原有的句法经济才换取了现有的焦点表达。

（三）"在"标记论元焦点及其信息结构、特性

(7) 鬼子在银洞村$_S$，在这里藏不住了。（俞林《人民在战斗》）

"银洞村"是"在"的必有论元。① 但"在"语义实且是句法强制成分，它是焦点"银洞村"的标记吗？若是，岂不是"SVO"的 V 都是焦点标记？

我们认为，"在"是 NP 论元焦点的标记，只不过它是准标记。理据之一，"在"与行为或动作动词不同，它没有动词的典型形态，不能加"了、着"或重叠等，就此看，它功能性显著，有一定的标记特征。比较：

(7) a. *鬼子在了/着/过银洞村。
(8) 鬼子吃了/着/过一只鸡。

理据之二，"在"有［排他］，如例（7）不能变化为例（7）a。行为或动作动词无此特征，因此例（8）a 是可受的。比较：

(7) b. *鬼子在银洞村（,）也在西周村。
(8) a. 鬼子吃了一只鸡（,）也吃了一只鸭。

理据之三，是例（7）与例（8）的句法平行，"是"是论元焦点的准标记，那么与之相通的"在"也应如此。只不过"在"比"是"实一些而已。观察：

---

① 例（6）的"银洞村"是必有论元而非选择性环境元，是根据构式定性的。换言之，论元是必有的还是选择的，在构式中才能客观定性。

(9) 鬼子在哪儿？a. 在银洞村。b. 是银洞村。

例（9）的答句 a 与 b 语用值等同。既然"是"除连接"鬼子"与"银洞村"之外，同时也是焦点"银洞村"的准标记那么，基于二者是一个语义语法类，"在"也是准标记。

二 标记谓语焦点、信息结构及特性

谓语是新信息，带自然重音，是默认的焦点。"有、在、是"标记谓语焦点与标记论元焦点的情况基本平行，"有"能凸显谓语焦点但无标记功能；"在"标记谓语焦点是隐性的，显性是表达持续/进行体；"是"标记的谓语焦点是对比的，有突出性，并且如前文所述当谓语是一个复杂结构时，还有歧义，即是宽式标记。

（一）"有"凸显谓语焦点、信息结构与特性

这跟"他有能力"的"有"完全平行，它是主观动词，如例（10）的"有"就可凸显"带来"。这在第五章第二节等已讨论。再如：

(10)（顾丑介）我的笔砚有带来否？
　　（丑）有。（浙江瑞安，洪炳文《悬岙猿》）

目前基本是从"领属"出发讨论例（10）的"有"的，其实用"存在"可以更经济地说明问题，因为用存在义说明其功能与语感合拍，没有"领属"的迂回性。并且，例（10）实在是难看到"有"有领属义。

（二）"是"标记谓语焦点、信息结构与特性

(11) 屈原（t1）：你看那些橘子树吧……你要迁移它们，不是很容易的事。这是一种多么独立难犯的精神！你看这是不是一种很好的榜样呢？

　　宋玉（t2）：是，经先生这一说，我可感受了极深刻的教训。先生的意思是说：树木都能够这样，难道我们人就不能够

吗?(思索一会),人是能够的。
　　　　屈原(t3):是,你是了解我的意思,你是一位聪明的孩子……我这些话你是明白的吧?
　　　　宋玉(t4):是,我很明白。……(郭沫若《橘颂》)

例(11)的 t 表示话轮(turn)中的构成语句。例(11)t2 的"能够"被"是……的"标记为对比焦点,从而跟先行句"不能够"形成对比。若没有"是……的"标记,它仅是个自然焦点,与先行句"不能够"也形不成理想的衔接与连贯。例(11)t3 的焦点"了解我的意思""明白"被"是"标记之后,也是[突出][对比]的。再观察:

　　(12)屈原(t1):你把阿金放下,念念我这首诗。(将书卷授宋玉)
　　　　宋玉(t2):(展开书卷前半,默念一次,举首)先生,你是在赞美橘子啦。
　　　　屈原(t3):是的,前半是那样,后半可就不同了,你再读下去看。(郭沫若《橘颂》)

例(12)的 t2 的"是"标记的焦点是个动宾套动宾的结构[$_{VO}$在[$_{VO}$赞美[橘子]]]。也就是说,是一个宽焦点结构。若把这个句子孤立出来,焦点可以是"赞美",还可以是"在赞美橘子"。再看例(11)t2 的"先生的意思是说……",可发现"是"标记的谓语焦点是整个动宾,而真正焦点却是"树木都能够这样,难道我们人就不能够",其中的"说"是焦点的连带成分,可以删去。

总之,当焦点是复杂谓语或其内的一个成分时,"是"并不能将焦点明确地标记。即它标记的是一个宽泛的焦点域,解读有歧义。这说明它确实不是专职的焦点标记而是一个准标记。

(三)"在"标记谓语焦点、信息结构与特性

　　(13)从母女两个面容上,他猜出刚才$_S$她们正为了此事在争

执。(彭慧《不尽长江滚滚来》)

(14) 突然风声中我好像听见ₛ有人在喊:"小谷!小谷!"(鲁彦周《找红军》)

若不计较"正"与"在"的体差异,例(13)用"正"就可以表进行,"在"是羡余的。其作用是除强化进行义外,还可以用弱性[排他]肯定"争执"。肯定"争执"就要排斥预设域内的其他成员。据此看,"争执"有[对比][突出],是对比焦点。即"在"是焦点"争执"的标记,只不过它语义较实,是准标记。若没有"在","争执"是[-对比][突出],是靠尾重音标记的弱式自然焦点。相比较而言,"在争执"是强式的谓词焦点结构,如下:

(13) a. 句子:(S) 她们正为了此事在争执。
       预设:她们正为了此事处在某行为 x 中。
       肯定:"争执"是 x。
       焦点域:x

例(13)a 的 S 比"她们正为了此事争执"信息量大,大出来的"某行为 x"正是"在"定位强调"争执"的基础。例(14)也可以这样分析,"有人喊"的情状可表持续,"在"羡余。"在"的作用是除把句子的情状持续强化并使之有动态性之外,还同时标记焦点"喊"。即它的标记焦点功能是其肯定功能的伴生性功能。可见"在"标记谓语焦点的功能特性跟"是"平行。

当然"在"与"是"在标记复杂谓语焦点时还是有些小异的,前者标记的焦点相对来说是确定明确的,这与"在"对动词性成分敏感有关。如例(12)的"在"只能解读为标记"赞美"或"赞美橘子",而绝不可能是"橘子"。看来,"在"标记的焦点域没有"是"标记的焦点的域宽。

例(13)与例(14)中标记谓语焦点的"在"是羡余的。当它是强制句法成分之时,仍有标记焦点的作用。例如:

(15) 我进来的时候，杨天啸在吃饭，他正趴在桌子上吃碗里的面条。(阿城《爱情简史》)

例(15)信息结构与例(13)的平行，"在"标记焦点"吃饭"，标记的基础是［定位］［排他］。信息结构如下：

(15) a. 句子：杨天啸在吃饭。
　　　 预设：有个叫杨天啸的，处在某行为 x 中。
　　　 肯定：x 是"吃饭"。
　　　 焦点域：吃饭

看来"在"在表达体及人际强调的同时，还有一定的标记谓语焦点的功能。之所以说是"一定的"，是说它标记谓语焦点的功能远没表达体、人际强调的显著，它是谓语焦点的隐性弱标记。

例(13)—例(15)中"在"标记的谓语焦点是隐性的虚弱的，因为［排他］在 VP 前面模糊。模糊原因之一是 VP 隐喻时间，时间虽然可以人为切分，但毕竟其连续性比离散性显著。由此决定了它的［排他］缺乏"立界"或"示别"的基础。模糊原因之二是它所在句的主语/话题通常是强及物性的［指人］施事，也会降低它的焦点标记功能。反之，当主语/话题的及物性降低或消失，它的焦点标记功能就会显现或增强，这种情况下"在"可用"是"替换。观察：

(16) 修行重点在降伏其心。(慧律法师《新春开示》) →a. 修行重点是降伏其心。

例(16)的主语是［-指人］的，没有施事性。"在"是定位肯定"降伏其心"。肯定"降伏其心"就排斥了预设域的其他成员，即"降伏其心"有［突出］［对比］，是谓语焦点标记。当然"在"标记谓语焦点跟"是"的差异，除焦点域的宽度有异外，还表现在后者强而前者弱，这主要是由二者的［排他］的典型性及强弱的差异决定的。

三 标记焦点句及其结构特征

按照 Lambrecht（1994：223），焦点句是整个句子是焦点，其断言通常不会引发任何预设，也不需要话题。汉语的焦点句多为场景呈现句。例如：

(17) 下手一个屏风，外面一张圆桌，几把椅子。（欧阳予倩《屏风后》）

标记焦点句方面"有""在""是"不平行："是"可标记焦点句（有时与"的"同现）。观察：

(18) Q：怎么了？（What happened?）
　　　A：车坏了。（My car broke down.）（徐烈炯、潘海华，2005：50，用例）

例（18）的问句 Q 与答句 A 都是句焦点，除"了"不重读外，其他的都重读。再看"是"对 Q 与 A 标记的情况，观察：

(19) Q：(这) 是怎么了？（现场情景句：伴随着用手点指）
　　　A：是车坏了。

从整体来看，例（19）由于"是"的标记出现了不平行性：一方面，Q 的"是"标记的"怎么"是 [-对比]，而 A 里标记的"车坏了"是 [+对比] 的；另一方面，A 有歧义。因为"是"也可以解读为标记的是"车"。再看"有、在"标记焦点句情况。观察：

(20) Q：*有/在怎么了？
　　　A：*有/在车坏了。

很明显，例（20）的 Q 与 A 是不可受的，即"有、在"是不具备标记焦点句的功能。值得指出的是，孤立地看，例（20）A 的"有"也能肯定句子。观察：

（21）A1. 有车坏了。
　　　A2. ??在车坏了。

例（21）A1 说明"有"可以肯定句子，如至少在南部方言的闽湘赣闽等方言区及古汉语；而 A2"在"则在普方古都不可。当然例（21）A2 在一定语境也可以说，例如：

（22）这事糟糕在车坏了。

例（22）的"在"是定位肯定小句"车坏了"，并且"车坏了"也是焦点句。其实它还是不能标记句焦点，因为"车坏了"是内嵌焦点句，相当于论元焦点，与例（18）情况不同。

总之，"有、在、是"标记句焦点不平行："是"可以，"有"不能，"在"仅可以标记内嵌的焦点句。

最后，"有、在、是"能肯定主谓句［NPVP］，且都可作两种解读，形式化就是：a)［［有/在/是 NP］VP］；b)［有/在/是［NPVP］］。但这两种解读的频率有异，a 高而 b 低。究其因是"有、在、是"原型肯定都是 NP，当然会对紧邻的 NP 优先支配且支配力强。相对来说，三者支配主谓句的能力就有所减弱。与此相应，就是三者标记主谓焦点句之时，主谓焦点句要优先解释为论元焦点。当然"是"究竟是标记焦点句，还是标记句首的论元焦点，在语境充分时是可以区分的。例如：

（23）胡四（t1）：可是……（忽然对小东西）是你ⱼ把金八爷打了么？
　　　（小东西ⱼ狠狠地向福升身上投了一眼，又低下头，一语

不发)

翠喜（t2）：四爷跟你ⱼ说话啦，傻丫头ⱼ。(小东西ⱼ石头似的站在那儿)

王福升（t3）：瞧瞧，这块木头ⱼ。

胡四（t4）：(点着烟卷) 奇怪，这么一点小东西ⱼ怎么敢把金八打了？(曹禺《日出》)

例（23）的 t1 是疑问求证句，"胡四"已听说"小东西"把金八爷打了，只是由于拿不准才向"小东西"求证，因此，"是"标记的焦点是"你"。

"在、是"可以标记焦点，除如在例（4）与例（9）中标记宾语 NP 论元焦点之外，其标记功能极为有限。"在"的标记焦点对象面相对窄且明确，如在例（12）的 t2 中标记"赞美橘子"或"赞美"而不可能是"橘子"。更为重要与关键的是，表达真值语义关系之时它不可删，显然没有"是"的标记能力强。"是"是现代汉语常用的焦点标记，但仅是标记宽焦点。当然它也有能明确标记焦点的时候，那就是后面成分越少，标记范围也越小、越明确。否则，当它标记后面成分复杂之时，具体是标记哪一个，要依赖背景（隐性或显性对比项）；若没有背景，"是"要明确单一的标记焦点是不可能的。

结 语

"有、在、是"焦点标记及其信息结构共性少："是"可标记论元焦点、谓语焦点及句焦点，但并非专职标记。标记句首论元焦点、句焦点有歧义，解读率高的是标记主语/话题焦点。"在"可视作一个准焦点标记，但远不及"是"的标记性典型。它可标记论元焦点，隐喻空间，标记谓语焦点表现为潜与弱，它不能标记焦点句。"在、是"的焦点标记功能是其句法语义肯定的伴随功能。"有"没有焦点标记功能，但可凸显焦点。

第三节 "有、在、是"话语功能及其特性

一 "有""在""是"独立标记话语及其特性

三者在独立标记话语方面并不平行,"是"能标记话语而"有、在"却不可。① "是"标记话语之时不仅表达说话人的认识、情感等,而且还能衔接话语。观察:

(1) $_{s1}$他(伯夷)本来是可以做孤竹国的国君的人,但他把那种安富尊荣的地位抛弃了,因为他明白,在我们人生中还有比做国君更尊贵的东西。$_{s2}$假使你根本不象一个人,做了国君又有什么荣耀?$_{s3}$是,在周朝的人把殷商灭了的时候,伯夷也可以尽不必死,敷敷衍衍地活下去,别人也不会说什么话。$_{s4}$假使他迁就一下,周朝的人也许还会拿些高官厚禄给他。但他知道,那种的高官厚禄、那种的苟且偷生,是比死还要可怕。所以他宁愿饿死,不愿失节。这实在是值得我们学习的,你懂得我的意思么?(郭沫若《屈原》)

例(1)的$_{s1}$与$_{s2}$是"屈原"叙述伯夷不做国君之因,$_{s3}$及$_{s4}$是讲伯夷饿死之因。衔接$_{s1}$、$_{s2}$与$_{s3}$、$_{s4}$的就是"是"。"是"对于$_{s3}$来说,是指向说话人的认识成分,可引发听话人的联动注意:用它的主观认同义肯定$_{s1}$、$_{s2}$是事实,同时引起对$_{s3}$、$_{s4}$的注意(即$_{s3}$、$_{s4}$是重点或关注点),并在结构上跟$_{s1}$、$_{s2}$、$_{s3}$衔接;还可以用它的容让性假设义跟$_{s4}$连贯。

上述分析需要补充两点。一是联动注意是指示代词的功能(Diessel, 2006)。动词"是"有此功能,显然继承了"是$_1$"的功能。二是

---

① 这里的话语包括言语、独白。话语功能包括预示、插入、话轮转承、话语限制、关系表达及话语标记等。本节"话语标记功能"不仅指附丽在信息成分之上体现人际互动的认识或情感成分,还指能起到组织话语、转承话轮及表达语句关系等作用的成分,是跟信息功能密切相关的。

例（1）是独白（monologue），是特殊的对话（dialogue）。即说话人同时扮演着言者与听者的双重角色。因此，例（1）不动摇"是"的联动注意功能。

再看对话中的"是"作用。一是作应答之辞，表示遵从指令或对所言反馈。例如：

(2) 诸所长：小平，你给西郊打电话。
　　平海燕：是！所长，天祥说，敢情于壮在那儿呢。（打电话）（老舍《全家福》）

二是对前一话轮的内容表示肯定或认同，即承上；然后开启所言，即启下。这两方面综合起来看，就是插入语句、获取话轮权从而组织话语，观察：

(3) 屈原（t1）：你看那些橘子树吧……你要迁移它们，不是很容易的事。这是一种多么独立难犯的精神！你看这是不是一种很好的榜样呢？
　　宋玉（t2）：是，经先生这一说，我可感受了极深刻的教训。先生的意思是说：树木都能够这样，难道我们人就不能够吗？（思索一会），人是能够的。
　　屈原（t3）：是，你是了解我的意思，你是一位聪明的孩子……我这些话你是明白的吧？
　　宋玉（t4）：是，我很明白。……（郭沫若《橘颂》）

例（2）与例（3）的"是"应称作插入会话中的应答标记，表示认同；或者作为争取话论权的手段，通过肯定对方所言之后，引出自己的话语。闫建设（2015）指出话语中说话者会监控对方的言语行为以对其施以约束，听话人对其所言的应答或反馈就是表现。相应的，说话人的应答或反馈也是话轮权的获得方式。就"是"标记的前后话语关系看有两类，一是当前话轮中"是"的后续句内容与前一话轮中说话者的预期基本吻合，如例（2）、例（3）。二是不吻合，即当前话轮中"是"的后续话语跟前一话轮的预期有悖，表现为"是"的后续句中出现转折性的连接词语，如"不过、但（是）"等；或者尽管没有这类形式标记，但话语的内容是转折性的或反预期的，如例（1）。

跨语言看，例（2）的话轮之首"是"的话语功能有普遍性，如Heritage（2013：331—337）指出英语 yeah/yes、日语 eh 及韩语的 ani 都可以表明当前话轮与前一话轮的连接性，并且它们也能起到话语监控作用。值得指出的是，日常交际中"有、在"也多作应答之辞，如课堂点名等。但在如例（1）—例（3）里是不可用的，因为二者不具有"是"那样的联动注意、缺乏承上启下的话语标记及组织功能。

二 "有、在、是"构式的话语功能及其特性

"有、在、是"的构式有话语功能，只是"有、在"的形式相对单一，而"是"的多样。

（一）"有"的构式话语标记功能及其特性

"有"用构式标记话语常见的是［有 X］。［有 X］指表信息来源的真实性、可靠性或权威性等词语，如"有专家指出、有分析称"等。它们不仅能标记话语，也能组织话语，这是共识，无须讨论。值得指出的是，［有 X］不仅有"有报道"之类的语法性构式，还有如"真有你的"之类的词汇性构式［真有 X］，它有话语评价功能但标记能力弱。目前研究集中在对其话语评价功能的描写而对其形成机制的揭示还有进一步加强之处，如曹继阳（2019）等。

1．"真有你的"的形成

"真有你的"已基本词汇化。"基本"指"你"能被"他"等替换，说明该构式尚有语法性。比较例（4）与例（5）：

（4）慈禧太后：喜来乐，还真有你的！（电视剧《神医喜来乐》，第21集）

（5）邱团长（对周远说）：这小子，真有他的！（电视剧《雪豹》，第14集）

曹继阳（2019）指出"真有你的"有"赞赏"与"不满"两个相反的评价义，但前者占绝对主导，如例（4）、例（5）；后者用例少，[①] 观察：

  （6）这种事不答应的就是白痴！"小师妹，真有你的。"（BCC语料库）

"真有你的"词汇化主要机制是缺省。如例（4）是"喜来乐"用民间土方治好太监、宫女及嫔妃等的疑难杂症之后，慈禧给予的褒扬之辞。其特征之一是"你的"中心语 X 是认知情景中的一个义类，并且 X 是认知平均值高的抽象 NP。例如：

  X = {水平，能力，手段，办法，本事，医术，两下子，回天之力，……，绝活儿}

其特征之二是"你"是 X 的领属者，也是动词"有"的当事。综合来看，例（4）语义结构是：

  （ⅰ）[你真有 X]

若 i 直接投射到句法层面，便是"你真有 X"。显然，它是"真有你的"的源构式。若再从 X 内选择一个与语境相宜的词语，放在 X 上便可形成如下之类的现实句子：

  （ⅱ）你真有手段。

例 ⅱ 认知语义上是主宾无标关联句。根据薛宏武等（2011a），它可在交际中构式化为"有手段"之类的[有 X]。[有 X] 图式性强，

[①] 据此看，"真有你的"的"不满"用法由"赞赏"用法泛化来。

可生成大量的表积极评价的惯用语，如"有医术""有办法"等。它们表达效果，如"有手段"比"手段高"等委婉含蓄。可见，例ⅱ是以肯定"手段"的指称而迂回表达其陈述义中的量成分"高明"之类的。

但例ⅱ的表达效果不及"真有你的"好，因为评价义单一固定且在特定语境也可能不得体，表现在"慈禧"对"喜来乐"的褒扬绝非仅是"手段高明"，也有"医道好""办法简易""效果显著"等在内。同时"慈禧"用它夸赞"喜来乐"不符合权势关系（power of prominence），有无上权势的慈禧用"有手段"明确直接评价百姓"喜来乐"不得体，多少有点不符合至今还存在的"父不夸子"原则。要使例ⅱ克服上述两方面的不足，把形式创新为模糊评价的"真有你的"是一个最佳选择。主要过程与操作方式如下。

先把"手段"缺省形成例ⅲ：

（ⅲ）你真有∅。

但例ⅲ的"有"没有句法宾语，是不完型的。这样要满足"有"带句法宾语，又避免"手段"等语义明确单一的词语出现在∅之上，最经济便捷的方式便是用"你的"去替换∅，结果如下：

（ⅳ）你真有你的。

由例ⅲ到例ⅳ操作的事实依据是，如例（7）就清晰的显示了"你的"就是句首"你"及其领属对象的替换式。观察：

（7）婉儿你行啊你，婉儿，你可真有你的，弄了一屋子粉黛、裙衩，你什么意思嘛你？（华语语料库）

由于例ⅳ的两个"你"的所指都是语境中的听话人。基于主语"你"是旧信息，可及性高，完全可以删去而用指别性低的零形式。经此操作就是"真有你的"。这样"你的"满足了"有"对宾语的需要，又用"你"作"有"的潜主语,句法语义达到了经济。另外,"你的"所指就是"你"领属的义类聚合 X,因此解读上能给人留下联想的空间。这种联想空间的语法形式表现,徐思益(1992)称之为"空白"。

当然"真有你的"联想性解读方式有赖激活成分。激活的成分是语境本身或其中的提示语。例如:

(8) 小李子脸红红地奉承道:"老局长,真有你的,蛮有深度,蛮有哲理。"(BCC 语料库)

例(8)的"深度""哲理"是激活"你的"中心语 X 的触发词,并且二者就是 X 的成员。

由于"真有你的"已词汇化,使用中还有给"你的"添加中心语 X 的情况。这是构式高频使用出现语义磨损之后的再强化。例如:

(9) 玉满楼方点头喃喃道:"原来如此——,李北羽,真有你的聪明……"(BCC 语料库)
(10) 真有你的脸皮厚,两个人料理一条船,要哥哥我和玉大小姐负责这百来条龟孙子……(BCC 语料库)

像例(9)与例(10)的"你的"带中心语的现象少,而且其评价效果也差,表达直接而缺乏含蓄委婉,特别是作消极评价之时明显不及缺省式礼貌、得体。

值得指出的是,由例 iii 到例 iv 中,用"你的"完型可避免语义单一的词语出现在 Ø 之上是一种积极的句法操作。与此相关还可能有一种被动的用"你的"替换 Ø 的,这种操作包括三种情况。

一是徐思益(1992)所说的由于说话人情急或思维停滞或中断等情况,一时找不到恰当词语去填补"有"对宾语的需求,因此就缺省了。例如:

(11) 真有你的,你疯了?……下去!……有完没完!……

真是少见！（BCC 语料库）

例（11）的"真有你的"是说话人对狗的疯狂行为不知奈何之下说的。

二是在说话人心理上，X 的成员不足以恰当评价对象而被动的以"你的"去替换Ø。观察：

（12）s1"你从哪里得到答案的？"小伙饶有兴趣地问。s2"从微信圈里。"女朋友欣慰地笑了笑，s3"你出钱请常德市民免费吃米粉的故事，今天已在微信圈里刷爆。我有意路过那家米粉店时，也瞥见你写的感谢信，就贴在米粉店外。米粉店里热气腾腾，不少人为你点赞。你呀！真有你的！"小伙开心地笑了。（BCC 语料库）

例（12）的"女朋友"可能是心理词库里没有得体的词语去表达对"小伙"的赞赏，因此才用"你的"完型的。

三是虽有恰当的词语，但碍于礼貌而不便说出来。这多见于消极评价，如例（6）。

总之，例（6）、例（11）、例（12）都是被动的用"你的"替换Ø 的，与主动选择"你的"形成"真有你的"的过程、动因、机制及表达效果等一致，都是说话人被深度感染之后，基于表情表态以缺省的手段主观化而来的，评价特征都是模糊性的。

2."真有你的"话语功能

曹继阳（2019）认为它是一个"反预期"标记成分，基本客观。因为它确实表示话语对象的言行出乎说话人意料之外。但作"标记"来说，它够不典型，因为有时是句子，如例（12）。另外，它位置自由，也可以出现在句首，如例（11）。这显然不同于一般的话语标记附丽于话语之前的特征。

就"真有你的"组织话语的特征看，是用"评说"方式组织的，模式有"评说—叙述"与"叙述—评说"两类，前者如例（10），先用"真有你的"评价,之后再展开事实叙述;后者如例(12),"真有你的"之前的句子都是叙述事件,而它本身则是对先行事件及其参与者"小伙"的评价。总之,不论"真有你的"在话语之首还是话语之尾,都是体现说话人态度、情感等的。

(二)"是"构式的话语功能与特性

"是"构式标记话语的具体形式较多,具体见本书第九章第一节。这里介绍现代汉语两个高频词语"是了""真是(的)"。现有研究多关注它的话语功能,而缺少形成的讨论,如王幼华(2011)与郭晓麟(2015)等。

1. "是了"的话语功能及其形成

"是了"话语功能有二。一是作应答辞,跟"是"相当,比较例(13)的"是"与"是了":

> (13) 诸所长(t2):电话上联系,我叫你见,你再去找他。
> 刘超云(t3):是了,所长!(下)
> 诸所长(t4):小平,你给西郊打电话。
> 平海燕(t5):是!所长,天祥说,敢情于壮在那儿呢。(打电话)(老舍《全家福》)

虽然例(13)t3的"是了"可用"是"替换,但行为效果不同:"是"语气重,所体现的说话人的态度是坚定的,倾向于有权势(power)关系的言、听者之间,如"平海燕"与"诸所长"是上下级关系。"是了"的语力弱,语气舒缓委婉,适于共聚关系(solidarity),如"刘超云"与"诸所长"是一般的警民关系。

"是了"词汇化动因是使用率,机制是缺省。它的完型是[是 Ø 了],结构层次是[$_{vo}$是[Ø 了]]。Ø 是缺省的先行话语。应答语"是了"的功能是话语衔接,肯定先行的 Ø 即语义连贯与形式衔接。所以要把先行成分缺省,是为了表达经济。据此看,应答语"是了"是从[是 Ø 了]语法化来的。至于"是"之后的"了"的功能,究竟地说是软化语力。

"是了"是缺省而词汇化,这还有现代汉语应答词语"不了"的形成为旁证。例如:

(14) 再喝一杯吧?
不了。

例(14)用"不了"比用"不"客气委婉。客气委婉的功能是来自"了"的。"了"不能与"不"同现,而是跟"不喝"同现的,即[[不喝]了]。换言之,现代汉语婉拒词"不了"是[[不V]了]缺省V形成的。至此,现代汉语话语肯定及其否定应答式的系统构成,是如表8-3-1所示。

表8-3-1　　　　　　　　现代汉语肯定及其否定应答式

	肯定		否定	
	是	是了	不	不了
语力强	+		+	
语力弱		+		+

表8-3-1是从日常交际而言的。"是"用在权势关系,态度坚定,而"是了"没有这样的语力及表达效果,反之亦然。

二是标记言语或作衔接成分。例如:

(15) 你慷慨的手里所付予的,我都接受。我别无所求。是了,是了,我懂得你。(BCC语料库)
(16) 我重又踢踢那块红薯,向"黑黑"表达友谊。"黑黑"还不理睬。"你先躲起。"男孩子指点我。噢,是了,我得让"黑黑"相信,我的施舍毫不包藏祸心,而是彻底的好意。(史铁生《黑黑》)

例(15)是内心独白。"是了"之前的句子是说"我"对"你所付予的"的态度,后面句子则转说"我"对"你"的认识,"是了"

是话题转变的标记。例（16）的"是了"是标记思维之后"醒悟"的，当然它还同时衔接言语成分。总之，例（15）与例（16）的"是了"与"对了"等言语成分等同，标记功能显著。相对地说，例（13）、例（14）的"是了"的显著功能是作应答语。

2."真是（的）"话语功能及其词汇化

它是缺省"是"的肯定对象 X 词汇化而成的，X 是个谓词性义类聚合，完型是［真是 Ø 的］。"真是的"不能替换成分或者扩展，仅可把"的"删去，但删去后评价力减弱，如例（24）。功能上它可作谓语。例如：

(17) 胡氏（对赛西施说）：田奎呢？他怎么不陪你一块儿回来呢？他也真是的，怎么让一个女人家家的回来呢？（电视剧《神医喜来乐》，第32集）

"是了"作谓语也可以带语气词，如例（24）。王幼华（2011）与郭晓麟（2015）指出它的核心是批评指责，如例（17）。但也能表积极肯定，例如：

(18) 西方侠于爷过来一抱拳："兄弟，别着急，不是还有哥哥我这个说合人嘛。这样吧，我们大家先奔前厅，到了前厅以后，也许人家把四个贼交出来，到那时候，我们弟兄就没的说了。""老哥哥，真是的，冲着您，如果金银乱石岛寨主就能交出四寇，咱们还是一天云雾散。"（民国《雍正剑侠图》）

"真是的"消极指责与积极肯定用法不对等，不仅体现在前者例多而后者少，还表现在后者的语义解读有两个类：一类，如例（18）的"真是的"缺省的 X 可解读为"西方侠"所说的，此时相当于"是这样"等应答语，词汇性低；另一类，也可解读为表积极肯定的"有办法、说得对、可行的"等。但"真是的"表消极指责时，X 的义类单一。例如：

(19) 九龄赶紧给拦了："老人家，您看我们在这里到太原也不远了，您给我们这么多钱干什么？我们两人都是官人，有盘缠钱呐！""你们有，是你们的。"张方搭腔说道："哥哥，您真是的，老丈人给姑爷钱，给多少拿多少，掖起来！"（民国《雍正剑侠图》）

例（19）的"真是的"缺省的 X 就是表示"客气、见外、不懂礼、不该拒绝"等。这种情况它是联想性的，词汇程度高。

例（17）—例（19）的"真是的"是谓语或独立句。再观察作话语标记，例如：

(20) 林三嫂（t1）：半桶哪行呢？小刘同志待会儿一看，缸没满，他准得又去挑！

　　井奶奶（t2）：真是的，谁见过当巡捕的给老街坊挑水呢？（《老舍戏剧》）

例（20）的"真是的"的"是"后缺省成分的语义类属已模糊，说明它词汇性程度很高。它位于句首一方面是表达意外或惊奇以引起联动注意，同时也引出了 t2，承上启下的话语组织功能显著。

"真是的"缺省 X 的动因与"真有你的"平行，有三方面。一是由于说话人情感起伏、思维跳跃等，一时找不到恰当词语而把 X 缺省了。不管它作谓语还是话语标记，都是如此，分别如：

(21) 自当天深夜，电话铃响了，你在电话里泣不成声："妞妞，想妞妞……真是的！真是的！……"

(22) 田家招婿的消息一传开，尽管条件苛刻，但求婚的人还是一溜两行。老梁这下子火烧猴屁股，真正坐不住了。他知道自己犯了一个大错误，急急忙忙把儿子叫到面前，很抱歉地说："宝儿，爹对不起你，你就到你田大伯家去吧。……真是的，姓田就姓田，本来嘛，孩子爹娘各一半，为什么非得姓梁？"

二是说话人心理有具体的评价词语，但不足以评价对象，因此以缺省的方式表达。例如：

(23) 哎呀，您哪，我们的好老爷，大恩人……哎呀，真是的！我高兴得都发傻了。……

三是即使有恰当词语，但不必或碍于礼貌不便说出来。"不必"指为了表达经济而缺省，例如（18）的"真是的"缺省 X 就是"西方侠"说的。"不便"指 X 是消极或刺激性的，基于礼貌，如顾忌听话人身份、地位等把它缺省了，如例（17）的胡氏是民妇，而田奎是则是刑部大人，前者出于尊重后者，而把指责性的词语缺省了。

"真是的"话语衔接功能具体表现为作小句与话语标记两方面。前者应答特征显著，例如：

(24) 哥儿俩坐在客厅里呆着，听见街里头喊："好肥的牛肉！"石勇说："哎！你听见没有，S 这卖牛肉的怎么这么大嗓门啊？""真是的嘿，咱们瞧瞧去，买点儿牛肉。"（民国《雍正剑侠图》）

(25) 姜二：可是你熬了一天一宿了，不差嘛，得该歇一会儿吧！
周廷焕：我不困……大家都一样，从昨儿开完了会谁也没闲着，我更不能休息了。就拿"大炮"说吧，昨儿个一听说要找工人们回来参加"五反"斗经理，他立刻自报奋勇，住在西郊的人归他一个人"包圆"！这么冷的天，大北风一劲儿呼呼地刮，骑着车子跑西郊，你瞧这个干劲儿多么大。
姜二：那可真是！他怎么这时候还不回来，我怪不放心的！（《老舍戏剧》）

例（24）的"真是的"是对"石勇"所言的肯定应答。肯定的目标是插入话轮或争夺话语权，这反映在话语组织上就是承接先行句。同时，又可用它开启新话轮。同理，例（25）的"真是"亦此，只不过它的前面还出现了回指代词"那"，承上应答功能更显著。

例（24）、例（25）的"真是的"是一个独立句，它的结构语法性明显，词汇性低，至少不是典型话语标记。再看它作话语标记时的衔接功能，例如：

（26）胜爷一听金头虎说得有理，不觉笑道："真是的，我这大年纪，还不如傻小子呢。"（清《三侠剑》）

（27）二哥，练功也不在这一天吧！真是的，再说咱们也没闲着，师兄弟从功夫上比一比，咱也不落在别人后头，我们素常素往也是刻苦用功嘛。（民国《雍正剑侠图》）

例（26）的"真是的"是独立语。它不是作应答的，而是以人际评价开启新话轮。例（27）用它埋怨"二哥"开启新话轮，后面还有"再说"呼应。这两例是以消极评价开启新话轮。当然它也有以积极评价方式开启新话轮的，如例（28）的"真是的"相当于"真是这样的"，是感叹式积极评价，以此引出后续的话语S。

（28）自从跟您成了朋友以后，我总感到十分荣幸，因为老师是武林之中的前辈。真是的，S 内外两家，文武两科，您是无一不好，无一不精。我总拿您做我的榜样，拿您做我的老师。（清《三侠剑》）

总之，"真有你的""真是的"都是"是"缺省肯定的核心成分形成的。不论二者具体义或功能是什么以及缺省成分的义类是什么或是否单一，都是说话人被"对象"的言行等深度感染之后，为消除直白表达力而形成的委婉的情感式或态度式，或者是由于情急或思维断续等而采取的被动表达。另外，二者的解读机制也平行，都依靠触发词语或语境去激活缺省成分的义类。这一过程是认知体验，就此看，二者都是体验性的构式。①

---

① 与"真是的""真有你的"体验式类同的很多，如国骂及消极评价语"你/他呀"等。

(三)"在"构式的话语功能及其特性

"在"构式的话语功能单一,就是作标记话语,形式是[在 X 看来/而言……],表示被标记的话语是 X 的观点、态度等。例如:

(29) A. 你觉得陈慧忠业务怎么样?
　　　 B. 陈慧忠先生业务精湛,对接手的案件一丝不苟……
　　　 C. <u>在我看来</u>,陈慧忠先生是一个特别优秀的律师。但生活却马马虎虎……(《律师与我们的社会》)

"在我看来"表示后面的命题是"我"的看法而非他人,属于对话语限定的模糊(hedges)缓和语。同时,它还是一个具有承上(A)与启下(C)的话语组织功能的成分。另外,它相对于先行句 B,还有插入新话语的作用,如"但生活却马马虎虎……"

结　语

"有、在、是"都可作话语标记,但在形式与意义或功能上并不平行,基本情况如表 8-3-2 所示。

表 8-3-2　　"有、在、是"话语功能的基本状况

	话语标记形式		标记意义或功能			
	独立	构式	情感	认识	应答	话语衔接连贯
有	-	+	+		+	+
在	-	+		+	+	+
是	+	+	+		+	+

讨论还发现"是了""真是的"与"真有你的"不仅功能有所相同,而且形成机制平行,都是缺省。并且"真有你的"与"真是的"都是表达说话人被深度感染后的态度或情感的体验式。

第九章 "有、在、是"历时发展及其语法效应

第一节 "有、在、是"性质、意义历时发展及其语法效应

一 先秦"有""在"的性质、意义发展及语法效应

(一) 情态表达及其性质、意义

先秦"是"尚未发展出现代意义的判断功能，因此，这部分考察的是"有"与"在"的情态表达及相关问题。

1. 命题情态表达、意义及性质

表达命题情态方面，"有、在"都是反映 eNP 与 NL 依存关系的关系动词。观察：

(1) a. 有虎？（甲骨刻辞）
　　b. 大辂在宾阶面，缀辂在阼阶面。（《今文尚书》）

例（1）a 与 b 分别是"有"与"在"的原型构式的实例，下分别称作 Cy0 与 Cz0。

先秦时 Cy0 与 Cz0 的变化很大，一是肯定对象已扩展为非原型宾语。例如：

(2) a. 人弃常则有妖兴，故有妖。（《左传·庄公》）

b. 惟治乱在庶官。(《尚书·康诰》)

例（2）的"妖"是不正常现象，属于非eNP，"庶官"是NP而不是NL，即二者已出现非原型宾语。因此，二者基元义已模糊。

二是"有"发展出连接功能，如例（3）a。"在"也已发展出定向肯定功能，依据是它还有相应的综合式。如例（3）b：

(3) a. 旬山二日，羊山豕。(http://www.guoxuedashi.com)
    b. 鱼$_j$潜在渊，Ø$_j$或在于渚。(《诗经·鹤鸣》)

例（3）a说明见第六章第二节。"于"在周代已是涉向介词，如"俾暴虐于百姓"（《今文尚书》）。"在"有［定位/定向］，因此"于"羡余，其作用是强化"在"对"渚"的肯定。当然显性看它是凑足四音节，实为定向肯定的伴生效应。总之，"在于"是"在"的定向肯定的综合式。《诗经》还有"在"连用的。观察：

(4) 鱼在在藻，有颁其首。王在在镐，岂乐饮酒。(《诗经·鱼藻》)

《十三经》（1997：260）笺云"鱼之依水草，犹人之依明王也。明王之时，鱼何所处乎？处于藻也。既得其性则肥充其首颁然。"据释义中的"处于"看，例（4）的底层是述宾小句。

(4) a. 鱼$_j$何在？[1]   Ø$_j$在藻。

即"鱼在在藻"由问句"鱼何在"跟答句"在藻"压缩来的。这一解释也得到喻遂生（2002）支持，该文指出"鱼在在藻"是连动，可以"点断"为"鱼在，在藻"。

---

[1] 这里仅用"何"代表处所疑问代词。

"压缩"即跨句语法化，指把"鱼在"与"在藻"之间停顿挤掉而整合为一个句子。由于两个"在"共享一个句调，形义相同，必会引起功能调整：最可能的是删去一个"在"成为"鱼在藻"。但为满足四音节韵律及保持信息不变，只能保留"在"。这样，其中的一个必然要虚化为从属者而另一个作主导成分。这有两种可能：第一个"在"虚化为副词，但据现有文献它还没副词用法，因此只能是第二个"在"虚化为介词。而这是有语义语法基础的，"在"有［方向］，并且动词虚化为介词是一步之遥。由此可见，例（4）的"在在"跟例（3）的"在于"都是"在"的定向肯定的综合式。

"在"发展为定向介词，自然就会发展出表示动作或行为位移终点等意义。例如：

（5）a. 君为滕君辱在寡人，周谚有之曰：山有木，工则度之；宾有礼，主则择之。（《左传·隐公》）
　　　b. 寡君使瘠，闻君不抚社稷，而越在他竟，若之何不吊？（《左传·襄公》）
　　　c. 崔氏之乱，丧群公子，故锄在鲁，叔孙还在燕，贾在句渎之丘。（《左传·襄公》）
　　　d. 君若不鉴而长之，君实有国而不爱，臣何有于死，死在司败矣！惟君图之！（《国语》）

例（5）的"辱在寡人"与"辱及寡人"相当，"死在司败"是"死在司法溃败"，"越在他竟"是"进入到其他国家境内"，"在"表示"辱""死""越"的终点，与"到"相当。

先秦"在"肯定数词也很普遍。数词认知关联的是 NP，即数词隐喻 NL。观察：

（6）中行伯之于晋也，其位在三；孙子之于卫也，位为上卿，将谁先？（《左传·成公》）

"位在三"指"中行伯"在晋国的地位处在第三位,显然"第三"隐喻空间。这一时期"在"也由于经常缺省处所宾语,发展出不及物的动词用法。例如:

(7) 老母在,政身未敢以许人也。(《史记·刺客列传》)

总之,"有、在"表达命题情态时都是其基元的体现。此时,二者性质已开始变化,语义虚化,前者还发展出连词与词缀(如"有周"之"有"),后者则发展出表"向"与表"终点"的介词。

2. 认识情态表达及其性质、意义

C_yO 与 C_zO 的构件扩展后,构件之间原有的空间关系模糊,"有、在"已成为表达说话人看法的评价成分。这方面"有"比"在"活跃,表现之一是"有"跟表示品德、思想、功过等抽象词语构式化为 [有 Na] 惯用评价语。在本书语料内"在"尚没有这类构式化。例如:

(8) a. 他人有心。(《诗经》)
　　 b. 于食有福。(《周易》)
　　 c. 守有序。(《左传》)

例(8)的"有"的"存在/领属"已模糊,功能是评估,并且语义偏大的特征形成,再如:

(9) 皋陶曰:"都!亦行有九德$_j$;亦言其人有德$_j$,乃言曰:载采采。"(《今文尚书》)

"有德"就是"有九德",前者是 [有 Na] 实例,后者是前者的综合式,相应的"有九德"就是"有德"的分析式。即"有"已发展出表示多、好等积极评价义。观察:

(10) 君子有酒，旨且多。君子有酒，多且旨。君子有酒，旨且有。(《诗经·鱼丽》)

例(10)的前两句"有酒"表酒的多、好，"多、旨"是该意义的提示成分。第三句的"有酒"还是表多、好，"旨、有"是提示成分，即先秦"有"已有形容性的特征。

总之，"有"在[有NP]之内语义模糊而已成为主观动词。这还表现在肯定VP上，它跟"在"相平行。观察：

(11) 兹邑其有降祸？(合集7852)

例(11)是有疑而问——说话人已知事件"降了祸"存在，说出来是为了求证。即"有"表评估，测度语气词"其"是标记。再观察：

(12) 晋侯将伐郑，范文子曰："若逞吾愿，诸侯皆叛，晋可以逞。若唯郑叛，晋国之忧，可立俟也。"栾武子曰："不可以当吾世而失诸侯，必伐郑。"乃兴师。栾书将中军，士燮佐之。郤锜将上军，荀偃佐之。韩厥将下军，郤至佐新军，荀罃居守。郤犨如卫，遂如齐，皆乞师焉。栾黡来乞师，孟献子曰："Ø 有胜矣。"(《左传·成公》)

杜预把例(12)注为"卑让有理，故知其将胜楚"。即"有"是孟献子推测"胜"的可能性。可见"评估"与"可能/会"相通，都是"有"的[-确定]体现。

主观动词"有"表达认识情态，功能还表现为主观增量。例如：

(13) a. 忧心有忡。(《诗经》)
　　　b. 明星有烂。(《诗经》)
(14) a. 二国有好，臣不与及，其谁敢德？(《左传·成公》)

b. 故有得神以兴，亦有以亡。(《左传·成公》)

　　例(13)与例(14)的"有"肯定性质、事件，作用是强调。前者肯定的对象是性质量，"强调"体现为主观增量。
　　再看"在"的认识情态表达及其性质、意义。观察：

　　(15) a. 汝作司徒，敬敷五教，在宽。(《尚书·舜典》)
　　　　b. 德惟善政，政在养民。(《尚书·大禹谟》)
　　　　c. 惟吉凶不僭在人，惟天降灾祥在德。(《尚书·商书》)

　　例(15)有三点值得注意：一是，"在"联系的前后项是抽象事理；二是，"在"是体现说话人看法的，如 a 是叙事者把"敬敷五教"定位在"宽"上的；三是，这种情况"在"可用现代汉语判断动词"是"替换。总之，"在"的【处在】模糊，并且可释义为定位定向肯定的"在于"，也可释义为"归因"的"由"或"因"等。当然"在"的归因、定向肯定在肯定句内并存的，在否定句内并存直到汉代才出现。例如：

　　(16) 人之死生自有长短，不在操行善恶也。故在人不在鬼，在德不在祀。(《论衡·解除》)

　　那么，表达归因肯定上，为何不用"由"？因为先秦是有"由"的，例如：

　　(17) 邦之杌陧，曰由一人；邦之荣怀，亦尚一人之庆。(《今文尚书·秦誓》)

　　我们认为"由"的语义单一，用"在"则不同，既可表定位又可表归因，多样解读可增加所言的信息量。即"在"是主观化表达。值得指出的是，不管"有、在"非原型肯定对象是什么，均不同程度地隐喻事物与方所，如例（15）的"宽""养民"就可添加方所标记"上"或"方面"等。"宽"、"养民"隐喻方所，是"在"的基元在往后拉。就"在"对肯定对象的作用力而言，是"NP（NL＞eN＞aN）＞AP＞VP"。

（二）信息功能

先秦"有、在"都可为语篇引入 eNP 话题，并形成话题链组织语篇。这与现代汉语一致，再观察二者为句子引入 aNP 话题的情况。①观察：

(18) a. 其尔万方有罪ⱼ，Øⱼ在予一人。（《尚书·尧曰》）
　　 b. 民生在勤ⱼ，勤ⱼ则不匮。（《左传·宣公》）

同样，先秦"有"也不能标记话题与焦点，而"在"是可以的。这里讨论"在"标记话题，焦点标记见下文。

"在"标记话题，语法效应之一是引发了表涉向的"对待"意义的出现。观察：

(19) 逆妇姜于齐，卿不行，非礼也。君子是以知出姜之不允于鲁也，曰："贵聘而贱逆之，君而卑之，立而废之，弃信而坏其主，在国必乱，在家必亡。不允宜哉！"（《左传·文公》）

"在国、在家"的"在"羡余，语义是"对于国、对于家"。"在"的涉向义出现，表明它的定向肯定功能在增强，观察：

(20) a. 在礼，卿不会公侯，会伯子男可也。（《左传·僖公》）
　　 b. 若有害楚，则晋伐之。在晋，楚亦如之。（《左传·成公》）

---

① 当然"有"引入语篇的话题最先是 eNP，如例（27）b；"在"引入的是 NL。例（18）用 aNP 话题，是为说明二者的话题表达功能在先秦已跟现代汉语平行。

例（20）的"在"的【处在】虚。例（20）a相当于"按照"等，b相当于"对于"等。有的"在"字句已与后续句有广义的陈述关系，且后面还可有停顿，有的甚至还可带语气词。例如：

(21) 宫之奇以其族行，曰："虞不腊矣。e_i在此行也，晋_j不更举矣。"（《左传·宣公》）

例（21）的"此行"是话题。"在"是其标记，大致相当于表"缘由"等的归因义。此外，"此行"还可解读为一个分句，但分句至少也是一个潜在话题。话题是篇章语法化来的，更何况"此行"的陈述对象已不清晰，是一个附着在后续句之上的状性成分。状位也是话题的一种句位，可视为次要话题。观察：

(22) a. 祭者，志意思慕之情也。愅诡唈僾而不能无时至焉。故人之欢欣和合之时，则夫忠臣孝子亦愅诡而有所至矣。彼其所至者，甚大动也；案屈然已，则$_{S1}$其于志意之情者惆然不嗛，$_{S2}$其于礼节者阙然不具……$_{S3}$其在君子以为人道也，$_{S4}$其在百姓以为鬼事也。（《荀子·礼论》）

  b. 在天者莫明于日月，在地者莫明于水火，在物者莫明于珠玉，在人者莫明于礼义。（《荀子·礼论》）

例（22）a的$_{S1}$、$_{S2}$的"于志意之情者""礼节者"是话题，"者"是提顿词。$_{S3}$、$_{S4}$的"在君子/百姓"也是话题，"在"是标记。同样，例（22）b的"在……者"也是话题"天、地、物、人"的标记。这两例还显示"在"标记话题是基于[定向]，例（22）a的"于"便是提示成分。

总之，CyO与CzO的NL与eNP类推拓展引起了"有""在"的性质、意义等变化。类推的Wordnet如图9-1-1所示。

表达认识情态的"有""在"都是主观动词。二者构式的形义匹配情况分别如图9-1-2、图9-1-3所示。

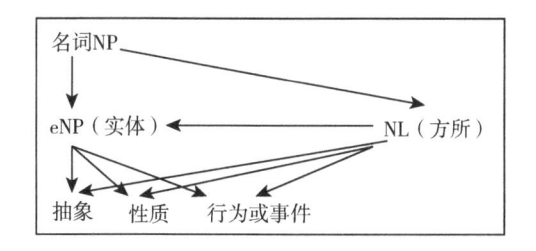

```
┌─────────────────────────────────────────┐
│         名词NP                          │
│          ↓   ↘                          │
│     eNP（实体）←──────── NL（方所）      │
│          ↓ ↙ ↘ ↘  ↙  ↙                  │
│     抽象   性质   行为或事件             │
└─────────────────────────────────────────┘

**图 9-1-1　Cy0 与 Cz0 的变化及构式化的 NP 构件类推的 Wordnet**

⎡ 形式：X有Y
⎢ 语义：认为X有Y
⎣ 功能：对X与Y之间事理关系的断言或评估

**图 9-1-2　主观动词"有"的形、义/功能匹配**

⎡ 形式：X在Y
⎢ 语义：将X定位在/归因在Y
⎣ 功能：对X与Y之间事理关系的断言或者肯定

**图 9-1-3　主观动词"在"的形、义/功能匹配**

### （三）时体表达

先秦"有""在"表达的体是持续情状体，跟现代汉语平行，有两类：一是肯定 NP 与 AP，前者如例（2），后者如例（13）、例（15）；二是肯定 VP，这方面"有"与"在"不完全平行："有"的时体多样，有持续、完成与将然，分别如例（10）—例（12）。持续与完成是"有"的内在过程的续段与讫点的体现，"将然"是[-确定]在未然时制的体现。

"在"表达的体情状持续。由于肯定对象有异，有两个持续小类：肯定名词或形容词性等静态成分之时，是典型的持续，如例（15）的 a、c；若肯定动态延展性的动词，持续也是动态的，即所谓进行体。例如：

（23）a. 凡在丧，王曰小童，公侯曰子。（《左传·僖公》）
```

b. 介葛卢来朝，舍于昌衍之上。公在会，馈之刍、米，礼也。（《左传·僖公》）

c. 君又在殡，而可以乐乎？晋师乃还。（《左传·哀公》）

d. 且是人也，居丧而不哀，在戚而有嘉容，是谓不度。（《左传·隐公》）

例（23）的"在丧/会/殡/戚"是"处在丧/会/殡/悲戚之中"等意义，释义中的"之中"就是衍生自"在"及其支配对象"丧、会、殡、戚"的一维性。这种释义有共时事实为支持的，观察：

（24）韩宣子使叔向对曰："……寡君不能独任其社稷之事，未有伉俪。在缞绖之中，是以未敢请。"（《左传·昭公》）

例（24）的"在缞绖（服丧）之中"与例（23）的"在丧/会/殡"分别是"持续"表达的综合、分析式。邢福义（1996）认为"（之）中"有动态过程义，因此，综合式"在缞绖之中"动态性强。分析式"在丧/会/殡"的动态弱，是持续体。应当指出"在"的动态持续不是进行体，因为它通常肯定的是行为而非动作动词。至于进行体的表达，向熹（1993：83）认为先秦至中古一直是用"方"或"正"。例如：

（25）a. 燎之方扬，宁或灭之。（《诗·小雅》）

b. 禹梦车骑声正谨，来捕禹。（《汉书·霍光传》）

与现代汉语平行，"在"表体的同时还是潜在的标记谓词焦点的成分，如例（18）、例（23）。但基于它的语义实且是述语，可视作准标记或作述语之时的伴随功能。

（四）语气表达

"有"与"在"都是断定空间依存关系的状态动词，自然是表达肯定语气的。但由于肯定形式及句意的不同，语气及其作用有异。就形式看，二者有单用和合用、句意有现实与非现实之分。总体上看，在单用及现实句意表达之时的肯定语气弱，而合用与虚拟语意表达之时的语气强。这跟它们在现代汉语的表现一样。

单用与现实肯定语气弱，语气义就是肯定，如例（2）、例（4）、例（14）、例（15）等，此时的情态自然是命题性的。当然受肯定对象性质、长度或结构的复杂性影响，"有、在"肯定语气也有差异，肯定对象是结构短小或简单的 NP，语气弱；反之，则语气强。比较：

(26) a. 地之守在城，城之守在兵，兵之守在人，人之守在粟。(《管子·牧民》)
　　　b. 守国之度，在饰四维；顺民之经，在明鬼神，祗山川，敬宗庙，恭祖旧。(《管子·牧民》)

例（26）的"在"肯定对象有 NP、VP 及复句。例（26）a 的"在"肯定语气比 b 的弱，而 b 第一个"在"的语气又弱于第二个。

合用与虚拟之用的"在"语气强，表达的情态是认识性的。合用表达肯定语气的形式有二。一是跟"有"连用，语序有二种，分别如例（27）的 a 与 b。例如：

(27) a. 大国行礼焉，而不服，在大犹有咎，而况小乎？(《左传·襄公》)
　　　b. 及生，有文在其手曰"友"，遂以命之。(《左传·闵公》)

例（27）a 的"在"是给"有咎"引出话题"大（国）"，b 的连用是像似事理。这两种连用的语气是 a 强而 b 弱。"有"与"在"连用还有一个变体，例如：

(28) a. 犹有晋在，焉得定功？(《左传·宣公》)
　　　b. 有父兄在，如之何其闻斯行之！(《论语·先进》)

例（28）直观看与例（27）b一样，实则有异，因为它是多切分结构，可以是［$_{vo}$有［晋在］］或［$_{sv}$有［晋］在］。但不管如何切分，肯定语气都比单一的"在"或"有"强。

二是"有、在"与其他成分连用表达肯定语气。前者常见的是与"惟、其、不"等连用。例如：

(29) 不有废也，君何以兴！（《左传·僖公》）

例（29）的肯定语气强，不仅跟"不"有关，还与这是虚拟句有关。"在"可连用的成分较多，可跟"惟"等语气词连用，如例（15）c；另外，其前面还可出现凸显定位肯定的词汇成分，例如：

(30) 秦王饮食不甘，游观不乐，意专在图赵。（《韩非子·存韩》）

"专"为"专一、单独"之义，可强化"在"的定向肯定功能。当然，还可在它之后加介词"乎/于"去加强肯定语气。观察：

(31) a. 明王之务，在于强本事，去无用，然后民可使富。（《管子·五辅》）
　　b. 荣辱之责在乎己，而不在乎人。（《韩非子·孤愤》）
　　c. 彼持国者，必不可以独也，然则强固荣辱在于取相矣。（《荀子·王霸》）

例（31）的"在乎/于"是"在"的定向肯定的综合式，语气强。羡余的"于、乎"有强化定向肯定的作用。观察：

(32) 安危在是非，不在于强弱。存亡在虚实，不在于众寡。（《韩非子·安危》）

例（32）的一、二及三、四小句之间是变换关系，"于"是强化"在"的定向强调"强弱、众寡"的功能成分。

虽然"有"没有"在"表达肯定语气的连用形式多，却衍生出虚拟语法义，这是"在"不及的。这跟二者语义有关，"在"实而"有"虚，虚者容易吸收语境义，实者不易。观察：

(33) 虽然，有以国毙，不能从也。(《左传·宣公》)

马建忠（［1898］1983：179—181）把例（33）的"有"称为"决辞"，说它后面"紧接动字，则有'惟有'之解"。"惟有"就是假设条件义。先秦汉语还有一个表假设高频构式［（今）有 X（于此）］，语气也很强。观察：

(34) 今有一人，入人园圃，窃其桃李，众闻则非之。(《墨子·非攻》)

近现代汉语的"有"仍然能表达假设或条件等虚拟语气义，只不过它常跟排他性副词连用。例如：

(35) 老魔道："兄弟们仔细，我这洞里，递年家没个苍蝇，但是有苍蝇进来，就是孙行者。"(《西游记》)

二 中古及近代"有、在、是"的性质、意义发展及语法效应

上述讨论显示现代汉语意义上的"有""在"先秦就已基本形成。二者在中古及近代的发展变化仅是局部或某方面的。中古是系动词"是"的成熟期，至此汉语用动词判断的三分格局形成。

(一)"有、在、是"情态表达及性质、意义发展

三者平行地表达命题、认识情态。"有、在"表达这两种情态的性质、衍生的意义跟先秦一致，此不赘言。中古的"是"表达命题、

认识情态，分别如例（36）的 a 与 b。① 观察：

(36) a. 汝是大家子。(东汉《孔雀东南飞》)
　　　b. 诚是英俊展节之秋也。(裴注《三国志》)

中古是系动词"是"的成熟、发展期。这方面前贤时彦及本书第三章已有说明，这里着眼于情态表达说六点。

一是它的前面常常出现表认识的副词。这在本书第三章第二节已有说明。观察：

(37) a. 其杂田地，即是来年谷资。(《齐民要术》)
　　　b. 无歧而花者，皆是浪花，终无瓜矣。(《齐民要术》)
　　　c. 白桐无子，冬结似子者，乃是明年之花房。(《齐民要术》)
　　　d. 此人不死，要应显达为魏，竟是谁乎？(裴注《三国志》)

二是可以缺省主语或宾语。如例（38）与例（39）的"是"分别缺省的是主语与宾语。观察：

(38)"紫髯将军，长上短下，谁也？"答曰："是孙会稽。"（东汉小说《献帝春秋》）
(39) 形大，毛羽悦泽，脚粗长者是。(《齐民要术》)

三是联系或肯定的语类扩展。例如：

(40) a. 文度曰："何为不堪，但克让是美事，恐不可阙。"

---

① 高频使用"是"在去主观化，如例（36）a 从现代汉语看可视为命题情态，但从中古看视为客观认识情态比较实际。认识情态的主客观说明见本书第五章第二节。

(《世说新语》)

b. 置枯骨、礓石于枝间，骨、石，此是树性所宜。(《齐民要术》)

c. 何意出此言！同是被逼迫。(东汉《孔雀东南飞》)

例(40) a 的"是"肯定的"美事"有述谓性，b、c 的"树性所宜""被逼迫"是谓词成分。

四是判断功能在扩展，表现在它已经可以用"有、在"替换。例如：

(41) 此果性……既入园圃，便是阳中，故多难得生。(《齐民要术》)

(42) 媒人去数日，寻遣丞请还，说有兰家女，承籍有宦官。(东汉《孔雀东南飞》)

例(41)的"是"表处所判断，与"在"相当。例(42)的"有"也可以被"是"替换，换言之"是"也可以表达所指判断。

五是句类分布已经由陈述句拓展到疑问句、感叹句之中，如例(37) d 与例(40) c。

六是受程度副词的修饰。"是"来自心理动词，因此，自然可受程度副词的修饰。例如：

(43) a. 白如珂雪，味又绝伦，过饭下酒，极是珍美也。(《齐民要术》)

b. 舒风概简正，允作雅人，自多于邃，最是臣少所知拔。(《世说新语》)

值得指出的是，"在"似乎在宋元时期才发展出跟例(43)平行的句法，而"有"在先秦就已经很普遍了，说明见本书第九章第二节等。观察：

(44) a. 秋娘乍识，似人处、最在双波凝盼。(《全宋词》)
　　　b. 算来天下人，烦恼ⱼ都来最在我心头！(元话本《大宋宣和遗事》)

例 (44) 的"最"表面上是修饰"在我心头""在双波凝盼"，语义却是指向"烦恼""似人处"。即"最在我心头""最在双波凝盼"是移位形成的，动因是韵文或是强调的需要，可以表示如下：

(44) a1. ［似人处ⱼ、最ₜⱼ在双波凝盼］
　　b1. ［烦恼ⱼ都来最ₜⱼ在我心头］

因此形义结合地看，例 (44) 与例 (43) 仅是形式平行而语义结构并不平行，二者没有同一性。

中古以降，"有、在、是"表达认识情态的意义之时发展不平衡："是"发展出的意义较多，如假设、条件、因果、容让转折等，如例 (45) a 的"是"表容让，可释为"尽管""虽然"等；例 (45) b 的"是"表因果；例 (45) c 的"是"与表假设的"若"呼应。观察：

(45) a. 比如余木，是微脆，亦足堪事。(《齐民要术》)
　　b. 幸赖贤人不爱其谋，群士不遗其力，是夷险平乱，而吾得窃大赏，户邑三万。(裴注《三国志》)
　　c. 五子哀母，不惜其身；若无其母，是无五子……(裴注《三国志》)

中古以降，近代汉语"有"的意义基本没有什么发展或变化，"在"有所发展，但仅是归因肯定的显著化。这方面韩启振 (2016) 等曾指出过。例如：

(46) a. 在火辨玉性，经霜识松贞。(白居易《和思归乐》)
　　b. 用舍由时，行藏在我，袖手何妨闲处看？(苏轼《沁

园春·姑馆灯青》)

例（46）的"在"就分别用"经""由"的对举去提示它是表归因义的。与此同步，表达定位肯定的"在"虚化得厉害。观察：

(47) a. 嗟君两不如，三十在布衣。(白居易《读邓鲂诗》)
　　　b. 咎繇作士，法在必行。(唐小说《大唐创业起居注》)

例（47）a 的"在"可以用"是"去替换，即它可以表达性属判断。b 的"在"是定位强调。由于它的定位功能弱化或磨损，因此，才出现用"惟""只"等去强化的。观察：

(48) a. 惟在陛下裁察。(唐小说《大唐新语》)
　　　b. 若行时，心便只在行上。坐时，心便只在坐上。(《朱子语类》)

例（48）还在"行""坐"之后加了方位标"上"，目的是凸显定位肯定。这是"在"历时高频使用之后的功能衰减，才用它的定位肯定的综合式去强化。至此，它在现代汉语意义上的定位、归因肯定形式与意义已定型。元明清之后，"在"的用法仅是上述用法的继承，此不赘述。

（二）"有、在、是"信息功能及性质、意义发展

中古及之后，"有、在"的信息功能基本沿袭先秦。其中"在"的话题标记功能有一定发展，首先是由其语又更虚，定位更凸显体现的。观察：

(49) 卿孤洁独行，有古人之风。自临蜀川，弊讹顿易。览卿前后执奏，何异破柱求奸。诸使之中，在卿为最。(唐小说《大唐创业起居注》)

(50) 净能便于会稽令人鬼神驰魅，无不遂心，要呼便呼，

须使便使。若在道精熟，符箓最绝，宇宙之内，无有过叶净能者矣。（五代《敦煌变文选》）

例（49）的"在"的【处在】虚得厉害，是话题"卿"的标记，例（50）的"在"大致与"在……而言""就……来说"等相当。

宋代"在"的标记话题形式多样，它可以平行标记话题，或跟无标记的话题对举。观察：

(51) a. 心只是放宽平便大，不要先有一私意隔碍，便大，心大则自然不急迫。如有祸患之来，亦未须惊恐；或有所获，亦未有便欢喜在；盖在天固有真实之理，在人当有真实之功。（《朱子语类·礼二》）

b. 人$_j$物$_k$皆禀天地之理以为性，皆受天地之气以为形。若人品$_j$之不同，固是气有昏明厚薄之异。若在物$_k$言之，不知是所禀之理便有不全耶，亦是缘气禀之昏蔽故如此耶？（《朱子语类·理性》）

例（51）a 的"天""人"是"在"标记的平行话题，b 的话题"物"用"在"标记，而先行句话题"人"是无标的，二者对举。理论上看，"在物言之"的语义结构跟"就物而言"相当，[①] 事实上也是如此。例如：

(52) 亡对有而言，是全无。虚是有，但少。约是就用度上说。（《朱子语类·论语》）

例（52）的"就"语义语法跟"在"等值，可用后者替换，只是它比"在"的［定向］显著，这是其基元决定的，说明见本书第八章第一节。《现代汉语八百词》（1999：316—318）把"就"刻画为引进

[①] "若"是表"列举"意义的话题标记，是现代汉语话题标记"像"的前身。这已有说明。

动作对象或范围：

①"就……"可在主语前，有停顿；②表示从某方面论述，多与其他人相比较。

《现代汉语八百词》的解释①与②互补，前者指话题的形式特征，后者指标记话题的意义。再观察《现代汉语八百词》的用例：

(53) a. 这部作品就语言看来，不像宋朝的。
　　　b. 就我们来讲，抗旱是分内的事情，没想到同学们也一大早就赶来帮忙了。

例（53）的"就……看来"与"就……来讲"分别是次话题"语言"与主话题"我们"的标记。总之，"就"标记话题的功能，是其语义语法特性的体现。它是"在"作标记话题的系统旁证。

明清以降，"在"话题标记功能不仅没有发展，还有所萎缩，原因可能是受到了所谓的通用标记"是"以及书面标记"就"的排挤。基于此，现代汉语用"在"，包括用"在……看来"等标记话题的频率才降低或萎缩。并且，它所标记的话题句多出现在书面语。

中古之后，"是"的信息功能发展迅速，现代汉语意义上的标记功能基本形成。首先是给语篇引入话题，该话题和"有"一样有语篇组织功能。例如：

(54) 是你ᵢ诸人，Øᵢ若依此偈修行，而Øᵢ得解脱。（《敦煌变文集·韩擒虎话本》）

其次是标记代词性论元焦点。这种焦点结构在近代很普遍。例如：

(55) a. （杨坚）……心口思量"是我今日莫逃得此难？"（《敦煌变文集·韩擒虎话本》）

b. 是他道安是国内高僧,汝须子细思量。(《敦煌变文集·庐山远公话》)

c. 唤作是物?(《神会语录》)

d. 须看上下文意是如何,不可泥着一字。(《朱子语类·学五》)

e. 算是甚命,问什么卜。(吕岩《劝世》诗)

f. 你那金带是谁厢的?(《朴通事》)

g. 我本待请你去来,遭是你来也。(《朴通事》)

h. 张千……道:"你那里去?"是某回言道:"醉,家去。"(《朴通事》)

例(55)的"是"标记的焦点之中,例(55) a、b、g、h 的是话题焦点,c、d、e、f 的是宾语焦点。按照刘坚、江蓝生(1992),例(55) a、b、c、h 的"是"与标记对象已凝固为词。这种焦点结构频繁使用,强调性磨损,"是"最终发展为表达词缀。值得注意的是,c 与 g 的标记模式,是普通话所没有的。如"遭是你来"在普通话只能说成"遭你来"或"是遭你来"。这一变化的原因另文讨论。

当然近代汉语"是"也能标记普通的名词宾语焦点。观察:

(56) a. 门前悉是群龙。(话本《太平广记》)

b. 写的是免打三下。(《朴通事》)

例(56) a 的"是"主要作用是句法语义上的,标记焦点"群龙"是伴生的。b 说明宋元"是"的分裂式标记焦点 X 的形式[是 X(的)]已出现。观察:

(57) a. 只欺负的是我。(《金瓶梅》)

b. 胡说的是什么!(《金瓶梅》)

再次是标记谓词焦点及句子焦点。例如:

(58) a. 异日惟是聚集游民，乱碱煮盐，颇干盐禁，时为寇盗。(话本《太平广记》)
b. 只有性是一定。(《朱子语类》)
c. 你两个是好做一首。(元杂剧《西厢记》)
d. 穷是穷在物之理，集是集处物之义否？(元杂剧《西厢记》)
e. 弄的只是眼花了。(《朴通事》)
f. 今能一见，是小生三生有幸矣。(元杂剧《西厢记》)

例（58）的 a、b、c、e 的"是"标记谓词焦点。例（58）d、f 的"是"标记对象既可解读为"集/穷"与"小生"，还可解读为"穷在物之理""集处物之义""小生三生有幸"。

宋代"是"还发展出与［定位/定向］的词语一起标记话题的形式，有的还沿用至今。观察：

(59) a. 是于道理烂熟了，闻人言语，更不用思量得，才闻言便晓，只是道理烂熟耳。(《朱子语类》)
b. "时复思绎"，是就知上习；"所学在我"，是就行上习否？(《朱子语类》)

例（59）a 的"是于"标记话题"道理"，现代汉语没有继承下来；b 的"是就……上"标记话题"知"与"行"，这类标记现代汉语继承了下来。不管怎样，"于"与"就"都有［定向］。当然二者与"是"的连用式属于跨层的，如 a 是 [$_{VO}$ 是 [于道理]]，b 是 [$_{VO}$ 是 [就知上]]。

最后是标记话语。一是表现在"是"构式化为话语评议成分 [X 是]，[X 是] 的实例词语很多。它们衔接话语的表现就是承上或启下。观察：

(60) a. 果谓是：螳螂正是遭黄雀，岂解提防弹人。(《南宋

话本选集》）

　　　　b. 真个是：个个，威雄似虎，人人猛烈如龙。（《南宋话本选集》）

　　　　c. 正是：有似皂雕追困雁，浑如雪鹘打寒鸠。（《南宋话本选集》）

　　　　d. 所谓是：劝莫要作冤仇，狭路相逢难躲避。（《南宋话本选集》）

　　　　e. 说的是，"人不得横财不富，马不得夜草不肥"。（《朴通事》）

　　　　f. 原来是：壁间犹有耳，窗外岂无人。（《朴通事》）

　　明清之时，"是"标记话语还出现了一个"是了"形式。它的前后可以加一些成分。观察《红楼梦》的用例：

　　（61）a. 宝玉笑道："要象只管这样闹，我还怕死呢？倒不如死了干净。"黛玉忙道："正是了，要是这样闹，不如死了干净。"
　　　　b. 他女孩儿听说，便回去了，还说："妈，好歹快来。"周瑞家的道："是了罢！小人儿家没经过什么事，就急的这么个样儿。"
　　　　c. 宝玉道："那么着这是什么香呢？"宝钗想了想说："是了，是我早起吃了冷香丸的香气。"

　　例（61）a与b的"是了"之前、之后分别有"正""罢"，是以应答方式连接话轮并获取话轮权的。例（61）c的"是了"表豁然顿悟，与现代汉语"对了"相当。这两种"是了"对先行或后续的话语有肯定或评议作用。

（三）"有、在、是"时体表达及性质、意义的发展

　　这方面三者极不平行，"在"是体形式及意义的大发展时期，而"有"继承了先秦体形式并略有发展，性质、意义维持不变。"是"仅表达情状持续，当然是动词。下面主要讨论"在"，它也是动词。

两汉时，"在"表持续的同时，进行义已开始显现。如例（62）a的"在"是持续，b的"在"则有动态性。观察：

(62) a. 始上数在困急之中，幸用臣策。(《史记·留侯世家》)
　　　b. 是时予在摄假，谦不敢当，而以为公。(《汉书·王莽传》)

中古后，"在"的持续意义表达式开始多样化，包括[在 y 中][在 y][有(y)在][正在 y][V 在]等。观察：

(63) a. 应在醉中归。(杜审言《和韦承庆过义阳公主山池五首》)
　　　b. 亦在险中。(唐小说《唐国史补》)
　　　c. 常在羁旅中。(杜甫《遣兴五首》)
　　　d. 房神器大宝合在掌握中。(唐《明皇杂录》)
(64) a. 事在不测，能不戚乎！(唐小说《大唐创业起居注》)
　　　b. 儿在愁他役，又恐点着征。(《王志梵诗》)
　　　c. 刘焯、刘执思、孔颖达、刘彦衡旨在坐。(杜审言《和韦承庆过义阳公主山池五首》)
　　　d. 时在饥饿，就仓者数十万人。(杜审言《和韦承庆过义阳公主山池五首》)
(65) a. 幸有禄俸在。(白居易《移家入新宅》)
　　　b. 天命有在，吾应会昌。(杜审言《和韦承庆过义阳公主山池五首》)
(66) 今年期毕矣，而一行造《大衍历》，正在差谬，则洛下闳之言信矣。(唐《明皇杂录》)
(67) 已取得来，见（现）于后园中放在。(唐小说《野朝佥载》)

例（63）的 y 有两类：一类是状态成分，如"醉、险"；一类是行为动词，如"羁旅、掌握"。例（64）的 y 是心理动词，如"测、愁";也有相对典型的动作动词,如"坐"等。总之,[在y中]与[在y]表持续或持续性显著。例(65)是"有"与"在"连用,"在"羡余。它在向肯定语气词发展,这方面,吕叔湘([1941]1984)已考察。例(66)的"正在差谬"层次是[正[在差谬]],表示"恰处于差谬状态中",是点段持续体。例(67)的"放在"是"放着","在"没有句法支配对象而用【处在】兼表持续义与肯定语气,据吕叔湘([1941]1984),这在唐代就完成了。由此可见,它比句尾语气词"有、是"产生早,因为据李泰洙(2000),句尾语气助词"有"是元代产生。句尾语气词"是",则是明代出现。唐五代[在y中]还有作状语表持续情状的,此时的y是NP。例如:

(68) a. 各领马军一百余骑,且在深草潜藏。(《敦煌变文选》)
　　　b. 见在寺东门外禅庵中坐。(《敦煌变文选》)

宋元出现了[在NPVP(着)][V着][正在VP]等持续或进行体形式。至此,汉语表达进行、持续体的系统已形成。观察:

(69) 正在饥渴(《老乞大新释》)　正在疑虑(《元代话本选集》)　正在偎倚(元话本《大宋宣和遗事》)　小弟之命亦在逡巡(元杂剧《西厢记》)　恐祸在不测(元话本《大宋宣和遗事》)　在牢里监禁着(《老乞大新释》)
(70) 在路上慢慢的走着(《元代话本选集》)　在这棚子底下坐着吃饭(《老乞大新释》)

例(69)与例(70)分别表持续、进行。状态VP的[在VP]体形式先秦就有,如例(23)、例(24)。以它们为拓展源式,动作动词进入其中自然可以发展出进行体。但语料显示近代的[在VP]基本还是表持续,表进行的少,如明代《三宝太监西洋记》共有15例"在哭"句,只有例(71)没有加"正"而表不典型进行,其他都用"正"去强化表达进行。这与张赪(2011)统计的结论一致。例如:

（71）里面恰象有个人哼也哼的在哭哩。（明小说《三宝太监西洋记》）

已有调查显示，［在VP］进行体清代才多起来。据此看，［在VP］持续体也可能是其来源之一。结合调查《三宝太监西洋记》的结论，至少可说明［在VP］进行体形成过程是：先表达状态持续（含动态的），然后加"正"表典型的进行，因为它可使持续的离散性凸显而动态性显著化。进行/持续体的另一来源是［_AC ［在NP］VP］，VP主语是"在"的主事或VP施事。这种用法先秦已有，但直到近代普遍。例如：

（72）矫矫虎臣，在泮献馘。（《诗经·泮水》）

语感上"在泮献馘"有动态性，加上其主语是［高生命］的"虎臣"，施事性显著已有进行体特征。基于此，才可在［在NP］前加"正"。事实上［正［在NP］］早已出现，虽说这个"正"是表正恰之义。例如：

（73）直称之士，正在本朝也。（《晏子春秋》） 圣人正在刚柔之间。（《淮南子》）

当［正［在NP］］作状语时，自然可以产生进行或持续义，这在宋元已是常态。例如：

（74）正在门前卖生药。（《元代话本选集》）

例（74）缺省"门前"可形成［正在VP］。有人认为表进行的"正在"来自"在"缺省支配成分，有道理，但这仅是进行体来源之一。进行体另一来源从理论上看，是由例（73）等的［正在NP］类推拓展为［正在VP］的，语料显示这在唐五代已完成。例如：

(75) 正在商量，已却归殿。（五代《敦煌变文集新书》）

当然"正在"成为进行体标记之后，VP还是不同程度地隐喻着方所。例如：

(76) a. 正在惊骇（《初刻拍案惊奇》）
b. 正在歇息（《初刻拍案惊奇》）

"正在惊骇/歇息"语感上有"正在某方所惊骇/歇息"等意义，也有"正处在惊骇/歇息之际"的意义。这两种解读也是"正在"进行体表达的两个来源的支持。前一种解读的历时事实依据无须举例，后者如：

(77) 正在怒中（宋话本《大金吊伐录》）　　正在扰攘之际
正在角逐之际（《二刻拍案惊奇》）　　正在凝思之际
（《红楼梦》）

［正在VP］的两种解读在共时表现更清晰，比较《二刻拍案惊奇》的"正在疑惑间"与"正在感怆"两个表达式即可以看到。当然，该构式的VP隐喻方所有个前提：作谓语且不与"完成"体成分共现；反之，不可。观察并比较。

(78) a. 我正在寻山上烧香的人捎信与你。（《二刻拍案惊奇》）
b. 黛玉正在梳洗才毕，见宝玉这个光景，倒吓了一跳。
（《红楼梦》）

例(78)a的"正在寻山上烧香的人"之后不能加"之中/之际/之间"等，b表完成，"在"之后不能加处所词语。顺及指出，"正在"进行体的形成，还受VP的类制约。观察：

（79）正在恋恋不舍　多情正在含颦　正在思忖不定（《初刻拍案惊奇》）

例（79）的 VP 都是状态性的，[在 VP] 是持续。总之，"正在"表进行或持续有 [在 VP] 与 [[在 NP] VP] 两个来源。

明清时，"在"除继承唐五代以来的各种体形式之外，还有四方面发展或变化。

一是发展出强化持续或进行体 [在 NP（VP）（着）（地）（呢）]，因为"在、着、地、呢"都可表持续或进行，它们之间同现后的进行或持续自然是强化的。观察：

（80）正在当中坐地（《二刻拍案惊奇》）　在这里住着　在楼上坐着呢　在园子里戏台上预备着呢　在厅上呢（《红楼梦》）

二是词汇性的 [在这里/那里] 及其缺省构件式在句尾表持续的普遍化。吕叔湘（[1941] 1984）指出这类形式唐宋代就有了，宋代 [在这里/那里] 倾向用"这里"，明清基本用"那里"，分别如例（81）的 a、b。观察：

（81）所以先要读书，理会道理。盖先学得在这里，到临时应事接物，撞着便有用处。（《朱子语类》）

（82）一扇便门也关着在那里……? 家有一口轻巧些的在那里。（《初刻拍案惊奇》）

至于 [在这里/那里] 缺省"那里/这里"而以"在"表达持续的。例如：

（83）a. 若是阳时，自有多少流行变动在。（《朱子语类》）
　　　b. 更有一个好屋在，又说上面更有一重好屋在。（《朱子语类》）

[在这里/那里]及其缺省式表持续是隐性的,显性是表肯定语气,这可从"取出银子,数一数看,四百锭多在"(《二刻拍案惊奇》)等得到体现。顺及指出,[在这里/那里]在VP前表进行或持续直到明清才出现。例如:

(84) 肝阴亏损,心气衰耗,都是这个病在那里作怪。(《红楼梦》)

至于句尾[在这里/那里]跟VP前[在这里/那里]表达进行或持续等不完整体,与表达肯定语气的关系见本书第七章第一节。

三是明清时"在""有""是"连用普遍。它们虽然是表达情状持续,但更主要是表达肯定语气的。观察:

(85) a. 那笔迹从来认得,且词中$_k$意思$_j$有Ø$_j$在Ø$_k$,真是拙妻所作无疑。(《初刻拍案惊奇》)
　　　b. 有你薛大爷在,你怕什么!(《红楼梦》)
　　　c. 我知道了,你只管放心,有我呢!(《红楼梦》)
(86) a. 是还有几个乡宦家夫人小姐在内。(《二刻拍案惊奇》)
　　　b. 先有一个白衣人在店,虽然浑身布素,却是骨秀神清。(《初刻拍案惊奇》)

例(85)a的"有""在"直接连用,是二者缺省"意思"与"词中"之后的并置,但经重新分析似已可以解读为前者肯定或强调后者的动宾式,也可以解读为"在"是语气词。例(85)b与c是可变换关系,"在"羡余,说明其功能还是肯定。例(86)的"有""在""是"不论是一句内连用,还是隔句连用,均表达情状持续。

四是"有""在"带体标记"着"的现象很普遍。观察:

(87) a. 都沸反的在着廊下叫。(《三刻拍案惊奇》)
　　　b. 他见(现)有着许多金银付在我家。(《二刻拍案惊奇》)

例（87）是明清汉语的系统现象，说明见本书第五章第三节。它们是从［V着］类推而来，"着"是硬化语力手段。"在着"昙花一现，在现代汉语已消失或被"存在着"替换。"有着"在现代汉语得到发展，如宾语是抽象的并且通常是有限定成分的，多用于书面语而表示强认识情态（薛宏武，2012）。在明清时，它的宾语则是实体名词，如例（87）的 b。

"是"带体标记"着"的仅发现了 1 例，时间是宋代。观察：

(88) 看大学，固是着逐句看去。(《朱子语类》)

例（88）的"着"若解读为致使动词，与句义不合，因此，它作"是"的体标记是可能的，因为明清时状态成分带"着"很普遍。另外，与之为类的"在""有"可带"着"，那么它也是可能带"着"。至于这个"着"的特性，见薛宏武（2012b）。

(四)"有、在、是"语气表达及性质、意义的发展

中古之后，"有、在"表达语气的类型、意义等基本与先秦一致，不同在于二者在近代发展出了句尾肯定语气词。当然，系动词"是"产生后，三者在句尾表达语气还是平行的。这里考察三者单独表达语气。

1. 在谓语动词前表肯定语气及性质、意义的发展

三者的语气强弱是"是＞在＞有"。这方面古今一致，无须举例。"是"肯定语气也有现实与非现实两类，表达非现实语气时，发展出假设、条件、容让转折等关系义，如例（45）a、c。当然在现实肯定语境，它也能表达因果，但比"在"的语气强，比较例（45）b 与例（46）等即可看到。

"是"与"有""在"直接或间接连用表达肯定语气，如例（86）a。再如：

(89) 窗外有女子嗽声，雨村遂起身往窗外一看，原来是一个丫鬟，在那里撷花。(《红楼梦》)

"有、在、是"都可在谓语前表达肯定语气，但形式有所不同。一是明清"在"发展出［在这里/那里］，如例（84），这种形式沿用至今。并且［在这里/那里］还可缺省其构件之一表达肯定语气，如例（82）与例（83）等。

二是"有、在"能带"着"硬化肯定语气，如例（87），而"是"少见。尽管如此，明清"是"与"着"却可以间接连用强化肯定语气。这方面很普遍，这是"有、在"不及的。例如：

(90) a. 是把棋局比着那世局。(《醒世恒言》)
　　 b. 却是为着甚的？(《醒世恒言》)

当然"在"表达肯定语气也有特殊的方式，如用"正"去强化。这种形式的显性义虽然是表达进行/持续，但肯定语气同样显著而且很强。例如：

(91) a. 斜阳正在，烟柳断肠处。(辛弃疾《摸鱼儿》)
　　 b. 正在那里没摆拨。(南宋《话本选集》)
　　 c. 郡王正在厅上等待。(南宋《话本选集》)
　　 d. 正在窗前吃枣糕。(南宋《话本选集》)

2. 句尾表肯定语气及性质、意义的发展

唐代之后，三者在句尾都发展出了肯定语气词的用法。"在"唐代就出现了，如例（67）；"是"在宋元后出现的，形式先出现的是"方是"与"便是"之类。例如：

(92) a. 须是"如恶恶臭，如好好色"方是。(《朱子语类》)
　　 b. 拴马钱与他一捧儿米便是。(元《朴通事》)

"是"独立发展为句尾肯定语气词，基本始于元明之际。观察：

(93) a. 与你多少的是。随你与的是。(《倩女离魂》)
　　　b. 莺莺，我怎生抬举你来，今日做这等的勾当；则是我的孽障，待怨谁的是！(元杂剧《西厢记》)
　　　c. (旦长吁云)待说甚么的是！(元杂剧《西厢记》)
　　　d. 使钩子的贼们更是广……钻入里面，看东西在那里是。(《朴通事》)
　　　e. 我老孙也不知打死多少人，假似你这般到官，倒也得些状告是。(《西游记》)

"是"发展为肯定语气词的机制与"有、在"平行，说明见第六章第三节。该语气词在普通话中没有得到继承是受系统排挤，因为明清汉语已有系统的肯定语气词，如"也""底"；同时，还可能与[(是)……便/方是]的出现有关，如例(92)。

据陈宝勤(2004)，句尾语气助词"有"在唐五代已出现。下面引用三例：

(94) a. 善既从心性，恶岂离心有？(《祖堂集》卷三)
　　　b. 学人云："为什么不相似？"师云："你带黑有。"(《祖堂集》卷十)
　　　c. 玩月次，乃曰："云动有？雨去有？"(《五灯会元》卷八)

例(94)是禅宗语录。按照通常看法，其源语是梵语或巴利文。李泰洙(2000)认为"有"是宋元时期汉语与蒙语接触，意译自蒙古语 bɛɛn(存在)形成的，如例(95)。观察：

(95) 你的师傅是甚么人？是汉儿人有。(《老乞大新释》)

句尾语气词"有"是语言接触引起的即时语法化(instantaneous)，但这仅是外因，【存在】才是内因。不管如何，例(94)的语气词"有"的形成机制应与例(95)的平行，具体以第七章第一节的相关说明类推。我们这样推理，还有一条依据，是二者的源语都是SOV。当然这两方面都是理论推理，实际情况有赖于相关领域专家的揭示。至于它究竟是唐五代还是宋元形成的，或者说是其间形成的我们认为这是次要的事。

"在"发展为句尾语助词是唐宋，吕叔湘（[1941] 1984）与卢烈红（2005：212—217）都考察过，形式可概括为［在（这里/那里/里）］，如例（82）、例（83）。总之，"有、在、是"在语尾表达肯定语气的形式多样性方面，表现为"在＞是＞有"。

结　语

历时考察"有、在、是"的情态表达、时体表达、语气表达、信息功能的发展及其效应等，发现"有、在"的性质、意义在先秦就基本发展出来了。"有"的性质、意义衍生力比"在"强。中古后，"有、在"发展主要在情态、时体及语气表达的形式与句位变化："在"发展出多样的体形式及肯定语助词，"有"也发展出了句尾语助词。中古及近代是"是"的大发展时期，包括句位分布、性质、意义。考察也显示中古之后"在"的标记功能（如话题）在萎缩，这与"是"的系统排挤有关。

第二节　"有、在、是"历时构式化及其语法效应

一　先秦"有、在"的构式化及其效应

（一）与名词构式及其效应

1. 与专名或普通名词（N）构式化及其效应

二者在原型构式 CyO 与 CzO 中可构式化为词汇性的［有 N］与［在 N］。这两种构式的性质与能产性不同，前者是名词性的，实例生成力强；后者是动词性的，实例生成力弱。观察：

　　（1）a. 有周　有苗　有政　有的　有北（《诗经》）

b. 在国　在位（《尚书》）

例（1）a 构式化的机制与动因是转喻、韵律打包及高频，如"有周"本是动宾，由于在漫长跨时传递中"有"基本不承担词义，人们遗忘其动宾语义语法关系，基于理解省力把它重新理解为表达词缀。普通名词"有政"之类也基本如此，讨论见薛宏武、闫梦月（2012）。表达词缀"有"的出现，风格上次范畴化了原有范畴，如"有周"与"周/周朝"等就是史论与通用风格的不同。例（1）b 类的词汇性低，内部是透明的动宾关系，其形成机制与动因与 a 基本相同。"在"仍是动词。

2. 与抽象名词（Na）构式化及其效应

［有 Na］与［在 Na］是形容性的，"有、在"的语义模糊，变为主观评价动词。但二者构式的实例生成力不平衡：［有 Na］比［在 Na］强，前者可生成大量的惯用评价语。观察：

(2) a. 天秩有礼　各迪有功　夏氏有罪（《尚书》）
　　b. 于食有福　往有事也　有功而不德（《周易》）
　　c. 我闻有命　孔武有力　洵有情兮　乐且有仪（《诗经》）
　　d. 国乃有节　虽楚有材　节有度　守有序（《左传》）
　　e. 为人也小有才（《孟子·尽心下》）

［有 Na］构式化机制、动因是主宾关联与推理。它们功能是评价性的，表现为前面可有状性修饰语，如"有情"被"洵"限定，"小"限定"有才"，"有情、有才"都是形容性的。吕叔湘（［1942］1990：55，89—90）曾指出类似例（2）是表态的，"未尝不可将之定性为一个惯用性习语"。表态即评价，惯用性习语即词汇性构式，通俗地说，就是具有词汇性的语法词。顺及指出，"有"还有一类词汇性构式。观察：

(3) 自古有年（《诗经》）　有顷（《墨子》）

例（3）的"有年""有顷"的主观多量义形成机制及"有"的

特性与例（2）的平行，只不过它们整体功能还是动词性的。

[在Na] 词语在《尚书》《周易》《诗经》《孟子》《墨子》等内没见到。这是"有""在"构式化能力不平行的表现。先秦"有"还有两个语法性构式：一是［数（名）有数（名）］，其实例见第六章第二节；二是为语篇引入虚拟语法性构式话题［（今）有＋数量＋（于此）］。例如：

　　（4）今有人于此，少见黑曰黑，多见黑曰白，则以此人不知白黑之辩矣。（《墨子》）

这两个构式中"有"也发展出连接功能与表达假设语气的意义，不过后者在中古后就消失了。这两类构式也是"在"所无的。

（二）与动词构式化

形式是［V有］与［V在］。这类构式化匀质，都是语法性的且结构、性质平行。先看前者：

　　（5）a. 寡君惠顾鄙邑，抚有晋国……（《左传·昭公》）
　　　　b. 唐叔受之以处参虚，匡有戎狄。（《左传·昭公》）

例（5）的"抚有、匡有"表示因"抚/匡"形成的"拥有"状态，就此看它是连谓；也可以表示"抚/匡"是"有"的实现方式，但实际非如此，说明见下文。观察《左传》的［V在］用例：

　　（6）a. 越在他竟
　　　　b. 鉏在鲁
　　　　c. 还在燕
　　　　d. 贾在句渎之丘

例（6）的［V在］也是连谓，表示"V位移到NP后的状态"，如例（6）a是越境进入其他国家。可见从构式表示的"状态"看，［V在］与［V有］平行。

虽然［V 有］与［V 在］的结构与意义平行，但二者的实例生成力有异，前弱而后强。如《左传》有大量［V 在］的实例，而［V 有］的实例仅有例（5）的两例。

二 中古以降"有、在、是"的构式化及效应
（一）词汇性构式化及效应
中古"有、在、是"构式化能力及其构式类型不平行，总体为"是＞在＞有"。具体表现为如下七大方面。
1."在、是、有"的主谓词汇化

（7）恣心自在，迷国罔上。（《汉书·王嘉传》）

主谓与状中连续。"自在"可解读为状中或主谓。基于此以及本研究系统之需，可视为主谓。理据如下：是例（7）与例（8）有平行性，观察：

（8）今者项庄拔剑舞，其意常在沛公也。（《史记·项羽本纪》）

例（8）的"在"字句层次结构是［$_{SP}$其意［常［在沛公］］］。中古之后例（8）就可重新分析。例如：

（9）a. 我志在删述。（李白《古风五十九首》）
　　b. 隋炀帝意在奢侈。（唐小说《大唐创业起居注》）

例（9）a 可分析为［$_{SP}$志［在删述］］，也可分析为［$_{VO}$志在［删述］］。

必须指出的是，例（7）的"自在"还难以确定是词。直到唐五代，其词汇化才明显化的。观察：

（10）a. 危自不自在，犹如脆风坏。（《王志梵诗》）

b. 通神得自在，掷钵便腾空。（五代《敦煌变文选》）

例（10）a 的"自在"前面有否定词"不"，形容性明显。例（10）b 的"自在"是"得"的宾语，语义是"自由、自如"之类，显然已具有词汇特征。至于它的词汇化完成是在宋代，例如：

(11) a. 始知锁向金笼听，不及林间自在啼。（欧阳修《画眉鸟》）

b. 好自在性儿！（南宋《话本选集》）

例（11）的"自在"作状语与定语，表示"闲适、逍遥、自由自在"等；"在"的语义完全模糊，已成为词内成分，"自在"已词汇化为形容词。

"在"的词汇性主谓构式有一定能产性，如宋元还出现了"实在"。例如：

(12) a. 礼之所立，本于诚敬，庙之所设$_j$，实$_j$在尊严。（宋《册府元龟》）

b. 我们实在肚里饿了。（《老乞大新释》）

"实"本指"果实"，后发展为表"真实情况"的抽象名词，因此"实在"是主谓，如例（12）a 是说"立庙的真实意图在于尊严"。例（12）b 是说"真实的情况在于饿了"。当然它也可以是状中，因为先秦时"实"就发展为语气副词或判断副词（谷峰，2019）。据此"实在"也可解读为状中。副词"实在"的潜结构是主谓，可从现代汉语得到说明。《现代汉语八百词》（1999：492—493）指出它有衔接功能，表示"其实，承上文表示转折"。观察：

(13) 他说他懂了$_j$，实$_j$在没有懂。

即使例（13）的语气副词"实在"的"实"仍有"真实情况"的意义，并且"在"可以用"是"替换，如"我做伴当实是强"（《倩女离魂》）。"实在"的衔接功能体现之一是"实"可替代先行句"他说他懂了"的；体现之二是"在"肯定"他处在没懂"状态。两个小句的句义一假一实、一轻一重，自然是转折。这与例（12）a是平行的。虽然"其实"可替换"实在"，但没有"实在"的转折性强，这与"在"的定位肯定及重语势相关。

"是"的主谓构式化能力不及"在"。立足现代汉语看，实例生成力也不及后者，常见的如"有的是"。谭代龙（2009）认为它形成在宋元。观察：

（14）a. 我这里只有的是盐瓜。（《朴通事》）
　　　b. 我这院子后头，有的是草场。（《老乞大谚解》）

例（14）a的"有的是"跟"写的是字"等是平行的语法构式，尚未词汇化。例（14）b的"有的是"没有词汇化，还没有"多"意义。它作为成熟的词汇在明代成熟标志之一是"有的是"的主语由原来的方所NL变为生命度或及物性高的指人名词。例如：

（15）a. 贫道有的是术法。（明小说《今古奇观》）
　　　b. 朝奉有的是银子。（《初刻拍案惊奇》）

2. ［V在］与［V有］的构式化及效应

先秦时，V与"有、在"的语义关系透明，表示位移过程与结果或状态，是个复合事件构式，如例（5）、例（6），说明见第五章第一节。两汉开始义关系单一化，表示"V位移到某方所之后的状态"，"状态"突出，即其之间已构式化为一个事态性的事件，［V在］与［V有］是状中。

［V在］的实例在唐代涌现，都重在体现V行为之后的"状态"。例如：

(16) 挂在东溪松（李白《送杨山人归嵩山》） 一朝选在君王侧（白居易《长恨歌》） 插在半壁上（白居易《游悟真寺诗》） 所征获者贮在其中（唐小说《野朝佥载》）

(17) 没在石棱中（卢纶《塞下曲》） 积在僧家（《野朝佥载》） 生在古社隈（白居易《和〈古社〉》）

(18) 坠在饿鬼之道 放在城东水中 禁闭在深闺 送在水中 住在何州县 长在藿乡（五代《敦煌变文选》）

宋代之后［V在］的实例仍在涌现。例如：

(19) 跳在河里 埋在后花园里 撒在他笊篱里 正滴在宋四公口里（南宋《话本选集》）

元明清时，［V在］类型与实例数量越来越多，现代汉语意义的［V在］已形成，如元杂剧与散曲中就有如下动作、行为动词构成的［V在］实例。观察：

(20) a. 住 伏 堆 安 配 坐 躲 藏 放 题 立 写 葬 跪
　　　 b. 押 挑 歇 倾 睡 顿 撒 掉 丢 死 卖 撞 撒 送 锁 逃 跌倒 俯伏 卧倒 收留 伏侍

例（20）的［V在］表示V结束后的持续，例（21）重在表V位移的终点。明代进入该构式的V是开放的，如仅《二刻拍案惊奇》就有三类，分别如例（21）、例（22）、例（23）：

(21) 揣 放 抱 笼 塞 摆 粘 飞 踞 监 贮 栽 埋 携 钻 捧 摆 插 扎 系 压 困 泊 陷 拱立

(22) 调宿 收赶 摊 撩 寄 嫁 记 投 眠 作缚 弃 看 掳 掩 撒 搭 抬 暴露 寄养 结怨 零落

落魄　糜烂

元明清时，V多是表示动作行为的及物的单音节动词，与之相反，表示状态的不及物的双音节动词较少。明代还出现了一个［A在］构式，A是单音节的形容词。［A在］指把A定位/归因到NP之上，意义是定位/归因评价。该构式的实例清代极多，是高频构式且到现在一直如此，［A在］已构式化为一个语法性构式，内部关系不再明确单一，是个可解读为动补或主谓的多歧结构。当然在具体语境中二者解读频率不同，如例（23）a重在定位，但不能说没有归因，即这种歧义结构是无法排除的。并且，［A在］发展到现代汉语中A还可以右向拷贝为话题，如例（23）b。观察：

(23) a. 妙在甄家的风俗，女儿之名，亦皆从男子之名命字。（《红楼梦》）
　　　　b. 太湖美，太湖美，美就美在太湖水。

再看［V有］。先秦时它是连谓，"有"的语义较实，如例（5）。中古时实例大量涌现。观察：

(24) a. 荆王兼有其地。（《汉书》）
　　　b. 方今国家兼而有之。（《汉书》）

例（24）的"兼有"与"兼而有"是共时变换关系，说明先秦至汉［V有］是连谓短语。再观察《三国志》的实例：

(25) 略有汉民　跨有江外　奄有其地　保有远夷　专有荆土　割有淮南　屯有县以南荒地
(26) 据有江东⇌据而有之⇌司马景王至，遂据Ø之

例（26）的三个实例是共时变换关系，说明［V有］仍是结构松

的连谓。并且，直到民国它还可以离散开来。例如：

(27) a. 这里头恐怕含着有别的意思吧？（南开新剧《新村正》）
    b. 幸带着有广东的午时茶（吴趼人《恨海》）

"含着有"与"带着有"即"含有""带有"的扩展式。[V 有]发展到现代汉语已变得紧密，类似例（26）、例（27）的扩展式基本消失而构式化为词汇性的 [V 有]。例如：

(28) a. 他穿有一件中山装。
    b. 墙上画有蒋介石头像。

现代汉语学界通常把"穿有""画有"等叫短语词。"有"是语义语法中心，情状是表达"穿、画"的完成及其之后的持续，因此有人把"有"看作"了/着"变体。另外，它还有肯定宾语"一件中山装"与"蒋介石头像"的功能。总之，"有"的肯定功能与情状体表达并存，多样的解读加上倾向书面语体，说明"有"已主观化。即主观化是其词汇化的最重要因素。

Hopper 和 Traugott（1993：112—113）指出两个动词构成的复杂谓语，若其中的一个负载句子主要意义且是不定式的，它是主要动词。另一个负载时、体、态且能给句子增加细微的体、方向或受益意义等的是定式意义的，是准情态动词。情态动词具体义的识解虽有困难，但总体可识解为完成体，如印地语与印地—雅利语。例如：

(29) a. mãi   ne   use   paisē   de   diye.
        I   AGR   him：DAT   money   give   VECTOR/give
    （I gave him the money. 我把钱给了他。）
    b. mãi   ne   use   paisē   diye.
        I   AGR   him：DAT   money   give
    （I gave him money. 我给他钱。）

AGR表示一致关系，DAT是与格，VECTOR是表方向的情态动词。例（29）a是"我把所有的钱给他"已完成，b的"把钱给他"完成与否，不明确。例（28）的"有"与diye相类：既表达完成或持续的情状体，又肯定宾语，是情态动词。总之，"有"是主观动词。顺及指出，现代汉语［V有］的实例生成力极强，V包括空间动词及占有类动词两个小类（薛宏武，2006）。

3. 唐五代"在"还词汇化为［在这里/那里］

它在谓语前面是主观动词，在句尾是助词性的。观察：

（30）a. 若着一个意在这里等待气生，便为害。(南宋《话本选集》)

b. 大抵是且收敛得身心在这里，便已有八九分了。(《朱子语类》)

当然该构式可缺省其中一个构件形成主观动词"在"、副词性代词"这里"、语气助词"在"。它们都可表达持续体及肯定语气等，说明见第五章第三节等。

4. 宋元明清时［在Na］实例大量出现

中古［在Na］的实例还少见，宋元明清时大量出现。例如：

（31）全不在意（南宋《话本选集》） 在意勤勤的学着（《朴通事》） 你小心在意者（《倩女离魂》） 说得在行（《初刻拍案惊奇》） 敢不在心（《二刻拍案惊奇》）

例（31）的"在意、在心、在理、在行"是词汇性惯用语，跟"有理"等语义语法功能平行。其与［在Na］大量出现实例相平行，近代汉语还出现了［在N］词语。例如：

（32）招供在案 宝玉见了这个所在 待在下将此来历注明（《红楼梦》）

值得指出的是，"所在"虽与［在N］形式不同，但潜在关系都是动宾，因此也把它列入［在N］实例之内。宋元是［有Na］的实例大量出现期，如《朱子语类》就随处可见如下词语。观察：

　　（33）有理　有气　有意　有命　有心　有序　有味　有精神
　　　　　有本领　有滋味　有条理

从中古一直到现在，"是"一直缺乏"有、在"的构式化能力。现代汉语常见的也就是本书第五章第三节提及的几个。它在唐五代构式化见于"是谁"之类词语，其中的"是"不承担词义，最终重新分析为表达词缀，说明见本书第五章第三节等。

5. ［在V］［有V］开始构式化为词汇性的构式

　　［在V］的实例能产性很有限。例如：

　　（34）将身在逃（元《大宋宣和遗事》）　生兄在禁（《红楼梦》）　杏帘在望（《红楼梦》）

"在望、在逃、在禁"是"处在可望见、逃、禁之中"，它们是动宾短语，直到现代汉语才完成词汇性构式的。

　　［有V］的实例能产性强，如《朱子语类》《二刻拍案惊奇》就随处可见如下词语：

　　（35）a. 有请　有劳　有烦
　　　　　b. 有益　有利　有碍　有害　有损　有违　有望
　　　　　c. 有加

例（35）的词语多数在先秦就已经出现，但基本是短语。例如：

　　（36）a. 子丰有劳于晋国，余闻而勿忘。（《左传·昭公》）
　　　　　b. 将有请于人，必先有入焉。（《国语·晋语》）

例（36）a与b平行："劳、请"是共用成分，跨述宾与述补，结构层次是［有［sc劳/请于］晋国］。由于此时它们语义没［致使］，功能是叙述性的，因此，跟现代汉语表祈请的"有请"等有距离。唐五代"有请"之类开始变化。观察：

（37）自虚又曰："适来朱将军再三有请和尚新制。"（《太平广记·东阳夜怪录》）

变化之一是"有请"不仅有主语"朱将军"，而且带了状语"适来、再三"。变化之二是直接带宾语"和尚新制"。变化之三是"有"词义模糊，是可有成分，若不考虑预设能删掉。即"有请"基本与"请"相当，完全可由［有［sc请］和尚新制］重新分析为［［有请］和尚新制］。重新分析之后，"请"与"有"不仅边界消失，而且共用结构变成述宾结构。变化之四是"有请"能出现在过去时制句内，如例（37）。可见除它尚分布在叙述句，内部结构语义关系已跟现代汉语的很近了，即开始动词化。

宋元时"有请"成熟。其重要标志是已分布到祈请句内，具有了［致使］。例如：

（38）a.（红云）小姐有请。
　　　b.（末云）不敢久留兄长，有劳台候。（元杂剧《西厢记》）

例（38）a的"有请"句子的结构是［小姐［有请］（N）］，表示相国夫人请张生相见。例（38）b是共用结构［有劳［sc台］候］。"有请、有劳"语法表现已与现代汉语一致，完成了词汇化历程。明代是"有请"类动词稳定期，如《水浒传》有4例"有请"句，6例"有劳"句。列举如下：

（39）a. 娘娘有请。

b. 有劳上下。

明代还出现了一个"有烦",也是高频词,只是它没有延续到现代汉语。例如:

(40) a. 有烦婆婆家藏匿片时。(冯梦龙《警世通言》)
b. 有烦老客长做主。(《初刻拍案惊奇》)

"有请"等构式化动因是高频、主观性等。高频无须多言,[①] 主观动词"有"可降低"请"祈使语力,使"有请"具有比"请"更客气的人际义,这是其动词化的又一重要动因。就其构式化效应看,是动词化后,由于高频使用而引发语法化,最终"有"重新理解为表达词缀。

例(35)b 的"有益"类词语的语法性强,词汇性不及 a 强,"有"仍是主观动词。"有加"还发展出了语尾助词(张谊生,2017),其中"有"还是表达词缀。

6. 唐以后"在"还词汇化为"在乎""在在"

(41) a. 八风翻海如如定,一月当空在在圆。(唐·王质《送胡正仲》)
b. 新晴在在野花香,过雨迢迢沙路长。(宋·杨万里《明发南屏》)
c. 陵东坡二豪者,风流在在留文章。(明·沈周《为郭总戎题长江万里图》)
d. 何在乎这一个!(《初刻拍案惊奇》)

例(41)的"在在"是表"到处"意义的副词。"在乎、在意"

[①] 语料中"有请"等不多,不能否定其高频性,一则这类词是日常语,另则即使超大规模语料库也不能反映实际语言状况,即跟当时实际相比现有书面语料最多是九牛一毛。

的语义与性质平行，应是"在乎X"缺省X形成的，其中"在乎"是"在"的定向肯定综合式，因为宋元"在"表示定位或归因肯定时，多用"于"或"乎"加强。并且，二者已构式化为词。观察：

（42）a. 死不在老少。（《朴通事》）
　　　b. 来时节肯不肯尽由他，见时节亲不亲在于您。（元杂剧《西厢记》）

并且"在"即使表达处所肯定，也用"在于"。例如：

（43）a. 有王文举在于门首。（《倩女离魂》，下称《倩女》）
　　　b. 吕布在于后堂见貂蝉。（《三国志评话》）

"在于"是韵律词，"在"与"于"语义语法相通，高频使用与同现中自然可词汇化。"乎"与"于"是变体关系，因此，"在于X"之类完全可说成"在乎X"的。

7. "是"的词汇性构式化

着眼于跟名词、动词及形容词性等构式化看，"是"比"有、在"的能力差。若着眼跟副词、认识动词、连词等构式化看，是"有、在"的构式化能力不及"是"。

"是"与副词（adv）构式化，[①] 唐五代已开始，宋代大量涌现。副词有两类。一是表示追溯、推测、评估、反问、否定或意外等认识情态的词语。观察：

（44）a. 山公醉后能骑马，别是风流贤主人。（李白《江夏赠韦南陵冰》）
　　　b. 盖是贞复生元。（《朱子语类》）

[①] 这方面较系统的考察见陈宝勤（1999）等。该文指出"即是、不是、便是、既是、真是、正是、总是、凡是、只是、但是、就是"等是跨层的词，经线性紧邻反复连用形成的。

c. 岂是悬空见得。(《朱子语类》)
　　　d. 莫不是向天公买拨来的聪明。(《倩女》)
　　　e. 多半是相思泪。(《倩女》)
(45) a. 本是在行人。(《金瓶梅》)
　　　b. 果是婢子不是了。(《醒世恒言》)
　　　c. 自是心烦。(《红楼梦》)
　　　d. 偏是这两个玉儿多病多灾的。(《红楼梦》)
　　　e. 多分是我众子孙。(《醒世恒言》)
　　　f. 我做伴当实是强。(《倩女离魂》)

二是范围副词"只、凡、但"等。例如：

(46) a. 只是在人，人须自责。(《朱子语类》)
　　　b. 凡是用度，悉纳其中。(《朱子语类》)
　　　c. 但是黑之物，必低身恭敬。(《太平广记》)
　　　d. 霜只是露结成，雪只是雨结成。(《朱子语类》)

"只是、凡是、但是"的排他性强，语气重语势高，都有假设意味。这类词语的意义多，如例(46)的"但是"表假设性充分条件，而例(47)a的"但是"既表充分条件也可表重转，b则表重转。观察：

(47) a. 格物，或问论之已详。不必分大小先后，但是以敬为本后，遇在面前底便格否？(《朱子语类》)
　　　b. 但是他为主，我为客。(《朱子语类》)

"但是"类词语意义多，不仅说明它尚在语法化中而没有词汇化，更说明它们词汇性构式化的基本机制是两个成分之间的语义语法相宜。"但是"完成词汇化，时间大约清代，如例(48)。至于其成为转折连词语的详细考察，可参见朱怀、范桂娟(2017)。

(48) 贾政听明，虽不理他，但是心里刀绞似的。(《红楼梦》)

这一时期的"是"还跟两个同义或语义相通的副词连用。它们没有构式化，除表达强调语气外，很不经济。例如：

(49) a. 六情所受，皆悉是贼。(《朱子语类》)
　　 b. 怎地看来，浑只是天了。(话本《太平广记》)

这一时期的"是"还与"正"构式化为"正是"，核心机制是二者语义相宜："是"的基元【正恰】与"正"是相通的。例如：

(50) a. 正是烦闷，只听门前娇声嫩语的叫了一声"哥哥"。
　　 b. 珍儿正是年轻，很该出力。(《红楼梦》)

例(50)的"正是"多歧：一方面表示"正恰"意义，另一方面也可表达持续，因为"是"在这里是表示处所或时间判断的，可用"在"替换。

总之，[adv 是]已构式化为词汇性构式，它产生了新义或程序性前景义，如"正是"表点段持续。再如例(47)的"但是"出现了连接功能。再观察：

(51) a. 既是已前不曾做得，今便用下工夫去补填。(《朱子语类》)
　　 b. 就是醉梦中，被你说得醒。(《朱子语类》)
　　 c. 若下一句心不在焉，便是不诚，便无物也。(《朱子语类》)
　　 d. 须大杀一番，方是善胜。(《朱子语类》)
　　 e. 休道是小生，便是铁石人也意惹情牵。(元杂剧《西厢记》)
　　 f. 不是小妮子性急，实是气那老虔婆不过！(《醒世

恒言》)

例（51）的"既是"是推论性的连接，"就是"表假设，"便是、方是"表假设后的结果，而"便是、不是"表容让。它们都是连接副词。再如：

(52) a. 陆氏径走入房，含光见入，接手床上，良久闷绝。既瘥，含光问："平生斋菜诵经念佛，何以更受此苦？"答云："昔欲终时，有僧见诣，令写金光明经，当时许之，病亟草草，遂忘遗嘱，坐是受妄语报，罹此酷刑。"（话本《太平广记》）
　　　　b. 黑闼令问："何意倒地？"答云："为是偏檐。"（话本《太平广记》）

中古时"坐"就可表因，如《古诗十九首》有"来归相怨怒，但坐观罗敷"，因此，例（52）a 的"坐是"是表达原因义的强化式。例（52）b 的"是"，是表达目的意义的强化式，因为"是"可表因，而"原因"与"目的"相通，只不过前者重在事理之间的关系（内），后者着眼于说话人（外）。

(53) 小儿读书所以记得，是渠不识后面字，只专读一进耳。（《朱子语类》）

例（53）的"是"表因，是由它定性肯定功能发展而来的，主要机制是居于两个小句之间。

"是"与连接性（conj）的词语的构式化。唐代"是"就开始跟连词性词语构式化为词汇性的 [conj 是]。该构式的实例很多。例如：

(54) a. 三声欲断疑肠断，饶是少年今白头。（杜牧《猿》）
　　　　b. 若是不致知、格物，便要诚意、正心、修身。（《朱子语类》）

第九章 "有、在、是"历时发展及其语法效应 393

  c. 今日集得许多，又等待气生，却是私意。(《朱子语类》)
  d. 敬是守门户之人，克己则是拒盗，致知却是去推察自家与外来底事。(《朱子语类》)
  e. 今学者之于大道，其未及者虽是迟钝，却须终有到时。(《朱子语类》)
  f. 但是着实自做工夫，不干别人事。(《朱子语类》)
  g. 虽然是不关亲，可怜见命在逡巡，济不济权将秀才来尽。(元杂剧《西厢记》)

例（54）的"是"除肯定所在句之外，同时强化 conj 的意义。比如，例（54）a 中它肯定"少年今白头"之外，同时强化连接词"饶"。当"是"与 conj 构式化之后，仅作为词内成分强化 conj 的连接意义。

顺及指出，"是"还可跟介词构式化为［pre 是］。[①] 不过［pre 是］实例有限，语料内发现了一例，如例（55）的"除是"就是"除"。当然二者也可以视作连词。观察：

（55）梅香呵我心事则除是你尽知。(《倩女》)

当然"除是"与"除"的差异是语气强弱的不同。语料显示连词 conj 及其构式［conj 是］常常并行使用，且数量与频率不分上下。比较：

（56）a. 若是比得上你时，奴也不恁般贪你了 vs. 你若负心，我也要对武大说。(《金瓶梅》)
  b. 大官人虽是身子有些不快，却是偶然伤风，原非大病 vs. 骨气虽轻，不受人压量的。(《醒世恒言》)

conj 与［conj 是］是弱式与强式之别。conj 以单音节为主，即使

[①] 基于介词与连词连续以及行文方便，我们把它放在这一部分中讨论。

双音节，也可压缩为单音节，如例（54）g的"虽然是"与例（56）b的"虽是"就是音节压缩关系。

现代汉语"是"可以表达因果、转折、容让及假设等，但没有发展为连词。其中因素很多，初步推测可能跟经济原则有关，因为现代汉语中已有相应的表达该意义的系统专职的连词，这会阻碍它向连词发展。当然也可能跟它语义虚灵多样或多向语法化等有关。观察：

(57) a. 是小姐，不到我家来了。（《醒世恒言》）
　　　b. 饶是小心，还听多少闲话，造多少谣言，上头知道了还担不是。（《红楼梦》）

例（57）的"是"与"饶是"都表示容让性的假设，二者是分析式与综合式之异。前者表义不明确，后者明确具体。另外，前者的虚拟语气也不及后者强，因为"饶"专职表达容让，"是"则是强化该意义的。二者之间的这种功能分工会在一定程度上抑制它向连接词语发展。

"是"不仅可跟单一的连词语构式化，也可以跟合用的连词语构式化，这在明清很普遍，如［又是p，又是q］。并且p、q不仅类别多样，而且还可以是异类的。它的构式化效应是情感表达，解释见第七章的第三节等。观察《红楼梦》用例：

(58) a. 又是喜欢，又是伤心。
　　　b. 又是急，又是笑。
　　　c. 又是宝姑娘，又是叫宝二奶奶，这可怎么叫呢！

例（58）a与b"又是"连接的是谓词；c连接的是名词与谓词短语。并且［又是p，又是q］还可与［又p，又q］同现。观察：

(59) 又说道谁家的戏子好，谁家的花园好，又告诉他谁家的丫头标致，谁家的酒席丰盛，又是谁家有奇货，又是谁家有异物。（《红楼梦》）

与认识情态动词的构式化，这方面宋元已有之，如"敢是张相公宅子么"(《倩女》)。明清时大量涌现。例如仅《红楼梦》就有如下的词语：

(60) 想必是这个原故　恐是讹传　想是着了风了　必得是凤姐　你算是躲的过不见了　这必是那位哥儿的书房了　只怕是谣言罢

例(60)的动词都表推测，[V是]构式化基础是语义相宜。有些词语还有逆序变体，如"必是"就可说成"是必"。请比较：

(61) 你是必休提着长老方丈。(元杂剧《西厢记》)

不管例(60)的"是"羡余与否，都是词缀或表达词缀。这些推测动词若带"是"，就是强式，反之，就是弱式，如"想必是"就比"想必"的推测语气强。

"是"与副词、连接性的词语及动词等构式化后，不管羡余与否都能给词语增量，或强化语气或强化语法义，即把同一范畴次化为语义与语用两个次范畴。有人认为"是"已虚化为无意义的词缀，有道理：因为[adv是]、[conj是]及[V是]使用中，"是"的语义语法作用会磨损。但我们认为其作用并未消失，退一步说，即使它是无意义的，也会用音节去强化语气的，这是像似原则使然。即"是"基本不承担词义，却是语法中心，因为它与副词、连词、动词等构式化都产生了"新"的表达功能或风格。

(二)"有、在、是"的语法性构式化及其效应

总体来看，"有、在、是"的语法性构式化效应是形成句法结构体。这方面三者不平行，"是"的构式化活跃，"有"有构式化能力而"在"则相对没有。下面以"是"为线索，顺及讨论"有"。

"是"的"存在"构式普遍化。"是"字存在句中古就产生了。例如：

(62) 子龙一身都是胆也。(裴注《三国志》)

但它的普遍化是在唐宋，之际表现为用例数量大。例如：

(63) a. 尽是蛆虫。
b. 堂前是河水。(《太平广记》)

唐代还出现了[是VP]受程度副词修饰的构式，其机制见本章第一节等说明。这类实例很普遍。例如：

(64) a. 有钱不造福，甚是老愚痴。(《王志梵诗》)
b. 相牵入地狱，此最是冤家。(《王志梵诗》)
c. 最是"敬"之一字有力。(《朱子语类》)

按照江蓝生、曹广顺(1997：343)，例(64)的"是"意义虚，因此，为强化"老愚痴"而才用了"甚"的。李宇明(2000：68)认为，"甚"是为增强情感的成分，表达对"有钱不造福"持有的高量级看法，在此意义上它已有语气词特征。萧国政(2001a：41—42)把"很"称为模糊量的聚焦词。本书认为模糊量是"老愚痴、冤家、'敬'之一字有力"具有的量特征。① 它们潜在的量，在"是"的主观肯定及"甚"的激活下浮现而出。这就是"聚焦"的内涵。不管如何，程度副词修饰[是VP]是主观强调式的更新强化式。这种句法在现代汉语仍在普遍使用。例如：

(65) 孙坚很是惊异，相信了那人。(倪方六《中国盗墓史》)

[程度副词+是VP]的实例生成力及其拓展式在宋代达到了顶峰。表现之一[是VP]前面出现了表大多义的形容词。表现之二是

---

① 关于名词、动词及形容词的量特征说明见第七章第一节。

程度副词由程度高的类推发展出程度低的。观察：

(66) 大是不思议　多是谬误　颇是殊常（《太平广记》）

例（66）的"大、多"是高程度形容词，"颇"是低程度副词。表现之三是明清时 VP 已类推为名词及数量成分。例如：

(67) a. 最是红尘中一二等富贵风流之地。（《红楼梦》）
　　 b. 我不放心的最是一件。（《红楼梦》）

"数量"是着眼形式而言的，因为它可称代所关联的名词，如例（67）b 的"一件"本质是称代"一件事"。

唐宋的"是"还构式化为 [X 是 X]，X 有 NP 与 VP 两类，"是"之前可有修饰语。例如：

(68) a. 伏羲自是伏羲易，文王自是文王易。（《朱子语类》）
　　 b. 见只是见，见了后却有行，有不行。（《朱子语类》）

例（68）的"自、只"是状性成分，例（68）a 的 [X 是 X] 意义重在示别（distinctive）；b 重在立界（delimited），含有"仅此而已"的意义。这两种意义主要是来自"是"的 [排他] 及其 [示别/立界]。明清的 X 还类推为形容性及数量，如例（69）a、d。同时 [X 是 X] 的配对使用也普遍化了。观察：

(69) a. 奴到他家，大是大，小是小，待得孩儿好，不怕男子汉不欢喜，不怕女儿们不孝顺。（《金瓶梅》）
　　 b. 说是说，笑是笑，不可多吃了……（《红楼梦》）
　　 c. 衣裳是衣裳，鞋袜是鞋袜，丫头老婆一屋子，怎么抱怨这些话！（《红楼梦》）
　　 d. 一是一，二是二，没人敢拦他。（《红楼梦》）

宋元时，"是"还构式化为选择问构式，包括合用式［是 p,（亦）是 q］、独用式［p,还是 q］及［是 p,还复 q］两类。分别如：

(70) a. 若在物言之，不知是所禀之理便有不全耶，亦是缘气禀之昏蔽故如此耶？(《朱子语类》)
　　　b. 你要的是虚价，是还是实价。(《老乞大新释》)
(71) a. 不知魏公是有此梦，还复一时用兵，托为此说。(《朱子语类》)
　　　b. 客官你要南京的，还是那杭州的？(《老乞大新释》)

例 (70) 的［是 p,亦是/还是 q］是选择问。例 (70) b 的"还是"之前的"是"，是强调"还是实价"。就此看，"还是"已词汇化，否则完全可用重读"还是"之"是"对"实价"肯定。例 (71) b 是独用"是"与"还是"表选择。此外，宋元"是"还发展出正反问构式［是 p 否］。例如：

(72) 所谓体者，是强名$_i$否 $Ø_j$？(《朱子语类》)

正反问［是 p 否］在现代汉语不用或少用（书面有时用），这与明清正反问［是 p,不是 q］出现有关。观察：

(73) a. 是这主意不是？
　　　b. 这是你薛姑娘的屋子不是？(《红楼梦》)

例 (73) 的［是 p,不是］是［是 p 否］的替换式，替换原因是语言"喜新厌旧"与"否"的语义不及"不是"重。明清在［是 p,不是 q］之上，还发展出了疑问求证式"是不是"。例如：

(74) 是不是我来了，他就该走了？(《红楼梦》)

求证问"是不是"是说话人知晓某件事，只是拿不准，用来向听话人证实的。再如：

（75）"此病是忧虑伤脾，肝木忒旺，经血所以不能按时而至。大奶奶从前行经的日子问一问，断不是常缩，必是常长的，是不是？"这婆子答道："可不是，从没有缩过，或是长两日三日，以至十日都长过。"先生听了道："妙啊！这就是病源了。"（《红楼梦》）

例（75）是大夫诊知大奶奶的病是"常长的"，又用"是不是"求证。与"是不是"求证问平行的，明清还有个"有没有"，用例见第五章的第二节。其形成机制、功能与"是不是"有一定平行性。讨论见邢福义（1990）、郭婷婷（2005）及薛宏武（2006，2008）等。

张伯江（1997）从功能角度把现代汉语疑问句系统刻画为图9-2-1。观察：

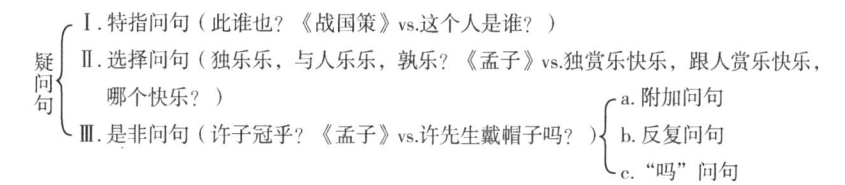

$$
疑问句\begin{cases} Ⅰ.特指问句（此谁也？《战国策》vs.这个人是谁？）\\ Ⅱ.选择问句（独乐乐，与人乐乐，孰乐？《孟子》vs.独赏乐快乐，跟人赏乐快乐，哪个快乐？）\\ Ⅲ.是非问句（许子冠乎？《孟子》vs.许先生戴帽子吗？）\begin{cases} a.附加问句\\ b.反复问句\\ c."吗"问句\end{cases}\end{cases}
$$

图9-2-1 现代汉语疑问句系统构成

第一层次Ⅰ、Ⅱ、Ⅲ是并列的三类疑问句，从古至今一直稳定，各时期差异仅在疑问词语的更替。宋元以来，"是"字选择问不仅取代了先秦的选择问，而且把选择问次范畴化了：可用图9-2-1的古汉语句子，也可用近现代"是"字式表达。"是"字正反问即图9-2-1的"是非问"的Ⅲa、b、c三小类，它们把先秦的是非问次范畴化了：一是Ⅲb的出现，如例（72）、例（73）；二是Ⅲa的出现，如例（75）。至于Ⅲc跟本书无直接关系，不再赘述。

结　语

　　历时考察发现"有、在、是"构式化不平衡，词汇性构式能力方面是"有＞在＞是"，语法性方面是"是＞有＞在"。词汇性构式方面，"有、在"构式化在先秦就基本奠定，"是"在中古，特别在宋元后才大发展的。近代的"在"虽构式多样，但基本是表达体与语气。三者构式化有三大方面效应：产生了新语法范畴、次范畴化了同一范畴及形成了一些词语或句法。此外，本章两节也对第二至八章的研究进行了证伪及补充。

第十章 "有、在、是"单位类别、性质、意义及其衍生关系的共性与个性

第一节 "有""在""是"的单位类别、性质及其衍生关系的共性与个性

一 "有"的单位类别、性质及其之间的衍生关系

(一)"有"单位类别及性质

从普方古结合来看,"有"有词与缀两级或两类语法单位。二者及其性质如表10-1-1所示。

表10-1-1　　　　　　"有"的单位类别及其性质

词						词缀		
动词		形容词	连词	句尾语气词	体助词	跨类		
主观	非主观					名词性	动词性	形容性

主观动词"有"主要体现在四方面:用在VP前而有副词特征,肯定认知平均值高的aNP,表示量肯定以及为语篇引入话题。观察:

(1) a. 有卖去一间厝啊!(是卖掉一所房子了)(闽语台湾,李英哲,2001)

　　b. 老张说话有水平。

　　c. 体重有200公斤。

　　d. 从前有一个X/今有人于此……

非主观"有"一是出现在原型构式〔NL 有 eNP〕，如"门前有棵树"；二是表达不定指称，如"有人"；三是作不定微量副词的词素，如"有所"等。

形容词"有"体现在古方中，如《周易》的"大有"，晋语丰镇话"那家人可_非常_有_富有_"。连词"有"见于先秦，连接实体名词或数词，如"羊屮豕""三十有三"。"有"作句尾语气助词，在近代汉语与方言都有表现，如"是汉儿人有"（《老乞大新释》）。

许宝华和宫田一郎（1999：1750—1768）认为"有"在吴语苍南与厦门话是可作实现助词。① "实现"其实也是一种"完成"，只不过凸显预期的现实化，也情状性的体，跟普通话"上、着"类同。例如：

（2）车叫有（车叫得着）　　买有（买得着）　　食有饭（吃上饭）

例（2）的"有"表实现，就是其内在"终点"的句法语义反映。普通话也有类似形式，例如：

（3）写有大量有关文学、哲学、政治等方面论著。

也有认为例（3）的"有"也是表完成的助词。我们认为它不仅是动词，而且还是"写有"的语义语法中心，说明见第九章的第二节等。即例（2）、例（3）的〔V 有〕相通平行。

词缀"有"指表达词缀。先秦就已成熟，可跨名词、动词与形容词。例如：

（4）a. 有周　有政

---

① 例（2）的"有"从范畴连续性看也是动词。如黄正德（1988）言，"完成"即事件或动作的"存在"。当然吴语与闽语的"有"语法化厉害，定性为助词也有道理，但绝不是典型的助词。

b. 有劳　有请

c. 有忡　有灿

（二）"有"的单位类、性质类的衍生关系

基于第二至九章研究，下面把作词与词缀之时各种性质的"有"的衍生关系，表示为图10-1-1。图10-1-1的虚箭头表示语言接触引起的衍生关系。

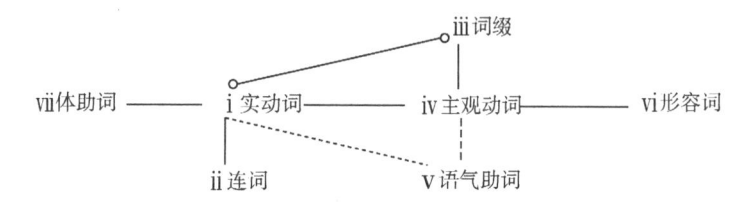

```
                    ⅲ词缀
                   ∘
                    ╲
ⅶ体助词 ─── ⅰ实动词 ─── ⅳ主观动词 ─── ⅵ形容词
             ╲
              ╲
             ⅱ连词          ⅴ语气助词
```

图10-1-1　"有"的单位类别及其各性质间的衍生关系

二　"在"的单位类别、性质及其之间的衍生关系

"在"也有词与缀两个单位类别，二者及其性质状况如表10-1-2所示。

表10-1-2　　　　　　　　"在"的单位类别及其性质

词			词缀		
动词		句尾语气助词	跨类		
非主观	主观		名词性	动词性	形容性

汉语动词与介词连续，为简化分析及系统说明"有""在""是"关系，表10-1-2没作区分。主观动词"在"体现有三：一是肯定动作行为，如"在吃饭"，有副词特征；二是肯定认知平均值高的Na，如"在行"；三是表达定位或归因肯定，如"谋事在人"。非主观用法体现在原型构式［NP 在 NL］，如"电脑在桌上"。句尾语助词"在"在近代与方言都有体现，见第七章第一节。

跨类词缀"在"在方言中体现充分，下面从许宝华、宫田一郎（1999：1775—1776）列举一些观察：

(5) a. 在冬（冬天）（福建漳平） 在往后（今后、将来）（山东郯城）

b. 在思（思念）（古北方话） 在得（值得、应该）（湘语长沙）

c. 在稳（稳当、可靠）（厦门） 在笃笃（安然自在若无其事）（闽语台湾）

例（5）的"在"基本都不负载词义，是名词、动词与形容词的表达词缀。

基于本书第二至九章的研究及上述说明，下面把"在"单位类别、性质之间衍生关系表示为图10－1－2。

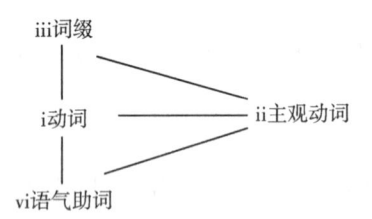

图10－1－2 "在"的单位类别及其各种性质之间的衍生关系

三 "是"的单位类别、性质及其之间的衍生关系

"是"也有词与缀两个单位类别，二者及其性质构成如表10－1－3所示。

表10－1－3 "是"的单位类别及其性质

词						跨类词缀			
系动词	形容词	名词	代词	句中、句尾语助词	体助词	名词/代词	连词	形容词	动词

"是"的性质多样，有动/系词、形容词、指示代词、名词、语气词、体助词。系动词、形容词、名词、代词的用法无须举例。句中语气词"是"的功能是用在主位与述位/话题与述题之间作提顿成分。分别如：

(6) 我肚子饿扁哒，回来看是，饭都冒得吃！（湖南衡阳话，黄伯荣，1996：558）

(7) a. 这个茶是（,）不是好茶，就是价钱还便宜着叻。（陕西横山话，张军，2012）

　　b. 饭是（,）我吃得去三碗。（湖南酸汤话，刘宗艳，2016）

"是"作句尾语气词，表达肯定、让步等现实与非现实/虚拟的语气。观察许宝华、宫田一郎（1999：4160）用例：

(8) 我弗去是。（就是了）（吴语金华岩下话）
(9) 不是搭帮他是，我命都有得哒。（如果不是他帮助，我命都没有了）（湘语长沙）

"是"作体助词表持续或完成，分别如例（10）的a与b，引自黄伯荣（1996：218）。这本质是它肯定已然事件"戴了""用了"而将其事态化之后的表现。观察：

(10) a. 戴是眼镜寻眼镜。（戴着眼镜找眼镜）
　　 b. 新娘子出门，用是两个女跟班。（吴语上海话）

"是"作跨类的表达词缀，包括代词、副词、连词、形容词、动词等，有前、后两种位置。例如：

(11) 是谁（＝谁）是物（＝物）（刘坚、江蓝生等，1992：276—281；黄伯荣，1996：519—524）
(12) 又是急，又是笑。（《红楼梦》）
(13) 是但在理方面住唔对。（但在理方面就不对）（闽语揭阳潮州）
(14) 人生得白白是壮壮是。（人长得白白胖胖）（吴语浙江

苍南金乡，许宝华、宫田一郎，1999：4160—4163)

(15) 想是着了风了。你是必休提着长老方。(《红楼梦》)

基于第二至九章的研究及上述说明，下面把"是"的单位类别、性质之间衍生关系呈现为图10-1-3。

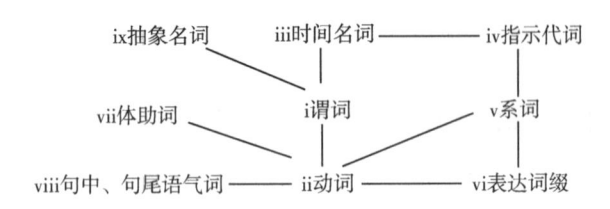

图 10-1-3　"是"的单位类别及其各性质间的衍生关系

图10-1-3节点ⅰ的"是"之所以称作"谓词"，是其不宜具体落实到形容词或动词之上。节点ⅱ的"是"涵括主观动词"是"。

四　"有""在""是"的单位类别、性质衍生的共性与个性

从普方古结合来看，"有""在""是"衍生出的语法单位类别及其性质，有共性也有个性，总体状况如表10-1-4所示。

表 10-1-4　"有""是""在"单位类别及其性质的共性与个性

	动词			形容词	名词	指示代词	连词	语气助词		词缀
	状态	动态	主观					句中	句尾	
有	+	+	+	+	-	-	+	-	+	+
是	+	-	+	+	+	+	-	+	+	+
在	+	-	+	-	-	-	+	-	+	+

(一) "有""在""是"的单位类别及其性质衍生的共性

三者平行衍生出主观动词、句尾语气助词及词缀。例如：

(16) 桌上有书。　桌上是书。　书在桌上。

例(16)说明三者都是状态动词。三者作主观动词的特征表现见

上文的刻画。例如：

（17）他的话有理。 他的话是理。 他的话在理。

（18）a. 不知皇上有与人函通消息没有？（黄世仲《宦海升沉录》）

b. 说是今晚城外有事，不能回来，先通知一声。（《红楼梦》）

c. 在小侄年幼……然将读过的细味起来，那膏粱文绣比着令闻广誉，真是不啻百倍的了。(《红楼梦》)

（19）明星有灿。（《诗经》） 山不在高，有仙则灵。 （《陋室铭》） 老张是中奖了。

并且三者作主观动词都有副词特性，都可以表达情状持续体。例如：

（20）a. 有卖去一间厝啊！（闽语台湾）
b. 在看书呢。
c. 新娘子出门，是看了。

三者都发展出句尾语气助词，分别如：

（21）a. 你的师傅是什么人？是汉儿人有。（《老乞大新释》）
b. 保寿便打，却云："他后有多口阿师与你点破在。"（《古尊宿语要》）
c. 我老孙也不知打死多少人，假似你这般到官，倒也得些状告是。（《西游记》）

"有、在、是"还都发展出表达词缀。这类词缀都是跨名词、形容性的。观察：

（22）a. 有周（周） 有政（政） 在冬（冬天） 在往后

（今后、将来） 是谁（谁） 是物（物）
　　　　　b. 有忡（忡） 有灿（灿） 在稳（稳） 在笃笃（笃笃） 白白是（白白的） 壮壮是（壮壮的）

（二）"有、在、是"的单位类别及其性质衍生的个性

第一，状态性有异。"有"有动态性而"是、在"没有。第二，主观性强弱有异，体现为"是＞有＞在"。这是三者基元及其特征决定的，"是"是［主观认同］，主观性最强。"有"的领属义是主观的，但在漫长发展与高频使用中去主观化很厉害。"在"的【处在】没有主观性，其主观性是主观化而来的，因此最弱。第三，"是"有名词之用而"有、在"没有。第四，"有、是"发展出了形容词而"在"没有。形容词"有"的用例见第六章第一节等。再看形容词"是"：

（23）要说他那份虚假，真比是人都大。（松龄《小额》）
　　　年纪虽小，行事比是人都大呢。（《红楼梦》）

当然例（23）的形容词"是"表达的周遍意义，不同于先秦的隐性的周遍义。第五，作语气词时不平行，"是"在方言发展出句中语气词，如例（6）、例（7）。"在、有"则没有。第六，"有"发展出连接功能或"连词"（包括独立与以构式的方式）。南部一些方言中"在"也发展出连词用法，如闽语的福州话、赣语铅山话等。例如：

（24）在_{不管}伊有来无来，我明旦都着行。（闽语，李如龙、梁玉璋，2001：231）

"是"虽有连接功能但仍是动词。例如：

（25）a. 他没来，是病了。
　　　b. 是人，就想拧我的耳朵。

第七，作词缀之时的跨类能力有异，表现为"是＞有/在"，如表10-1-1、表10-1-2、表10-1-3及表10-1-4等所示。同时，三者作缀在派生词语的生成力上有异，表现为"是＞有＞在"。

结　语

本节梳理了"有、在、是"作词与缀的语法性质表现，然后说明了三者的平行与不平行之因。基于此，揭示并呈现出三者在单位类别、性质上的内在衍生关系及其之间的共性与个性。

第二节　"有""在""是"意义及其之间衍生关系、共性及个性

一　"有""在""是"的意义及其之间的衍生关系

（一）"有"的意义及其之间的衍生关系

"有"原型功能是肯定事物的存在，其他意义均是由此直接或间接衍生出来的，其间的衍生关系如图10-2-1所示。

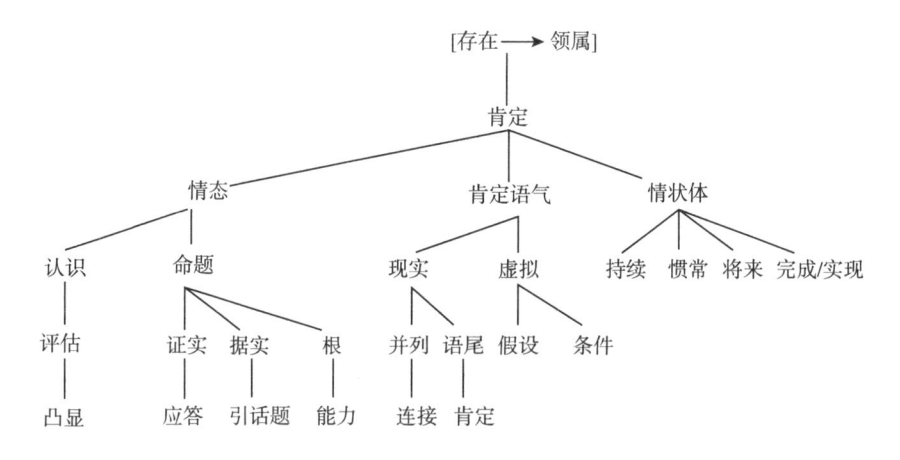

图10-2-1　"有"的意义及其之间的基本衍生关系

图10-2-1说明如下。第一，"存在"与"领属"是"有"的基

本义。后者是前者经验、文化构型或由"获取"动词发展而来的,因此把二者表示为一个节点而放在括号内。第二,"有"的构式义未列入。第三,语气意义是高阶谓语成分,与受管成分关系密切,因此,"有"的体、情态与语气是互动相通的。图 10-2-1 把三者作为"肯定"意义衍生出来的并列节点。第四,"有"的各项意义,除作语尾语气词、连词及形容词之外,其他的意义都是动词上的意义。第五,"有"的认知凸显功能涵括肯定大多积极义、中性量及消极小量义的对象等。

（二）"在"的意义及其之间的衍生关系

"在"的原型功能是肯定方所,其他意义均由此直接或间接衍生出来,其间的衍生关系如图 10-2-2 所示。

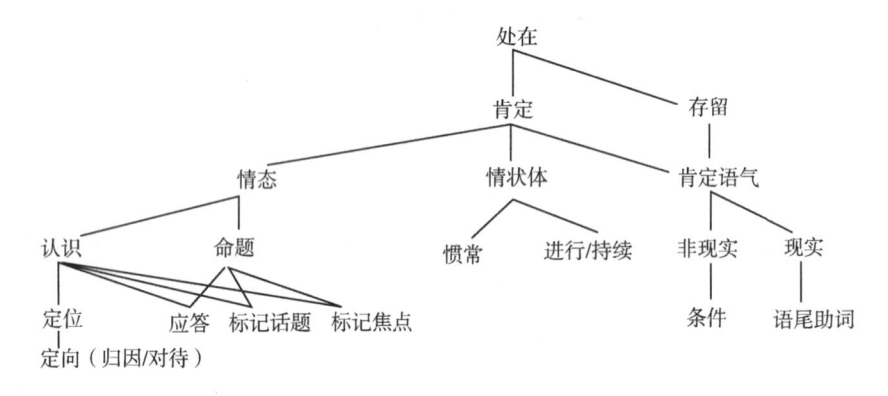

图 10-2-2　"在"意义及其之间的基本衍生关系

图 10-2-2 说明如下。第一,"存留"之类意义是不及物"在"的意义。它也可表达情状持续与表达命题等,这些信息没有标明,是为了图 10-2-2 的简约。第二,动词与介词"在"连续。基于它们意义平行或相通,在呈现时基本合并了。第三"在"可表达命题与认识情态,如非现实"条件"义就是认识情态。同样,表达现实肯定语气也有认识、命题情态两类。这些具体意义及其之间的关系在图内没有呈现,相关内容见第二至九章。

（三）"是"的意义及其之间的衍生关系

"是"单位类别、性质及其意义最多样的。相应的,意义之间的衍生关系也是错综复杂的。下面仅把由系动词衍生来的基本义及其之间的关系表示为图 10 – 2 – 3。

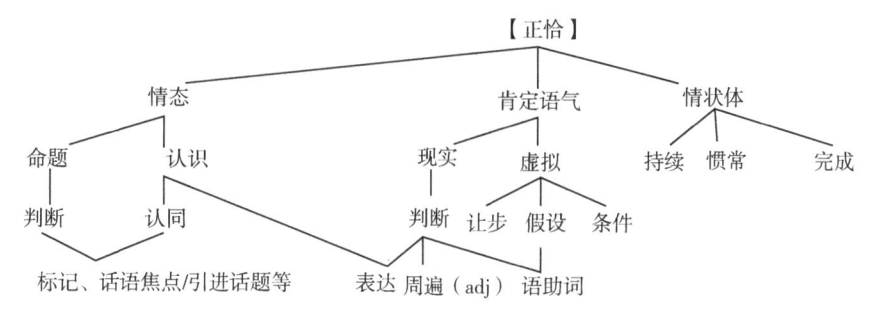

```
                        【正恰】
         ┌────────────────┼────────────────┐
       情态             肯定语气           情状体
      ┌──┴──┐         ┌────┴────┐      ┌───┼───┐
    命题   认识       现实      虚拟   持续 惯常 完成
     │    ┌─┴─┐       │      ┌──┼──┐
    判断 判断 认同    判断  让步 假设 条件

 标记、话语焦点/引进话题等      表达 周遍（adj） 语助词
```

图 10 – 2 – 3　"是"的意义及其之间的衍生关系

图 10 – 2 – 3 说明如下。第一，系动词"是"有指示代词、形容词以及兼有二者的"是"等来源，为了简化图表没有呈现。第二，"是"的语气、情态及时体表达相通互动，它的某一意义在这三方面都有体现，如"是"表因，是认识情态与现实语气共有的。第三，"是"的信息功能也包括其构式的信息功能，具体表现为语篇/话语组织、话题及焦点标记功能等。第四，"是"强调功能有情感表达、强化语力等。

二　"有""在""是"的意义共性、个性及其成因

（一）"有""在""是"的意义共性及其成因

基于图 10 – 2 – 1、图 10 – 2 – 2 及图 10 – 2 – 3 等的刻画，下面把三者相对具体的基本意义共性呈现为表 10 – 2 – 1。

表 10 – 2 – 1　　　"有、在、是"的基本意义的共性

	a	b	c	d	e	f
有	+	+	+	+	+	+
是	+	+	+	+	+	+
在	+	+	+	+	+	+

表 10 – 2 – 1 的 a – f 分别表联系判断、主观评估、现实与非现实肯定语气、虚拟条件、持续体、信息功能等六方面。下面择要举例

说明。

联系、判断功能或肯定。例如：

(1) a. 桌上有书。
    b. 书在桌上。
    c. 桌上是书。

主观评估。指表达说话人态度、立场及评估等认识义。观察：

(2) a. 伊厝有养鸡鸭。（他家是养了鸡鸭的）
    b. 他家在养鸡鸭。
    c. 他家是养了鸡鸭。

例（2）a 是福州话，引自郑懿德（1985），括号内是原文释义。例（2）a、b、c 中"有、在、是"都是主观动词，这一定性基于其特性、意义及 Hopper 和 Traugott（[1993] 2004：111）的语法化单向连续链：

full verb（实动词）＞ auxiliary（情态动词）＞ verbal clitic（动词性附缀）＞ verbal affix（动词性前缀）

"有、在、是"语法化为情态动词（即主观动词）表现之一就是有副词性。但从系统平行性看还是动词，说明见第五章第二节及第九章第一节等。三者功能都表肯定，只是肯定力有异，表现为"有＜在＜是"。肯定力是由三者有无［排他］及［排他］的强弱决定："有"是［－排他］，"在"有一定［排他］，"是"是［排他］。例如：

(3) a. 咯件衣服有蛮贵唳。（这件衣服的确很贵）（湘语长沙，李荣，1998：183）
    b. 这件衣服是很贵。
    c. 在稳。（稳当、可靠）（闽语厦门，许宝华、宫田一郎，

1999：1775—1776）

（4）a. 零用钱每月平均有八千。
　　　b. 零用钱每月平均是八千。
　　　c. 零用钱每月平均在八千。

例（3）、例（4）的"贵、稳、八千"被"有、在、是"肯定后是主观量，只是"有"肯定的量是［－确定］趋大的量幅，"是"肯定的量是［确定］，"在"肯定的量转喻为空间，是量点。三者作词缀时，主观认识情态仍然存在。例如：

（5）a. 有周　有请　有灿
　　　b. 在稳　在笃笃
　　　c. 是谁　是物

肯定语气。包括作述语及在句尾两个方面，前者是动词，如例（1）—例（4）；后者是作语气助词，例如：

（6）a. 你的师傅是什么人？是汉儿人有。(古本《老乞大》)
　　　b. 世界多少渴睡汉，怎不见第二个人梦为蝴蝶？可见梦睡中也分个闲忙在。(《喻世明言》)
　　　c. 我老孙也不知打死多少人，假似你这般到官，倒也得些状告是。(《西游记》)

并且，三者在非现实或虚拟肯定时都发展出了表达假设性条件的意义。例如：

（7）a. 有子孙之气在，则他便在。(《朱子语类》)
　　　b. 在_不管/不论_伊有来无来，我明旦都着行。(闽语福州，李如龙、梁玉璋，2001：231)
　　　c. 是人，就有七情六欲。

总休看，例（6）、例（7）的语气义属于认识情态的。有的是现实语气，如例（6）a、b；有的则是非现实的，如例（7）。

三者的信息功能表现在话题表达、语篇/话语衔接、焦点表达等。焦点表达见下文。话题表达指给语篇引入话题且以之组织语篇。例如：

（8）a. 小人门前有客$_j$，Ø$_j$是谁？（《朴通事》）

b. 我住的地方就是一个大杂院$_j$。你是南方人，大概不明白什么叫大杂院$_j$。这$_j$就是说一家院子里，住上十几家人家，Ø$_j$做什么的都有。

c. 孙先生$_j$在晚年，e$_j$Ø$_i$一直苦恋着他的书籍，e$_j$Ø$_i$一直面壁哀叹，e$_j$Ø$_i$直到1987年临终的前一刻，他还在自己的手掌心上写着一个书字。

其次是以评说的方式组织话语或言语。例如：

（9）a. 你疯了？……真有你的，……下去！……有完没完！……真是少见！（BCC语料库）

b. 在我看来，陈慧忠先生是一个特别优秀的律师。（《律师与我们的社会》）

c. 哎呀，您哪，我们的好老爷，大恩人……哎呀，真是的！我高兴得都发傻了……我看见都不敢相信呵……哎呀，您哪，我们的好老爷！……

表达惯常体及情状持续，如例（1）。当然也可用来强化视点体，例如：

（10）a. 小林有来信了无？（海丰话，黄伯荣，1996：177）
　　　b. 他在听着。
　　　c. 他是听着。

(二)"有""在""是"的意义个性及成因

三者意义个性包括两类：一类是指某一个的意义与另两个不平行；另一类是三者之间都不平行。下面将其间的个性表示在表 10 - 2 - 2 内。观察：

表 10 - 2 - 2 　　　　"有""在""是"基本意义的个性

	a	b	c	d	e	f	g	h	i	j	k	l	m	n	o	p	q	r
有	+	-	+	-	-	-	-	+	+	+	-	-	-	-	-	+	+	-
在	-	+	+	-	±	-	-	-	-	-	+	+	+	-	-	-	+	±
是	-	-	-	+	+	+	+	-	-	-	+	+	+	+	+	+	+	+

表 10 - 2 - 2 三点说明。第一，a 到 r 分别表动态性（a）、方所肯定（b）、所指肯定（c）、性属肯定（d）、句中语气助词（e）、排他（f）、周遍（g）、可能（h）、能性（i）、指称（j）、表因（k）、充分性假设（条件）（l）、容让（m）、转折（n）、完成（o）、将来（p）、话题标记（q）、标记焦点（r）。第二，"±"表示某意义不典型。第三，表 10 - 2 - 2 基本采取对立、蕴含关系呈现的，如"有"的 [- 确定] 可衍推出"不定"义。基于第二至九章的讨论，下面对表 10 - 2 - 2 的信息作些加细，特别是补足不方便呈现的信息。

1. 动态性

"有"的内在过程有起讫点而"是、在"没有，因此，前者有动态性而后二者没有。

2. 肯定类型

"有、在、是"原型肯定分别是所指、性属及时空。即使偏离原型的肯定仍然如此，如例（2）a 的"有"表示"养鸡鸭"事件存在；b 表示"是养鸡鸭"事件而不是其他事件，是断言事件的属性；c 表示"处在养鸡鸭之中"，隐喻"时间"。即现代汉语肯定是三分的。

3. "是"有周遍/唯一义而"在、有"没有

"周遍"与"唯一"视点有异而本质相通，前者是内向断言而后者着眼在外向立界/示别。如例（1）c 内向看，指"桌上"存在物全部是书；外向看就是跟其他存在物划界或区别，就是"唯一"的意

义。因为"是"有唯一义或周遍义，因此，它肯定语气重语势高，才在肯定上发展出表达充分条件以及让步转折的虚拟义。观察：

(11) a. 是死则三个死。(《三刻拍案惊奇》)
b. 钱的事情硬是硬，其实也是软的。(乔叶《防盗窗》)

"是死"表示唯一的假设条件；"硬是硬"语势高，跟后续句是转折关系。正因为"是"具有的［排他］或［立界］，才可以构成区别性并列、立界性并列及不相容并列。例如：

(12) a. 你是你，我是我。
b. 大学生就是大学生。
c. 是去是留，你自己决定。

例(12) a 表示"你"与"我"绝不等同，意义是划界。例(12) b 表示"大学生"与其他人不同。例(12) c 是不相容的选择并列，"去"与"留"只能选择其一。

4. "是、在"是［排他］而"有"是［-排他］

"在"有非典型的排他性，在肯定动作或行为 VP 时，由于 VP 有时空延展性而呈现出非排他特征。因此，如"在吃饭"的动作量才是不定的多次量化。当肯定 eNP 时，如例(1) b 的"桌上"与"书"是有界的，因此它呈现出排他性。正因为如此，例(7) b 的"在"才能发展出表示"排除伊有来与无来"两种情况的"无条件"假设义。

"有"是［-排他］，因此表达的条件是"必要"的。例如：

(13) 有足够资金，公司能起死回生的。

"足够资金"是"公司能起死回生"的一个条件，丝毫没有排除其他"条件"的意思。那么该怎么解释例(14)呢？

(14) 虽然，有以国毙，不能从也。(《左传·宣公》)

按照马建忠（[1898] 1983：179—181），例（14）的"有"是"唯有"。"唯有"是表示排他性的唯一条件。其实，这是它重读加语境等外部条件表达的。

通过"有、在、是"虚拟肯定的意义不平行，可发现语义虚的状态肯定词，容易吸收语境义而出现意义衍生。相反，实动词即使在虚拟句也不会产生虚拟义。再如：

(15) 打了这种疫苗，一般终身不会感染乙肝的。

例（15）是虚拟句，但绝不会把"打"释为表达条件义。可见词义及其特征不仅是语法，而且也是其发展演变的可预测基础。

5. "有"是[-确定]与"是"是[确定]

不仅可解释二者表示必要与充分条件之因，还可说明二者指称或表量等的差异，如偏称"有的、有些"跟副词"有点、有些、有所"的不定量都是基于[-确定]。此外，还可经济地解释不同类型[有X]的意义共性。观察：

(16) 桌上有书　有水平　明星有灿　有望　吃了有三十个

不管例（16）是什么性质的结构体，语法义都是[-确定]，只不过显著性有异。下面再就"有"的[-确定]所指作一说明。再如：

(17) a. 桌上有书。vs. 桌上是书。
　　　b. 雅加达发大水，飞机不能飞……大水停了，飞机有飞了。vs. 飞机是能飞了。

例（17）a的"有"肯定的对象"书"是确定的，但指称量不确定。例（17）b的"有飞"表飞机具备起飞条件，是确定的。但"大水停了"仅是起飞的必要条件而非充分条件,即起飞还有赖于其他条件,因此"有飞"又是不确定的。而"是书"的"书"与"是能飞"的"能飞"的所指及其指称量都是确定的。

由于"在"有[确定],因此,其肯定近似"是"而与"有"存在距离。比较:

(18) a. 这话有理 vs. 在理 vs. 是理
　　 b. 丰收在望 vs. 丰收有望

"在理"与"是理"的真值基本等同,"话处在理中"当然是"是理"。"有理"表示"存在理","理"程度量不确定。同样,"丰收有望"还有"可能"意义,是不确定的,即表示"丰收"具有或然性;而"在望"表示"处在希望里",有确定性。

6. "在、是"能表因而"有"则不可

"在"与"是"的不同在于前者是定位/定向归因的,后者重在定性的。例如:

(19) 主要责任都在我们自己,不能推给外界。
(20) 我之所以要再三重复这个问题,是想引起大家注意。
(吕叔湘,1999:499)

例(19)的"在"是定位归因,换成"是"则重在溯因性属。同样,例(20)的"是"表示原因判断,若换成"在(于)",就是定位归因。

7. 信息功能有异

一是三者给语篇引入的话题的典型性有异,是"有 > 是 > 在"。"在"引入的话题是环境成分,"是"引入的话题通常没有"有"的语篇延伸力强。例如:

(21) a. 风景外有一群呆立的白马镇人$_j$,呆立的白马镇人$_j$只呆呆地想弄清一团疑问。

  b. 我住的地方就是一个大杂院$_j$。你是南方人，大概不明白什么叫大杂院$_j$。这$_j$就是说一家院子里，住上十几家人家，做什么的都有。

  c. 孙先生$_j$在晚年$_i$，e$_j$Ø$_i$一直苦恋着他的书籍，e$_j$Ø$_i$一直面壁哀叹，e$_j$Ø$_i$直到1987年临终的前一刻，他还在自己的手掌心上写着一个书字。

  与话题典型性相关的是，"有、是"引入的话题是内在核心信息，而"在"引入的话题是外在信息。二是话题链延伸力或语篇组织力有异，表现为"有＞在＞是"，具体见第八章第一节。三是话语/言语功能及标记形式有异。"在"的话语/言语功能及标记功能最弱，且形式仅表现为［在 NP 看来/而论］，如例（9）。而"是"相对最强，既可独立衔接话语，也可用"真是的"与"是了"等衔接话语，如例（22）的"是"与"问题是"。观察：

  （22）黛娜靠得罗开极紧："是，只要我们可以出去，一定可以派强大的海军来将这里的一切彻底破坏，问题是——"她讲到这里停了下来：问题是他们怎么出得去呢？这里一切全是那么不可测，又深在海底，他们怎么出得去呢？

  "有"有独立作应答辞的功能及"真有你的"形式，但前者还没有发展出标记功能，远不及"是"的话语标记方式、意义多样。

  四是焦点表达、信息结构及标记功能或意义有异。"有"是［－排他］，不能标记焦点，但可凸显焦点。例如：

  （23）这个"卓尔"，事事有在里面，亦如"一以贯之"相似。（《朱子语类》）

  "有"是凸显宾语"在里面"。同样，肯定社会认知平均值高的抽象名词、量成分等也是如此,如"有水平、明星有灿、吃了有三十个"等中的"水平""灿""三十个"都是凸显的。

"在"可作准焦点标记,如标记论元、谓词焦点。例如:

(24) a. 他在教室里。
     b. 他在睡觉。

例(24)a的"在"凸显的是处所判断义,b凸显的是体意义。并且,当焦点是复杂结构内的一个成分时,"在"是不能标记的。观察:

(25) 他在学两首外文歌。

显然"在"不能标记自然焦点"两首外文歌",只能标记"学"。可见"在"对"学"敏感,对"两首外文歌"不敏感,缺乏成为焦点标记的前提条件。同样,如果"两首"或"外文"是对比焦点,"在"更不能标记,表现在不能删除"学"。观察:

(25) a. 他在学。
     b. *他在那首外文歌。
     c. *他在那首。
     d. *他在外文歌。

"是"也是准标记,但比"在"灵活、自由、典型。当然它标记焦点的能力也有限,一是标记句焦点时有歧义,如"是他学那首外文歌"可解读为标记"他",也可解读标记这个句子的。二是焦点处在复杂结构之内时,虽然也可以用"是"标记,但不能直接标记,需用分裂式[是 X(的)]。若例(25)的焦点是"在学"、"那首"或"外文歌"的话,形式都可用"是在学那首外文歌",并且语境中也可以把非焦点成分删去。观察:

(25) 他在学那首外文歌。

　　→e. 他是在学。f. 他是那首外文歌。g. 他是那首。h. 他是外文歌。

当然，例（25）的 e—h 要依赖语境，没有语境可受性低。要想不依赖语境而在形式上做出明确标记，只能用分裂式。例如：

(25) 他学那首外文歌。

　　→i. 他学的是那首外文歌。j. 他学的是那首。k. 他学的是外文歌。

8. 语气表达及其衍生的意义有异

"是"发展为提顿语气词而"在、有"没有。这是基于其语气强、语势高及滞留的前谓语功能决定的。例如：

(26) 我肚子饿扁哒，回来看是，饭都冒得吃！（回来一看呀，还没有饭吃！）（湖南衡阳话）

普通话的"是"也有此功能，如例（22）的"问题是"的形成就跟"是"的提顿功能有关，解释见第七章第三节。

顺及指出，三者在句尾表达肯定语气时形式有异，多样性表现为"在＞是＞有"，"有"通常是单独表达式，"在、是"可独立表达，也可用构式表达。虽然"是、在"能用构式表达肯定语气，但前者在普通话与近代汉语形成助词"方是、便是"之后便结束了语法化，而后者的［在这里］还进一步语法化为语气词"哩""在"。与此相应，VP 前的［在这里］也语法化为主观动词及副词性代词"这里"。这是"是"不及的。

方言"是"作肯定句尾语气词，还可表达让步、假设等，这是"有、在"所不具有的。观察：

(27) 我弗去是。（吴语金华岩下话）
(28) 不是搭帮他是，我命都冇得哒。（湘语长沙）

例（27）的"是"表容让，例（28）表假设。"是"有这样的意义，归根到底是基于［排他］、［立界/示别］及语势高、语气强形成的。

9. 三者构式化能力不同

三者构式化能力表现为"是＞有＞在"。"是"活跃，可以跟名词、副词、动词、代词、连词等构式化为［X 是］。"有"也可跟动词、数量、名词、形容词、副词，构式化为［有 X］，"有、是"的作用基本是主观增量。"在"可与代词、动词、形容词构式化，构式化能力相对弱，功能是表示定位肯定。

10. "有"有发展出指称义的倾向，而动词"是、在"没有

(29) 有说是最严重暴乱，有说是新的革命。

例（29）的"有"显然不是表肯定的主观动词，因为含有"有人"之意。这意味着它可能是由"有人"缺省"人"形成的，也可能是"有……的"缺省"的"而来。不管哪种情况，它还是一个动词。基于这个值得注意的动向，我们把它列在表 10-2-2 里。

结　语

"有、在、是"共、历时都发展、衍生出多样的单位类别、性质及意义。三者为类的语义语法特征是共性的基础，个性主要是基元及其语义特征与语境互动形成的。

第十一章 "有""在""是"类型特征

第一节 "有"单位类别、性质及其意义的类型特征

在本书视野中尚未见到其他语言存在着类似"有""在""是"语义语法成类的现象。因此,考察三者类型特征没有对应的"类"对象。基于此,分别对三者作一简要有限的跨语言比较。

一 "有"的性质类型特征

(一)双重性

"有"是静态与动态的统一。状态性不仅是"存在"的体现,也是"领属"行为完成后的体现。

表 11-1-1　　　　"有"静态与动态特性的用例

静态	有虎？亡其鹿？（杨逢彬,2003 例）	柜子里有书
	予有乱臣十人（《尚书》）	三角龙有骨质盾
动态	为戎垒所有（《五灯会元》）	为国家所有,有过失误

印欧语 have 之类也有这样的二重性,因为它本身就是由"获得"类动词语法而来的,内部过程中具有起讫点。

(二)多样性与扩展性

多样性与扩展性指"有"语法类别及性质衍生力强及隶属的范畴

多样，出现了词缀、主观动词、语气助词、时体助词、连词、形容词等。英语 have 的性质多样性及扩展力不及"有"，如没有形容词、连词、语气助词或相应的用法等。当然英语"have"某性质或用法，是汉语"有"所不具有的，比如 have 可作使役动词。例如：

(1) We now have the problems solved.（我们现在已经把问题解决了）

"have"作使役动词，这是其基元【获取】决定的——它是由 get、obtain 等语法化而来，滞留了其中的 [致使]。

尽管汉英的"有"存在相同之处，但差异大。英语的"have"能作附缀，如例（2）中附在体词"he"之后的 s。汉语"有"没有这样的用法（姑且不考虑形式语法化或缩略）。例如：

(2) Newton has explained the movements of the moon from the attractions of the earth?（have 主观动词，表时体之外兼肯定事件之存在；牛顿解释了地球的引力引起月球运动）

Yes, he has/he's.（附缀's 是 have 第三人称单数的语法化式）

汉语"有"可作跨词法与句法的表达词缀，如"有请、有周、有忡"等之"有"。英语附缀"have"没有这种用法。

当然，"有"类别、性质的多样性是与印欧语类似"have"等有限宽泛比较而来的。若跨系属比较的语言多了，"多样性"的构成会变化的。如相对于英语，语助词是多样性表现之一。但相对于蒙古语，它则不是，因为蒙古语也有句尾助词 bɛɛn（有）。观察：

(3) onoodǒr d@laa-xā bɛɛn
    今天   暖   有（道布，1983：34）

总之，"有"类别与性质跟印欧语的 have 等比是多样的。不考虑形式，单就语义说是跟英语、蒙古语这两种语言"有"的基元及其特征不同相关的。"有"是【存在】，而"have"是【获得】。"有"大致相当于 have 与（there/here）be。如语篇功能"有"就跟例（4）的 there is 相当，引入的 lamp 是不定的，并且以之也可以形成话题链去组织语篇。观察：

(4) There is a lamp$_j$ in the room, it$_j$ is a bit dim. （屋里有盏灯，有点光线暗）[①]

（三）"有"的性质类型特征成因

汉语"有"是动态与静态的统一体，前者与印欧语 have 等一样，是其内在过程有起讫点，这一共性来自"获得"类动词。后者是它的基元体现，是静态的"存在"，这跟印欧语"have"等不同，是个性。在此特性上，它跟印欧语 be 有平行性。汉语"有"在多样分布中衍生出多样的性质、类别及意义。沈家煊（2017）指出"有、无"是汉语首要问题，它与"是"一起构成了汉语谓语的两大分野。它是表元肯定的关系词，肯定对象多样与开放，必然会跟肯定对象在语义语法互动中产生多样的意义，呈现出衍生或扩展强特征。"有"是个显赫的语义语法范畴。

二 "有"的意义类型特征
（一）情态类型、特征

"有"质肯定之时性质不匀质，原型肯定是客观的，如表 11-1-2 的Ⅰa、b。无之，句子有歧义或结构有变化，甚至可受性有问题，句子表达的是命题情态义。偏离原型的肯定是主观的，表达的是认识情态，如表 11-1-2 的Ⅰc 与Ⅱa、b、c。

[①] 例（1）、例（2）、例（4）以及后文的例（7）、例（11）引自薄冰（1998：258，497，259）。

表 11 -1 -2　　　　　"有"的质、量肯定与情态意义

	Ⅰ质肯定	Ⅱ量肯定
a	他有哥哥。　湖里有鱼。	丢了有一年了。（王朔《人莫予毒》）
b	出席会议的有 50 名代表。	他权力有多大！（莫言《倒立》）
c	他有把它放在片子里了。	花有红。（许宝华、宫田一郎，1999，周长楫，1998）

领属"有"语义上是主观的，但语法层面不显著，如表 11 -1 -2 的"他有哥哥"。语法层面的主观性表现在非原型，如表 11 -1 -2 的 Ⅱ a、b、c。

跨语言看"有"表领属是普遍的，表达命题情态也很普遍。例如：

(5)　ŋa¹⁴　　ça¹³²　　ɲuʔ⁵²　　JØ¹³²
　　　我　　（存在助词）　铅笔　　有（我有铅笔）

(6)　khoŋ⁵⁵　ça¹³²　　ɲuʔ⁵²　　tuʔ¹³²
　　　他　　（存在助词）　铅笔　　有（他有铅笔）

例（5）与例（6）都是藏语，引自孙宏开（2009：26）。JØ¹³² 是说话人亲眼所见，tuʔ¹³² 是说话人听说的，二者都表领属关系，表达的情态是命题性的。

汉语"有"有狭义量肯定功能而印欧语没有，如英语 have 仅有形式肯定量。例如：

(7)　a1. He has 6 feet（tall）　= a2. he is 6 feet（tall）
　　　b1. 他有六尺高 ≠ b2. 他是六尺高

例（7）a1 的语义是 a2，而 b1 不是 b2。据孙文访（2018）调查显示，"有"的狭义量肯定是汉藏语现象，如白语、彝语、苦聪语、瑶语、仫佬语等都有狭义的量肯定。该文同时指出南亚语系、南岛语系及部分印欧语也有类似于汉语存在义的"有"，并且也能表达命题情态。总之，跨语言看，不管"有"是表达领属还是存在，表达命题

情态是其共性。

汉语"有"还可表达证实/据实、认识、根情态等。证实情态介于命题与认识情态之间，形式是［_Q有没有X］或［_Q有X］及其［_A有］。其中，不仅［_Q有没有X］跨语言没见到，就连［_Q有X］及其［_A有］也没有普遍性。① 比如，英语作答句时 have 是黏附的，没有独立性，如将例（7）变为问句之后，答句是"he has（6 feet）"。

证实情态是给语篇引入话题并且贡献"据实"意义。用"有"表达这一意义的语言少，在我们的有限视野里，如汉藏内部仅见于仫佬语。例如：

(8) mε2 nə5 wa1 hγa: ŋ, əi2 ta3 tom5 kh γa: u5 pa: i1 ljeu6
　　 有   一   床 被子   我   打算   扔   去 了

（孙文访，2018）

其他语言多数通过 be 之类的存在动词表达的证实情态，如例（4）。其实严格地说，there be 与 have 也没有同一性。因为汉语"有"还能表达根、可能或评估等情态义。例如：

(9) 他有条件完成。
(10) 这杠法子有得出事啊。（这个办法可能出事）（上海话）

例（9）的"有"是表示物力上的"能够"或"条件"等根情态。例（10）的"有"表示推测，即可能性的评估。藏缅、印欧语等相关语言也有用"有"表达根情态语法意义的。

质肯定"有"还能表大多积极义或增量功能，印欧语等在本书有限的语料内及相关研究文献未见到这类现象。此外，汉语"有"还有一个特殊性，在"有的、有所"等中还表达不定指称及不定量。这也是其他语言鲜见的。

---

① 下标 Q 与 A 分别表示作为疑问词与答语的成分。

（二）虚拟语气义

汉语"有"还可以表达假设、条件等虚拟语气义。汉藏语系中的白语、苦聪语、仙岛语、壮语、侗语、仫佬语、布朗语；阿尔泰的日语；南岛语系的马来语及印欧语系的波斯语；等等，都未见到类似的用"有"之类的词语表达假设条件等虚拟义的。

（三）时体表达

汉语"有"可以表达完成、持续及惯常情状体。跨语言看这是普遍的，因为不管是什么语言的"有"，只要内在过程有起讫点就可表达这三种体意义。这无须举例。值得指出的是，英语 have 可以辅助表达完成进行体，可视为准进行体的表达手段。例如：

(11) Men have been digging salt out of it for 600 years, and yet there seems as much as left as ever.

结　语

汉语"有"的单位类别、性质扩展力强，衍生出主观动词、连词、不定代词、形容词、助词及词缀等。其他语言类似"有"的词语没有这样的衍生力。与此相应，汉语"有"也衍生出多项的意义或功能。跨语言看"有"表达命题情态普遍，至少在表达根情态、主观增量等情感认识义以及表达假设、条件等虚拟语气义等方面是其他语言的"有"所没有或少见的。

第二节　"在"单位类别、性质及其意义的类型特征

一　汉语"在"的单位类别及其性质的类型特征

（一）多样性与扩展性

共、历时发展变化中"在"的语法类别及性质不断衍生，出现了主观动词、不及物动词、介词、连词、语气助词及词缀等。连词、语气助词等是其他语言没有的。即使其他语言也有不及物"在"，但也

没有同一性。观察：

（1） Unicorns don't exist. （没有独角兽）

英语 exist 跟不及物"在"相似，但它有时体变化，可说成"existed"等。汉语"在"是状态动词，不能带时体助词（情感式"在着"除外）。

"在"的多样性与扩展性还体现为它作跨类词缀，如表 11 - 2 - 1 所示。

表 11 - 2 - 1　　闽语跨类词缀"在"的构词实例、性质及意义

词性	词语	意义	闽语
名词	在稳^1	成功的把握	福建厦门
动词	在破烂	自暴自弃	福建厦门
形容词	在稳^2	稳当，可靠	福建厦门
	在笃笃	安然自在若无其事	台湾
副词	在泼	肆意	福建厦门

表 11 - 2 - 1 引自许宝华、宫田一郎（1999：1775—1776）。"在"除在名词"在稳"及副词"在泼"之内是转指功能之外，其他的是自指的。总之，"在"是词缀或表达词缀，构词时跨了四类。在本书语料内这是其他语言对应成分所没有的。当然，从"在"作词内成分看似乎也有共性，如"在线"与"on line"，但英语 on 是介词而汉语"在"是动词。观察表 11 - 2 - 2：

表 11 - 2 - 2　　　　英语 in 作词内成分的构词及意义

	功能	意义	词例
in^1	与动词或名词构成动词	向内；在上	in-take；imprint
in^2	与名词结合构成动词	置于事物某状态或条件中；致使	imperil；inflame

表 11 - 2 - 2 引自《牛津高阶英汉双解词典》（2001：748）（下简称《牛津词典》）。其中 in 是副词，与"在"不同。从构式看，类似汉语［V在］的实例（坐在）英语也有，但英语能产性差，且语法功能、意义与汉语不同。例如：

（2）sit-in（群体活动）vs. sit　check-in（登记）vs. check

（二）分析性

从表达【处在】及其［定位］看，汉语"在"是分析性的（analytic），相对说，印欧语则是以异根互补（suppletion）方式表达这两个意义的，综合性显著。如英语等表达汉语及物"在"的形式是｛｛be, stand, lie, sit, exist...｝＋｛at, on, in...｝｝。例如：

（3）a. He is at home.（他在家）
　　　b. There was a child lying on the ground.（有个孩子躺在地上）
　　　c. Freon exists both in liquid and gaseous states.（氟利昂在液态与气态下存在）

日语"在"跟例（3）的英语"be at""lie on""exist in"大致相同，是以词根います［imasi］加向格助词に［ni］表达"在"的。例如：

（4）犬は木の下にいます。（狗在树下）

即日语います是不及物动词，缺乏［定位/定向］。阿尔泰语系维吾尔语、哈萨克语、蒙古语等与日语情况一致。

二　汉语"在"的意义类型特征

"在"的类别、性质多样。其中，"在"为主观动词、连词及语气词是汉语独有的，因此，考察它的意义类型、特征只有在动词或介词上才有可比性。

（一）命题情态

命题情态表达上，"在"意义或功能包括：ⅰ）介引或标记话题、焦点；ⅱ）表对待、归因等；ⅲ）表示动作行为起讫、范围、条件、朝向等。

介引/标记话题、焦点有一定普遍性，如例（5）的 in 的意义是"关于、至于"等，介引是话题 reading 与 arithmetic。

（5）He is behind the others in reading but a long way ahead ***in arithmetic***. （《牛津词典》，748）（阅读方面他落后于其他人；但算术方面，更有很大距离）

英语 in 也能表达归因肯定，并且似乎也可以看作一个焦点准标记。例如：

（6）Privatization is thought to be beneficial ***in that it promotes competition***. （《牛津词典》，748）（直译：私有化被认为是有益，由于能促进竞争）

例（6）的自然焦点是宾语"that it promotes competition"，in 似乎是焦点标记。但立足英语看，它就是介词，因为英语标记焦点用语法形式"it is/am/are/was/were that/who"或重音之类。即英语表达"在"的介词及动词都不能标记焦点。

标记话题上，汉语"在"有对待义，这是英语 in、on 等缺乏的。另外，in 表原因时通常跟的是小句宾语，如例（6）的 it promotes competition，而汉语"在"的对象开放。总之，用"空间"表达"原因"是普遍现象，这在 Heine 和 Kuteva（［2002］2007：200）已说明。

汉语"在"可引进动作行为的处所、时间、起讫点、条件等环境成分，英语 {at, in, on, from...} 同样如此，而日语、蒙古、维吾尔等语则用向格表示。总之，"在"义表达环境成分有普遍性，就汉语的"在"而言，能够涵括英语 {at, in, on, from...}。英语 on，也可以表范围、条件、原因、方向。例如：

（7）a. on the problem; b. on the condition of; c. to be arrested on a charge of theft; d. to march on the capital

同样，英语 at 也可表示行为方向（to shout at me）与终点（to arrive at Shanghai）等；in 也能表示范围（there is a boy in the crowd）、处所（to throw the pen in the fire）等。总之，英语"在"义介词，如 at、on 或 in 等与汉语比，都是个性大于共性。再如：

(8) 他跳在台上 = He jumped onto the stage ≠ He jumped on the stage ≠ He jumped to the stage

例（8）的"在"语义语法功能大致与英语"to + on"相当。英汉"在"的差异说到底是汉语"在"语义中没有处所成分，印欧语是有的。沈家煊（1984）认为汉语是[动词/介词＋名词＋处所词]，而英语等是[介词＋名词]。由此可见，汉语"在"表处所是综合式而英语却是分析式。

(二) 认识与情感

汉语"在"表达归因是主观认识义。例如：

(9) a. 相声创作无论成功与否，主要责任都在我们自己。
b. 儿孙之福不在爷，有也由天，无也由天。

英语 in、to、from 等也能表达归因，如例（6）的 in。再如 die from cancer 的 from。但汉语"在"表达认识上远比英语的范围广，如它能表示带有感情的评估义，如"建议很在理"。

(三) 时体

"在"表进行或持续普遍性强，如英语{at, on, in}，只是得通过跟系词 be 等配合使用。例如：

(10) a. He is at home.（他在家）
b. They are talking on for 2 hours without stopping.（他们

无休止的谈了两个小时）

  c. He is in a rage. （他在生气）（《牛津词典》，748）

例（10）a 与 c 是情状体持续，b 是视点进行。

根据 Heine 和 kuteva（2007：97—98），空间词语表达持续或进行是普遍现象，如非洲刚果诸语种也有这种现象。Godié 语的"**kù**"（be at）表达进行体。例如：

(11) a. ɔ   **kù**   sūkú.
    he   be: at   school. （he is at school. 他在学校）
   b. ɔ   **kù**   6jh dA.
    he   be: at   singing place. （he is singing. 他在唱）

Tyurama 语的 na（be at）表进行。例如：

(12) me   na   me   wu.
   1: SG   be: at   1: SG   eat （I am eating. 我在吃饭）

Maninka 与 Mande 语的 yé…lá 表进行或持续。例如：

(13) a. à   yé   bón   lá.
    He   be   house   at. （he is the house. 他在房子里）
   b. à   yé   nà   lá.
    he   PRO   coming   PRO. ［he is coming. 他在来的（路上）］

Lingala，Bantu 的 zala（be at）表示情状持续。例如：

(14) a. Kázi   a   zal   í   na   nadáko.

Kázi he be NPERF at house. (Kázi is at home. Kázi 在家)

  b. Kázi a zal í ko lía.
  Kázi he be NPERF INF eat. (kázi is eating. Kázi 在吃饭)

汉藏语的如 Burmese（Tibeto-burman，Sino-Tibetan）的 nei（be at）也是表持续或进行。例如：

（15）a. θu ʔeĩ nei te.
  3：SG house be：at part.（he is at home. 他在家）
  b. θu zəgâ pyô nei te.
  3：SG words speak be：at part （he is speaking. 他在说）

再如泰语（Thai）的 jùu（be at）也能表示持续与进行。观察：

（16）a. khun pʰɔɔ mâj jùu bâan.
  HON father neg be：at home（father is not at home. 父亲不在家）
  b. kʰǎw rian pʰasǎa ʔaŋrit jùu.
  3：SG study language English be：at（he is studying English. 他在学英语）

三 "在"的意义类型特征成因

汉语"在"的【处在】可用【存在】加［定位］定义。相应的，"处在"在印欧语、阿尔泰语等是用异根互补式表达的，分别如英语｛｛be｝+｛at/on/in...｝｝与日语｛います+向格助词に｝。其中，｛be｝与｛います｝表达"在"的【存在】，｛at/on/in...｝与｛に｝

表达［定位］。由此就解释了为何"在"衍生出的性质、类别及其意义多样，因为它可分别从【存在】与［定位］两个成分出发，跟语境其他成分互动而衍生扩展。比如［定位］可发展出相当于｛at/on/in…｝等介词，还可发展出定向的"to"等；由【存在】可发展出不及物"在"与语气助词，由【存在】与［定位］可发展出主观动词及体表达等。英语等表达"处在"采用综合性异根互补，表示【存在】用"be"，表示［定位］用"on/at/in"等，这两方面的性质、功能都明确，因此不会有"在"那样的多性质、多功能或意义的表现。

结　语

汉语的"在"类别、性质多样，是个多功能成分，其跨语言共性基本体现在介词上。它的意义多样复杂，共性体现在引进动作行为的环境成分及表达时体。它的范畴扩张能力强，是显赫范畴。相对于其他语言的相应或大致对应成分，汉语"在"在构词、句法、语义及语用同时起着作用。它形简义繁，可用分析式表达多样的意义，相对而言，印欧语等则采取综合式或异根互补式去表达相应的意义。

第三节　"是"单位类别、性质及其意义的类型特征

一　汉语"是"单位类别及其性质的类型特征
（一）多样性与扩展性[①]

一方面，系动词"是"衍生出句中、句尾语气助词、形容词以及表假设、容让等连接词，这是其他语言的系动词所没有的；另一方面，它还与代词、名词、副词、连词、动词等构式化或词汇化，进而衍生出词缀。这是英语系词 be 等所没有或所不及的。[②]

[①]　本节考察的是由系动词发展而来的"是"各种语义语法类。

[②]　这是与印欧语相比而来的。"在"义动词从现代维吾尔语看，性质多样性及扩展性不逊色汉语系词。参见方晓华（1995）。

（二）分布不同

印欧语 be 之类系词是强制的，无之，则句子不合法（ill-formed）。观察：

(1) a. Shelley was an atheist. （雪莱是无神论者）

b. That was what she did this morning on reaching the attic. （这是她早晨到阁楼做的事）

c. My idea is to go there right today. （我的意思是今天就去那儿）

d. The problem is finding the right house. （问题是找到称心的屋子）

e. It is not late. （时间是不迟）

例（1）be 的 was、is 两种形式体都是句法上必不可少的。① 相比较而言，有语境及停顿等提示下，汉语"是"可缺省，如例（1）译文里的"是"就可删去。观察：

(1) a1. 雪莱，无神论者。
b1. ?这，她早晨到阁楼做的事。
c1. 我的意思，今天就去那儿。
d1. ?问题，找到房子。
e1. 时间不迟。

英语的系词前通常不出现副词，比较例（1）a 与 d 的两种副词添加式：

(1) a2. ??Shelley indeed was an atheist.

---

① 例（1）、例（2）与下文的例（5）、例（6）引自薄冰（1998：166，257—258，277—278，90）。

a3. Shelley was an atheist indeed.
d2. ??The problem quickly is finding the right house.
d3. The problem is quickly finding the right house.

汉语"是"前面不仅可出现副词，并且副词还是它作为系动词成熟标志的一个重要因素，说明见第三章第二节。

英语 be 发展为助动词，与现在分词、过去分词构成进行体与被动语态，功能重在形式连接，或者说是作形式词。观察：

（2） a. Fear of crime *is* slowly *paralyzing* American society.（恐惧犯罪在慢慢的搞垮美国）

b. He *was loved* by millions and *hated* only by a handful.（他被千百万人爱戴而被小撮人憎恨）

例（2）a 的 is 与现在分词短语"*paralyzing* American society"合起来表达进行体；b 的 was 与过去分词短语"loved by millions"及"hated only by a handful"构成被动语态。汉语判断动词"是"，其功能更主要在表达上。

当然，英、汉系动词也有共性，如从句法生成看，都是提升动词（刘爱英、韩景泉，2004）。

二 "是"的意义类型特征
（一）情态义

"是"有［周延］及［排他］、［示别/立界］，语势语气强，是表达主观命题情态的语用成分。英语 be 功能主要是句法的，没有"是"的强语气、语势及判断性显著，表达的是客观命题情态。比较：

（3）桌上是电脑→ a. */?? 桌上是电脑，也是书。

（4）There are computers on the desk.（桌上是电脑）→a. There are computers on the desk, and books too.（桌上是电脑也是书）

例（3）不能变换为 a 式，解释说明见第三章第三节等；例（4）的 be 则不同于"是"，因为例（4）可说成相应的变换 a 式。

英语 be 以 [be to VP] 构式表计划、命令、可能、应该、注定以及想要等认识情态义。例如：

（5）a. We *were to* discuss it the following week. （我们计划下周讨论）

b. All junior officers *are to* report the colonel at once. （所有低级军官马上必须向上校汇报）

c. Her father *was* often *to be seen* in the bar of this hotel. （他父亲常可能在酒店的酒吧里见到）

d. What *is to be done*? （该做什么）

e. He did not know that he *was* never *to see* his native place again. （他并不知道他注定不会看到他的故土了）

f. If we *are to* succeed, we must redouble our efforts. （如果我们要想成功，就必须加倍努力）

例（5）的 [be to VP] 的意义是汉语系动词"是"所没有的。当然，"是"也有 be 所没有的意义，如吴语苍南金乡话中它可表达"正恰"的情感义，如"人生得白白是壮壮是"。

信息功能不同。印欧语引入话题用 there be，它与"有"相当而非"是"。在命题情态表达上"是"的信息功能，只在标记焦点上与 be 有共性，但"是"不是专职焦点标记，如它标记句焦点有歧，标记述语、宾语、定语等窄焦点即使用分裂式 [是 X（的）] 也是受限的，通常只以宽域的方式标记。英语 be 标记方式是用 [it be + X + that/who]。观察：

（6）John wore his best suit to the dance last night. （直译：约翰穿了最好的衣服参加舞会昨晚）

a. It was *John* who wore his best suit to the dance last night. [是约翰穿了最好的衣服参加舞会昨晚。"John"（约翰

是焦点）]

　　　　b. It was ***his best suit*** (that) John wore to the dance last night. [约翰穿的是最好的衣服参加晚会舞会。"***his best suit***"（他最好的衣服是焦点）]

　　　　c. It was ***last night*** (that) John wore his best suit to the dance. [是昨晚，约翰穿了最好的衣服参加舞会。"***last night***"（昨晚是焦点）]

　　　　d. It was ***to the dance*** (that) John wore his best suit last night. [是去参加舞会，约翰穿了最好的衣服昨晚。"***to the dance***"（去参加舞会是焦点）]

从例（6）a–d看，[it be + X + that/who] 标记窄焦点能力远超过"是"。它也能明确地标记焦点句，如例（7）的 [it was + that] 标记的焦点是原因从句 "*because I wanted to buy a dictionary*"。观察：

（7）It was ***because I wanted to buy a dictionary*** that I went to town yesterday.（是因为我想买字典，昨天才进城的）

但 be 不能标记谓语焦点，这不及汉语"是"，如例（7）a 是不可受的句子。观察：

（7）a. *It was ***wore***_j (that) John Ø_j his best suit to the dance last night.

"是"标记焦点与 [it be + X + that/who] 有异。一是"是"为系动词，而非专职标记，be 是专职形式且以"句"标记的。二是自由度不同，"是"受限而 be 相对自由。与此相关，解读也有异，"是"在标记句焦点与话题/主语上有歧，标记复杂谓语焦点也是如此，英语则明确单一。三是标记效应不同，"是"标记焦点还伴有构式化，如与人称代词等构式化，后者此效应不明显。

（二）语气

"是"语势高肯定语气强，在非现实肯定中还能表达假设、条件、容让等虚拟语气意义。另外，它还衍生出语气助词，在句尾表假设或肯定的语气词，而在句中作提顿之用。"是"的这些意义或功能显然是"be"所没有的。

（三）时体

"是"与印欧语 be 都可表达持续，这是共性。但共性有限，be 是形式词，当表示进行/持续体的时候，如例（2）所示，它仅是"助"动的，并且是视点体，与"是"所表达的持续情状体还是有异的。即 be 与"是"表体的共性在惯常体之上。

三 "是"单位类别、性质及其意义的类型特征成因

汉语"是"与印欧语 be 等的不同从结构主义看，是两种语言系统价值不同的体现，实则跟二者的基元及特征有关。据王文斌、何清强（2014），印欧 be 类系词源自 bheue、es、wes、er 等行为或动作词，下面引述并以表 11-3-1 至表 11-3-4 呈现如下。观察：

表 11-3-1　　　　bheue 在英语等印欧语衍生情况

	英语	德语	古教会斯拉夫	爱尔兰	俄语
古代	beon, beom, bion	bim	byti	bi'u	byt
现代	Be, been	bin（1p）和 bist（2p）	—	—	—

表 11-3-1 中 1p 与 2p 分别表示第一、二人称现在时。bheue 来自梵语 bhavah 和 behavati，基元义为 be（是）、exist（存在）、grow（生长）、come into being（产生）等，意义为 become（变成）或 happen（发生）等。

表 11-3-2　　　　es 在英语等印欧语衍生情况

	英语	德语	挪威	梵语	希腊	拉丁语
古代	is 与 am	ist	es 与 er	asti	einai 与 esti	est
现代	is 与 am	ist	—	—	—	—

词根 es 基元为"依靠自身力量运动、生活和存在"，有"显现、

呈现、存在"等义。

表 11-3-3　　　　wes 在英语等印欧语衍生情况

	英语	德语	挪威
古代	wesan	wesen	vesa
现代	was 与 were	—	—

wes 基元义为 remain（保持）、abide（停留）、dwell（居住）。与梵语 vasati 同源，vasati 语义为 dwell（居住）、stay（停留）。

表 11-3-4　　　　er 在英语等印欧语衍生情况

	英语	冰岛	挪威	丹麦	瑞典
古代	—	—	em, ert, er, erum, erue, eru	—	—
现代	are	er, ert, erum, eru	—	er	ar, aro, aren

表 11-3-4 的 er 基元义为 move（移动）类动词。王文斌和何清强（2014）、张和友与邓思颖（2011）认为，印欧语 be 类系词源自行为/动作、状态动词，并承继它们的时间性基因。正因为如此，它才有动词的各种形态变化。时间性指动作/行为动词的认知属性是一维时间，而其"基因"就是基元。王文斌、何清强（2014）认为，"是"与"be"是时间与空间的不同，有道理。因为前者基元取"日"为"正"之象，凸显的是事物。事物与动作行为，认知属性是空间与时间。但我们认为把"是"与"be"归结为时空不同，是表象，究竟地说是"心理认识"与"物质存在方式"的不同。"是"是主观心理意识，因此，其性质、类别及意义才在语法活动中会显得虚灵多样；be 来自客观动作、行为或状态，才表现出与动词平行的形态特征。

结　语

系动词"是"衍生出了多样的单位类别、性质及意义，范畴扩展力强，是显赫范畴。它滞留了基元的空间性，印欧系词 be 继承了动词的时间特征。"是"与 be 的不同，在现象上可描述为语言有异，具体则是基元及特征不同：前者是主观意识，后者是客观现象。从共性与个性结合看，"是"是语用判断动词而 be 是句法系词。

结　论

一　"有""在""是"的基元、特征及其语言学价值

"有"的基元是【存在】，基本特征是［-确定］［-排他］。"在"基元是【处在】，基本特征是［定位］［±排他］。"是"基元是【正恰】，基本特征是［主观认同］［周遍］［排他］。

从三者为类的视角及其语义基元、特征出发，可挖掘并经济直观解释诸多类现象，避免不必的迂回及高成本描写或解释。如三者在构式化为主谓词语的不平行；发展为句尾肯定语气词的平行性，并且句尾的语法表现跟在谓语之前有平行性。再如，为何指示代词"是"适合忆指与承指，可以系词化而"此"等不可；为何"是"有提顿之用而"有、在"没有等。再如，"问题是"为何词汇性高于"问题在于"；"问题是""有的是"为何跟"头痛"等主谓词的词汇性不同。

语义是语法，基元更是语法。它不仅是"有、在"聚合为类的基础，也是"有、在、是"发展变化的制约因素，它在不同层级或明或暗或强或弱地起着后拉作用。三者之所以能发展出虚灵多样的意义或功能，一个重要的途径就是，基元及特征虚而吸收构式义或被构式强迫搭顺车朝前走的结果。"有、在、是"在句子各层面同时作用而并存的意义之所以有强弱或显隐表现，还是其基元或特征作用的结果。换言之，用基元及其特征可以把不同层面并存的意义或功能沟通起来。同样，三者类型特征等也可归结为基元及特征差异。

立足类视角与基元等，还可以挖掘并解释一些相关类现象。如

"在、就"为何都可以标记话题且有相似的形式,为何二者标记的话题句有书面语风格,它与"是"标记话题在现代汉语中究竟有何不同,为何会这样等,也可以从基元及特征得到便捷经济说明。基于本书以及自然语言处理中用基元作初始成分的词汇语义资源建设等实践看,用基元及其特征作语法分析的一个切入点至少是种经济可靠可适的尝试,也应是语义语法得以发展的方向之一。

二 "有""在""是"的类关系、特征

(一) 三者的类基础与关系

"有、在、是"为状态动词,"有"与"在"分别是【存在】首要与次要表达式,二者为类。"是"是【正恰】,它以"有、在"的肯定对象(即存在事物、事件)为前提,其间内在关系的认知理据是"存在先于本质"。"是"不必跟"有"挂钩,是从"是非"与"存在不存在"两个语义范畴关系而言的。语法表达上二者必须挂钩。下面把三者关系简要表现为表1。

表1　　　　　　　　"有、在、是"的类关系

	【存在】	主观	客观	原型肯定			
				事物	事件	时空	性状
有	+	−	+	+			
在	+	−	+	+		+	
是	−	+	−	+	+	+	+

"在"是【处在】,原型肯定对象是时空,时空也有事物性,因此,"在"也可肯定事物。"有"的基元是【存在】而非"领属",后者是前者的经验或文化构型。"领属"不仅有"获得"动词这一来源,"存在"更是一个重要的基本来源。"是"为【正恰】。语义语法上"有、在、是"是状态动词,又都是肯定"存在"范畴的。在原型肯定上三者形成了主、客两个子系统:"有、在"是客观肯定存在的,"是"是对"有、在"的主观再肯定。例如:

(1) 桌上有书。　书在桌上。　桌上是书。

"是"是对"有、在"肯定对象的主观再肯定。因此，它在句法上可以肯定"有、在"而不是相反。例如：

(1) a. 桌上是有书。
　　　书是在桌上。
　　　*桌上有是书。
　　　*书在是桌上。

总之，"有、在"与"是"把存在范畴的肯定次范畴化为客观/真值与主观/语用两个范畴。

虽然"有、在、是"是状态关系词，但"有"有动态性，这是源自"获得"类动词的内在过程中的起讫点。它是逻辑学的不定量词，特征是[-确定]。[-确定]指肯定对象确定而指称量及属性不确定，因此，它又是[-排他]的。"是"是全称量词，语义基本特征是[周遍]，由此可衍生出[排他][确定][示别/立界]。"在"的语义特征是[定位]，且有一定的[排他]。"一定"指肯定延展性的VP之时，[排他]消弱或消失。

（二）单位类别、性质及意义的类关系与表现

三者在情态、时体、语气、信息表达中，平行衍生出了主观动词、语气词及词缀。它们的意义类之间的关系大而言之有九。

1. 语义语法相通

表现有三：一是作句尾语气助词，表达肯定语气与持续体；二是在谓语前作主观动词，表达认识情态与情状持续；三是除"有"不能肯定方所外，① 都可以偏离原型而形成互通的肯定。互通的肯定是标记用法，都有额外义，额外义至少带有各自的基元或其特征。例如：

(2) a. 有商言商，有官言官。
　　　b. 在商言商，在官言官。

---

① 对举性的"有前有后"等除外，因为"前""后"都已呈事物性。

c. 是商言商，是官言官。

例（2）a的"有"换成"在"与"是"后，"商""官"由所指肯定变为重在表达处所、性属肯定。

2. 次范畴化"存在"

"存在"是一个语义语法范畴。从用动词表达该范畴看，先秦形成了"有、在"与"零动词"表达的三分格局，如表2所示。

表2　　　　　　　先秦动词表达"存在"的格局

形式		肯定/判断			例句
		所指	处所	类属	
标记	NP$_1$有NP$_2$	+			有天地，然后有万物。（《周易》）
	NP$_1$在NP$_2$		+		先辂在左塾之前。（《今文尚书》）
	NP$_1$ØNP$_2$			+	夫鲁，齐晋之唇。（《左传·哀公》）

先秦类属判断的方式多样，是［NP1（者），（即/乃……）NP2（也）］。为简化分析及说明动词三分表达"存在"范畴的形式，表2用［NP$_1$ØNP$_2$］为代表。

系动词"是"产生后，汉语大而言之形成了"有""在""是"三分肯定的格局。即肯定范畴次范畴化为所指、方所及性属。小而言之，三者又平行地把所指、方所及性属肯定次化为有标式与无标式，有标与无标是直陈/呈现与强调之异。例如：

（1）b. 桌上，书。vs. 桌上有书。
　　　桌上，书。vs. 桌上是书。
　　　书，桌上呢。vs. 书在桌上呢。

"有、在、是"在次范畴化"存在"之时，有三个语法效应。一是形成强、弱式。从词类看，被次范畴化的有名词、动词、形容词、副词、连词及有连接功能的词语等。比较：

（3）a. 认为是 vs. 认为

　　　　b. 真是 vs. 真

　　　　c. 在稳 vs. 稳

　(4) a. ［又是p，又是q］vs.［又p，又q］

　　　　b. ［首先是p，其次是q］vs.［首先p，其次q］

　　　　c. ［是p，便是q］vs.［p，便q］

　　例（3）与例（4）有"是"肯定的是强式，无"是"肯定的是弱式。"强弱"包括语义轻重，如例（3）a；也包括语气的强弱，如例（4）c；还包括感情的浓淡，如例（4）a；等等。有的强式分布自由，可前可后，如［VP［在这里］］句与［［在这里］VP］相对于VP句而言，都是强式的肯定句。

　　二是同一语义范畴的表达形成两种表达式，如例（5）的"条件性选择"分别用的是综合式a与分析式b表达的。例如：

　(5) a. 是男是女，总得生一个。

　　　 b. 男#女，总得生一个。（#表示停顿）

　　三是跟它们发生词汇性构式化的词语，可形成语体或风格的差异。例如：

　(6) a. 有周/请/利/忡/碍 vs. 周/请/利/忡/碍

　　　 b. 虽然 vs. 虽然是

　　　 c. 在逃罪犯 vs. 正在逃亡的罪犯

　　例（6）每组词语里左边的是书面体的或倾向书面语，而右边的则倾向于口语体或通用体。当然，书面体相对于口语体或通用体，也是表达上的轻重之异。

　　3. 信息功能

　　三者都可以给语篇引入话题，并形成话题链组织语篇。三者都可以表达焦点，不过"是、在"可标记焦点，而"有"不能标记焦点，但可以凸显焦点。

4. 平行构式化

三者原型构式拓展之后都有构式化，前者如疑问征询式［有没有/是不是VP］；后者如［有/是/在N］［X是］［有/是/在V］［在X上/下］等。并且，有些构式的实例还词汇化了，如"问题是"与"有的是"等。

5. 分析式与综合式并行使用

这包括三方面。一是指三者构式化之后的语法效应，如现代汉语中的［V有］［V在］［V是］并行使用。只不过［V有］、［V在］与［V是］的意义类不同，并且［V是］的次类的意义也不同。观察：

(7) a. 配有空调。
　　b. 安在墙上。
　　c. 戴是眼镜找眼镜（上海话）　据说是他去了三次。

二是指三者能表达与之相关的综合式意义。例如：

(8) a. 是不是姑娘现在为此事发愁？这事儿有解。（电视剧《铁齿铜牙纪晓岚》，第四部第8集）
　　b. 谋事是人，成事在天。
　　c. "三十而立"（x），是［（y）心自定了，事物不能动摇，然犹是守住］。（《朱子语类》）

例（8）a的"有解"是分析式，可表达"存在解决的办法""可能解决""能够解决"之类综合式意义。例（8）b的分析式"在天"也可以表达综合式"处在天""由天"的意义。同样，例（8）c的"是"为分析式，可以表达定位归因及定性表示结果。

三是三者的分析式与综合式在并行中，究竟使用哪一个是取决于表达之需的：正式规范语体倾向用综合式，反之，则多用分析式。

例如：

　　(9) a. 不用细算，你们也知道有三十三年了。(马原《冈底斯的诱惑》)
　　　　b. 无论是在城市还是农村，谁还记得起真正的战争是什么样，至多有那么几个老人。(BCC 语料库)

例(9)a 是自由体，"有三十三年"是分析式。而例(9)b 是政论性，"至多有那么几个老人"是综合式。

6. 同时作用于句子的不同层级

三者往往同时作用于句子的句法、语义与语用层面，如［在这里］在 VP 前作状语，又表持续或进行，同时有警示等语用义。同时，在语篇中还有衔接、连贯的语篇作用。

7. 性质、意义平行衍生

三者在共、历时发展中平行多向的衍生出主观动词、语气词及词缀等。并且它们的意义也平行，如主观动词表认识情态，语气词均表肯定语气，词缀有增量功能（包括语体量）等。此外，还都可用肯定语气表达假设及条件等意义。

8. 分布灵活

"有、在、是"可灵活在谓语动词之前或之后隐现。这不仅是个句法语义的问题，更是一个跟情态表达、语气、时体及信息功能等相关的语用问题。

9. 都是有惰性的显赫范畴

三者的意义衍生力强，能表达命题、认识情态，时体，还能表达现实与非现实语气；不仅都能表达概念功能、还能表达人际与篇章功能。但相对来说，它们的性质衍生却有惰性，如"有、是"虽衍生出连接功能，却始终没发展为连词。

上述九方面的共性显示，"有、在、是"语义语法相通成类，简要表示为图 1。

```
set₁   {有      在      是}
```

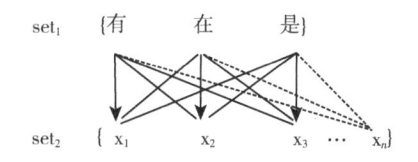

```
set₂   { x₁     x₂     x₃  ⋯ xₙ}
```

图1 "有、在、是"语义语法类表现

图1的实箭头表示 set₁ 的成员和 set₂ 的成员是原型肯定关系，$X_{1,2,3}$ 是 NP。实线段连接的 set₁ 与 set₂，表示其间成员是偏离原型的肯定关系。虚线连接的 set₁ 与 xₙ 是肯定关系，此时 xₙ 是谓词性的；或是其他句段关系，如紧邻、篇章成分与句法成分的关系等。概言之，set₁ 与 set₂ 之间有着系统的潜势关系：若 set₁ 的某成员与 set₂ 的某成员具有或发生某种关系，那么，其他成员也会出现相似或相通或相同结果，包括传统所说的构词、造句。

（三）"有""在""是"的个性与表现

三者发展变化中也有诸多的个性或不平行，大而言之有五。

1. 基元及其语义特征有异。这是它们个性形成的根本所在。

2. 原型肯定对象有异。三者原型肯定分别是所指、处所及性属。即使它们偏离原型肯定，仍带有各自基元的特征。如例（8）c 的"是"肯定事件 y 已呈现出性属特征，换成"在"，y 转喻处所；换成"有"，y 转指为事物或现象。

3. 衍生的单位类别、性质及其典型性有异。三者衍生出的性质类由多到少表现为"是＞有＞在"，衍生出的单位包括词与词缀两级。其具体表现有五。

ⅰ. 词缀典型性为"是＜在＜有"。这可能跟三者出现的或形成的早晚有关，如"有周"早于"是谁"，使用率与历时磨损上词缀"有"比词缀"是"自然高且严重，作为词缀前者因此典型。也跟词义虚实有关，"在"的语义实，"在稳、在冬"中词缀"在"不及词缀"有"典型。还与三者构式化对象面的宽窄及对象的语法类多少有关，如"是"可跟动词（认为是）、副词（本是）、介词（除是）、连词（但是）、名词（是月）、代词（是谁）、助词（是揸）构式化为词语，面宽且对象基本开放，因此，其作词缀是不及"有、在"典型，更似附缀。

ⅱ. 主观性强弱为"在＜有＜是"。这是由三者基元特征、语义功能、与肯定对象互动及句位发布等决定的。与此相关，副词性由弱到强呈现出"有＜是＜在"。

ⅲ. 句尾语气词的典型性是"有＜是＜在"。"是"还在方言发展出句中语气词，普通话虽没发展为语气词，但也发展出提顿功能。

ⅳ. 三者及其构式的指代功能有异。动词"有"有指代功能，即向代词发展迹象。例如：

（10）讨论结果是，有说可行，也有说不可行。

"有"的指代性构式还发展为副词，如偏称代词"有些"就发展为不定副词。不管"有"肯定对象为何，都能表达部分量或不定量。"是"（不包括指示代词）与"在"及其构式都没指代功能。

ⅴ."有、是"发展出形容词而"在"没有。"有"发展出了连接功能甚至连词用法，"是"有这样的功能，但至少在普通话中没有发展为连词，仍是动词。方言"在"也有连接性功能，也发展出连词用法，见第七章第二节。

4. 意义衍生力及类型有异

三者意义衍生力跟其性质平行，是"是＞有＞在"。就某个意义表达及特征而言，差异有七。

ⅰ. 基本语义语法特征有异。一是有无［排他］之异："有"没有；"在、是"有，但典型性有异，表现为"是＞在"。二是有无［确定］之异："是"是［确定］，"有"是［－确定］，而"在"有［确定］，但不明显且是有条件的。

ⅱ. 肯定力有异。强度是"是＞在＞有"，这是由［排他/确定］强弱或有无决定的。肯定力还包括肯定对象的广狭，表现为"是＞有＞在"。"是"既可以肯定"有、在"的肯定对象，还可肯定二者不能肯定的对象，是开放的，而"有、在"的肯定有选择性。三者肯定的开放性与选择性的对立,是由其基元及其特征决定的。

ⅲ. 情态、时体、语气表达有异。三者表达认识情态的显著性有异,体现为"是>有>在"。即使三者作词素或词缀,仍是如此。例如:

(11) a. 是理 有理 在理
     b. 是谁 有周 在冬

三者的情态义多少有异,是"有>是>在"。时体义的多少有异,是"有>在>是"。三者［排他］［确定］形成的肯定语气强弱及语势高低有异,是"是>在>有"。由虚拟语气表达衍生来的连接义也有多少之异,体现为"是>在>有"。

ⅳ. 信息功能有异。"有"的信息功能是内在核心的,话题链延伸力强。"是"的信息功能也是内在核心的,但话题链延伸能力有限。"在"信息功能是次要外在的,但话题链延伸力强。

标记话题与焦点能力是"是>在>有"。"有"不能标记话题与焦点,但可为语篇引入话题与凸显焦点。"是"是准标记焦点,通常标记的是宽域焦点,即使用分裂式［是X的］标记焦点,也有宽域性。"在"有一定的标记焦点能力,但限于谓词与名词宾语焦点,并且也是隐性的。标记话语/言语与连接功能(包括以构式方式)有异,表现为"是>有>在"。

三者同时具有情态、时体、语气及信息表达功能,只不过在某一层面及级上有强弱、隐显等表现。

ⅴ. 平行的意义有小异。如表因,"在"是归因的而"是"为属性追溯。表条件上"有"与"是、在"分别是必要的与非必要的。表达非必要条件,"是"是充分性、周遍性及唯一性的,而"在"则有管控意味,管控还是来自［定位］。"有、在、是"虽都有连接功能,但"有、在"发展出连词,"是"却是动词。另外,意义小类的多寡也有异:"有"只能表达假设与条件义,而"是"除表达假设与条件义,还可以表达容让、因果等。至于"在",表达的是无条件的条件等。

ⅵ. 次范畴化能力有异，是"是＞有＞在"。如近代汉语疑问范畴表达顺次发展出选择问［是 p，还是 q］、求证问［有没有/是不是 VP］等，使疑问表达次范畴化了，"在"则没有这方面功能。三者的构式化能力有异，总体基本表现为"是＞有＞在"，如"是"可与名词、代词、动词、介词、连词、助词等构式化，"有、在"的能力没这样广与强。当然具体到与某类词语的构式化，可能不完全遵循"是＞有＞在"，如与名词构式化就是"有＞在＞是"。

ⅶ. 意义的衍生方向有差异。"有、在"意义衍生是单向的，"是"有反单向性，并且系动词功能还与指示代词"是"有平行性，如表因及标记话题等。

5. 系统作用力有异。系动词"是"的出现是汉语句法大事。不仅使先秦并行的 OV 与 VO 语序整齐划一为 VO，也使先秦之后话题标记、焦点结构表达变为以之为主导的格局。受其排挤，"有"的信息凸显功能及"在"的话题标记功能都不同程度被抑制。

（四）类型特征

"有、在、是"这样的语义语法类从跨语言看，少见。如英语 be、exist、have 虽语义成类，但语法上却没有类表现。单独看"有""在""是"的跨语言共性，仅在于特定意义衍生方向等相类，如"有"表达领属、时体等与英语 have 有共性。若从性质及意义的衍生看，共性少。这跟二者所在的系统不同而具有不同的构式有关，按照 Croft（2001：19），语法范畴是根据构式被定义为特定语言的；也跟其基元及特征不同相关，have 来自"拥有"动词，汉语领属"有"不仅有此来源，更主要的是来自"存在"实例的经验或文化构型。系动词"是"来自重指示代词"是"，且经历了去语法化而词汇化为判断动词的过程，自然与英语 be 语法化自动作、行为动词等不同。同样，"在"与英语的"be on/at/in"等也不同，前者的语义在后者里是用异根互补的综合式表达的。要之，三者跨语言类型普遍性是"有＞是＞在"。

参考文献

一 著作

白宛如编纂：《现代汉语方言大词典·分卷：广州方言词典》，江苏教育出版社1998年版。

北京大学中文系1955、1957级语言班编：《现代汉语虚词例释》，商务印书馆1982年版。

薄冰编著：《英语语法》，开明出版社1998年版。

[美]伯纳德·科姆里：《语言共性和语言类型》，沈家煊译，华夏出版社1989年版。

蔡国璐编纂：《现代汉语方言大词典·分卷：丹阳方言词典》，江苏教育出版社1995年版。

曹逢甫：《汉语的句子与子句结构》，王静译，北京语言大学出版社2005年版。

陈昌来：《介词与介引功能》，安徽教育出版社2002年版。

陈泽平：《福州方言研究》，福建人民出版社1998年版。

[英]戴维·克里斯特尔：《现代语言学词典》，沈家煊译，商务印书馆2002年版。

道布编著：《蒙古语简志》，民族出版社1983年版。

董秀芳：《汉语的词库与词法》，北京大学出版社2005年版。

段玉裁注：《说文解字注》，上海古籍出版社1988年版。

高克勤、张汉英主编：《日本语》，武汉大学出版社2003年版。

高名凯：《汉语语法论》，商务印书馆1986年版。
桂诗春编著：《实验心理语言学纲要》，湖南教育出社1991年版。
郭锡良等编著：《古代汉语》（修订本上），天津教育出版社1998年版。
何自然编著：《语用学概论》，湖南教育出版社1988年版。
胡壮麟、朱永生、张德录编著：《系统功能语法概论》，湖南教育出版社1989年版。
黄伯荣主编：《汉语方言语法类编》，青岛出版社1996年版。
黄伯荣、廖序东主编：《现代汉语》（增订六版）下册，高等教育出版社2017年版。
黄国文编著：《语篇分析概要》，湖南教育出版社1988年版。
黄曾阳：《HNC（概念层次网络）理论——计算机理解语言研究的新思路》，清华大学出版社1998年版。
［英］霍恩比：《牛津高阶英汉双解词典》（第四版），李北达译，商务印书馆、牛津大学出版社1997年版。
江蓝生、曹广顺编著：《唐五代语言词典》，上海教育出版社1997年版。
蒋绍愚、曹广顺主编：《近代汉语语法史研究综述》，商务印书馆2005年版。
靳光瑾：《现代汉语动词语义计算理论》，北京大学出版社2001年版。
康殷释辑：《文字源流浅说》，荣宝斋1979年版。
孔令达等：《汉族儿童实词习得研究》，安徽大学出版社2004年版。
黎锦熙：《新著国语文法》，湖南教育出版社2007年版。
李荣：《现代汉语方言大辞典》，江苏教育出版社1998年版。
李如龙、梁玉璋编撰：《福州方言志》，海风出版社2001年版。
李英哲：《汉语历时共时语法论集》，北京语言文化大学出版社2001年版。
李宇明：《汉语量范畴研究》，华中师范大学出版社2000年版。
刘丹青：《语序类型学与介词理论》，商务印书馆2003年版。
刘坚、江蓝生等：《近代汉语虚词研究》，语文出版社1992年版。
吕叔湘：《汉语语法论文集》（增订版），商务印书馆1984年版。
吕叔湘：《吕叔湘文集》第一卷，商务印书馆1990年版。

吕叔湘：《中国文法要略》，商务印书1956年版。

吕叔湘主编：《现代汉语八百词》（增订本），商务印书馆1999年版。

吕叔湘著，江蓝生补：《近代汉语指代词》，学林出版社1985年版。

卢烈红：《训诂与语法丛谈》，湖北人民出版社2005年版。

［德］马丁·海德格尔：《存在与时间》（修订译本），陈嘉映等译，生活·读书·新知三联书店2006年版。

马建忠：《马氏文通》，商务印书馆1983年版。

梅广：《上古汉语语法纲要》，上海教育出版社2018年版。

屈承熹：《汉语篇章语法》，潘文国等译，北京语言大学出版社2006年版。

邵敬敏：《现代汉语疑问句研究》（增订本），商务印书馆2014年版。

《十三经（全二册）》，上海书店出版社1997年版。

石毓智：《语法的认知语义基础》，江西教育出版社2000年版。

孙宏开主编：《中国少数民族简志丛书》（修订本·卷陆），民族出版社2009年版。

汤廷池：《汉语词法句法续集》，台湾学生书局1989年版。

唐为群：《"原来""从来""连连"三组时间副词研究》，武汉大学出版社2010年版。

王红斌：《现代汉语的事件句与非事件句》，光明日报出版社2009年版。

王力：《汉语史稿》，中华书局1980年版。

王力：《汉语语法史》，商务印书馆1989年版。

王力主编：《古代汉语》（校订重排本），中华书局1999年版。

吴福祥主编：《近代汉语语法》，中国社会科学出版社2015年版。

吴为善：《汉语韵律框架及其词语整合效应》，学林出版社2011年版。

向熹编著：《简明汉语史》（下编），高等教育出版社1993年版。

萧国政：《汉语语法研究论》，华中师范大学出版社2001年版。

萧国政编：《邢福义选集》，东北师范大学出版社2001年版。

邢福义：《汉语语法学》，东北师范大学出版社1996年版。

邢福义：《汉语复句研究》，商务印书馆2001年版。

徐烈炯、刘丹青：《话题的结构与功能》（增订本），上海教育出版社2007

年版。

徐烈炯、潘海华主编：《焦点结构和意义的研究》，外语教学与研究出版社 2005 年版。

许宝华、宫田一郎主编：《汉语方言大词典》，中华书局 1999 年版。

杨伯峻、何乐士：《古汉语语法及其发展》（修订本），语文出版社 2001 年版。

杨逢彬：《殷墟甲骨刻辞词类研究》，花城出版社 2003 年版。

杨树达：《词诠》，上海古籍出版社 2006 年版。

俞光中、[日] 植田均：《近代汉语语法研究》，学林出版社 1999 年版。

张伯江、方梅：《汉语功能语法研究》，江西教育出版社 1996 年版。

张军：《汉藏语系语言判断句研究》，中央民族大学出版社 2005 年版。

张玉金：《甲骨文语法》，学林出版社 2001 年版。

赵元任：《汉语口语语法》，商务印书馆 1979 年版。

中国社会科学院语言研究所词典编辑室编：《现代汉语词典》（第 5 版），商务印书馆 2005 年版。

周长楫编纂：《现代汉语方言大词典·分卷：厦门方言词典》，江苏教育出版社 1998 年版。

朱德熙：《语法讲义》，商务印书馆 1982 年版。

Austin, John, L., *How to Do Things with Words*, Oxford: Oxford University Press, 1962.

Bates, E., Inge Bretherton and Lynn Lynder, *From First Words to Grammar: Individual Differences and Dissociable Mechanism*, Cambridge: Cambridge University Press, 1988.

Bruner, J., *Acts of Meaning*, Cambridge, MA: Harvard University Press, 1990.

Chafe, W., *Discourse, Consciousness and Time: The Flow and Displacement of Conscious Experience in Speaking and Writing*, Chicago: University of Chicago Press, 1994.

Clark, H. & E. Clark., *Psychology and Language*, Harcourt Brace Jovanovish Inc., 1977.

Coates, J., *The Semantics of the Modal Auxiliaries*, London: Groom Helm Ltd., 1983.

Cole, P., *Imbabura Quechu (Lingua Descriptive 5)*, Amsterdam: North-Holland Publishing Company, 1982.

Comrie, B., *Aspect*, 北京大学出版社 2005 年影印版。

Corbett, G., *Number*, Cambridge: Cambridge University Press, 2000.

Croft, W., *Radical Construction Grammar: Syntactic Theory in Typological Perspective*, Oxford: Oxford University Press, 2001.

Croft, W., *Typology and Universals*, Cambridge: Cambridge University Press, 2003.

Cruse, D. A., *Meaning in Language*, Oxford: Oxford University Press, 2000.

Cummings, Louise, *Pragmatics: A Multidisciplinary Perspective*, 北京大学出版社 2007 年影印版。

Givón, T., *On Understanding Grammar*, New York: Academic Press, 1979.

Givón, T., *Syntax: A Functional Typological Introduction* (vols. Ⅰ, Ⅱ), Amsterdam/Philadelphia: John Benjams Publishing Company, 1990.

Givón, T., *Syntax: A Functional Typological Introduction* (vol. Ⅲ), Amsterdam/Philadelphia: John Benjams Publishing Company, 1984.

Goldberg, A. E., *Construction at Work: The Nature of Generation in Language*, Oxford: Oxford University Press, 2006.

Haiman, J., *Natural Syntax: Iconicity and Erosion*, 世界图书出版公司、剑桥大学出版社 2009 年版。

Heine, B., Kuteva, T., *Word Lexicon of Grammaticalization*, 世界图书出版公司、剑桥大学出版社 2007 年版。

Hopper, P. J., Traugott, E. C., *Grammaticliazation*, 北京大学出版社 2004 年影印版。

Koasati, Kimball, G., *Grammar*, University of Nebraska Press, 1991.

Kuno, Susumo, *The Structure of the Japanese Language*, Cambridge: MIT Press, 1973.

Kuteva, T., *Auxillation: An Enquiry into the Natrue of Grammaticliazation*, Oxford: Oxford University Press, 2001.

Lakoff, G. and Johnson, M., *Metaphors We Live By*, Chicago: University of Chicago Press, 1980.

Lambrecht, K., *Information Structure and Sentence Form: Topic, Focus, and the Mental Representation of Discourse Referents*, Cambridge: Cambridge University Press, 1994.

Langacker, Ronald W., *Foundations of Cognitive Grammar* (vol. 1 & vol. 2), 北京大学出版社 2004 年影印版。

Lehmann, C., *Thoughts on Grammaticalization*, München, New Castle: Lincom Europa, 1995.

Lyons, J., *Semantics*, Cambridge: Cambridge University Press, 1977.

Martin, J. R., David, R., *Working with Discourse Meaning beyond the Clause*, 北京大学出版社 2007 年影印版。

Norde, M., *Degrammaticalization*, Oxford: Oxford University Press, 2009.

Palmer, F. R., *Mood and Modality* (2nd), Cambridge: Cambridge University Press, 2001.

Patten, A. L., *The English IT-cleft: A Constructional Account and a Diachronic Investigation*, Berlin, NewYork: De Cruyter Mouton, 2012.

Payne, D., "What Counts as an Explanation?" *Functionalism and Formalism in Linguistics* (Ⅰ) *General Papers*, Amsterdam/Philadelphia: JohnBenjams Publishing Company, 1999.

Shir, Nomi Erteschik, *Information Structure: The Syntax-Discourse Interface*, Oxford: Oxford University Press, 2007.

Slobin, D., *The Ontogenesis of Grammar*, New York: Academic Press, 1995.

Smith, C. S., *The Parameter of Aspect* (2edition), Dordrecht, Boston, London: Kluwer Academic Publishers Group, 1997.

Sperber, D., Wilson, D., *Relevance: Communication & Cognition*, Cambridge, Massachusetts: Blackwell Publishers Inc., 1995.

Talmy, L., *Toward a Cognitive Semantics* (vol. 2), Cambridge, MA：MIT Press, 2000.

Tayler, J. R., *Linguistic Categorization* (3 edition), Oxford：Oxford University Press, 2003.

Traugott, C. E., Trousdale, G., *Constructionalization and Constructional Changes*, Oxford：Oxford University Press, 2013.

Ungerer, F., Schmid, H. J., *An Introduction to Cognitive Linguistics*, 外语教学与研究出版社2008年版。

Vendler, Zeno, *Verbs and Times: Linguistics in Philosophy*, New York：Cornell University Press, 1967.

Wierzbika, Anna, *Semantics Primes and Universals*, Oxford：Oxford University Press, 1996.

二 论文

敖镜浩：《〈左传〉"是"字用法调查》，《古汉语研究论文集》，北京出版社1982年版。

敖镜浩：《论系词"是"的产生》，《语言教学与研究》1985年第2期。

曹继阳：《反预期话语标记"真有你的"探析》，《现代语文》2019年第8期。

陈宝勤：《系词"是"字判断句的产生与发展》，《沈阳大学学报》1999年第1期。

陈宝勤：《"是"类修饰式双音合成词产生探源》，《沈阳大学学报》1999年第3期。

陈宝勤：《语气助词"在""有"的产生与消亡》，《汉字文化》2004年第4期。

陈年福：《甲骨文"何""此"用为代词考论》，《中国语文》2006年第5期。

陈前瑞：《汉语体貌系统研究》，博士学位论文，华中师范大学，2003年。

陈爽：《汉语方言句末虚词"在"的类型学考察及历时探源》，《惠州学院学报》（社会科学版）2006年第1期。

储泽祥：《"在"的涵盖义与句首处所前"在"的隐现》，《汉语学习》1996年第4期。

储泽祥、王寅：《动词的"重新理解"及其造成的影响》，《古汉语研究》2009年第3期。

戴耀晶：《现代汉语表示持续体的"着"的语义分析》，《语言教学与研究》1991年第2期。

戴耀晶：《现代汉语否定标记"没"的语义分析》，《语法研究和探索》（十），商务印书馆2000年版。

邓永红：《"在X下"格式及与"在X上"之比较》，《湖南教育学院学报》1999年第4期。

丁烨：《谈焦点标记"是"的标记能力限制》，《宁夏大学学报》（人文社会科学版）2009年第6期。

董红玉：《汉、英系词对比研究——以"是""be"为例》，《黑龙江教育学院学报》2017年第12期。

董秀芳：《话题标记来源补议》，《古汉语研究》2012年第3期。

范继淹：《论介词短语"在+处所"》，《语言研究》1982年第1期。

范继淹：《无定NP主语句》，《中国语文》1985年第5期。

方梅：《具有提示作用的"是"字句》，《中国语文》1991年第5期。

方梅：《汉语对比焦点的句法表现手段》，《中国语文》1995年第4期。

方晓华：《论维吾尔语的系词》，《新疆师范大学学报》（哲学社会科学版）1995年第3期。

冯春田：《从王充〈论衡〉看有关系词"是"的问题》，程湘清主编《两汉汉语研究》，山东教育出版社1985年版。

冯胜利：《古汉语判断句中的系词》，王维辉译，《古汉语研究》2003年第1期。

冯晓媛：《标异性话语标记语"问题是"的语用分析》，《现代语文》（语言研究版）2016年第8期。

付义琴：《时间副词"在"的定位功能》，《汉语学报》2012年第1期。

付义琴：《"在"、"在里"和"在这里/那里"》，《长江学术》2013年第2期。

谷峰：《上古汉语"主+实+谓"中"实"的功能》，《中国语文》2019年第 2 期。

郭志良：《时间副词"正""正在"和"在"的分布情况》，《世界汉语教学》1991 年第 3 期。

郭志良：《时间副词"正""正在"和"在"的分布情况（续）》，《世界汉语教学》1992 年第 2 期。

郭锡良：《试论上古汉语指示代词的体系》，《汉语史论集》（增补本），商务印书馆 2005 年版。

郭锡良：《关于系词"是"产生时代和来源争论的几点认识》，《汉语史论集》（增补本），商务印书馆 2005 年版。

郭锐：《汉语动词的过程结构》，《中国语文》1993 年第 6 期。

郭锐：《过程和非过程——汉语谓词性成分的两种外在时间类型》，《中国语文》1997 年第 3 期。

郭婷婷：《现代汉语疑问句的信息结构与功能类型》，博士学位论文，武汉大学，2005 年。

郭晓麟：《"真是的"负面评价功能探析》，《语言教学与研究》2015年第 1 期。

韩启振：《汉语方言中的无条件连词"在"及其来源》，《语言研究》2016 年第 3 期。

何瑛：《在：从"存在"义动词到时间副词——兼论"正在"之形成》，《新疆大学学报》（哲学·人文社会科学版）2010 年第 2 期。

何瑛：《从方所范畴到语气范畴：句末助词"在裏"由来》，《安顺学院学报》2010 年第 3 期。

洪成玉：《判断词"是"的来源——与王力先生商榷》，《河北师范学院学报》1980 年第 1 期。

洪心衡：《〈孟子〉里的"是"研究》，《中国语文》1964 年第 4 期。

何洪峰：《状态性指宾状语句的语义性质》，《语言研究》2010 年第 4 期。

胡明扬：《语义语法范畴》，《汉语学习》1994 年第 1 期。

胡明扬：《语义和语法——祝贺〈汉语学习〉出版 100 期》，《汉语学习》1997年第4期。

胡潇：《空间正义的唯物史观叙事——基于马克思恩格斯的思想》，《中国社会科学》2018年第10期。

黄丁华：《闽南方言的虚字眼"在、着、里"》，《中国语文》1958年第4期。

黄奇逸：《古国、族名前的"有"字新解》，《中国语文》1981年第1期。

黄晓雪：《安徽宿松方言的事态助词"在"》，《长江学术》2006年第3期。

黄晓雪：《说句末助词"在"》，《方言》2007年第3期。

黄正德：《说"是"和"有"》，台北，"中央研究院"历史语言研究所编《李方桂先生纪念论文集》，1988年。

江蓝生：《处所词的领格用法与结构助词"底"的由来》，《中国语文》1999年第2期。

江蓝生：《同谓双小句的省略与句法创新》，《中国语文》2007年第6期。

李崇兴：《湖北宜都方言助词"在"的用法和来源》，《方言》1996年第1期。

李如龙：《闽南话的"有"和"无"》，《福建师范大学学报》（哲学社会科学版）1986年第2期。

李泰洙：《古本〈老乞大〉的语助词"有"》，《语言教学与研究》2000年第3期。

李小军：《先秦至唐五代语气词的衍生与演变》，博士学位论文，北京师范大学，2008年。

李宗江：《表达负面评价的语用标记"问题是"》，《中国语文》2008年第5期。

李佐丰：《试谈〈左传〉"日有食之"中的"有"》，《内蒙古大学学报》（哲学社会科学版）1985年第2期。

梁银峰：《汉语系词"是"的形成机制》，《语言研究》2012年第4期。

林素娥：《湘语与吴语语序类型比较研究》，博士学位论文，复旦大学，2006 年。

刘爱英、韩景泉：《提升结构的句法研究》，《外国语（上海外国语大学学报）》2004 年第 5 期。

刘大为：《论语体与语体变量》，《当代修辞学》2013 年第 3 期。

刘丹青：《"有"字领有句的语义倾向和信息结构》，《中国语文》2011 年第 2 期。

刘天福：《现代汉语"是"类连接词语的功能与形成研究》，硕士学位论文，重庆师范大学，2020 年。

刘文正：《"是"的词性归属》，《长江学术》2009 年第 2 期。

刘宗艳：《湖南靖州酸汤话的话题标记"是"》，《方言》2016 年第 1 期。

龙海平、匡鹏飞：《关于甲骨文的数字连接词"有"的一点思考》，《中国语文》2009 年第 6 期。

陆俭明：《从语言信息结构视角重新认识"把"字句》，《语言教学与研究》2016 年第 1 期。

陆俭明：《构式语法理论有待深究的三个问题》，《东北师大学报》2016 年第 4 期。

陆俭明：《构式语法理论再议——序中译本〈运作中的构式：语言概括的本质〉》，《外国语（上海外国语大学学报）》2013 年第 1 期。

陆俭明：《汉语口语句法里的易位现象》，《中国语文》1980 年第 1 期。

吕建军：《"王冕死了父亲"的构式归属——兼议汉语存现构式的范畴化》，《语言教学与研究》2013 年第 5 期。

罗自群：《襄樊方言的"在"字句》，《汉语学报》2005 年第 1 期。

骆锤炼：《瓯语的"有"字句》，《温州师范学院学报》1994 年第 2 期。

马贝加、蔡嵘：《温州方言存在动词"是"的来源》，《方言》2006 年第 3 期。

马贝加、蔡嵘：《系词"是"的语法化》，《古汉语研究》2006 年第 3 期。

马庆株：《指称义动词与陈述义名词》，《语法研究和探索（七）》，商务印书馆 1995 年版。

马庆株：《现代汉语词缀范围、性质与分类》，《中国语言学报》，商务印书馆 1995 年版。

马庆株：《结构、语义、表达研究琐议——从相对义、绝对义说起》，《中国语文》1998年第3期。

孟昭水：《试论判断词"是"的形成原因及形成时间》，《泰安师专学报》2000年第1期。

潘文娱：《谈谈"正""在"和"正在"》，《语言教学与研究》1980年第1期。

潘悟云、陶寰：《吴语的指代词》，李如龙、张双庆主编《中国东南部方言比较研究丛书（第四辑）：代词》，暨南大学出版社1999年版。

彭利贞：《说"很有NP"》，《语文研究》1995年第2期。

钱乃荣：《北部吴语的代词系统》，李如龙、张双庆主编《中国东南部方言比较研究丛书（第四辑）：代词》，暨南大学出版社1999年版。

屈哨兵：《"在NV下"式的受动特性与成立动因》，《汉语学报》2006年第1期。

权正容：《"在X下"格式的结构特点与语义分析》，《汉语学习》1995年第5期。

[美] Randy, J. L.：《语用关系与汉语的词序》，《语言学论丛》（第三十辑），商务印书馆2004年版。

任学良：《判断词"是"见于先秦说》，《杭州师范学院学报》（社会科学版）1980年第2期。

任鹰：《"领属"与"存现"：从概念关联到构式的关联——也从"王冕死了父亲"的生成方式说起》，《世界汉语教学》2009年第3期。

荣晶：《跨语言视觉下的汉语口语中拷贝式右置句》，《云南民族大学学报》（哲学社会科学版）2008年第1期。

邵敬敏：《语义语法与中国特色的语法理论创建》，《汉语学报》2020年第3期。

邵君樸：《"是、有、在"用法相通》，《中国语文》1957年第9期。

沈家煊：《英汉介词对比》，《外语教学与研究》1984年第2期。

沈家煊：《不加说明的话题——从"对答"看"话题—说明"》，《中国语文》1989年第5期。

沈家煊：《"在"字句与"给"字句》，《中国语文》1999年第2期。

沈家煊：《"逻辑先后"和"历史先后"》，《外国语（上海外国语大学学报）》2008 年第 5 期。

沈家煊：《英汉否定词的分合和名动的分合》，《中国语文》2010 年第 5 期。

沈家煊：《"名动词"的反思：问题和对策》，《世界汉语教学》2012 年第 1 期。

沈家煊：《谓语的指称性》，《外文研究》2013 年第 1 期。

沈家煊：《汉语的逻辑这个样，汉语是这样的——为赵元任先生诞辰 120 周年而作之二》，《语言教学与研究》2014 年第 2 期。

沈家煊：《汉语词类的主观性》，《外语教学与研究》2015 年第 5 期。

沈家煊：《从语言看中西方的范畴观》，《中国社会科学》2017 年第 7 期。

沈威：《动词"有"和形容词性宾语》，《汉语学报》2012 年第 2 期。

施其生：《论"有"字句》，《语言研究》1996 年第 1 期。

石毓智：《汉语的主语与话题之辨》，《语言研究》2001 年第 2 期。

石毓智、徐杰：《汉语史上疑问形式的类型学转变及其机制——焦点标记"是"的产生及其影响》，《中国语文》2001 年第 5 期。

石毓智：《判断词"是"构成连词的概念基础》，《汉语学习》2005 年第 5 期。

石毓智：《语言学假设中的证据问题——论"王冕死了父亲"之类句子产生的历史条件》，《语言科学》2007 年第 4 期。

石定栩、韩巍峰：《系词的语法化过程与趋势》，《汉语学习》2013 年第 5 期。

宋玉柱：《论存在句系列》，《语法研究和探索（七）》，商务印书馆 1995 年版。

孙慧妍：《"问题是"的篇章连接作用》，《井冈山学院学报》2006 年第 5 期。

孙文访：《基于"有、是、在"的语言共性与类型》，《中国语文》2015 年第 1 期。

孙文访：《"有（have）"的概念空间及语义图》，《中国语文》2018 年第1期。

谭代龙：《现代汉语"有的是"的位置及形成》，《燕山大学学报》（哲学社会科学版）2009年第1期。

汤廷池：《汉语语法的"并入现象"》，《清华学报》（台湾）1991年第1—2期。

唐钰明：《中古"是"字判断句述要》，《中国语文》1992年第5期。

屠爱萍：《语言的隐显形式与"是……的"句的再分类》，《语文研究》2013年第4期。

屠爱萍：《汉语空动词的特点及类别》，《语言与翻译》2015年第1期。

王春辉：《也论条件小句是话题》，《当代语言学》2012年第2期。

汪国胜：《湖北方言的"在"和"在里"》，《方言》1999年第2期。

汪化云：《黄孝方言的"在"类词研究》，《语言研究》2016年第4期。

汪维辉：《系词"是"发展成熟的时代》，《中国语文》1998年第2期。

王健、顾劲松：《涟水话的系词"斗"》，《中国语文》2011年第6期。

王曼：《自然口语中的话语标记语"真是的"》，《语文学刊》2010年第8期。

王敏：《反预期话语标记"真是（的）"》，《海外华文教育》2019年第6期。

王明洲：《合肥话的"在"》，硕士学位论文，上海师范大学，2007年。

王求是：《孝感方言的语气助词"在"》，《孝感学院学报》2007年第5期。

王素荣：《"存在先于本质"平议》，《晋阳学刊》1989年第4期。

王文斌、何清强：《论英语"be"与汉语"是/有/在"》，《外国语（上海外国语大学学报）》2014年第5期。

王文斌、张媛：《从"没有"的演化和使用看汉民族的空间思维特质》，《当代修辞学》2018年第6期。

王幼华：《"真是的"的语义倾向及其演变进程》，《语言教学与研究》2011年第1期。

韦秀斌：《"真是（的）"的语篇语用功能》，《语文学刊》2014年第3期。

文炼：《关于"有"的思考》，《语文通讯建设》1993年第42期。

吴峥嵘:《"是"的系词用法与焦点标记用法的关联》,《信阳师范学院学报》(哲学社会科学版) 2019 年第 5 期。

鲜丽霞:《成都话中的语气助词"在"》,《四川师范大学学报》(社会科学版) 2002 年第 4 期。

萧国政:《现代汉语宾语谓词指称性用法》,《语文论集》(四),外语教学与研究出版社 1991 年版。

萧国政:《右向传递句的凝缩和延展——关于传息语法的思考》,《语言学通讯》1991 年第 1—2 期。

萧国政:《汉语成分共用现象的语法性质与相关理论》,《长江学术》2006年第 2 期。

萧国政、肖珊、郭婷婷:《从概念基元空间到语义基元空间的映射——HNC 联想脉络与词汇语义结构表述研究》,《华东师范大学学报》(哲学社会科学版) 2011 年第 1 期。

萧国政:《语法事件与语义事件》,《长江学术》2020 年第 2 期。

肖渠:《南昌方言中用于语尾的"是"和"着"》,《宜春师专学报》1998年第 4 期。

肖奚强:《"正(在)"、"在"与"着"的功能比较研究》,《语言研究》2002 年第 4 期。

肖娅曼:《中华民族的"是"观念来源于"时"——上古汉语"是"与"时"的考察》,《四川大学学报》(哲学社会科学版) 2003 年第 1 期。

肖娅曼:《上古"是"判断句与"此"判断句之比较》,《古汉语研究》2005 年第 3 期。

肖娅曼:《系词"是"论争的再回顾及其他——从对立双方各自的难题到需要共同面对的难题》,《汉语史研究集刊》第十三辑,巴蜀书社 2010 年版。

解植永:《"A,B 是也"判断句发展演变解析》,《南开语言学刊》2010年第 1 期。

邢福义:《"有没有 VP"疑问句式》,《华中师范大学学报》(哲学社会科学版) 1990 年第 1 期。

邢福义：《方位结构"X 里"和"X 中"》，《世界汉语教学》1996 年第 4 期。

邢福义：《说"数量名结构+形容词"》，《汉语学报》2012 年第 2 期。

邢向东：《陕北神木话的准语气词"是"及其形成》，《方言》2006 年第 4 期。

徐春山、任风雷：《图形—背景理论与英语强调结构》，《宿州学院学报》2010 年第 9 期。

徐丹：《汉语里的"在"和"着"》，《中国语文》1992 年第 6 期。

徐杰、李英哲：《焦点和两个非线性语法范畴"否定""疑问"》，《中国语文》1993 年第 2 期。

徐思益：《空白及其标记语词》，《语言文字应用》1992 年第 2 期。

许红菊：《"（S）有的是 NP"句的语义生成原理和习语化历程——基于语法构式和修辞构式分类理论》，《语言研究》2016 年第 4 期。

薛宏武：《内蒙丰镇话指示代词》，《新疆大学学报》（哲学社会科学版）2005 年第 6 期。

薛宏武：《现代汉语"有"、"有"字结构与"有"字句》，博士学位论文，武汉大学，2006 年。

薛宏武：《对现代汉语"V 有"结构的认识问题》，《华中科技大学学报》（社会科学版）2008 年第 4 期。

薛宏武、胡惮：《现代汉语里谓语拷贝话题句的功能》，《语言与翻译》2009 年第 1 期。

薛宏武：《"有所"的语法化及其表量功能的形成》，《古汉语研究》2009 年第 3 期。

薛宏武：《现代汉语语用组形》，（博士后）研究报告，复旦大学，2009 年。

薛宏武：《现代汉语"有没有"结构的形成》，《宁夏大学学报》（人文社会科学版）2010 年第 2 期。

薛宏武、闫梦月：《"有请"的语法化及"有"作为主观表达词缀的形成机制》，《汉语学报》2011 年第 2 期。

薛宏武、闫梦月、胡惮：《主宾关联句、偏离成分及词汇化问题》，《语文研究》2011 年第 3 期。

薛宏武、闫梦月：《论古汉语专名"有 M"结构及其"有"的性质》，《古汉语研究》2012 年第 2 期。

薛宏武：《古代汉语"有"的意义、功能与特性》，《长江学术》2012 年第 3 期。

薛宏武：《"有着"语义语法功能的形成及其"着"的问题》，《汉语学习》2012 年第 5 期。

薛宏武：《"有"的核心信息功能与特性——兼论无定主语/话题句》，《汉语学习》2014 年第 1 期。

薛宏武、闫梦月：《关于汉语构词及其语法效应的几点思考》，《重庆师范大学学报》（哲学社会科学版）2017 年第 1 期。

薛宏武、何雪飞、董继和：《现代汉语"在"的体类型及其表达功能、特征与形成》，《语言与翻译》2017 年第 3 期。

闫建设：《谈现代汉语自然会话中"是"的标记功能》，《牡丹江师范学院学报》（哲学社会科学版）2015 年第 3 期。

闫梦月：《合用"又是"构式及其语义与语法特性》，《汉语学习》2015 年第 5 期。

闫梦月：《析取并列标记"或者"与"还是"的类型学意义》，《语言研究》2019 年第 1 期。

杨玉玲：《认知凸显性和带"有"的相关格式》，《修辞学习》2007 年第 5 期。

俞光中：《〈水浒全传〉句末的"在这（那）里"考》，《中国语文》1985 年第 1 期。

俞咏梅：《论"在 + 处所"的语义功能与语序制约原则》，《中国语文》1999 年第 1 期。

喻遂生：《甲骨文"在"字介词用法例证》，《古汉语研究》2002 年第 4 期。

曾骞：《主观认同和假设连词中的"是"》，《延安职业技术学院学报》2012 年第 2 期。

张爱玲：《主观大量词"有的是"的语义获得》，《语言教学与研究》2016 年第 1 期。

张伯江：《词类活用的功能解释》，《中国语文》1994年第5期。

张伯江：《疑问句功能琐议》，《中国语文》1997年第2期。

张伯江、李珍明：《"是NP"和"是（一）个NP"》，《世界汉语教学》2002年第3期。

张国宪：《"在+处所"构式的动词标量取值及其意义浮现》，《中国语文》2009年第4期。

张国宪、卢建：《"在+处所"状态构式的事件表述和语篇功能》，《中国语文》2010年第6期。

张和友、邓思颖：《论"是"与"yes"》，《现代外语》2011年第2期。

张姜知、张颖：《系词形式与功能——兼论名词谓语句》，《外国语（上海外国语大学学报）》2017年第2期。

张劼：《普通话副词"在"源流考辨》，《语言教学与研究》2011年第1期。

张静：《现代汉语"VP+X+是+X"构式研究》，硕士学位论文，重庆师范大学，2017年。

张军：《陕北横山话的话题标记"是"》，《语文研究》2012年第3期。

张璐：《"问题是"的话语标记化》，《语言研究》2015年第2期。

张新华、张和友：《否定词的实质与汉语否定词的演变》，《中国人民大学学报》2013年第4期。

张亚军：《时间副词"正"、"正在"、"在"及其虚化过程考察》，《上海师范大学学报》（哲学社会科学版）2002年第1期。

张艳：《谈副词"实在"的语法化》，《江西师范大学学报》（哲学社会科学版）2008年第4期。

张谊生：《"副+是"的历时演化和共时变异——兼论现代汉语"副+是"的表达功用和分布范围》，《语言科学》2003年第3期。

张谊生：《试论"有加"的附缀化与"X有加"的构式化》，《中国语文》2017年第3期。

张玉金：《春秋时代近指代词研究》，《古籍整理研究学刊》2008年第5期。

张占山：《论现代汉语的存在语义场》，《陕西师范大学学报》（哲学社会科学版）2007年第2期。

赵日新：《说"在"及相当于"在"的成分》，《语文研究》2001年第4期。

郑懿德：《福州方言的"有"字句》，《方言》1985年第4期。

周国正：《"是"的真正身份——论述记号——"是"的句法、语义、语用功能的综合诠释》，《语文研究》2008年第2期。

周清海：《新加坡华语变异概说》，《中国语文》2002年第6期。

朱德熙：《"在黑板上写字"及相关句式》，《语言教学与研究》1981年第2期。

朱怀、范桂娟：《"但是"的来源及演化过程》，《语言研究》2017年第3期。

朱淑华：《上古汉语指示代词"此（斯）、是"名词性回指比较》，《社科纵横》2011年第4期。

邹海清：《从语义范畴的角度看量化体与体貌系统》，《汉语学报》2010年第3期。

Adamson, S. , "From Empathetic Deixis to Empathetic Narrative: Stylization and (de-) Subjectivisation as Processes of Language Change", edited by Dieter Stein and Susan Wright, *Subjectivity and Subjectivisation*, Cambridge: Cambridge University Press, 1995.

Andrews, A. D. , "The Major Functions of The *Noun Phrase*", In Timothy Shopen (eds.), *Language Typology and Syntactic Description* (vol.1), Cambridge: Cambridge University Press, 2007.

Arie, V. , "Subjectification, Syntax and Communication", edited by Dieter Stein and Susan Wright, *Subjectivity and Subjectivisation*, Cambridge: Cambridge University Press, 1995.

Boye, K. & Peter, H. , "A Usage-based Theory of Grammatical Status and Grammaticalization", *Language*, 2012 (18).

Breban, Tine. , "Structrual Persistence, A Case Based on the Grammtaicalization of English Adjectives of Difference", *English Language and Linguistics*, 2009 (13).

Clark, Eve. V. , "Locations: A Study of the Relations between 'Existential'", *Locative and Possessive Constructions. Working Paper on Language Universals*, California: University of California Press, 1970.

Corbett, G. & Mithun, M. , "Associative Forms in A Typology of Number System: Evidence FromYup'ik", *Journal of Linguistics*, 1996 (32).

Diessel, H. , "Demonstratives, Joint Attention and the Emergence of Grammar", *Cognitive Linguistics*, 2006 (4).

Dryer, M. S. , "Clause Types", in Timothy Shopen (eds.), *Language typology and Syntactic Description: Clause Structure* (vol. 1), Cambridge: Cambridge University Press, 2007.

Dryer, M. S. , "Noun Phrase Structure", in Timothy Shopen (eds.), *Language Typology and Tyntactic Description* (vol. 2), Cambridge: Cambridge University Press, 2007.

Elizabeth, C. T. , "On the Rise of Epistemic Meanings in English: An Example of Subjectification in Semantic Change", *Language*, 1989 (1).

Elizabeth, C. T. , "Subjectification in Grammatication", *Subjectivity and Subjectivisation*, edited by Dieter Stein and Susan Wright, Cambridge: Cambridge University Press, 1995.

Finegan, E. , "Subjectivity and Subjectivisation: An Introduction", edited by Dieter Stein and Susan Wright, Cambridge: Cambridge University Press, 1995.

Foley, W. A. , "A Typology of Information Packaging Clause Types, edited by Timothy Shopen", Language Typology and Syntactic Description (vol. 1): *Clause Structure*, Cambridge: Cambridge University Press, 2007.

Givón, T. , "Historical Syntax and Synchronic Morphology: an Archaeologist's Field Trip", *Chicago Linguistic Society*, 1971 (7).

Grice, P. H. , "Logic and Conversation", edited by P. Cole and J. Morgan, *Syntax and Semantics* (Ⅲ): *Speech and Acts*, New York: Academic Press, 1985.

Haiman, J., "Conditionals are Topic", *Language*, 1978 (3).

Halliday, M. A. K., *On Grammar*, 北京大学出版社 1970 年版。

Haspelmath, M., *Coordination: Language Typology and Syntactic description* (vol. 2), edited by Timothy Shopen, Cambridge: Cambridge University Press, 2007.

Heritage, J., "Turn Initial Position and Some of its Occupants", *Journal of Pragmatics*, 2013 (6).

Hopper, P. J. and Thompson, S. A., "Transitivity in Grammar and Discourse", *Language*, 1980 (56).

Huang, C. T., "On the Distribution and Reference of Empty Pronoun", *Linguistic Inquiry*, 1984 (4).

Jaszczolt, K. M., "Default Semantics", in B. Heine and H. Narrog (eds.), *The Oxford Handbook of Linguistic Analysis*, Oxford: Oxford University Press, 2005.

Kiefer, F., *Modality, Grammar, Meaning and Pragmatics*, edited by Frank Brisard, Jan-ola Ostman and Jef Verschueren, 上海外语教育出版社 2014 年版。

Kim, S.-I., J.-H. Lee & M. A. Gernsbacher, "The Advantage of First Mention in Korean: The Temporal Contributions of Syntactic", *Semantic and Pragmatic Factors*, *Journal of Psycholinguistic Research*, 2004 (6).

Kroch, A., "Syntactic Change", in Baltin, M. and Collins, C. (eds.) *The Handbook of Contemporary Syntactic Theory*, Cambridge, Massachusetts: Blackwell Publishers Inc., 2000.

Lehmann, C., "Theory and Method in Grammaticalization", in Gabriele Diewald, eds., *Grammatikalisierung. Special Issue of Zeitscift Für Germanistische*, Linguistic, 2004 (32).

Lehmann, C., "Word Order Change by Grammaticalization", in Marinel Gerritsn and Dieter Stein, eds., *Internal and External Factors in Syntactic Change*, Berlin, New York: Mouton de Gruyter, 1992.

Longacre, R. E., "Sentences as Combinations of Clauses, edited by Timothy Shopen, Language Typology and Syntactic Description" (vol. II), *Complex Constructions*, Cambridge: Cambridge University Press, 2007.

Lyons, J., "A Note on Possessive, Existential and Locative Sentences", *Foundations of Language*, 1967 (3).

Lyons, J., "Existence, Location, Possession and Transitivity", in B. Van Rootselaar, and J. F. Staal (eds.), *Logic Methodology and Philosophy of Science* (III), Amsterdam: North-Holland Publishing Company, 1968.

Mundy, P., Newelill, L., "Attention, Joint Attention and Social Cognition, Current Directions in Psychological Science", *Journal of the American Psychological Society*, 2007 (16).

Prince, E., "On the Syntactic Marking of Pre-Supposed Open Proposition", in A. Farley, P. Farley and K. -E. Mccullough eds., *Papers from the Para-Seession Pragmatics and Grammatical Theory*, Chicago Linguistic Society, 1986.

Schachter, P. and Shopen, T., "Parts-of-speech Systems", edited by Timothy Shopen, *Language Typology and Syntactic Description* (vol. I), *Clause Structure*, Cambridge: Cambridge University Press, 2007.

Schank, R. C., "Conceptual Dependency: A Theory of Natural Language Understanding", *Cognitive Psychology*, 1972 (4).

Susan, W., "Subjectivity and Experiential Syntax", *Subjectivity and Subjectivisation*, edited by Dieter Stein and Susan Wright, Cambridge: Cambridge University Press, 1995.

Traugott, C. E., "Subjectivisation in Grammaticalization", *Subjectivity and Subjectivisation*, ed. by Dieter Stein and Susan Wright, Cambridge: Cambridge University Press, 1995.

后　　记

　　按出版体例及学界习惯，一本著作面世时总得有前有后地说上几句，毕竟是自己的活儿，敝帚尚且自珍呢。但说什么却是让人挠头费心思的，因为不管谁干的活儿、是啥活儿，过程其实都一个样，无非是酸甜苦辣、冷暖阴晴、起起伏伏之类。我也一样的确想说几句，毕竟是个教书匠、孩子王，爱咧咧。但是，一想到父辈们土里刨食的情景也就心凉气静觉得没了必要、没了意义、没了那个劲儿了，说了就是矫情。

　　干活过程不敢说了，就说这活儿结果怎样。著作是立言，传统看来是经国大业或不朽盛事，了不得，不得了。但这本小书充其量不过是"小学"，远非国计民生所赖之"术"，更非文化、思想、经济等方面的"道"。不论啥时代，道术才是王者，才是"大学"。当然，语言学本身是一个了不起的学科，按前几年 Science 杂志（具体哪一年哪一期记不住了）列出的未来科学家或人类共同致力攻克的一百多个前沿科技的课题看，还是显学。但人家那是生命科学（如，语言为什么有临界期，语言的大脑物质基础是什么）与技术革命（AI 中自然语言处理）意义上的，本小书沾是沾不上多大或多少边儿的。它基本是依葫芦画瓢或照猫画虎式的现象描述，就算有那么一丁点解释，也很有限，更关键的是，挠没挠到痒处还是个问号。因此，这本小书就是语言学专业的呓语。

　　这样，原打算请业师萧国政教授、高莉琴教授作序的冲动、念头也就没了。将心比心，让先生们趴在电脑前劳思费神、辛辛苦苦一个字一个字的看，实在于心不忍，更何况这活儿理应是难入二位先生的法眼的。不入眼的东西看起来不仅没有所得所慰所喜，简直就是煎熬。

可以想象评说时更麻烦，顾及师生之情溢点儿美吧，有违先生们的严肃不苟的治学之风。实事求是吧，又怕给学生面子下不来。这种致尊长于二难之地的"请求"，就是大过年给祥和快乐的心情、氛围添堵。另外，说句心里话，我也不敢请二位先生作序，底气不足，因为活儿离他们的期许、学术追求太远。萧先生强调应用驱动的两际研究，高先生求开创性的。这也是我平时不敢跟先生们谈专业聊学问，就扯养生家长里短的生活之类的原因。岔开话题，心虚。

跟小学、中学、大学、研究生同学相比，我虽农民出身但没勤劳美德，想干买卖却没有算计，做研究吧没有天赋、执念，热爱生活但没有追求。农民当不了，商人无望，公务员干不好。搞点学术吧，打不起精神头心如止水。尤其最近几年认认真真一字一句看了中外大家的所言，脊梁发冷，望洋扼腕，想到了应从小学生做起，回回炉。自己说起来也算是吃了语言学的饭，能奶莱瞎白话几句并变成铅字或洋码，但总感觉这与我无关，实赖累世以来善缘、善知识、菩萨的开示加持点化示现：一是授业恩师的开示栽培，他们是萧国政、高莉琴、张新武等先生以及已往生净土的卢烈红、徐思益、戴耀晶、袁越诸师；二是实赖父母所积功德及岳母余荫，他们正直良善、沉默寡言、任劳任怨、一生艰辛操劳终了，今业消尽，远离轮回得乐；三是江平、王娟、海军等，在我当年转折最需之时他们给予了准时到位、丝毫不爽的帮助。

由于本人学术能力水平视野有限，这本书的活儿注定就是那样儿。拿了出来的目的，我想业界是明白的。因此，对于书中的不当、失当甚或谬误之处，希望方家一笑而置之。

本书得到了国家社会科学基金、教育部人文社科青年基金和重庆师范大学文学院出版基金的资助，尤其是文学院各位领导给了大力的支持，在此深表敬意。中国社会科学出版社的郭晓鸿女士以极大的热情、耐心、不苟及周到的工作为本书出版付出了很多，在此谨致谢忱。

薛宏武
2023 年 1 月 29 日正月初八